中国社会科学院大学教育部高校思想政治工作创新发展中心2019年重点项目"中国社会科学院思想育人、学术育人、文化育人研究"(19SCZD01)成果

中国社会科学院大学社科思政文库

新时代
高校思想政治工作
创新与实践

张树辉 主编

中国社会科学出版社

图书在版编目（CIP）数据

新时代高校思想政治工作创新与实践 / 张树辉主编. —北京：中国社会科学出版社，2021.3

（中国社会科学院大学社科思政文库）

ISBN 978-7-5203-7469-9

Ⅰ.①新… Ⅱ.①张… Ⅲ.①高等学校—思想政治教育—研究—中国 Ⅳ.①G641

中国版本图书馆 CIP 数据核字（2020）第 218208 号

出 版 人	赵剑英
责任编辑	喻 苗
责任校对	赵雪姣
责任印制	王 超
出　　版	中国社会科学出版社
社　　址	北京鼓楼西大街甲 158 号
邮　　编	100720
网　　址	http://www.csspw.cn
发 行 部	010-84083685
门 市 部	010-84029450
经　　销	新华书店及其他书店
印　　刷	北京明恒达印务有限公司
装　　订	廊坊市广阳区广增装订厂
版　　次	2021 年 3 月第 1 版
印　　次	2021 年 3 月第 1 次印刷
开　　本	710×1000　1/16
印　　张	36.75
字　　数	558 千字
定　　价	198.00 元

凡购买中国社会科学出版社图书，如有质量问题请与本社营销中心联系调换
电话：010-84083683
版权所有　侵权必究

高校思想政治工作关系高校培养什么样的人、如何培养人以及为谁培养人这个根本问题。要坚持把立德树人作为中心环节，把思想政治工作贯穿教育教学全过程，实现全程育人、全方位育人，努力开创我国高等教育事业发展新局面。

做好高校思想政治工作，要因事而化、因时而进、因势而新。要遵循思想政治工作规律，遵循教书育人规律，遵循学生成长规律，不断提高工作能力和水平。

——习近平

（摘自《习近平谈治国理政》第二卷，外文出版社2017年版，第376页、第378页。）

中国社会科学院大学教育部高校思想政治工作创新发展中心
中国社会科学院大学社科思政文库学术顾问

（按姓氏笔画排序）

万美容	王新生	王易	王学俭	王树荫	艾四林	田克勤
田鹏颖	冯刚	冯秀军	刘建军	宇文利	孙熙国	李春华
李辉	杨峻岭	吴潜涛	佘双好	辛向阳	陈大文	林建华
骆郁廷	高国希	崔唯航	龚云	彭庆红	韩喜平	樊建新

中国社会科学院大学社科思政文库编委会

主　任：张政文
副主任：王新清　张树辉　张　斌
委　员：（按姓氏笔画排序）
　　　　王彩霞　王炜　王维国　向征　刘文瑞　李楠
　　　　赵卫星　秦国伟　柴宝勇　高迎爽　谢荷生

编委会办公室设在马克思主义学院

《新时代高校思想政治工作创新与实践》

主　编：张树辉
编写组主要成员：张树辉　高迎爽　蔡桂兰

序

高校思想政治工作是高校各项工作的生命线，不断加强和改进高校思想政治工作是我们党一贯秉持的重要理念。党的十八大以来，以习近平同志为核心的党中央高度重视教育工作，特别是学校的思想政治工作。习近平总书记在治国理政实践中，对教育工作提出了一系列富有创见的新理念新思想新观点，系统回答了一系列方向性、全局性、战略性重大问题，形成了习近平总书记关于教育的重要论述，标志着我们党对教育规律的认识达到了新高度，为推进新时代教育改革发展提供了强大思想武器。习近平总书记还特别强调，"做好高校思想政治工作，要因事而化、因时而进、因势而新。要遵循思想政治工作规律，遵循教书育人规律，遵循学生成长规律，不断提高工作能力和水平。"这些重要思想和指示为我们在新时代持续做好高校思想政治工作、真正解决好"培养什么人、怎样培养人、为谁培养人"这一根本性问题提供了政治方向、学理遵循、坚实底气和蓬勃动力。

高校要牢牢扭住立德树人的根本任务、瞄准培养社会主义事业的建设者和接班人的总目标，不断探索创新新时代做好思想政治工作的科学理念和有效做法，努力构建具有中国特色、中国风格、中国气派的现代化教育体系。

中国社会科学院大学诞生于我国高校思想政治工作繁荣发展的重要时间节点。2017年春深时节，肩负为繁荣中国特色哲学社会科学培育时代新人的中国社会科学院研究生院，为党和国家培养中国特色社会主义事业青年后备人才的中国青年政治学院的有生力量，汇聚到以中国特色社会主义一流文科大学为奋斗目标的新的学府，开启了新的征程。这所年轻又富于坚实历史底蕴的新时代大学，也在此前思想政治工作理论与实践不懈历练的基础上，开始了新的探寻和摸索。

建校之后，学校党委在社科院党组的坚强领导下，坚持为党育人、为国育才，把学习、研究、宣传、践行习近平新时代中国特色社会主义思想作为首要政治任务，始终将师生的政治素质摆在第一位，确保习近平新时代中国特色社会主义思想进教材、进课堂、进头脑，打造有社科院特色的"思政金课"，抓好思政课教师队伍建设，提高思政课程吸引力，提升课程思政影响力，开展内容丰富、卓有成效的面对青年教师和学生的思想政治工作，使思政工作成为学校迅速提升治校理教能力的有力抓手。

在积极推动学校思政工作实践的同时，社科大建校伊始即将建立思想政治教育高等研究院作为一件重要实事来抓。思政高研院立足于中国特色社会主义新时代，聚焦新问题、新发展、新挑战，以马克思主义为指导，以服务学科建设为目标，以重大问题和学术前沿为导向，以课题研究和学术活动为载体，有效促进了优秀原创科研成果产出，也为加快构建中国高校思想政治教育学科体系、学术体系与话语体系，培养优秀青年思政教师和思政工作者队伍，做出了有益探索。2020年，思想政治教育高等研究院正式实现与社科大教育部高校思想政治教育工作创新发展中心一体化运作，共同打造具有高显示度、高影响力的思想政治教育研究平台。

在学校党委的领导下，思政高研院、教育部思创中心自2019年启动编辑《新时代高校思想政治工作创新与实践》，以更好地总结学校在党的十八大以来围绕思政工作进行的理论探索与实践，整合校内外思想政治教育的优秀教育、研究素材，归纳探索有益的经验与启示，挖掘思政创新的不竭动力，分享对中国高校思想政治教育的见解。经过一年多的不懈努力，一批有关的理论研究、工作实践、教学改革、经典案例及经验分享等方面的文章、报告，以及其他不同形式的论述与研究成果，终于汇编成集，顺利付梓。

这本书的出版是社科大在推动高校思想政治工作创新上所做的积极实践。现在再番审看，全书以习近平新时代中国特色社会主义思想为指导，潜心研究、学习、阐释习近平总书记关于高校思想政治工作的重要思想和重要论述，全面地呈现新时代高校思想政治教育工作的发展性、时代性特征，类型多样，水平较高。入选篇目既有人民日报、光明日报以及重要学术期刊已经刊载的文章，也有新文投稿；既有大学成立以来的著述，更有之前的探索；显示出社科大领导、老师、同学们关注问题敏锐、思考分析深入、研究方法得体、理论联系实际、致力开拓创新，成果具有推广借鉴意义；以思想引领与党建创新、大学治理与立德树人、课程建设和创新实践、思想宣传与意识形态、三全育人与就业创业、网络思政与文化育人、践悟新语与学思锐评等为题分若干个版块呈现也是用了心思，比较得当，特别是新冠肺炎疫情来袭之际，学校在抓好疫情防控和教育教学的同时，也及时产出很多有影响力的文论，编辑在截稿最后阶段进行了编录，疫情防控与思政建设版块也应运而生，论集也由此更加丰富充实和紧贴现实。

墨香未散，展卷欣然。欣然之余，更多欣慰。这本书既可作为社科大建校以来思想政治工作的经验总结，也可作为兄弟高校开展思想政治工作的有益参考，书中所涉及的许多问题或是我国大学所共同面临的，或是高等教育改革的前沿先声，希望这些问题藉由这本书能够得到思想政治教育学界和思想政治工作实践队伍更加广泛的关注和探讨。

创办社科大是党中央交给社科院的政治任务，是党中央推进全面深化改革的重大举措，也是社科院全面贯彻落实习近平总书记在哲学社会科学工作座谈会上的重要讲话精神，切实担负起中国特色哲学社会科学三大体系建设国家队职责的重大使命担当。教育现代化是社会主义现代化建设的重要基石。站在新的历史起点上建设高质量教育体系，加快推进教育现代化，建成教育强国，必须把党的政治建设摆在首位，全面提升思想政治工作质量，深化高校思政课改革创新，不断探索思政工作体系建设，加强思政工作的理论研究和实践创新。社科大要依托中国社会科学院强大的人才优势、学术优势、科研资源优势和强大的社会影响力，以科教融合为办学模式，走高起点、高质量、高水平的办学之路，努力建成新时代中国特色社会主义一流文科大学，要毫不动摇地推进思想政治工作创新发展，努力把大学建成全国高校思想政治工作高水平研究和有特色实践的重镇。

我们一直都在躬身探索的路上。热情期盼,在新的征程中,社科大会产出更多、更有影响力的思政工作创新成果!

王京清

2021年1月

目　　录

思想引领与党建创新

学根本大法　立人生大德 …………………………… 王京清（3）
坚持以精品奉献人民 …………………………………… 高培勇（16）
为实现中华民族伟大复兴培养有用人才 ………… 张政文　王维国（21）
抓紧落实三项基础性工作，加强新时代高校党建 ………… 张树辉（26）
试析高校学生基层党支部建设与对策 ……………………… 张晓东（31）
高校党建工作品牌培育研究 ………………………………… 余中海（37）
高校基层党组织党内生活存在的问题及原因研究 ………… 余中海（45）

大学治理与立德树人

以党的十九大精神为引领，不忘初心、牢记使命，努力将中国社会科学
　　院大学建成新时代中国特色社会主义一流文科大学 …… 张政文（55）
贯彻党的十九大精神，实现高等教育的内涵式发展 ……… 王新清（67）
凝练大学精神　办人民满意的高等教育
　　——访中国青年政治学院党委副书记、常务
　　　副院长王新清 ………………………………… 张树辉　王娟（85）
坚持"两个主体"办好人民满意的大学 ………… 张树辉　万伟伟（91）
他们的精神气质从何而来？
　　——探寻中青院人才培养的"秘诀" ……… 张树辉　毛赟美（98）

2018年中国社会科学院大学本科生学业导师
　　联络报告 ………………………………… 张波　高迎爽（102）
新时期中国社会科学院大学（研究生院）研究生导师落实
　　立德树人情况报告（2018） ……………… 张波　高迎爽（113）
深化科教融合　提升育人水平
　　——中国社会科学院大学本科教育模式的探索与
　　实践 ……………………………………… 刘文瑞　张洪磊（132）
新时代防范化解高校立德树人工作重大风险探析 ………… 王维国（142）

课程建设和创新实践

高校党委如何抓好思政课建设 …………………… 张政文　王维国（157）
加强党对高校的全面领导　全力办好新时代思政课
　　……………………………………………………… 王兵　王维国（162）
思政课改革须适应移动互联新常态 …………………………… 张树辉（168）
新形势下推进高校思想政治工作的心理学思考
　　……………………………………………………… 张树辉　周少贤（170）
高校青年教师思想道德素质建设研究
　　…………………………………………… 张树辉　漆光鸿　杨永虎（179）
高校团组织提高大学生思想政治教育的有效性探析 ……… 沈健平（186）
新媒体时代高校研究生思想政治教育研究
　　…………………………………………… 李提　毕亚娜　任耀博（194）
高校思想政治教育与心理健康教育融合问题研究 ………… 周华珍（209）
我国高校思想政治课程教学吸引力研究
　　——以Z大学思想政治理论课的教学实践为例 ……… 高迎爽（216）
新媒体助力高校青年教师课堂教学改革路径研究 ………… 高迎爽（223）
东南大学研究生思想政治教育调研报告 …………………… 王展（237）

思想宣传与意识形态

捍卫和宣传马克思主义社会形态演变规律理论	王伟光	(251)
论全面从严治党视角下的高校宣传思想工作	张树辉	(261)
高校意识形态工作若干问题研究	王彩霞 曹蓓蓓	(268)
法治，应与全面建成小康社会同行	黄建云	(278)
马克思《巴黎手稿》的当代价值	张 跣	(282)
从"五位一体"总体布局理解新时代文化建设	张 跣	(287)
利益、理论、组织与认同		
——论马克思的政党认同观	柴宝勇	(292)
新时代加强公民道德建设的战略思考	王维国	(304)
大数据与智慧思想政治教育	向 征	(317)
历史的选择		
——马克思主义信仰	倪丽洁	(325)
以习近平关于青年工作的重要论述为指导做好新时代青年意识形态工作	吕泽华	(332)

三全育人与就业创业

大学新生入学教育研究与实践综述	黄建云	(347)
试论高校治理中的学生参与		
——欧美国家高校治理中学生参与状况对我国的启示	黄建云	(361)
大学新生适应问题深度辅导探析	徐宇雷	(369)
高校学生社会实践工作评价体系构建初探	漆光鸿	(377)
家庭背景、人力资本对高校毕业生自主创业行为的影响关系研究		
——基于2017年高校毕业生就业状况调查的实证分析	祝军 岳昌君	(388)

新形势下高校创新创业教育工作模式探析
　　——基于对北京地区 28 所示范性创业中心高校的
　　　调查研究 ………………………………… 祝军　曾庆松（402）
新时代下大学生"慢就业"的辩证分析 …………………… 杨书超（411）

网络思政与文化育人

大学生志愿文化对大学文化建设的作用探析 …………… 张树辉（421）
大学生自办媒体现状与发展研究
　　——基于北京 11 所高校的调查 … 张树辉　毛赟美　王　娟（429）
齐抓共管，预防学生沉迷网络 ……………………………… 张树辉（439）
传承发展优秀传统文化需拿出工匠精神 …………………… 张树辉（441）
校园微信公众号四喻 ………………………………………… 张树辉（445）
新发展理念引领新时代网信事业 …………………………… 张　跣（448）
当前社会主义核心价值观宣传教育的主要困境 …………… 王维国（453）
以事件为中心的青年网络虚拟社群研究
　　——以"微笑局长"事件为例 ……………… 漆光鸿　高　峰（463）

疫情防控与思政建设

打赢疫情防控和经济社会发展"双线战役" ……………… 张政文（475）
统筹做好疫情防控和教育改革发展工作 ………… 张政文　王维国（477）
思政大课，从"云端"渗入学生"心里" …… 张政文　王维国（482）
在携手抗疫中践行人类命运共同体理念 …………………… 张政文（485）
要敢于赢下疫情防控和办学强校的双胜利 ………………… 张树辉（490）
高校应对"大考"法纪顶在前　党建做保障 ……………… 张树辉（496）
高校应对突发公共卫生事件机制建设思考 ……… 张树辉　漆光鸿（500）
高校师生应成为疫情舆情治理的有效"第三方"
　　……………………………………………… 张树辉　高迎爽（508）

疫情下思政大课的内在规定性及其新时代启示 …………… 王维国（513）
疫情形势下高校困境学生服务工作透析 ………………… 漆光鸿（525）

践悟新语与学思锐评

建设"双一流"大学的核心是人才培养 …………………… 张政文（533）
"双一流"建设要突出立德树人 …………………………… 张政文（535）
如何开始你的法学生涯 ……………………………………… 林　维（536）
我如何解读社科大经院 ……………………………………… 林　维（542）
我们为什么如此重视本科生的学术科研 ………………… 林　维（550）
"教育圆桌"旁的行与思 …………………………………… 张树辉（553）
大学"风花雪月"新解 ……………………………………… 张树辉（559）
拿什么来拯救你，我的大学课堂？ ……………………… 张树辉（561）
不要被我们热爱的毁掉 …………………………………… 张树辉（565）
青年学子如何绽放青春芳华 ……………………………… 张树辉（568）

后　记 ……………………………………………………………（570）

思想引领与党建创新

学根本大法　立人生大德

王京清

教育兴则国家兴，教育强则国家强。今天，党和国家事业发展对科学知识和优秀人才的需要，比以往任何时候都更为迫切，这为高等教育发展提供了广阔舞台与空间。国无德不兴、人无德不立，无论时代如何变迁、社会如何发展，德才兼备、以德为先，始终是对人才的一贯要求。因此，党的十八大首次将"立德树人"确立为教育的根本任务，党的十九大进一步明确"要全面贯彻党的教育方针，落实立德树人根本任务"。立志当立大志，立德首立大德。所谓"大德"，须与党和国家之德、民族之德相一致，是人生根本之德，管方向、立信仰，是为学生党员成长成才提供基本遵循和价值依据的。《中国共产党章程》（以下简称《党章》）是党的根本大法，《中华人民共和国宪法》（以下简称《宪法》）是国家的根本法，新时代努力培养德智体美劳全面发展的社会主义建设者和接班人，必须立志于中华民族的千秋伟业，积极引导学生党员学根本大法、立人生大德，为实现中华民族伟大复兴中国梦提供思想保证、精神力量与道德滋养。

一　深刻认识大学生党员立人生大德的战略意义

学校教育，育人为本；德智体美劳，德育为先。引导学生党员立人生大德，是在他们心灵里面搞建设，为他们信仰筑堤坝，是一项极其重要的工作。只有强化政治意识、责任意识、阵地意识和底线意识，将其始终摆在关键位置、作为重大使命，才能完成好立德树人的根本任务，才能把党的教育方针全面扎实地落实到办学育人的全过程。

（一）立人生大德与社会主义办学方向的根本要求具有一致性

我国的国家性质、文化传承与现实国情，决定了我们必须走具有中国特色的高等教育发展之路。正如习近平总书记指出："世界上不会有第二个哈佛、牛津、斯坦福、麻省理工、剑桥，但会有第一个北大、清华、浙大、复旦、南大等中国著名学府。"世界高等教育发展到今天，不可能有一成不变、整齐划一的发展模式与标准。如果不加分析地盲目模仿，其结果只能是步人后尘、陷入趋同，不可能赶上，更不可能超越西方教育。因此，统筹推进世界一流大学和一流学科建设，必须有中国特色，必须扎根中国大地。社会主义办学方向解决了为谁培养人、培养什么人、如何培养人的根本问题，是扎根中国大地办大学的总要求、总规定。坚持社会主义办学方向不是一句空话，必须落实到办学治校的各方面、各领域。高等教育要发展，根本上需要不断地改革创新，但是，不管怎么改革、如何创新，社会主义办学方向不能改。办好社会主义一流大学，固然需要吸收世界各国，特别是西方国家的先进经验，积极与国际接轨，但不管怎么吸收、如何接轨，坚持为中国特色社会主义培养合格建设者和可靠接班人的办学方向必须坚定，立德树人的根本任务必须落实。随着时代发展、社会进步，社会主义办学方向的内涵不断丰富，但有一个根本任务没有变，那就是把德育工作作为全部教育工作的根本任务、战略任务，积极推动知识传授、能力培养与理想信念、价值理念、道德观念的教育有机结合，引导学生党员立人生大德、养浩然正气。

（二）立人生大德与高等教育改革发展的现代走向具有一致性

外部发展环境的境域转变、优质高等教育的美好向往和学生精神世界的充盈需要，给开辟新时代中国特色高等教育改革发展新境界提出了更高要求。中共中央、国务院印发的《中国教育现代化2035》提出"到2035年，总体实现教育现代化，迈入教育强国行列"的发展目标，并把

"更加注重以德为先"作为推进教育现代化的八大基本理念之首，这是在我国社会主要矛盾发生重大变化的背景下，高等教育实现"由大到强"的时代要求，也是高等教育发展的未来走向。就学生党员而言，人生之道以德为本，是符合人生成长规律的。《大学》开篇第一段就讲到"大学之道，在明明德，在亲民，在止于至善"。这句话告诉我们，人生的目的是什么。"知止而后有定，定而后能静，静而后能安，安而后能虑，虑而后能得。物有本末，事有终始。知所先后，则近道矣。"这段话告诉我们，知道了人生的目的，就要学会认识世界。认识世界的一个重要方法是：分清主次，知所先后，这是认识世界的正确途径。"古之欲明明德于天下者，先治其国；欲治其国者，先齐其家；欲齐其家者，先修其身；欲修其身者，先正其心；欲正其心者，先诚其意；欲诚其意者，先致其知。致知在格物。物格而后知至，知至而后意诚，意诚而后心正，心正而后身修，身修而后家齐，家齐而后国治，国治而后天下平。"这段话告诉我们，认识世界是为了更好地改造世界。"自天子以至于庶人，壹是皆以修身为本。"这段话告诉我们，人生认识世界和改造世界到底能不能成功，根本在于修身，而修身之本在于立德。因此，学生党员应坚持以德修身、以德立规、以德定行，努力形成向上向善的道德力量。

（三）立人生大德与伟大事业薪火相传的战略目标具有一致性

中国特色社会主义建设是前无古人的伟大事业，越是伟大的事业，往往越是充满艰难险阻。正如习近平总书记指出："前进的道路不可能一帆风顺，越是前景光明，越是要增强忧患意识，做到居安思危。"一代青年有一代青年的历史际遇。我们的国家正在走向繁荣富强，我们的民族正在走向伟大复兴，我们的人民正在走向更加幸福美好的明天。青年大学生是祖国的未来，民族的希望。坚持和发展中国特色社会主义的伟大事业最终要靠一代又一代青年来实现。高校不仅是各学科人才聚集的重要高地，拥有一批高端的卓越人才队伍，也是培养优秀青年人才的重要园地，承担着推动我国成为学习大国、人力资源强国和人才强国的光荣使命。习近平总书记强调："办好我国高校，办出世界一流大学，必须牢牢抓住全面提高人才培养能力这个核心点，并以此来带动高校其他工作。"德才兼备、以德为先是我们秉持的重要人才标准,如果一个人品德低下、良知缺乏,不仅不会成为服务国家和人民的有用人才,反而可能成为害群之马。因此,全面提高人才培养能力、推进学生党员成长成才的关键在立德,只有努力构建起德智体美劳全面发展的教育体系与高水平的人才培养体系,把立德树人融入教育教学各领域、各层面、各环节,才能接续培养一批又一批立志为中华民族伟大复兴中国梦奋斗终生的有用人才,使中国特色社会主义伟大事业薪火相传、后继有人。

二 牢牢把握大学生党员立人生大德的根本内容

人生天地间,必定在一个时代中生活和工作。人生不能选择所处的时代,但时代可以选择人。经过长期的努力,中国特色社会主义进入了新时代。中国共产党的领导是中国特色社会主义最本质的特征。中国共产党在领导中国革命建设改革近百年的历程中形成的重大实践成果、理论成果、制度成果,全部体现在《党章》中,可以讲,中国共产党通过《党章》,把党的大德昭告天下。因此,每个学生党员要立人生大德,最重要的是要学好用好《党章》这个党的根本大法。习近平总书记指出:宪法是国家的根本法,是治国安邦的总章程,具有最高的法律地位、法律权威、法律效力,具有根本性、全局性、稳定性、长期性。立人生大德,还须学好用好《宪法》这个根本法。

(一)《党章》总纲部分对党的大德做出了总规范,对各级党组织和全体共产党员提出了总体要求

《党章》总纲对党的性质、最高理想、党的宗旨、指导思想、战略目标和路线方针政策等做出了明确规定,对党的建设提出了基本要求,对加强党性修养制定了根本标准。习近平总书记强调:"党章是党的总章程,是全党必须遵循的根本行为规范,认真学习党章、熟悉掌握党章是党员应尽的义务。"大德昭然、彰明天下,学生党员立人生大德,必须学深学透《党章》总纲中关于党的大德的普遍要求。其一,要了解党的性质,把握党的先进性。党的先进性是马克思主义政党的立党之本、生命

所系和力量所在,《党章》总纲指出:"中国共产党是中国工人阶级的先锋队,同时是中国人民和中华民族的先锋队,党的最高理想是实现共产主义。"这强调了中国共产党是一个先进性的政党,它之所以先进,一是追求全人类的幸福,理想崇高伟大;二是指导思想科学,理论上与时俱进;三是符合人类社会发展规律;四是被我们党长期的成功实践所证明。其二,要了解党的初心和使命,把握从富起来到强起来的战略目标。我们党不仅有远大的共产主义理想,还有实现远大理想的阶段性战略目标。《党章》总纲提出:"在新世纪新时代,经济和社会发展的战略目标是,到建党一百年时,全面建成小康社会;到新中国成立一百年时,全面建成社会主义现代化强国。"可以说,"两个一百年"的战略目标,就是我们从富起来到强起来的战略目标,它体现了我们党的初心和使命。其三,要了解党和国家的生命线、人民的幸福线,全面把握和贯彻党的基本路线。为了实现"两个一百年"战略目标,必须坚持党的基本路线。党的基本路线是我们国家的生命线、人民的幸福线。这条基本路线确定了谁领导、依靠谁,朝着既定战略目标,按照一个中心、两个基本点、一个立足点的要求贯彻落实。因此,为了实现"两个一百年"的战略目标,必须严格遵循和全面贯彻这条基本路线。其四,要了解办好中国的事情关键在党,把握党的建设的基本要求。目标已经确定,路线已经指明,要办好中国的事情,关键在党。因此,《党章》总纲对党的建设提出了基本要求,即坚持党的基本路线;坚持解放思想,实事求是,与时俱进,求真务实;坚持全心全意为人民服务;坚持民主集中制;坚持从严管党治党。这些基本要求,体现了我们党以天下为己任,坚持全心全意为人民服务的宗旨;体现了从严管党治党,不断提高我们党的执政能力和领导水平的大德和公德。

(二)《党章》有关章节,对共产党员和党的干部应具备的大德提出了具体要求

《党章》第一章"党员"和第六章"党的干部",对党员和党的干部提出了具体要求,通过加强对党员和党的干部的党性修养,明共产党人的大德于天下。

《党章》第一章首先对于党员提出了基本要求，一是带头学习。认真学习马克思列宁主义、毛泽东思想、邓小平理论、"三个代表"重要思想、科学发展观、习近平新时代中国特色社会主义思想，学习党的路线、方针、政策和决议，学习党的基本知识，学习科学、文化、法律和业务知识，努力提高为人民服务的本领。二是带头工作。贯彻执行党的基本路线和各项方针、政策，带头参加改革开放和社会主义现代化建设，带动群众为经济发展和社会进步艰苦奋斗。三是带头奉献。坚持党和人民的利益高于一切，个人利益服从党和人民的利益，吃苦在前，享受在后，克己奉公，多做贡献。四是带头守纪。自觉遵守党的纪律，模范遵守国家的法律法规。五是带头团结。维护党的团结和统一，对党忠诚老实，言行一致。六是带头纠错。切实开展批评和自我批评，勇于揭露和纠正违反党的原则的言行和工作中的缺点、错误。七是带头为民。密切联系群众，及时向党反映群众的意见和要求，维护群众的正当利益。八是带头为善。发扬社会主义新风尚，提倡共产主义道德，弘扬中华民族美德。

《党章》第六章对于党的干部除了履行党员的各项义务外，还提出了六方面的要求，一是理论水平方面。重点是带头贯彻落实习近平新时代中国特色社会主义思想，努力用马克思主义的立场、观点、方法分析和解决实际问题。二是理想信念方面。要求具有共产主义远大理想和中国特色社会主义坚定信念，坚决执行党的基本路线和各项方针、政策，立志改革开放，献身现代化事业，在社会主义建设中艰苦创业。三是求真务实方面。强调坚持解放思想，实事求是，与时俱进，开拓创新，讲实话，办实事，求实效。四是工作能力方面。要有强烈的革命事业心和政治责任感，有实践经验，有胜任领导工作的组织能力、文化水平和专业知识。五是秉公用权方面。要求正确行使人民赋予的权力，坚持原则，依法办事，清正廉洁，勤政为民，以身作则，艰苦朴素，坚持党的群众路线，自觉地接受党和群众的批评和监督。六是工作作风方面。强调坚持和维护党的民主集中制，有民主作风，有全局观念，善于团结同志，包括团结同自己有不同意见的同志一道工作。

(三) 民主集中制是实现共产党人大德的制度保障

立人生大德,不仅要有理想,而且还要守纪律、懂规矩。这就要求我们坚持和贯彻民主集中制。民主集中制是我们党的根本组织制度和领导制度,始终坚持这一制度,有利于维护党的团结统一,保证党的事业不断走向胜利;有利于保证党的路线方针政策的正确制定和贯彻落实;有利于调动全党的积极性,步调一致朝着既定的战略目标前进。因此,《党章》第二章专门对民主集中制做出规定。党的民主集中制的基本原则有六项:

一是"党员个人服从党的组织,少数服从多数,下级组织服从上级组织,全党各个组织和全体党员服从党的全国代表大会和中央委员会"。我们党的力量在于组织,力量大小则在于纪律,而这"四个服从"是党的一项重要纪律要求。

二是"党的各级领导机关,除它们派出的代表机关和在非党组织中的党组外,都由选举产生"。党的各级领导机关及其成员都由选举产生,其目的在于选贤任能,选拔任用党和人民满意的好干部。

三是"党的最高领导机关,是党的全国代表大会和它所产生的中央委员会。党的地方各级领导机关,是党的地方各级代表大会和它们所产生的委员会。党的各级委员会向同级的代表大会负责并报告工作"。这是一项非常重要的制度安排。我们国家的工人阶级和中华民族的先进分子,经过本人申请和组织批准,可成为中国共产党党员;中国共产党党员中的优秀分子,可以被选为各级党代会代表;通过各级党的代表大会,选出各级领导机关及其成员,这是保证党的先进性的制度安排。

四是"党的上级组织要经常听取下级组织和党员群众的意见,及时解决他们提出的问题。党的下级组织既要向上级组织请示和报告工作,又要独立负责地解决自己职责范围内的问题。上下级组织之间要互通情报、互相支持和互相监督。党的各级组织要按规定实行党务公开,使党员对党内事务有更多的了解和参与"。这一项原则规定了上下级组织之间的关系。最重要的有两点:一是上下级之间要做到上情下达,下情上达,避免信息壅蔽。二是各级党组织及其成员要敢于担当,履职尽责。

五是"党的各级委员会实行集体领导和个人分工负责相结合的制度。凡属重大问题都要按照集体领导、民主集中、个别酝酿、会议决定的原则，由党的委员会集体讨论，作出决定；委员会成员要根据集体的决定和分工，切实履行自己的职责"。这一项原则规定了在各级领导机关和组织内部领导集体与成员个人之间的关系，并做了三层规范：一是各级领导机关实行集体领导与个人分工负责相结合的制度；二是规范了与这个制度相配套的决策机制；三是规范了与这个制度相配套的落实机制。

六是"党禁止任何形式的个人崇拜。要保证党的领导人的活动处于党和人民的监督之下，同时维护一切代表党和人民利益的领导人的威信"。这一项原则规定了党内民主监督和维护权威之间的关系。当前，国内改革发展的任务繁重而艰巨，国际形势严峻而复杂，正处于百年未有之大变局。在此大背景下，更需要全党坚决维护习近平总书记党中央的核心地位、全党的核心地位。

（四）《宪法》体现党的意志和主张，对公民应具备的大德和公德做出了规范

中国共产党作为执政党，还通过法律程序，将党的意志和主张体现在《宪法》中。《宪法》规定了国家的根本制度和根本任务，规定了国家的领导核心和指导思想，确定了国家的国体和政体，规范了国家工作人员和公民必须遵守的公德和大德。因此，学生党员立人生大德，还须学好用好《宪法》这个根本法。一要坚持党的领导。我国《宪法》在序言中确定了中国共产党的领导地位，以历史叙事的方式证明了中国共产党的领导是历史的选择、人民的选择，并以国家根本法的形式确立中国共产党的领导是中国特色社会主义的最本质的特征。学生党员树立宪法意识，首要的就是必须坚定不移地坚持中国共产党的领导。二要爱祖国、爱人民、爱社会主义，自觉接受集体主义、国际主义、共产主义教育，维护祖国的安全、荣誉和利益，履行保卫祖国的神圣职责。三要自觉维护宪法权威。改革开放以来，党和人民在中国特色社会主义建设的伟大进程中取得了一系列伟大成就与获得了宝贵经验，并不断地以宪法这一根本法的形式确立下来，这既是宪法自身完善的内在要求，也反映了我

国经济社会发展的客观需要。学生党员应保持宪法自信,强化宪法自觉,自觉维护宪法尊严与权威。四要推动宪法实施。带头尊崇宪法、学习宪法、遵守宪法、维护宪法、运用宪法,对宪法始终保持敬畏之心,做遵守社会公德的模范。就高校而言,特别要强化依法管理,坚持把教育管理与办学活动纳入法治轨道,大力推进依法治教、依法治校,积极运用法治思维、法治方式处理各种矛盾与问题。加大法治宣传教育,抓好入学、考试、求职、毕业离校等重要节点,开展学生管理规定、日常行为管理规范等专题教育。积极推动现代大学制度体系建设,依据大学章程,围绕教学管理、科研管理、财务管理、服务保障等,构建适应一流大学建设需要的更加科学系统、更加配套衔接、更具可操作性的组织架构、制度体系和运行机制。

三 全面落实大学生党员立人生大德的基本要求

历史车轮滚滚向前,时代潮流浩浩荡荡,顺之者昌,逆之者亡。历史只会眷顾坚定者、奋进者、搏击者,而不会等待犹豫者、懈怠者、畏难者。作为新时代的大学生党员,欲立人生大德,并明大德于天下,必须顺应这个伟大的时代,按照《党章》和《宪法》的要求,做到五个牢记、履行好两个义务。

(一) 牢记党的性质,永葆党的先进性

全面落实新时代党的建设总要求,把质量意识、质量标准贯穿高校党建各项工作,永葆党的先进性。一是以一流标准加强党的政治建设。党的政治建设的核心要义是树牢"四个意识"、坚定"四个自信"、做到"两个维护"。要把政治要求、政治纪律作为课堂教育教学、论坛讲坛管理、创新工程准入、课题立结项、职称评审、对外学术交流的关键环节与首要标准,及时研判政治风险点和安全稳定新动态,有效防范化解政治风险。二是以一流标准加强思想建设。认真开展"不忘初心、牢记使命"主题教育,守初心、担使命、找差距、抓落实,拧紧思想"总开关"。用习近平新时代中国特色社会主义思想武装头脑、指导实践、推动

工作，打造马克思主义理论教学、研究、宣传和育人的坚强阵地，牢牢掌握意识形态工作领导权。三是以一流标准加强组织建设。坚持新时代好干部标准，大力选拔敢于负责、勇于担当、善于作为、实绩突出的干部。坚持抓基层打基础，加强教师和学生党支部建设，准确把握新时期知识分子特点，大力在优秀青年教师、学科带头人中发展党员。四是以一流标准正风、肃纪、倡廉。着力构建作风建设长效机制，加大对发生在师生身边的公款吃喝、师德师风、学术不端等问题的查处力度，以优良党风带动形成良好校风、学风、教风。着力构建纪律建设长效机制，坚持把纪律挺在前面，加强纪律教育，强化纪律执行。着力构建反腐倡廉长效机制，注重廉政教育、关口前移，注重标本兼治、惩防并举。五是以一流标准加强制度建设。进一步做好学校规章制度的梳理及立、改、废、释工作，有效形成纵向到底、横向到边、高效简洁的制度责任体系。严格落实党委领导下的校长负责制及相关配套制度，进一步健全党委统一领导、党政分工合作、协调运行的工作机制。

（二）牢记党的最高理想，坚定理想信念

我们党一经成立，就把共产主义作为最高理想与最终目标。要引导学生党员牢记党的最高理想，为全人类谋幸福，矢志不渝为共产主义奋斗终生。要把理想信念建立在对科学理论的认知认同上，建立在对历史规律的准确认识上，建立在对基本国情的正确把握上。一是强化理论武装。全面落实习近平总书记在学校思想政治理论课教师座谈会上的重要讲话精神，按照中办、国办《关于深化新时代学校思想政治理论课改革创新的若干意见》的要求，全面深化思政课综合改革，引导广大教师运用学生喜闻乐见的方式方法，结合现实问题、热点问题和学生身边的问题阐释理论原理，不断增强思政课的思想性、理论性和亲和力、针对性。坚持"思政课程"与"课程思政"双轮驱动，解决好各类课程与思政课相互配合的问题，系统创新课程思政，充分发掘哲学社会科学课堂的育人资源，让思政元素有效融入每门专业课程、贯彻每节课堂教学，形成协同效应。坚持政治标准与学术标准并重，将习近平新时代中国特色社会主义思想落实到教材选用、教学实施、课程评估、学术活动、论文评

优等各个环节，落实到所有教师的育人职责。二是加强社会实践。学生党员要成长为国家的栋梁之材，既要读万卷书，从书本上汲取养分，又要行万里路，在社会实践中得到锤炼。应充分发挥社会实践在世界观人生观价值观形成中的砥砺作用，坚持理论教育与实践养成相结合，引领广大学生党员走进社会大课堂，在与工人、农民、基层干部、科技人员的接触中滋养作风、认识国情，勇做担当民族复兴大任的时代新人。三是加强世情国情教育。改革开放走到今天，我国取得了历史性成就，日益接近世界舞台中央。应重点围绕党史、国史、改革开放史、社会主义发展史，宪法法律，中华优秀传统文化等方面来加强世情国情教育，引导学生形成正确认知，既认识社会主义的优越性，又认识到我国处于社会主义初期阶段的基本国情；既认识改革开放取得的伟大成就，又不避讳实际工作中出现的问题与失误，防止学生理解不准确、分析片面化。

（三）牢记党的宗旨，全心全意为人民服务

在新时代，践行全心全意为人民服务的宗旨，就是要不断满足人民对美好生活的需要。联系高等教育的实际，应始终坚持充分尊重师生的主体地位，推动发展成果更多惠及师生，最大限度汇聚师生员工的智慧与力量。一是学生共享发展成果。把本科教育放在人才培养的核心地位，围绕学生、关照学生、服务学生，不断提高学生思想水平、政治觉悟、道德品质、文化素养。把思想政治工作落实到办学治校各领域、教育教学各环节、人才培养各方面，切实构建"十大"育人体系，真正上台阶、上水平、走入学生心灵深处。二是教师共享发展成果。"练育人之能"，通过实践研修、专题培训、学历提升等途径，引导教师努力克服本领不足、本领恐慌和本领落后等困难，让他们有自信、有底气、有本事。"有用武之地"，信任、尊重和依靠他们，为他们的职业发展搭建更广阔的舞台。"无后顾之忧"，把严格管理与关心服务结合起来，真情爱护、热情服务，采取切实有效的办法，为他们排忧解难，增强他们的职业自豪感与归属感，让尊师重教蔚然成风，吸引更多优秀人才长期从教、终身从教。三是社会共享发展成果。以服务为导向、以贡献促发展，立足学校创新资源与人才优势，积极服务国家战略和区域经济社会发展。创新理

论宣传服务体系，鼓励教师围绕重大理论和实践问题深入开展研究阐释，服务中国特色哲学社会科学"三大体系"建设；利用课堂讲坛、城乡基层、厂矿企业、广播电视、大报大刊、网络新媒体等阵地开展宣讲、积极发声、引领舆论。完善决策咨询服务体系，建设一批跨学科研究平台和高校新型智库，把服务科学决策、服务改革实践作为建库立库的根本任务，深入开展政策、理论、实践、战略研究，真正发挥外脑和参谋作用。

（四）牢记党的战略目标，奋力实现中华民族伟大复兴中国梦

中华民族伟大复兴是中国共产党人的初心使命，也是中华民族近代以来最伟大的梦想。实现这一伟大梦想，人才是关键。发现人才、培育人才、凝聚人才，从根本上说，就是要为实现中国梦提供合格建设者和可靠接班人。有了源源不断的人才优势，中华民族伟大复兴才能未来可期。高等教育在实现中国梦的伟大征程中，承担着提供接续不断的人才保障和智力支持的光荣使命。高校牢记党的战略目标，奋力实现"两个一百年"奋斗目标，就是要用习近平新时代中国特色社会主义思想凝聚共识，统一思想认识，巩固广大师生的共同思想基础；就是要教育和引导广大师生勇敢肩负起时代赋予的重任，充分运用高校的智力资源与自身的聪明才智，在投身党和人民伟大事业中建功立业；就是要增强广大师生知识更新的紧迫感，使大批优秀人才持续不断地涌现出来，为实现"两个一百年"奋斗目标和中华民族伟大复兴中国梦提供坚强保障。

（五）牢记党的基本路线，沿着这条基本路线坚定不移地奋勇前进

党的基本路线，是关乎党举什么旗、走什么路，关乎国家前途命运的根本问题。党的十八届六中全会提出，"党在社会主义初级阶段的基本路线是党和国家的生命线、人民的幸福线，也是党内政治生活正常开展的根本保证"。新时代牢记党的基本路线，必须让学生党员全面、系统、准确地掌握社会主义初期阶段党的基本路线。一是引导学生党员坚定不移地坚持以经济建设为中心这一"兴国之要"，坚持以人民为中心的发展思想，认识到这个"兴国之要"既包含了发展经济，更蕴含着改善人民

生活的要求，而不仅仅是经济总量的增加或 GDP 的彰显。二是引导学生党员坚定不移地坚持四项基本原则这一"立国之本"，巩固加强党对高校的全面领导，教育引导学生党员树立起对中国特色社会主义的道路自信、理论自信、制度自信与文化自信。三是引导学生党员坚定不移地坚持改革开放这一"强国之路"，把勇于改革、善于创新作为一种工作方式、学习方式与生活方式，扎实推进各领域、各方面的创新发展。四是引导学生党员坚定不移地坚持自力更生、艰苦奋斗这一"立足点"。习近平总书记多次强调，"不论过去、现在和将来，我们都要把国家和民族发展放在自己力量的基点上，坚持民族自尊心和自信心，坚定不移走自己的路"。当前，国际上单边主义、贸易保护主义上升，为全面建成小康社会、实现中华民族伟大复兴的中国梦，固然要充分利用世界各国技术与资源，但是这种利用必须把立足点放在自力更生和艰苦奋斗上，将自力更生和艰苦奋斗作为实现国家富强、民族振兴、人民幸福的长久之计，作为我们的优良传统和宝贵精神财富。

学生党员要按照《党章》和《宪法》的规定，认真履行党员义务和公民义务，勇做新时代的弄潮儿，在实现中华民族伟大复兴中国梦的生动实践中，书写人生华章。

（王京清，中国社会科学院副院长、党组副书记，中国社会科学院大学党委书记，社科大教育部思政创新发展中心主任。源自：《中国社会科学院研究生院学报》2019 年 10 月 18 日）

坚持以精品奉献人民

高培勇

2019年3月4日，习近平总书记在看望全国政协文艺界和社科界委员所发表的重要讲话中，发出了"坚持以精品奉献人民"的号召。联想起2017年5月17日习近平总书记在致中国社会科学院建院40周年贺信中提出的"为人民做学问"要求，作为一名哲学社会科学工作者，我体会到，这是习近平总书记为我们进一步做好新时代哲学社会科学研究工作指明了方向。

在我看来，践行"坚持以精品奉献人民"的基础和关键所在，是在坚持"为人民做学问"这一根本政治方向的同时，全面而系统地把握好精品一词的深刻内涵。

一 精品，必须是"人民所需"

我们是做学问的。无论是将做学问视作一项工作，还是一项事业，都要首先解决为什么做学问的问题。换言之，同各行各业一样，做学问的人只有找准服务对象，才能履行好自身的使命，担当起自身的责任。这种使命和责任，按照习近平总书记的要求，就是为人民做学问。

为人民做学问绝非一句空洞的口号，而是有着实实在在的内容。其中，最为实在的一条，就是"做人民所需要的学问"。换言之，做学问必须立足于人民利益，立足于提供关系人民利益的研究成果。这可以说是精品内涵的第一要义。

人民不是抽象的，而是有血有肉的。在现代经济社会，人民的具体表现就是纳税人。包括我们的工资薪金在内的与做学问有关的几乎所有经费，均来自于纳税人所缴纳的税款而非其他别的什么东西。既然花的是纳税人的钱，就得为纳税人做事，做于纳税人有益的事，让纳税人的钱花得物有所值。这意味着，我们不仅要把牢、把稳为人民做学问的方向，而且要把为人民做学问落实到与做学问有关的所有事务中，贯穿于做学问的全过程、各方面。

做学问不是学者个人的私事，也绝非仅同个人学术偏好和学术兴趣相关的小事，而是一项事关国家前途和民族命运的工作、同党和人民的利益密切联系在一起的事业。自古以来，中国知识分子便有"为天地立心，为生民立命，为往圣继绝学，为万世开太平"的志向和传统。从人民的需要出发，始终以满足人民的需要为己任，以自己的研究成果报效祖国和人民，这是每一位哲学社会科学工作者理应担当的历史责任。

做学问不能偏好什么便研究什么，对什么问题感兴趣便研究什么问题，或者自己认为什么重要便研究什么，而要坚持"换位"思考，始终站在人民的立场上，设身处地地为人民着想，着眼于为人民解疑释惑，立足于为人民排忧解难，聚焦于人民最急需解决的问题，将服务于国家的经济发展和社会进步作为自己必须履行的历史使命。

哲学社会科学研究应当围绕党和国家关注的理论和现实问题而展开。从课题的立项、研究力量的配置，到研究过程的组织以及阶段性和最终成果的提炼和形成，都须紧盯需求侧，不能脱离满足党和国家需求这一最重要的着眼点。

操用经济学的语言表述，如果把做学问视作一种供给，那么，供给终归要面向需求，终归要落实于满足需求。只有消费者所需要的产品，才是可适销对路的。只有使用者所急需的产品，才是可获高价的。

以此而论，当前不断释放出的党和国家对于哲学社会科学研究的强烈需求，实际上折射的是哲学社会科学研究供给同需求之间不相匹配的现实。表面上是需求问题，实际上是供给问题。事情表现在需求一侧，其深刻的根源则存在于供给之中。所以，以"人民所需"为标尺，聚焦党和国家中心任务，对当前哲学社会科学研究供给格局做一番审视和筛选，从而优化哲学社会科学研究资源配置，是坚持以精品奉献人民的必由之路。

二 精品，也必须"有用、能用、管用"

为人民做学问，当然须有质量要求——出人民所满意的成果。按照习近平总书记的要求，就是应该反映现实、观照现实，有利于解决现实问题、回答现实问题。

从根本上来说，哲学社会科学是人们认识世界、改造世界的重要工具。对于哲学社会科学成果的质量要求固然是多方面的，但最基本的一条，应该是有用、能用、管用。我们要为人民"做有用、能用、管用的学问"，而不能将目标仅仅定格于写了或发表了多少东西，更不能做无用之功。这可以说是精品内涵的第二要义。

学问终究是要"用"的。无论是做偏重理论的学术研究，还是做偏重应用的智库研究，其最终的目标或归宿，全在于一个"用"字。在落实于"用"这一问题上，学术研究和智库研究并无实质区别。只不过，智库研究距离实践较近，偏重于提出政策建议、解决实际问题；学术研究距离实践相对较远，更关注发展学理、观点和理念，体现的是对于实践的基础和支撑作用。

这意味着，作为哲学社会科学成果的论文、专著也好，教材、研究报告也罢，其价值或意义的评判，均首先取决于是否有用、能用、管用。因为，说到底，只有有用、能用、管用的成果，才是人民所需要的，才是有益于人民的。那些既不能证实或又不能证伪的天马行空之作，不仅绝对不值得我们为之投入哪怕一点点时间和精力，而且也绝对不值得我们为之花费哪怕一分源自纳税人所缴纳税款的研究经费。

这还意味着，即便是所谓纯学术研究，也不能为理论而理论，在理论推导的层面兜圈子，而须跳出理论分析的局限伸展至实践层面，不坐而论道，不隔岸观火。既要在实践中发现、筛选理论问题，又要在理论与实践相互联系的过程中研究理论问题、解决理论问题。也就是说，学术研究也要坚持问题导向，也要有现实感和方向感。

这也启示我们,哲学社会科学研究必须立足于国情,立足于中国特色社会主义伟大实践,把学问做在将中国的事情搞清楚、说明白的基础之上。这是保证做有用、能用、管用学问的基本前提。为此,哲学社会科学工作者要走出象牙塔,多到实地调查研究,了解百姓生活状况,把握群众思想脉搏。必须重实情,立足于一线调研,掌握第一手资料,把学问写进群众心坎里。

操用经济学的语言表述,如果将做学问视作一个生产过程,那么,研究成果便是做学问的产品。产品的价值和使用价值系对立的统一,只有具有使用价值的研究成果才有价值。

以此而论,这些年来,我们开的各种研讨会不能算少,发表的论文、出版的专著不能算少,呈交的研究报告和政策建议也不可谓不多,但就是在有用、能用、管用方面与党和国家的需求之间存有距离。问题不在量而在质,不在规模而在结构。所以,以"有用、能用、管用"为标尺,聚焦于党和国家关注的重大理论和现实问题,在哲学社会科学研究领域实行供给侧结构性改革,从而减少无效供给、增加有效供给,着力提升供给质量,乃是坚持以精品奉献人民的必由之路。

三 精品,还必须"经得起历史和实践检验"

做人民所需要的学问也好,做有用、能用、管用的学问也罢,也当然要从长期大势中考量,将做学问的成果置于历史发展的长河中加以鉴别。按照习近平总书记的要求,就是出经得起实践、人民和历史检验的研究成果。

这意味着,研究成果是否真正为"人民所需"、是否真的"有用、能用、管用",还需用更长远的历史眼光来审视,还要经由实践过程来评判。这意味着,我们要以对历史高度负责、对实践高度负责、对人民高度负责的精神来做学问,为人民"做经得起历史和实践检验的学问"。这可以说是精品内涵的第三要义。

经得起历史和实践检验的成果,无疑要出自专家之手,系专家之作。那些跨出自身专业领域、出自"漫谈者"或"票友"之手的跟风之作、一知半解之作，往往是没有根基的，也往往是靠不住、经不起推敲的。只有立足于自身的专长，坚持在"真正学有所长"的领域内，长期蹲守、持续跟踪，才可能成为精于专业分析的行家里手，也才能做出"真能解决问题"的学问。

经得起历史和实践检验的成果，显然要出自专家之拳头产品，系专家潜心倾力之作。那些速成之作、蜻蜓点水之作或心血来潮之作，只能逞一时之勇，一旦时过境迁，便往往会成为过眼烟云，甚或沦为无用垃圾。只有扎扎实实，聚焦于某一领域或某一方面问题潜下心来，倾尽心力，才能做出建立在做严格而充分的论证基础上的学问。

经得起历史和实践检验的成果，也当然是可终身保质的产品，系专家高度负责之作。那些表面文章、应景之作，往往只能管一时，而不能管长远；或者只能轰动于一时，而不能维持长久。只有坚守高尚职业道德，做到勤业敬业，才可能做出敢于负责到底、能够负责到底的学问。

操用经济学的语言表述，以做学问的产品定位研究成果，那么，作为产品的提供者，我们须对研究成果担起终身保质责任，对研究成果的质量负责到底。

以此而论，当前哲学社会科学研究领域之所以在某种程度上重数量、轻质量，只想速成、热衷看风向、赶时髦、搞短平快等不正常现象，一个很重要的原因，就在于职业素养的缺失，勤业敬业精神的不足。所以，以"经得起历史和实践检验"为标尺，将做人、做事、做学问统一起来，在明德、立德的基础上，多下苦工、多练真工，耐得住寂寞，经得起诱惑，守得住底线，立志做大学问、做真学问，亦是坚持以精品奉献人民的必由之路。

将上述的讨论做一归结，可以说，"人民所需""有用、能用、管用""经得起历史和实践检验"，是哲学社会科学研究须深刻把握的关于精品内涵的三层基本要义。"做人民所需要的学问""做有用、能用、管用的学问""做经得起历史和实践检验的学问"，则是哲学社会科学工作者坚持以精品奉献人民的三条必由之路。

（高培勇，中国社会科学院副院长、党组成员、学部委员。源自：《光明日报》2019年5月21日第6版）

为实现中华民族伟大复兴培养有用人才

张政文　王维国

古往今来，人才都是富国之本、兴邦大计。面对新时代党和国家事业发展对教育改革和人才培养的新要求新期待，习近平总书记在全国教育大会上强调，要努力构建德智体美劳全面培养的教育体系，形成更高水平的人才培养体系。这一重要论述，以更高远的历史站位、更宽广的国际视野、更深邃的战略眼光，为高等教育改革发展和高校人才培养工作指明了前进方向。

一　形成更高水平人才培养体系的战略意义

全面落实立德树人根本任务的重要抓手。党的十八大报告首次将"立德树人"确立为教育的根本任务，党的十九大报告进一步提出，"落实立德树人根本任务"。在全国教育大会上，习近平总书记明确指出，要把立德树人融入思想道德教育、文化知识教育、社会实践教育各环节，贯穿基础教育、职业教育、高等教育各领域，学科体系、教学体系、教材体系、管理体系要围绕这个目标来设计，教师要围绕这个目标来教，学生要围绕这个目标来学。这是党中央在高等教育办学治校各领域、教育教学各环节、人才培养各方面落细落小落实立德树人根本任务的新要求、新部署，为构建德智体美劳全面培养的教育体系，形成更高水平的人才培养体系提供了基本的价值遵循和实践框架。

解决高等教育发展不平衡不充分的战略举措。中国特色社会主义进入新时代，我国社会主要矛盾已经转化为人民日益增长的美好生活需要和不平衡不充分的发展之间的矛盾。教育是国之大计、党之大计，是人民美好生活的重要组成部分。当前，我国已建成全球规模最庞大的高等教育体系和人才培养体系，"有没有"的问题已基本解决，但发展不平衡不充分的问题日益凸显。所谓不平衡，主要指现有高等教育体系存在短板，即重教书轻育人，所以现如今我们迫切需要进一步加强学生品德修养，提高学生审美和人文素养，教育引导学生崇尚劳动、尊重劳动。所谓不充分主要指人才培养体系水平不高、实力不强，尚与党和国家事业发展要求不相适应、与人民群众期待不相契合、与我国综合国力和国际地位不相匹配。

服务实现中华民族伟大复兴中国梦的必然要求。"育才造士，为国之本。"习近平总书记在全国教育大会上提出，坚持把服务中华民族伟大复兴作为教育的重要使命。在实现中国梦的伟大征程中，教育事业承担着提供接续不断人才保障和智力支持，培育中国特色社会主义合格建设者和可靠接班人的职责。必须全面贯彻党的教育方针，抓住机遇、整体布局，协同推进德育、智育、体育、美育以及劳动教育全方位育人，构建德智体美劳全面培养的教育体系；加强学科、教学、教材和管理建设，形成更高水平的人才培养体系，培养广大青年学生与新时代党和国家事业发展相适应的素质与能力，使大批创新型、复合型、应用型优秀人才不断涌现。

二 培养社会主义建设者和接班人的着力点

形成更高水平的学科体系。高校学科建设持续向上向好，德智体美劳全面培养教育体系的基础就会越坚实，更高水平人才培养体系的支撑就会越牢固。扎实推进一流学科建设。习近平总书记指出，建立健全学科专业动态调整机制，加快一流大学和一流学科建设。应围绕国家战略需求和国际学术前沿，重点建设一批一流学科，以一流学科为引领辐射带动学科整体水平提升。建好建强马克思主义理论学科。进一步加大支持力度，以马克思主义理论学科的优先发展、优势发展、优质发展不断提升其学科影响力和社会引领力，自觉把马克思主义基本立场、观点、方法贯穿人才培养全过程，融入教育教学各环节。扎实推进哲学社会科学话语体系创新。高水平学科体系建设决不能脱离中国国情、历史传统和文化积淀，应着力打造融通中外的新概念新范畴新表述，用具有鲜明中国特色、中国风格、中国气派的学术话语体系助推学科体系发展。

形成更高水平的教学体系。教学贵在知行统一，而知是前提、是基础。形成更高水平的教学体系，要抓好课堂教学这一基本环节，既在教学内容上下功夫，也在教学形式上有创新。教学是一门科学，也是一门艺术。要认真钻研授课艺术，不断改革教学方法，逐步形成课堂教学、实践教学、网络教学相互支撑、管理高效、评价科学的高水平教学方法体系，以高超的教学艺术吸引学生、感染学生、教育学生。同时，积极打通课堂，使校内校外、课内课外、网上网下相互衔接，思想道德教育、文化知识教育、社会实践教育无缝对接，以更好地满足学生成长诉求、时代发展要求和社会进步需求，让教学这件有意义的事情变得越来越有意思。

形成更高水平的教材体系。教材是国家主流意识形态的体现，也是教育教学、人才培养的基本依据。应坚持建管并举，推进教材出版进一步繁荣，教材质量进一步提高，教材管理进一步优化，形成更高水平的教材体系，为提高人才培养质量提供有力保障。加快推进马工程教材编写使用。加快推进马工程教材建设，应始终把政治导向和学术质量放在首位，使工程教材真正成为体现时代发展、适应教学实践、深受学生欢迎的精品；应按照中央要求，抓好工程教材的推广使用，将其使用情况作为学校教学工作、学科建设、思政工作等方面考核评估的重要内容。切实加强文科教材建设，应加强顶层设计，充分体现马克思主义指导地位；坚持分类指导，鼓励编写适应不同教学需要的特色教材；树立精品意识，定期对优秀教材进行修订、完善；完善激励机制，引导学科领军人物和教学名师编写教材，作为评奖评优和职务评聘的重要指标。规范引进教材的出版选用，进一步加强对引进教材的宏观管理，明确引进、出版和选用的衡量标准，宣传、教育、出版等部门应加强沟通联系，形成监管合力。

形成更高水平的管理体系。习近平总书记强调，加强党对教育工作的全面领导，是办好教育的根本保证。在党委领导、校长负责、教授治学、民主管理的中国特色社会主义大学治理结构中，坚持党的全面领导是最核心的要求，同时也是提高办学治校能力、形成更高水平管理体系的重要保证。高校党委要把抓好学校党建作为办学治校的基本功，把党的教育方针全面贯彻到学校工作各方面。制度带有全局性、稳定性，管根本、管长远。更高水平的管理体系体现为一系列的制度安排、体制机制。高校实现教育教学、人才培养、职称评审、经费使用等方面的高水平管理，必须从建制度、立规矩入手，在学校章程、校规校纪、内部管理等方面提出制度要求，促进高校治理有方、管理到位、风清气正。在这其中，特别要强化依法管理，大力推进依法治教、依法治校，积极运用法治思维、法治方式推进高校治理。

三　把思想政治工作贯穿于人才培养全过程

习近平总书记在全国教育大会上强调，思想政治工作是学校各项工作的生命线。各级党委、各级教育主管部门、学校党组织必须把思想政治工作紧紧抓在手上，为构建德智体美劳全面培养的教育体系，形成更高水平的人才培养体系奠定坚实思想基础。

提升思想政治工作育人质量。高校思想政治工作既要以理服人，还要以文化人、以情感人，是一件技术含量高、难度系数大的工作。加之当前外部环境、社会条件、工作对象不断发生变化，一些过去行之有效的方法开始失灵失效，做好这项工作比以往任何时候都更需要创新。应深入推进体制机制、内容形式、方法手段创新，提升针对性和亲和力，切实解决在方法手段上的诸多不适和本领恐慌，尤其应主动适应新媒体迅猛发展的要求，管好、建好、用好网络，让网络空间真正成为激发正能量的坚强阵地。

补齐思想政治工作短板。当前，高校思想政治工作某些领域、某些层面的短板越发明显，迫切需要以协调发展理念为引领明确重点、补齐短板。应根据各项工作的育人元素与育人逻辑,实现思政课程与课程思政、课内与课外、线上与线下、管理与服务的协调发展,特别是以课程、科研、实践、文化、网络、心理、管理、服务、资助、组织十大育人体系为基础,把育人工作做在日常,推动各项工作协同协作、同向同行、互联互通。

营造思想政治工作良好生态。教师肩负着传播知识、传播思想、传播真理,塑造灵魂、塑造生命、塑造新人的时代重任。应积极落实习近平总书记在全国教育大会上对教师队伍提出的新的更高要求,引导教师执着于教书育人,有热爱教育的定力、淡泊名利的坚守,不仅做学问之师,更要做品行之师。通过切实加强师德建设,打造一支有理想信念、有道德情操、有扎实学识、有仁爱之心的"四有"好老师队伍,为做好思想政治工作营造风清气正的校园生态。

构建思想政治工作强大合力。习近平总书记指出,办好教育事业,家庭、学校、政府、社会都有责任。孤举者难起,众行者易趋。提升思想政治工作水平,就要促进校内校外开放融合、优势互补。要推进校内开放发展,建立起党委统一领导、党政工团齐抓共管的工作机制,使各部门各尽所能、各展所长,相互支持、相互配合。支持内外联动,积极吸纳家庭、学校、政府、社会的资源,真正汇聚起全社会关心支持、共同推进高校思想政治工作的磅礴力量。

凝聚思想政治工作智慧力量。坚持以人民为中心发展教育,是党的十八大以来我国教育现代化加速推进、教育方面人民群众获得感明显增强的一项重要经验。以人民为中心,就应尊重广大师生主体地位,发展成果由广大师生共享,进而凝聚起思想政治工作智慧力量。应围绕学生、关照学生、服务学生,不断提高其思想水平、政治觉悟、道德品质、文化素养。应促使教师形成过硬政治素质、扎实理论水平、高超工作技巧,为其职业发展搭建更广阔的舞台。

(张政文,中国社会科学院大学党委常务副书记、校长,教授、博士生导师;王维国,中国社会科学院大学马克思主义学院副院长、副教授。源自:《光明日报·理论版》2018年11月12日)

抓紧落实三项基础性工作，加强新时代高校党建

张树辉

高校党建工作是党的建设新的伟大工程的重要组成部分。习近平总书记去年在全国教育大会上指出，各级各类学校党组织要把抓好学校党建工作作为办学治校的基本功，把党的教育方针全面贯彻到学校工作各方面。近日，总书记在学校思想政治理论课教师座谈会上发表重要讲话，强调坚持教育为人民服务、为中国共产党治国理政服务、为巩固和发展中国特色社会主义制度服务、为改革开放和社会主义现代化建设服务，扎根中国大地办教育，同生产劳动和社会实践相结合，加快推进教育现代化、建设教育强国、办好人民满意的教育，努力培养担当民族复兴大任的时代新人，培养德智体美劳全面发展的社会主义建设者和接班人。这一重要论述权威深刻地阐释了习近平总书记时刻关心和反复强调的"培养什么人、怎样培养人、为谁培养人"的根本问题。对于承担办出中国特色世界一流大学、培养社会主义合格建设者和接班人重要使命的新时代的高等学校，习近平总书记在去年同北京大学师生座谈时明确提出，要抓好三项基础性工作：坚持正确政治方向，建设高素质教师队伍，形成高水平人才培养体系。高校必须加强三项基础性工作这一科学判断和指导战略是总书记关于教育的重要论述，是习近平新时代中国特色社会主义思想的重要组成，也是对新时代高校党建理论的发展和完善，已经成为高校探索、实践和加强新时代党建工作的重要遵循和有力抓手。

一 坚持正确政治方向，是高校党建的灵魂主线

习近平总书记强调："古今中外，每个国家都是按照自己的政治要求来培养人的，世界一流大学都是在服务自己国家发展中成长起来的。我国社会主义教育就是要培养社会主义建设者和接班人。"去年在全国教育大会上，总书记站在新时代坚持和发展中国特色社会主义的战略高度，深刻回顾了党的十八大以来我国教育事业发展取得的显著成就，系统总结了推进我国教育改革发展的"九个坚持"，其中第一个重要论断就是"坚持党对教育事业的全面领导"，要"在党的坚强领导下，全面贯彻党的教育方针，坚持马克思主义指导地位，坚持中国特色社会主义教育发展道路，坚持社会主义办学方向"。

坚持正确的政治方向，高校党建要做到三个"必须"。一是学校党委必须旗帜鲜明讲政治。党的领导必须实实在在地落实到办学的全过程，确保培养中国特色社会主义事业的建设者和接班人这一根本任务得以落实。高校党委要以实际行动用习近平新时代中国特色社会主义思想武装头脑，肩负起管党治党、办学治校的政治责任和主体责任，在大是大非面前保持政治清醒和政治自觉，在贯彻党的教育方针中把方向、管大局、做决策、保落实，坚决维护党中央的权威和集中统一领导。近年来，学校在抓好马克思主义理论教育，深化学生对马克思主义历史必然性和科学真理性、理论意义和现实意义的认识，教育他们学会运用马克思主义立场观点方法观察世界、分析世界，真正搞懂面临的时代课题，深刻把握世界发展走向，认清中国和世界发展大势等方面下大力气，在引导广大师生做社会主义核心价值观的坚定信仰者、积极传播者、模范践行者等方面下真功夫，建立大思政格局，发挥马克思主义理论研究优势，设立思政教育高等研究院，把立德树人的成效作为检验学校一切工作的根本标准，把立德树人内化到大学建设和管理各领域、各方面、各环节，做到以树人为核心，以立德为根本，并且取得了明显成效。二是高校必须加强政治建设。高校各级党组织和全体党员都要以政治建设为统领，牢固树立"四个意识"，坚定执行党的政治路线，严格遵守党的政治纪律

和政治规矩,在政治立场、政治方向、政治原则、政治道路上同以习近平同志为核心的党中央保持高度一致,坚决维护习近平同志在党中央、全党的领导核心地位。高校基层党支部是高校党建的桥头堡,是高校党委抓好党建的主要抓手,党支部的政治方向出现问题就会导致"一着不慎满盘皆输"的严重后果。学生党支部也要坚持把政治建设作为加强党支部建设的重要内容。三是必须抓好师生党员的政治教育。要严格执行党内政治生活准则,切实增强党内政治生活的政治性、时代性、原则性、战斗性;还要切实按照总书记提出的"政治要强,情怀要深,思维要新,视野要广,自律要严,人格要正"要求打造一支高素质的思政课教师队伍,书记校长也要亲自上好思政课,通过入脑入心、富有有效的思想政治理论课、社会实践、第二课堂等渠道,增强师生党员的政治意识和政治定力,增强"四个意识",坚定"四个自信",营造良好的高校政治生态,使得师生党员在党言党、爱党护党。

二 建设高素质教师队伍,是高校党建的重要任务

习近平总书记在 2018 年视察北大时指出:"建设政治素质过硬、业务能力精湛、育人水平高超的高素质教师队伍是大学建设的基础性工作。要从培养社会主义建设者和接班人的高度,考虑大学师资队伍的素质要求、人员构成、培训体系等。"在 2019 年的思政课教师座谈会上,习总书记再次强调:"思政课教师要真正地'姓马信马''在马言马',坚守职业的政治站位,坚定自身的政治信念,坚持教学的政治纪律。"抓好学校领导班子和干部队伍建设,抓好学校党组织建设和党员队伍管理,抓好党风廉政建设和师德师风建设是高校党建的主要内容,干部队伍建设、党员队伍管理、师德师风建设与教师队伍建设密切相关,同向共效。高校党委要从主责主业出发,按照总书记讲话要求,把建设高素质教师队伍作为工作的重要任务。

首先,要建设政治素质过硬的教师队伍。习近平总书记在 2014 年教师节对好老师提出四点要求的第一点就是"要有理想信念",今年对思政课老师提的第一项要求也是"政治要强"。传道者首先自己要明道、信

道，高校教师只有自己真懂真信马克思主义，认同并践行社会主义核心价值观，才能成为先进思想文化的传播者、党执政的坚定支持者、学生成长成才的领路人。其次，要把师德作为教师评价的首要标准。习总书记曾说过："合格的老师首先应该是道德上的合格者，好老师首先应该是以德施教、以德立身的楷模。"老师是学生道德修养的镜子。近年来，学校积极探索把明大德、守公德、严私德的师德建设与加强教师党建有机结合起来，以党的思想建设和纪律建设为引领，注重发挥党员及优秀教师的党员模范和师德示范作用，切实推动落实"师德一票否决制"，努力打造一支品德高尚、师风优良的教师队伍，"四有老师"成为党委信赖、同事敬重、同学热捧的标杆楷模。再次，要强调提升教师的育人水平。过去，高校有"重专业轻育人"的倾向，这和培养社会主义建设者和接班人根本任务的要求还有较大差距。如今，高校党委以习近平新时代中国特色社会主义思想引领广大教师提升育人意识，提高育人水平，引导教师把育人作为首要任务，已成为高校党委和广大教师群体的广泛共识和基本遵循，工作也在不断落地开花，涌现出一大批教学和育人双优的教师个体和团队。

三 形成高水平人才培养体系，是高校党建的首要目标

习近平总书记在与北大师生座谈时指出："人才培养体系涉及学科体系、教学体系、教材体系、管理体系等，而贯通其中的是思想政治工作体系。加强党的领导和党的建设，加强思想政治工作体系建设，是形成高水平人才培养体系的重要内容。"讲话深刻指明了党建对高校形成高水平人才培养体系所具有的统领作用，也把形成高水平人才培养体系标定为高校党建工作的首要目标。

习近平总书记在全国教育大会上指出："要努力构建德智体美劳全面培养的教育体系，形成更高水平的人才培养体系。"这是对"三项基础性工作"的深化和发展，在形成更高水平人才培养体系的探索实践中，高校党建在以下两个方面发力并收到成效。一是始终坚持马克思主义的指

导地位。习总书记强调，办好我们的高校，必须坚持以马克思主义为指导，让学生深刻感悟马克思主义真理力量，为学生成长成才打下科学的思想基础。习近平新时代中国特色社会主义思想，是马克思主义中国化的最新成果，学校着力引导学生真学、真信、真懂、真用马克思主义，教导广大学生真心坚定"四个自信"，全面推动习近平新时代中国特色社会主义思想进教材、进课堂、进头脑，全面落实以总书记关于教育的重要论述指导高校办学实践；充分发挥社科院系统的学术优势，加强学科体系、教学体系、教材体系、管理体系建设，通过"师徒制"、学业导师制、本硕博资源一体化、深度国际化培养等方式，提高培养质量；特别注重思想政治工作体系建设，注重思政课程与课程思政相结合，第一课堂与第二课堂相结合，教学一线与教学辅助部门相结合，线上与线下相结合，提高了思政工作的亲和力和有效性，通过启动"扬帆新时代社科学子成长计划""社科学子新苗支持计划"等工作，将全程育人工作赋予有效载体，把学校的特色和优势真正落地转化为培养德智体美劳全面发展的中国特色社会主义合格建设者和可靠接班人的能力。二是不断加强思想政治工作体系的建设。党的十八大以来，高校全力加紧学习贯彻总书记关于教育的重要论述和对广大师生的谆谆教诲，深入贯彻落实全国教育大会精神、全国高校思想政治工作会议精神和《中共中央、国务院关于加强和改进新形势下高校思想政治工作的意见》，大力实施高校思想政治工作质量提升工程，在校党委的统一领导下，加强思想政治工作顶层设计，真正把思想政治工作贯穿教育教学全过程，一体化构建内容完善、标准健全、运行科学、保障有力、成效显著的高校思想政治工作质量体系，逐步形成了全员全过程全方位育人格局，有效提升了思想政治工作的亲和力和针对性，着力培养担当民族复兴大任的时代新人，开创出新时代高校思想政治工作新局面。

（张树辉，中国社会科学院大学副校长，社科大教育部思政创新发展中心副主任、思想政治工作高等研究院副院长。源自：《党建研究》2019年第 5 期）

试析高校学生基层党支部建设与对策

张晓东

一 加强高校学生基层党支部建设的现实意义

高校学生基层党支部是党联系群众的桥梁和纽带，是党在基层组织中的战斗堡垒。加强高校学生基层党支部建设，有着鲜明的现实意义和实践依据。

（一）加强高校学生基层党支部建设，是加强和改善党的领导的根本要求

中国共产党是中国特色社会主义事业的领导核心，必须切实担负起自身的历史重任，发挥政治优势和组织优势，不断完善和提升领导方式和执政水平。每个基层党支部作为党在人民群众中的"贴心人"，要凝聚人心，汇集民智，而高校基层党支部就是在教育战线团结带领广大先进学生的坚强力量，是党永葆生机和活力的重要基础。

（二）加强高校学生基层党支部建设，是加强青年学生思想政治教育的内在需要

高校学生基层党支部是高等教育系统党组织建设的重要组成部分，是高校学生的政治核心。高校学生党支部主体由大学生构成，处于高校学生工作的最前沿，对学生的各方面有比较细致的了解，是做好思想政治教育工作的骨干力量和群众基础。高校学生基层党支部通过学生党员的先锋模范作用，扩大党的影响，吸引更多青年优秀学生加入党组织，为党的事业培养可靠的接班人和后备力量。加强高校学生基层党支部建设，创新学生党支部活动方式，使其成为开展思想政治教育的坚强堡垒，是加强青年学生思想政治教育的内在需要。

（三）加强高校学生基层党支部建设，是实现学生全面发展的利益诉求

高校学生基层党支部在团结、教育和联系大学生等方面所具备的独特优势，并未仅局限于思想领域，而且还拓展到了大学生发展的各个领域。党员的先锋模范作用体现在高校基层党支部中，就是要充分发挥大学生党员在专业知识学习、社会实践锻炼和日常工作生活中的先锋模范作用，在关键时刻，学生党员有勇于承担的带头精神。高校学生基层党支部加强自身建设，团结、组织、引导、服务青年学生，实践学生党支部为学生党员服务、学生党支部和学生党员为广大学生服务的工作要求，在增强党的影响力和凝聚力的过程中实现学生全面发展的利益诉求。

二 高校学生基层党支部建设现状

各类高校学生党员所占学生总数的比例已从 2004 年的 7.1% 上升到 2008 年的 11%，"高校每年发展党员数量超过全国每年发展党员总数的三分之一"[①]。高校学生基层党支部在自身探索的过程中，形成了很多有益经验，已经形成了系统化、专门化的工作思路。

（一）高校学生基层党支部建设已有一支专门的工作队伍

近年来，各高校党委认真贯彻《中国共产党普通高等学校基层组织工作条例》和《关于贯彻〈普通高等学校党建工作基本标准〉的实施意

---

① 唐景莉、杨晨光：《高校党建：为高教事业科学发展提供坚强保证——写在第十八次全国高等学校党的建设工作会议召开之际》，《中国教育报》2009 年 12 月 28 日。

见》，加强高校学生基层党支部建设，建立了一支政治素质高，业务能力强，专兼结合的专门工作队伍，为高校党建工作提供了坚实的组织保障。各高校学生基层党支部深入细致地开展日常工作，推进工作常态化。各级党组织的联系渠道得以畅通，学校党委、院（系）党总支、大学生党支部三者相互衔接，联系进一步加强。2009年高校学生思想政治状况滚动调查显示：高校学生思想政治状况与20年前相比发生转折性变化，对比过去5年的调查数据可以发现，高校学生的理想信念更加坚定，对坚持中国共产党的领导、坚持中国特色社会主义道路的认同度较高。在自我评价调查中，有3.7%的学生认为自身爱国热情很强，有7.1%的学生认为自己有较强的民族自豪感。①

（二）高校学生党员发展日益规范，初步形成高校学生基层党支部建设的系统化

2003年，第十二次全国高等学校党的建设工作会议提出，加强和改进学生基层党组织建设，努力实现高年级学生"支部建在班上"，形成"一年级有党员、二年级有党小组、三年级有党支部"的学生党建工作新格局。2004年中共中央国务院《关于进一步加强和改进大学生思想政治教育的意见》又提出，坚持把党支部建在班上，努力实现本科学生班级"低年级有党员、高年级有党支部"的目标。此后，中组部、教育部、共青团中央联合出台了《关于加强和改进在大学生中发展党员工作和大学生党支部建设的意见》，进一步明确了加强大学生党支部自身建设的主要职责。中央一系列文件多次强调高校学生基层党支部建设，就是要进一步提高高校学生基层党组织的凝聚力和战斗力，强化堡垒作用，积极扩大学生党建工作的覆盖面。

党员发展是高校学生基层党支部建设的重中之重。以中国青年政治学院为例，学生党员发展初步形成推优发展机制。由基层党支部所在的班级、年级首先进行民主推荐优秀大学生进入业余党校学习，端正入党

---

① 唐景莉、杨晨光：《高校党建：为高教事业科学发展提供坚强保证——写在第十八次全国高等学校党的建设工作会议召开之际》，《中国教育报》2009年12月28日。

动机，明确党员的权利和义务。在充分考察入党积极分子的基础上，按比例、适时地发展预备党员，条件成熟及时转正。

（三）基层党支部建设存在许多不足，制约着基层党组织作用的发挥

高校学生基层党支部的主要构成人员为学生，党建工作经验欠缺，日常工作多停留在学生党员发展等单向活动上，忽视了党支部还需要不断倾听广大学生呼声、心声等多向性活动。内容上，由于长期以来发展党员的单向思维，思想政治教育仅仅停留在肤浅的认识层面，并没有内化为强大的思想动力。学生党员发展缺乏继续教育，许多新党员在入党后放松对自己的要求，不能发挥先锋模范作用，降低了基层组织的号召力、凝聚力、影响力。形式上，普遍存在"用会议落实会议，用讲话落实讲话""三会一课"等简单形式，没有开拓创新精神，活动范围常局限于支部成员内部。大学生的生活丰富多彩，而基层组织建设却鲜有通过互联网、社团、公寓等渠道开展活动来彼此呼应，"走过场"的形式教育是阻碍高校学生基层党支部建设的掣肘因素。由于党支部建制同全面学分制、课程专业化、活动社团化、实习分散化等有矛盾，基层支部活动遇到了很多现实性挑战。

三 加强高校学生基层党支部建设的探索

针对高校学生基层党支部建设过程中存在的问题和矛盾，我们不仅要在思想认识层面上提高，更要在行动实践方面层层推进。

（一）高校党委高度重视，积极研究党建新形势

党的十七大报告明确提出，党的基层组织是党执政的组织基础。高校党委应从思想上高度重视高校学生基层党支部建设，从人事、组织、后勤等多方面全方位地研究高校党建新形势。随着"90后"逐渐成为高校学生的主体，学生党支部建设更应该及时创新建设思路，发展大学生党建工作队伍，改进思想政治教育方式，通过多种资源，密切联系学生全面发展的实际，思考新时期建立流动党支部，加强现实与理论结合的

双向教育模式等内容，培养大批拥有社会主义核心价值观，脚踏实地地为实现党在现阶段的基本纲领而奋斗的可靠接班人。

（二）统筹兼顾，逐步推进高校学生基层党支部建设的科学化

一是确定合理的党支部建设思路。发展党员，需要加强党员的继续教育、入党积极分子的早期培养。学生党支部不仅是一个思想战斗堡垒，更要与学生的专业学习、实习实践等现实的利益诉求紧密联系起来，找准理论与实际结合点，紧跟时代发展步伐，培养素质优秀的接班人。

二是建立新的党支部建设模式。结合"支部建在班上""支部建在公寓""支部建在社团"等新形式，因材施教，对待入党积极分子重点强调启蒙教育与动机考查，党员则需要坚持继续教育、终生学习的态度，使基层组织建设模式科学化。

三是拓展党支部建设活动。党支部是由个体构成的，需要通过多种形式以突破过去单一、枯燥活动的束缚，如参观考察、志愿服务等。

（三）提升高校学生基层党支部的制度化水平，建立基层组织发展的长效机制

制度文明是现代文明的典范，制度问题更带有根本性、全局性、稳定性和长期性。通过明确大家共同遵守的办事规程，强化制度意识，有利于共同树立强烈的规则意识，实现基层党组织发展长效可行。加强高校学生基层党支部的制度建设，一定要保证基本的"三会一课"制度，并继续推进制度建设。另外，实现高校学生基层党支部建设长效可行，还需要有强有力的监督机制，建立健全科学的奖惩制度，强化基层组织发展动力，提升组织成员的凝聚力和向心力。

（四）推进高校学生基层党支部建设的信息化，增强基层组织的覆盖面和影响力

随着科技的发展，高校学生基层党支部建设需要及时面对信息化的挑战。论坛、飞信、微博等媒介已广泛渗入高校的各个角落。在互联网上开辟高校学生基层党支部建设的信息化阵地，依托视频、影视等高校

学生喜闻乐见的形式，有效扩大和增强基层党组织的覆盖范围和影响力。运用网络，在潜移默化中塑造当代大学生的世界观、人生观、价值观。

四　结语

高校基层党支部作为高校政治工作的核心，要坚定不移地与党中央保持高度一致，贯彻党的决策部署，紧密联系实际，稳中求进地践行高校基层党支部建设的新理念，为落实国家中长期教育改革发展规划纲要，实现高校思想政治工作又好又快的发展，进一步巩固和发展党与广大青年学生的血肉联系，推进党的建设新的伟大工程提供智力支持与思想保证。

（张晓东，中国社会科学院大学国际关系学院党总支书记。源自：《中国青年政治学院学报》2012年第3期）

高校党建工作品牌培育研究

余中海

习近平总书记强调："从严治党，必须增强管党治党意识、落实管党治党责任。""不明确责任，不落实责任，不追究责任，从严治党是做不到的。""把抓好党建作为最大的政绩。"这些重要论述和要求，为我们抓党建工作、抓党建工作责任制落实提供了根本遵循，指明了确切方向。作为新形势下加强和改进高校党的建设重要事业的积极探索，深化落实党建工作责任制，着力打造高校党建新品牌，以新方法、新模式、新机制的大胆尝试和充分实践为抓手和突破，逐渐成为当前高校党建工作的目标和方向。本文以 Z 高校为个案，围绕该校近几年开展的党建活动展开分析讨论，在阐述具体实施情况的同时探究其成功的经验和存在的问题。基于此，试图介绍高校落实党建工作责任制的情况如何？解析高校党建工作品牌的内涵及判断标准是什么？为什么要培育打造高校党建工作新品牌？怎样培育高校党建工作新品牌？从而强化问题意识，在发现问题、剖析问题、解决问题中真正落实党建工作责任制，确保党建工作常抓不懈、取得实效，大力推进高校党的建设新的伟大工程，全面提高高校党的建设科学化水平。

一 高校党建工作品牌的内涵及判断标准

"品牌"一词来源于现代企业管理中的市场营销理念，它是划分不同企业之间产品或服务的一个工具，较为集中地反映出企业的特色，体现出企业的影响力和竞争力。在《牛津大辞典》中，将"品牌"定义为："用来证明所有权，作为质量的标志或其他用途。"随着社会的发展，品牌作为一个特殊概念，作为一种无形资产，在社会生活诸多领域加以引用，而将其引入高校党建工作中则是一次颇为大胆的尝试，并受到学界和党务工作者的关注。结合现有研究成果，笔者将高校党建工作品牌界定为：在党的执政理念、执政方式和执政目标的引领下，立足于高校党建工作实务，以学习型、服务型、创新型党组织建设为主线，以服务师生员工为重点，以突出中心工作、促进事业发展为目标，具有较强的凝聚力、影响力和感召力，能够得到学校师生员工的普遍认同，起到较好的示范、导向和辐射带动作用，有着鲜明时代特点和学校特色印迹的党建工作理念、标识或载体。

高校党建工作品牌不同于一般性、常规性、通识性的党建工作，其是否能称作品牌？能否被定为品牌？有着特定的判断标准：第一，必须具有首创性和创新性。党建工作品牌首先需要在理念、思路、制度、内容、方法和载体等方面贯穿首创特质、体现创新精神，而且能够适应发展需要进行自我调整，展现出持久的内动力和生命力。第二，必须具有特色性和形象性。能够较为强烈地凸显高校的特色、党建的特色，能够颇为形象地展示党建活动的名称及其标识。第三，必须具有现实性和实践性。品牌的创设和开展在内容、形式、载体等方面密切结合国家党建工作新动态，密切关注高校发展新形态，密切联系师生需求新业态，品牌活动的实施能够有效促进学校教学科研等事业的进步。第四，必须具有普及性和参与性。作为品牌，在活动中要能够充分调动广大党员推广普及、积极参与的潜能，要能够让师生党员各展所长、各尽其能，不仅勇于参与而且乐于参与。第五，必须具有服务性和凝聚性。能够将我们党全心全意为人民服务的宗旨意识贯彻到品牌活动中来，服务于高等教育事业、服务于学校各项工作、服务于师生员工，从而凝心聚力再创品牌新高。第六，必须具有示范性和推广性。通过品牌的创建和完善，在全校范围内形成人人为品牌、事事争品牌的良好氛围，实现以党建推动各项工作齐步向前，以品牌引领各项事业共同进步。

二 Z高校党建工作存在的问题

作为一所快速发展中的知名院校，Z高校的党建工作具有自身的特点，并且在兄弟院校间具有较高的影响力和认可度。近几年来，根据上级组织要求，结合学校自身实际，Z高校在发展型、创新型党建工作诸多方面做了有益的探索和尝试，取得了一定的成绩。但纵观现实情况，仍然存在着一些亟待解决的问题。

（一）创新不足且特色不鲜明

Z高校在组织开展党建工作的过程中，有些基层党组织习惯性按照上级组织的部署安排一字不落、一字不差地贯彻执行，要么就是当成"任务"来完成，不重视、不关注、不用心，简单应付了事，造成党建工作千篇一律、毫无新意；部分基层党组织不善于将本总支、本支部的工作特点、人员特点与党建活动的内容和要求相结合，既不深入开展，也不积极开展，导致活动情况平实粗糙。显然，没有创新和特色的党建工作，难以充分发挥其内在的感召力和影响力，更无法真正实现育品牌秀亮点的发展目标。

（二）组织实施欠科学缺设计

党建工作，基础在于理论指导，关键在于落实执行。工作方案的设计和实施流程的组织是否做到科学合理、规划有序，直接影响着高校党建工作的成效。Z高校的一些基层党组织，由于缺乏工作经验和正确的思路方法，对党建工作没有一个清晰的概念和全面的认识，怎样组织、如何实施没有头绪，工作前没有调研设计、工作中没有检查评估、工作后没有效果反馈，整个工作很难做到有条理、有计划、有目标的组织实施，高质量高水平的党建工作肯定难以形成。

（三）考核评价机制不到位

Z高校现在还没有形成对各级党组织及其负责人开展党建工作的成效

进行考核评价的标准依据或者规章制度,既没有激励措施,也没有惩罚机制,这就导致干好干坏一个样,干多干少一个样,部分党员干部因此缺乏动力,没有积极性,工作的投入程度不够。究其缘由,主要还在于学校层面以及各基层党组织对党建工作的重要性和必要性认识不到位,对如何做好党建工作,如何培育有影响力、有品牌性党建工作缺乏整体设计和分层规划,缺乏对各党组织负责人提出具体的工作要求和目标任务,缺乏对党建工作发展的深入思考和系统研究。

三 着力打造并培育高校党建新品牌的重要性与必要性

高校党建工作品牌的打造和培育,就是要把品牌理念引入高校,以创品牌、争品牌、育品牌作为强化高校党建工作的新抓手、新方向、新形态,这对我国的党建事业特别是高等教育领域的党建工作,具有极为强烈的重要性和必要性。

(一) 打造培育高校党建新品牌是提高高校党建工作科学化水平的必然选择

党的十八大报告明确指出,要以改革创新的精神全面提高党的建设科学化水平,努力建设学习型、服务型、创新型马克思主义执政党。作为党的建设伟大工程的重要组成部分,高校党的建设科学化水平的提高对党的建设事业有着极为重要的推动作用和促进作用。习近平同志提出,要以科学的方法推进党的建设,最根本的就是要继承和发展党在长期实践中积累的成功方法,要积极探索运用现代科学的方法,不断提高党的建设工作水平。品牌培育作为现代管理学的精髓和要义,一方面有益于推动高校党建工作质量的提高。通过党建品牌解决"培养什么人、怎样培养人"的问题,提出"党建育人"的新思路和新方法,将品牌理念进而贯穿于教学、科研和服务各环节,全方位构建高质量的管理、高质量的服务和高质量的育人。另一方面,有益于促进高校党建工作新形象的建立。高校党建工作是否科学有效,关键在于能否得到广大师生的认可和支持。培育高校党建工作品牌就是要改变以往的党建工作形象，建设受到广大师生参与和点赞的党建亮点工程，逐步提升高校党建工作的亲和力和吸引力。显然，培育品牌的理念和思路符合高校党建工作的内在要求和外在需要，是提高高校党建工作科学化水平的必然选择。

（二）打造培育高校党建新品牌是推动高校科学发展的现实要求

当前，世情、国情、校情都在发生着剧烈的变化，对高等学校如何实现科学发展、跨越发展提出了新的挑战和要求。这其中既有国际环境大发展、大变革、大调整的迫切需要，又有《国家中长期教育改革和发展规划纲要（2010—2020年）》全面贯彻落实的现实要求。与此同时，高校之间的竞争日趋激烈，对高校通过科学发展以应对国内外形势、确保在竞争中掌握主动权给出了新的课题。作为引领高校发展方向、维护高校发展稳定、服务高校发展进程的高校党的建设工作，在此时，理应转变思路、改进方法、更新理念，成为高校科学发展的突击手和排头兵，这就要求高校党建工作运用品牌培育等新手段、新机制，首先把党建工作的品牌塑造好、培育好，突出高校党建工作的特色优势、突出高校自身存有的独特亮点、突出高校以党建带全面的专有模式，回应并强化高校科学发展的现实要求。

（三）打造培育高校党建新品牌是发挥党组织战斗堡垒作用和党员先锋模范作用的有效载体

开展高校党建工作品牌的培育，能够让广大师生党员融入"我为品牌献智慧""育品牌促发展""微品牌大效力"等活动中来，为密切各级党组织、党员干部与师生之间的关系提供良好的平台和有力的促动，让党员的先锋模范作用在品牌培育过程中得以展示和彰显。通过打造具有很强感召力、影响力和凝聚力的党建工作品牌，各级党组织和广大党员的引领示范作用能够进一步得到发挥，从而着力调动高校整体推进党建工作的积极性、主动性和创造性，营造齐心协力育品牌、塑造载体促党建的良好氛围。近年来，各地高校围绕"创精品树品牌"等主题，结合学校实际，设计谋划了一系列特色鲜明、亮点突出的党建工作活动，充分把党组织、党员与"接地气"的党建工作融为一体，吸引了众多师生党员加入"战斗堡垒团"和"先锋模范营"，让党建工作品牌的培育这一重要载体成为新热点、新常态。

四 着力打造并培育高校党建新品牌的路径选择

"品牌最持久的含义是其价值、文化和个性。"培育高校党建工作的品牌，其价值在于提高高校党建工作科学化水平，提升党建育人的质量；其文化在于彰显党建工作的持久活力，营造党建工作的文化氛围；其个性在于挖掘高校党建自身资源，塑造特色亮点的品牌化。因此，高校党建工作品牌的培育，也需从这些层面入手进行探索和选择。

（一）加强队伍建设，强化党建工作品牌意识

培育高校党建工作品牌，队伍建设要先行，要着力打造一支党性强、素质硬、水平高的党务干部队伍，要努力强化广大师生党员特别是党务干部队伍的品牌意识，这既是高校党建工作品牌培育的根本前提，也是提高高校党建工作品牌质量的先决条件。在选拔任用党务干部时，将具备创新理念、品牌意识、前瞻思维作为重要的参考和依据；在加强党务干部队伍集体培训、整体效能的同时，针对从事不同类型、不同岗位、不同年龄的党务干部队伍，有针对性地进行分类指导、分批培训。高校要把培育党建工作品牌、树立党建工作亮点、打造党建工作特色作为学校党建工作的目标和方向，并以此引导各基层党组织开展具体的党建工作，逐步形成学校党建工作的向心力和凝聚力。

（二）完善制度建设，明确党建品牌目标定位

制度建设，作为高校党建工作有序开展的重要保障，也是明确高校党建工作品牌定位的重要依据。完善高校党建工作制度，要改变以往照搬照抄国家规章条例、大势借用上级规定的方式，必须结合高校自身的实际特别是党建工作的实情，制定出来的制度不只是对具体工作进行规范和约束，而且能够有效地推动发展型、创新型工作的展开，特别是有

助于高校党建工作品牌的培育和打造。在让党建工作有章可循、有序开展的基础上，对各级党组织为什么要培育品牌、培育什么样的品牌、怎样培育品牌等实际的问题，在党建制度中要体现出来、规定出来、展示出来，要明确不仅要做好常规动作，而且要确立党建工作品牌的目标，要做好党建工作品牌的定位，并形成品牌效应推广机制、品牌影响扩大机制、品牌示范拓展机制以及品牌资源的辐射效应。

（三）运用媒介工具，致力于品牌培育信息化

信息技术的飞速发展，为高校党建工作品牌的培育提供了新工具、新手段。运用各种全新的媒介工具开展党建工作品牌的培育和推介，是适应信息时代的发展趋势，是推进高校党建工作信息化建设，提升高校党建工作科学化水平的必然要求。要鼓励并支持各级党组织培育"微党建""党建云""网上党员之家""党务在线"等师生喜闻乐见，既有深度广度，又有吸引力、感染力的党建工作品牌。充分利用新媒介工具传播速度快、交互反应广、影响范围大等特点，开展党建工作品牌培育的推介活动和成熟品牌的宣传活动，开展"线上线下"打造党建工作品牌两手抓，在占领高校舆论引导高地的同时，大力提高党建工作在师生中的认同度、支持度、参与度。

（四）创新思路方法，推进特色亮点活动建设

高校党建工作品牌培育活动能否取得成效，关键在于工作思路、工作方法的选择和运用是否做到创新、是否做到科学。高校开展党建工作品牌培育活动，需要打破以往固定单一的思路方法模式，要根据国家政策需要、社会发展要求、学校事业规划以及广大师生的诉求，结合各级党组织自身的特点来开思路、明方法。各院系要结合专业特点、学生特点，引入项目化品牌培育机制，开展"法援先锋""经济说法""社工之家""外语领航"等各具特色亮点的品牌项目；各职能部门要结合工作实际，开展"廉政课堂""组织工作面对面""支部书记带好头"等既能推动工作开展，又能促进学校党建的党建品牌。在新思路新方法的引导下，着力提升党务干部与师生党员品牌参与的积极性和主动性，从而彰显出

党员的示范带动作用和先锋模范作用。

参考文献

［1］刘蕾蕾：《高校基层党建工作品牌创建研究》，《吉林省教育学院学报》2014年第8期。

［2］陆琴、张成龙、徐一凡：《高校党建工作引入"金钥匙"服务理念的思考》，《高教论坛》2015年第2期。

［3］唐朝继：《高校党建工作基本规律探析》，《思想理论教育导刊》2009年第6期。

［4］杨露：《高校党建工作品牌创新的理论与实践探讨》，《理论导刊》2014年第2期。

［5］袁洁：《优秀党建工作品牌的创建路径》，《理论观察》2013年第8期。

［余中海，中国社会科学院大学党委组织部（人事处）。本文系2016年度中央直属机关党建研究会课题研究成果］

高校基层党组织党内生活存在的问题及原因研究

余中海

习近平总书记指出，高校肩负着学习研究宣传马克思主义、培养中国特色社会主义事业建设者和接班人的重大任务。加强党对高校的领导，加强和改进高校党的建设，是办好中国特色社会主义大学的根本保证。高校基层党组织是党在高校教学、科研、管理第一线的战斗堡垒，是党联系高校广大师生员工的重要纽带，是团结、带领、组织广大党员群众完成高校所承担的人才培养、科学研究、社会服务三大任务的政治核心，是推动高校科学发展、促进和谐校园建设的基本力量。党内生活经常与否、认真与否、严肃与否，事关高校基层党组织能否充分发挥党在高校改革发展中的政治核心作用。

一 高校基层党组织党内生活现状

基层党组织党内生活，是高校党建工作的重要组成部分。目前，高校基层党组织党内生活总体实现了制度化、民主化，不少高校基层党组织为提高党内生活的质量进行了积极探索，在加强师生党员队伍教育、管理和监督，提高党员素质和增强基层党组织的创造力、凝聚力和战斗力等方面发挥了积极作用。

高校基层党组织党内生活制度比较健全，大部分高校基层党组织能够按照上级要求完成规定动作，在"三会一课"、主题党日活动等方面有建设性地进行制度设计。通过召开组织生活会、民主生活会、上党课和听取党内报告，组织党员学习党的文件、民主评议党员等，不断增强广大师生的党员意识，不断提高党员干部的党性修养，不断完善高校基层党组织的党内生活。

高校基层党组织在党内生活中积极向师生党员传达党中央和上级党组织的文件精神，宣传党的路线方针政策，对表现优秀的党总支、党支部以及党员予以表彰奖励，对组织活动不积极、参加党内生活不认真的组织和个人进行批评教育。在党的群众路线教育实践活动、"两学一做"学习教育等工作中不仅做到全面贯彻落实上级要求，而且根据需求、结合实际、力争成效地开展形式多样、内容丰富的党内生活，在党的建设和学校改革发展过程中较好地发挥了教育、管理和监督党员的作用。

随着改革开放和社会主义市场经济的深入发展，高校党员队伍出现了新变化、新情况。高校基层党组织通过完善制度、丰富内容、创新形式等方式，积极加强和改进基层党组织党内生活，不断提高基层党组织党内生活质量，以适应新形势和新任务对高校基层党组织党内生活提出的新要求，增强高校基层党组织的吸引力和凝聚力，充分发挥高校基层党组织的战斗堡垒作用并积极增强师生党员的先锋模范作用。

二 高校基层党组织党内生活存在的问题

高校基层党组织通过开展党内生活帮助师生党员坚定共产主义理想信念，提高思想政治觉悟，增强党性修养，促进基层党组织的民主团结，保证基层党组织更具凝聚力和号召力。然而，当前高校基层党组织党内生活仍然存在一些问题，影响其正常开展和有序进行。

（一）高校基层党组织党内生活缺乏积极性

部分师生党员缺乏参加基层党组织党内生活的自觉性、积极性，仅仅碍于党组织的要求而被动参加，在党内生活过程中不发言、不表态、不积极，总是消极应付；一些党员缺乏责任感，对党的事务不关心、不主动、不认真，显得事不关己高高挂起；个别党员干部党员意识淡化，不能在党内生活中起到表率作用，有的甚至长期不参加党内生活。一些基层党组织在收集意见、建议上下了功夫，但在分析和研究解决群众意见建议上着力不够，"热闹开锣、冷清收场"，让大家"提了也白提"，积极性受到严重影响。

（二）高校基层党组织党内生活缺乏实效性

一些高校基层党组织对党内生活的理解比较狭隘，缺乏科学的组织安排，缺乏形式内容创新，主题不明确，开展党内生活就是走过场，一人讲、众人听，交流简单肤浅，缺乏思想沟通。部分高校基层党组织以行政会议代替组织生活会，缺乏政治性和思想性。少数基层党组织将一些娱乐活动说成是开展党内生活，缺乏严肃性，使党内生活庸俗化。有些高校基层党组织党内生活中的"批评与自我批评"只说成绩、不谈问题，说自己多、批评别人少，有的甚至成为"表扬与自我表扬"。有的学生党支部以情况通报取代思想交流，有的教工党支部把业务研讨代替组织生活会，缺乏实质内容和实际效果。

（三）高校基层党组织党内生活缺乏时效性

随着新媒体、自媒体的广泛使用，不少高校基层党组织虽然建立了党支部微博、QQ群、微信群、网上党校等互联网党建阵地，却未能有效利用网络的即时性、交互性、社交性开展党内生活，很少实时结合时事政治、社会热点等运用马克思主义的立场、观点和方法来教育党员、组织活动、解决问题。

（四）高校基层党组织党内生活缺乏针对性

高校基层党组织主要由教师、行政干部、职工及大学生构成，具有学历高、职称高、青年多等特点。随着时代的进步、社会的发展，高校党员的知识结构、思想认识发生了较大变化，对基层党组织党内生活的期待也更高了。然而，一些高校基层党组织党内生活的内容却单纯围绕党员发展、文件阅读、理论学习来开展，并没有结合师生党员思想实际和教学科研任务来进行,不能从实际出发触及问题面,缺乏回应大家关切的问题,导致党内生活与教学科研、业务工作相脱节。显然,缺乏针对性、服务性的党内生活难以吸引党员,特别是思想活跃的师生党员,导致他们参加党内生活的积极性降低,党内生活的教育引导功能大打折扣。

(五)高校基层党组织党内生活缺乏民主性

当前,部分高校基层党组织在贯彻执行民主集中制的过程中,普遍存在"民主不够、集中也不够"的问题。有些基层党组织民主决策形式化,内部议事决策机制不规范,在党员发展、推先评优等事关师生党员切身利益方面存在不民主、一言堂现象。调研发现,个别二级院系要么没有建立党政联席会议制度,要么没有认真执行党政联席会议制度,没有会议纪要、没有办公会、没有明确主题、随意性大等情况比比存在。有些基层党组织党务公开渠道不够畅通,甚至个别单位很少进行党务公开,造成党员群众对党建工作的关注度、认知度、热情度降低。

三 高校基层党组织党内生活存在问题的主要原因

高校基层党组织党内生活存在问题的原因是多方面的,既有客观的原因,也有主观的原因;既有历史的原因,也有现实的原因。根据调研分析,主要有以下几个方面的原因。

(一)基层党组织主体责任落实不到位

一些基层党组织抓党建工作主体责任落实存在偏差,对党内生活重视不够,存在载体单一、方式方法落后、指导督促不到位等问题。有的基层党支部设置不科学,党员人数多达50人以上,组织生活会很难集中到位,很大程度上影响了党内生活正常化。有的分党委书记、党总支书记职能错位,重业务、轻党务,重学术、轻师德,对师生的思想政治工作和师德师风建设口头上重视,实际上轻视,措施上软弱无力,放松了管党治党责任,忽视了党内生活。一些基层党组织在党内生活中,出现片面强调党员要尽义务,忽视党员权利的落实,弱化党员主人翁精神的情况,党员的主体地位没有得到很好的体现,极大地影响了党员参与党内生活的热情,阻碍了党员参与党内生活的途径。

(二) 党内教育管理工作力度不够强

有些基层党组织党内思想教育抓得不到位,形式单一,缺乏新思路、新举措,内容乏味,缺乏针对性、实效性,造成部分党员政治学习被动应付,从而导致部分党员理想信念滑坡。调研发现,有的党员在党不言党,对党内生活习惯于应付了事,表面上积极参与,内心里失去了对理想信念、宗旨观念的坚持,放弃了对党性原则和理想信念的追求。有的党员理论素养不高,对社会上不良思潮和言论不敢也没能力去抵制和批判。有的党员精神空虚,缺乏健康向上的精神状态,生活情趣低俗。有的党员宗旨意识淡薄,群众观念不强,做群众工作的能力不足,服务群众的态度较差。有的党员不善于抓学习研究,业务水平比一般群众还低,在师生中威信不高。有的党员经常会以各种理由借口请假或缺席正常的组织生活,对交纳党费很不情愿。有的党员对守纪律讲规矩意识不强,对执行上级决策部署存在实用主义倾向,开展工作该请示的不请示,该汇报的不汇报,我行我素。有的党员讲话不注意场合,不注意身份,不遵守规矩,信口开河,口无遮拦。有的党员领导干部不严格执行个人有关事项报告制度,敷衍应付,极不认真。这些问题的根源都在于基层党组织对党员日常管理失之于宽、失之于软,导致有些党员组织观念淡薄、党内生活松散。

(三) 党内监督机制执行存在弱化

在党的群众路线教育实践活动以及"两学一做"学习教育中,上级党组织的具体指导和全程监督是活动成功有序开展的组织保证。相比有步骤、有程序、有规则的规定性动作,在日常活动中,上级党组织对基层党组织党内生活监督不严,约束力不强,很少开展专项检查。即使检查,往往也是查一查有没有制度、有没有记录,对于党内生活落实较差的基层党组织缺乏有效的约束力、管控力。有些单位虽然每年都对基层党组织进行考核，但考核更多关注机构是否健全、制度是否规范、硬件是否齐全、任务是否完成，而对党内生活开展具体情况的考核指标不清楚、不明确。

（四）外部环境异化冲击师生党员思想认识

思想认识是行动的先导。当前，党内生活存在种种不良现象，归根结底是师生党员在思想认识这个"总开关"上出现了问题。随着全球化走向纵深，社会主义市场经济不断深入发展，高校的办学环境发生了重大变化，各种社会思潮、观念的激烈交锋给基层党组织党内生活带来了许多新的问题和挑战。西方敌对势力不仅在经济、政治方面推行"和平演变"策略，还通过互联网等现代传媒手段进行文化渗透，通过电影等娱乐商品传播西方的文化价值观念，这些都对高校党员特别是大学生党员产生了不容忽视的消极影响，造成他们的思想认识受到强烈的外部冲击，更不能认识到参加基层党组织党内生活的必要性。

（五）党内生活的评估机制不完善

评估机制对高校基层党组织党内生活既有检查作用也有监督作用，更主要是有益于发现问题、总结经验、提升效果。但从实际情况来看，许多高校的基层党组织党内生活评估机制有的根本没有，有的不够完善，有的形同虚设。一些高校基层党组织没有建立党内生活质量的评估机制，全凭各分党委、党总支、党支部的自觉来组织党内生活，导致党内生活开展不开展一个样、多开展少开展一个样；一些高校基层党组织虽然有评估机制，对党组织负责人工作职责和分工也有制度设计和要求，但评估流于形式，更没有相应的考核奖惩，基层党组织党内生活的质量难以得到有效保障和提高。

四 结语

党的十八届六中全会围绕全面从严治党做出战略部署，审议通过了《关于新形势下党内政治生活的若干准则》和《中国共产党党内监督条例》，全面总结了党的十八大以来管党治党的有效经验，对加强和规范党内政治生活的重点内容、主要任务、重要举措做出系统部署，对党的基层组织如何发挥战斗堡垒作用以及党员如何对党和人民事业以高度负责的态度行使权利、履行义务提出严格要求。

习近平总书记指出，基层强，党就强；基层弱，党就弱。治国安邦，重在基层；管党兴党，重在基础。全党要强化强基固本思想，"两学一做"学习教育就是要推动全面从严治党向基层延伸，也是助力基层党组织建设、激活党的基层组织的有力举措。党的工作最坚实的力量支撑在基层，最突出的矛盾问题也在基层，必须把抓基层、打基础作为长远之计和固本之举，努力使每个基层党组织都成为坚强战斗堡垒。

高校基层党组织要认真学习领会党的十八届六中全会精神，要深入贯彻落实习近平总书记关于基层党组织建设的系列重要讲话精神，要充分认识到党内生活的重要性和必要性，要积极做好基层党组织党内生活的改革创新。一是要注重思路创新，思路决定出路，思路关乎全局，强化基层党组织党内生活的政治功能。二是要注重党员教育管理方式创新，良好有序地教育管理和方向引导，对提升基层党组织党内生活积极性、时效性、民主性意义重大。三是要注重基层党组织党内生活方式创新，在认真做好"三会一课"等规定动作的基础上，要开展一些形式多样、内容丰富，能够提高师生党员参与度、热情度的党内活动。四是要注重探索党内生活制度创新。党内生活开展效果如果重在制度，制度设计符合党组织的特点、符合党员的需求、符合创新的理念，执行落实起来就会更顺畅、更积极、更有效。总而言之，在新的形势之下，高校基层党组织必须正确认清新时期新阶段对组织开展党内生活提出的新要求、新标准，要把努力提升党内生活的自觉性、主动性、创新性，开拓党内生活的认可度、参与度、热情度，增强党内生活的吸引力、凝聚力、影响力，将党内生活作为一项重要政治任务抓紧、抓实、抓好。

参考文献

[1] 北京市党建研究会课题组：《推动党内生活规范化、制度化和常态化研究》，《中国井冈山干部学院学报》2015年第7期。

［2］何克祥：《党内生活几个基本理论问题论析》，《党政论坛》2015年第12期。

［3］刘艳云、胡义清：《关于基层党组织严格党内生活的若干思考》，《中共杭州市委党校学报》2016年第4期。

［4］刘益飞：《高度重视党内生活中存在的严重问题》，《理论视野》2015年第9期。

［5］中共四川省委组织部课题组：《严格党内政治生活问题研究报告》，《中国延安干部学院学报》2015年第3期。

［余中海，中国社会科学院大学党委组织部（人事处）。本文系2017年度中央直属机关党建研究会课题研究成果］

大学治理与立德树人

以党的十九大精神为引领,不忘初心、牢记使命,努力将中国社会科学院大学建成新时代中国特色社会主义一流文科大学

张政文

党的十九大是在全面建成小康社会决胜阶段、中国特色社会主义进入新时代的关键时期召开的一次十分重要的大会。党的十九大报告站在历史和时代的高度,贯穿实事求是的思想路线,系统总结了党的十八大以来党和国家事业发生的历史性变革,深刻回答了新时代坚持和发展中国特色社会主义的一系列重大理论和实践问题,做出中国特色社会主义进入新时代的重大判断,提出习近平新时代中国特色社会主义思想和基本方略,描绘了决胜全面建成小康社会、夺取新时代中国特色社会主义伟大胜利的宏伟蓝图,开启了全面建设社会主义现代化国家的新征程。习近平新时代中国特色社会主义思想是我们党团结带领全国各族人民夺取新时代中国特色社会主义伟大胜利的政治宣言和行动纲领,更是指导我们建设中国特色社会主义一流文科大学的指导思想和行动指南。我们要把习近平新时代中国特色社会主义思想深入贯彻到教育改革发展全过程、体现到大学建设各方面,这既是实现高等教育内涵式发展、融入"双一流"大学建设的迫切需要,也是办好人民满意教育的基本要求,更是建设新时代中国特色社会主义一流文科大学、使其焕发出生机与活力

的根本保证。

一 新时代背景下中国高等教育事业的发展趋势和总体要求

党的十九大报告提出的新成就、新时代、新矛盾,以及与之相适应的新思想、新目标和新部署为我们在新时代背景下推动高等教育发展提出了新要求。正如习近平总书记在党的十九大工作报告中指出:"优先发展教育事业。建设教育强国是中华民族伟大复兴的基础工程,必须把教育事业放在优先位置,深化教育改革,加快教育现代化,办好人民满意的教育……加快一流大学和一流学科建设,实现高等教育内涵式发展。"[①] 这就是新时代中国特色社会主义高等教育事业的宏伟目标和总体要求,可以高度概括为"不忘办好人民满意教育的初心,牢记创建双一流大学的使命"。

当代中国高等教育的"不忘初心",就是坚守中国特色社会主义高等教育事业的人民性,一切以人民为中心办社会主义大学。人民性是包括高等教育事业在内的中国特色社会主义事业的根本属性。在全面建设小康社会的决战决胜阶段和实现中国梦的关键时期,回到教育事业的根本去深刻认识、理解和践行人民性,对于创建世界一流大学,推动实现从教育大国到教育强国的历史性跨越具有重要意义。在全国高校思想政治工作会议上,习近平总书记强调我国高等教育应该做好"四个服务",即"为人民服务,为中国共产党治国理政服务,为巩固和发展中国特色社会主义制度服务,为改革开放和社会主义现代化建设服务"[②]。"四个服务"的核心是让人民满意,这正是中国大学应该坚持的办学方向,也是中国大学在争创世界一流过程中不可迷失的方向,中国特色社会主义大学的

[①] 习近平:《决胜全面建成小康社会 夺取新时代中国特色社会主义伟大胜利——在中国共产党第十九次全国代表大会上的报告》(2017年10月18日),《人民日报》2017年10月28日。

[②] 《习近平在全国高校思想政治工作会议上强调 把思想政治工作贯穿教育教学全过程 开创我国高等教育事业发展新局面》,《人民日报》2016年12月9日第1版。

显著标志。

《共产党宣言》指出："每个人的自由发展是一切人的自由发展的条件。"[①] 人的解放、自由和全面发展是马克思主义理论体系的根本思想、真正主题和始终如一的目标。也就是说，"人民性"，其实就是指对个体社会性和精神性需要的适应与满足，是对人的社会属性和社会关系、社会性需要和精神需要、社会素质和能力素质的全面发展。鉴于当前我国社会的主要矛盾已经是"人民日益增长的美好生活需要和不平衡不充分的发展之间的矛盾"，我们更应认识到解决主要矛盾、实现人的全面发展与社会的全面发展相统一、相互促进、和谐发展，一个重要的因素就在于教育。教育事业既承担着立德树人、促进人的全面发展的根本任务，更肩负着为经济社会发展提供有力人才支撑和智力支持的重任。因此，认真学习领会党的十九大报告对教育提出的新任务，立足于人民群众对更加平衡更加充分教育的新需求，任务十分紧迫。就高等教育而言，新时代和新矛盾下以人民为中心的发展理念应当主要聚焦于五大核心主题。一是坚持立德树人的根本任务，即坚持社会主义的办学方向和为人民服务的办学宗旨，进一步牢固确立人才培养在高校的中心地位，以人为本、德育为先，实现全员、全过程、全方位育人。二是坚持素质教育的基本定位，把促进学生德智体美全面发展作为大学一切工作的出发点和落脚点，坚持思想引领和文化品格塑造，更加突出思想和品德修养的根本性地位，实现学生的思想品质、专业知识、文化素养、身心健康的全面提高。三是坚持教育公平的价值导向，着力做好科学配置资源、完善制度设计、确保政策落实，切实保障受教育者的机会均等、规则正义和过程公平。四是坚持创建"双一流大学"的发展战略。创建世界一流大学和学科，此举不仅深刻影响着未来我国高等教育的发展格局，也为经济增长动力转换和经济发展方式转变提供着"内在支撑"，直接关系到中华民族伟大复兴中国梦的实现，是增强中国高等教育的核心竞争力和影响力的关键所在。五是坚持高等教育内涵式发展的主要方向。高等教育必须改变外延粗放发展的模式，坚持以质图强，统筹高等教育的结构、规模、

---

① 《马克思恩格斯选集》第 1 卷，人民出版社 1995 年版，第 294 页。

质量、效益协调发展，实现高校治理体系和治理能力现代化。以上的五个坚持集中体现了新时代以人民为中心的发展理念，是党和人民赋予高等教育沉甸甸的时代使命，责任重大、任务艰巨，召唤和期待着我们坚定教育自信，扎根中国大地，办好中国特色、世界水平的高等教育，实现一次"质"的飞跃。

当代中国高等教育事业的"牢记使命"，就是要聚焦"两个一百年"的奋斗目标，实现"双一流"大学的建设目标。办人民满意的高等教育是建设双一流大学的初心，而建设双一流大学则是办人民满意的高等教育的主要途径，二者相辅相成、相互联系。"双一流"大学建设是我国经历了"211"工程建设和"985"工程建设后，在新时代条件下对我国高等教育发展的再一次战略部署和总体安排，是在中国的世界一流大学建设经历了集结、整队、布局及初步建设后的冲锋和决战。2015年11月5日，国务院公布的《统筹推进世界一流大学和一流学科建设总体方案》指出，坚持以中国特色、世界一流为核心，以立德树人为根本，以支撑创新驱动发展战略、服务经济社会发展为导向，加快建成一批世界一流大学和一流学科，提升我国高等教育综合实力和国际竞争力。该方案总体目标是，到2020年，若干所大学进入世界一流大学前列，若干学科进入世界一流学科前列；到2030年，更多的大学和学科进入世界一流行列，若干所大学进入世界一流大学前列，一批学科进入世界一流学科前列，高等教育整体实力显著提升；到21世纪中叶，一流大学和一流学科的数量和实力进入世界前列，基本建成高等教育强国。

可见，国家启动"双一流"大学建设既是党中央、国务院在新历史时期为提升教育综合实力和国际竞争力、增强国家核心竞争力而做出的重大战略决策，也是实现"两个一百年"伟大目标的重要组成部分，承载了加速实现民族复兴的艰巨使命，也是走中国特色发展道路的生动体现。深入理解"双一流"大学建设实质必须从以下几点着眼：

一是处理好中国特色、世界一流的关系。首先，中国的世界一流大学是具有中国特色的社会主义大学。新时代中国特色社会主义的本质特征是中国共产党领导。党的领导是建设好中国的世界一流大学的思想基础、发展动力和根本保证，这既是我国社会主义国家制度的本质规定性决定的，更是中国特色社会主义形成共同理想、汇聚办学力量、创建世界一流大学建设的独特优势。因此在建设双一流大学征程中，我们要始终高举中国特色社会主义的伟大旗帜，坚持中国特色社会主义的办学方向，坚持党对高校的绝对领导。坚持用习近平新时代中国特色社会主义思想武装师生头脑，坚持和完善党委领导下的校长负责制，培养中国特色社会主义的合格建设者和可靠接班人。其次，中国的世界一流大学是解决中国发展问题的大学。当前，新时代、新矛盾和新任务为一流大学建设提供了最好的发展条件与实践平台。质而言之，当前的世界一流大学建设必须以解决中国问题为核心，贴近中国发展的现实需求，融入实现"两个一百年"目标的历史征程，以高等教育内涵发展和一流大学建设发展助推中国崛起，为中华民族伟大复兴提供强劲的人才支持、智力支撑和文化引领。最后，中国的世界一流大学是体现中国风格的大学。传承、创造和弘扬民族文化是大学的基本价值取向，中国的世界一流大学作为培育高端人才、探究科学真理、守护精神家园、推动文化创新和社会进步的先锋，必须牢记中华优秀传统文化的责任担当和现代化进程中的时代精神，在捍卫国家文化安全、弘扬民族文化传统、砥砺民族品格中扮演重要角色，从而大力推动中国特色社会主义文化繁荣创新、文化自信彰显、文化国际推广。中国特色社会主义高等教育应不断增强能力和自信，让传承与发扬先进文化成为中国的世界一流大学最鲜明的精神标识与历史责任，以全球视野谋划发展，与世界优质高等教育机构平等合作，使中国一流大学以先进文化代表姿态真正屹立于世界高等教育之林。

二是必须坚定立德树人这一根本任务，培养中国特色社会主义合格建设者和可靠接班人。在2016年召开的全国高校思想政治工作会议上，习近平总书记强调："高校思想政治工作关系高校培养什么样的人、如何培养人以及为谁培养人这个根本问题……我国高等教育肩负着培养德智体美全面发展的社会主义事业建设者和接班人的重大任务，必须坚持正确政治方向。"① 世界一流大学拥有一些共性特征，如一流的学科、一流的学生、一流的教师、一流的科研成果、一流的办学条件等，但是根本标准要看是否培养出了胸怀祖国、放眼世界，具备优秀道德品质和综合素质的人才。德在学生的所有基本素质中居于基础性和首要性地位，是学生人生未来和祖国发展的决定性因素。因此，双一流大学建设就要培养具有坚定的理想信念，胸怀新时代中国特色社会主义思想，以社会主义核心价值观为基准，德智体美全面发展的社会主义合格建设者和可靠接班人。

三是明确"以支撑创新驱动发展、服务经济社会为导向"的基本要求。党的十八大以来，党中央做出了"四个全面"的部署，明确了经济社会发展的一系列重大战略，深入推进经济、科技、教育等领域的改革，"一带一路"倡议及"京津冀协同发展""互联网+"等战略部署均离不开一流大学和一流学科的支撑。"双一流"大学建设基于对我国经济社会发展水平的判断，提出了"三阶段"的建设目标，与国家总体战略要求和"两个一百年"的目标相一致。在创建世界一流大学的过程中，大学应主动把国家目标作为发展牵引，围绕服务国家目标形成一流大学建设的路径设计，找准自身在服务国家战略、区域发展战略中的定位，明确支撑服务的结合点，把自身优势与世界一流大学的发展经验结合起来，把握人才培养、学科发展、科技创新、社会服务、文化引领的发展方向和改革思路，走出一条与经济社会发展更加紧密结合的中国特色世界一流大学建设之路。

二 在党的十九大精神指引下建设中国社会科学院大学的基本目标和主要任务

党的十九大精神和新时代中国特色社会主义高等教育发展的新趋势、新使命和新要求，也昭示了中国社会科学院大学今后一个阶段的发展目

---

① 《习近平在全国高校思想政治工作会议上强调　把思想政治工作贯穿教育教学全过程开创我国高等教育事业发展新局面》，《人民日报》2016年12月9日第1版。

标和努力方向:以习近平新时代中国特色社会主义思想为指引,按照党的十九大的整体部署,加快一流大学和一流学科建设,真正把学生培养成为共产主义接班人和中国特色社会主义的建设者,按照中国特色、世界一流的要求将中国社会科学院大学建成马克思主义理论和哲学社会科学高层次人才培养基地。概括而言,也是不忘初心、牢记使命。不忘初心,就是不忘党中央成立中国社会科学院大学的战略考量,一切以人民为中心,一切以中国特色社会主义事业发展为中心,为进一步加强马克思主义和党的意识形态坚强阵地、中国哲学社会科学最高殿堂、中国特色综合性国家级高端智库建设和加快构建中国特色哲学社会科学提供人才支持和智力保障;牢记使命就是要牢记习近平总书记"办好中国的世界一流大学,必须有中国特色"[1]的指示精神,扎根中国大地办大学将习近平新时代中国特色社会主义思想融入立德树人全过程,融入"双一流"建设全过程,与办学的根本指导思想实现有机融合,把"两个一百年"奋斗目标与中国社会科学院大学发展紧密融合,自觉服务党和国家工作大局,为繁荣发展哲学社会科学事业、加快构建中国特色哲学社会科学做出新的历史性贡献。为此,中国社会科学院大学必须做到高站位思考、高起点谋划、高标准建设,重点聚焦以下主要任务:

一是要高举中国特色社会主义伟大旗帜,以习近平新时代中国特色社会主义思想为指导,贯彻落实党的十九大精神。我们要紧密地团结在以习近平同志为核心的党中央周围,牢固树立"四个意识",不断增强"四个自信",自觉在思想上、政治上、行动上同以习近平同志为核心的党中央保持高度一致,坚持党的领导和社会主义的办学方向,强化党委领导下的校长负责制,抓好中央各项决策部署在我校的落地生根。全面从严治党,加强党委、党的基层组织建设,建设一支坚强的党员领导干部和党员队伍,加强学生中党组织建设、共青团建设,注重培养和发展学生党员。

二是要牢记中国社会科学院大学坚持以培养共产主义接班人和中国

---

[1]《习近平:办好中国的世界一流大学 必须有中国特色》,2017 年 12 月 8 日,http://www.chinanews.com/gn/2014/05 - 04/6130629. shtml。

特色社会主义建设者为根本任务。坚持马克思主义的指导地位，坚持立德树人，加强学生思想政治工作，坚定不移地用马克思主义和中国特色社会主义理论体系、共产主义远大理想、中国特色社会主义共同理想、社会主义核心价值观教育学生，把学生培养成为又红又专、德才兼备、知识全面、信仰坚定、理论扎实的社会主义文科大学的合格毕业生。

三是要加快人才培养模式改革，提高人才培养质量。在传承传统人才培养优势的基础上，推动从以专业教育为中心的培养模式向以学生学习成长为中心的培养模式转变，构建更加符合学生发展需要的教育教学体系，创新专业设置模式、教学管理模式、课堂模式等，探索交叉式、复合式培养，更好地促进学科、科研优势转化为人才培养优势；深入落实师徒制，聘请博士生导师担任本科生导师，探索推进学生个性化培养模式；用好本硕博连读机制，精心设计工作方案；按照国际一流大学发展理念与模式加快国际化办学步伐，引进和借鉴国际优质教育资源，瞄准国家战略需求，设定人才培养和科学研究的合作方向。

四是要将服务国家战略作为重要前提和核心导向，发挥好思想库和智囊团作用。要主动适应国家战略发展需求，优化学科专业结构，围绕建设具有全球影响力的智库创新中心，加快布局建设一批具有中国特色和世界水平的一流学科专业，实现学校的内涵式发展并彰显学校的社会服务功能。

五是要加强师资队伍建设。建设一支具有马克思主义理论素养、坚持社会主义方向、学术造诣深厚、模范教书育人、年龄结构合理的一流师资队伍；构建以马克思主义为指导，具有中国特色、中国风格、中国气派的社会主义学科专业体系和文科教材体系；要继承和发扬中国社会科学院的优良学风，发挥资源优势，提高学术原创能力，大力加强马克思主义理论学科建设，促进中国特色哲学社会科学繁荣发展；要着力加大名师进课堂和名师作讲座的力度，启动青年教师深造计划，明确职称评定标准，继续引进优质师资力量。

六是要以改革高校体制机制、建立现代大学制度为重点，创建现代大学治理体系，加强制度建设，妥善处理好大学、学科和教授三者的关系，建立起系统科学的党委领导、校长负责、教授治学、民主管理的治理结构。强化大学作为学术组织的特性，明确学术权力与行政权力的关系，发挥学科专家在学术治理体系中的地位和作用。

三 在实现中国梦的伟大征程中履行好中国社会科学院大学学生的职责与使命

习近平总书记在党的十九大报告中指出：青年兴则国家兴，青年强则国家强，青年一代有理想、有本领、有担当，国家就有前途，民族就有希望。中国梦是历史的、现实的，也是未来的；是我们这一代的，更是青年一代的。中华民族伟大复兴的中国梦终将在一代代青年的接力奋斗中变为现实。全党要关心和爱护青年，为他们实现人生出彩搭建舞台。广大青年要坚定理想信念，志存高远，脚踏实地，勇做时代的弄潮儿，在实现中国梦的生动实践中放飞青春梦想，在为人民利益的不懈奋斗中书写人生华章！[1] 青年是每一个时代发展和进步的主力军，党的十九大报告为当代的青年学子指明了肩上担负的职责和未来的发展方向。中国梦，是中国共产党第十八次全国代表大会召开以来，习近平总书记提出的重要指导思想和重要执政理念。在此基础上，党的十九大进一步描绘了实现"两个一百年"奋斗目标、全面建设社会主义现代化国家、实现中华民族伟大复兴中国梦的宏伟蓝图。可以说，不同历史时期的中国梦有着不一样的意义和内涵。古往今来，正是在对中国梦的坚持和追求中，中华民族才能世代传承中华文明的薪火，继往开来，生生不息。当今时代的中国梦，就是实现中华民族的伟大复兴，自党的十八大以来，我们党的所有理论和实践，都紧紧围绕着实现这一崇高目标来推动和展开的。从全面建成小康社会到基本实现现代化，再到全面建成社会主义现代化强国，是新时代中国特色社会主义发展的战略安排，亲眼见证并将亲身参与这样的历史进程，这是当代青年学子难得的人生际遇，也是青年学

---

[1] 习近平：《决胜全面建成小康社会 夺取新时代中国特色社会主义伟大胜利——在中国共产党第十九次全国代表大会上的报告》（2017年10月18日），《人民日报》2017年10月28日。

子必须肩负的时代重任。

为了完成这一历史使命，每一位青年学生都要深入学习、准确把握党的十九大精神，志存高远，增强"四个自信"，脚踏实地，坚定信念，完善知识结构，提升综合素质，有理想、有本领、有担当。作为社会上最有活力、最具创新精神、最富责任感和使命感的群体，青年学子要努力把个人理想与中国梦紧密联系起来，把个人发展与国家民族命运紧密联系起来，让青春与家国情怀共振。具体来说，作为中国社会科学院大学的学生，应当做到以下几点：

一是要坚定信念，志存高远，把自己的发展与国家的前途命运紧密结合起来。不同时代的青年有着不同的时代个性，但永远不变的是，青年永远要站在时代的前列，接受时代的考验，承担起时代赋予的使命和职责。有什么样的目标，就有什么样的人生，作为同龄人中的精英群体，每一位中国社会科学院大学的学生都要坚定理想信念，高举习近平新时代中国特色社会主义思想伟大旗帜，意识到自己肩负的神圣使命和重大责任；每一位中国社会科学院大学的学生都要感悟时代，珍惜韶华，勇于拼搏，勇于奉献，在实现中国梦的伟大实践中激扬青春，成就梦想。

二是要刻苦学习，提升专业水准，完善知识结构。中国社会科学院大学的定位是具有中国特色的社会主义一流文科大学，致力于培养政治可靠、作风过硬、理论深厚、学术精湛的哲学社会科学后备人才，培养又红又专、德才兼备、全面发展的中国特色社会主义事业接班人和建设者。每位同学要认真领会党的十九大报告中"建设学习型社会"的精神内涵，珍惜在校时光，充分利用学校的教育教学资源，根据学校制订的培养计划，在指导教师的指导下，刻苦读书、认真治学、完成学业，以期在这个伟大时代中大有作为。

三是要全面发展，提升自己的综合素质。党的十九大报告提出，要推动人的全面发展、社会的全面进步，我们的教育事业要努力培养德智体美全面发展的社会主义建设者和接班人。中国特色社会主义事业是一个庞大的系统工程，党的领导是这个系统安全高效运转的根本保证，具备良好的学习能力、知识结构和综合素质则是对建设者的基本要求。作为同龄人中的佼佼者，中国社会科学院大学的学生必然要在未来成为社会主义建设事业的中坚力量，每一位同学都要珍惜和营造中国社会科学院大学良好的学习氛围，以中国社会科学院强大的科研平台为依托，与导师、同学加强交流，提升自己的综合素质，让自己成长为德智体美全面发展、一专多能的复合型人才，以适应时代的需求。

四是要学以致用，知行合一，实现理论和实践的有机结合。党的十九大报告指出，在新时代坚持和发展什么样的中国特色社会主义、怎样坚持和发展中国特色社会主义，要求我们从理论和实践结合上予以系统的回答。古人说读万卷书，行万里路，指出学以致用、知行合一的重要性。理论只有与实践相结合，才能显示出强大的生命力和影响力，每位同学只有将理论建设和现实实践并重才能更好地理解和贯彻习近平新时代中国特色社会主义思想。因此，青年学子不仅要加强理论学习，还要善于运用理论，把所学理论运用到实践中去，推动实践的发展，实现理论与实践的共同发展与良性互动。

五是要勇于创新，富有开拓精神。党的十九大报告中多次提到创新，习近平总书记指出，创新是引领发展的第一动力，是建设现代化经济体系的战略支撑。从历史的角度来看，创新是人类社会完成一次次自我超越的基本前提和核心要素。在这个全新的时代，世界千变万化，唯有不断创新和勇于开拓，才可以让自己不被时代抛弃，才可以引领时代、开创时代。因此，每位同学都要保持创新意识，培养创新能力，富有开拓精神，每位同学都要有志于推动马克思主义理论创新和实践创新，加快建设创新型国家，为努力开创习近平新时代中国特色社会主义伟大事业的新形势、新局面和新格局奉献自己的力量。

学习贯彻党的十九大精神是高校当前和今后一段时期的首要政治任务，我们要继续深入学习、深刻领会、深入落实党的十九大精神，把习近平新时代中国特色社会主义思想贯彻到全部工作之中，做到学懂弄通做实，做好贯彻结合融入，通过对党的十九大精神的宣传，营造干事创业的良好氛围，将力量和智慧聚集到推进建设中国特色世界一流文科大学的伟大事业中来。我们要更加紧密地团结在以习近平同志为核心的党中央周围，高举中国特色社会主义伟大旗帜，不忘初心、牢记使命、凝心聚力、开拓创新，为将中国社会科学院大学、研究生院和马克思主义学院办成中央放心、人民满意的新时代中国特色社会主义一流文科大学而努力奋斗！

（张政文，中国社会科学院大学党委常务副书记、校长、教授、博士生导师。源自：《中国社会科学院研究生院学报》2018年第1期）

贯彻党的十九大精神，实现高等教育的内涵式发展

王新清

在中国共产党第十九次全国代表大会上，习近平同志指出："经过长期努力，中国特色社会主义进入了新时代，这是我国发展新的历史方位。"[①] 新时代是中华民族从站起来、富起来到强起来的时代，是中华民族伟大复兴的光明前景已经开始展现的时代，是中国特色社会主义焕发出强大生机活力的时代，是"四个自信"不断增强的时代，是为解决人类问题贡献中国智慧和方案的时代。在这个伟大的新时代，我国的各项事业都将呈现出新的面貌，都将有新的发展，都应该为新时代做出积极的贡献。本文拟就新时代高等教育的主要发展方式进行探讨，为促进我国高等教育的新发展提供新的思路。

一 内涵式发展是新时代高等教育的主要发展方式

改革开放以来，我国的高等教育有了巨大的发展和进步。"从1977年恢复高考开始，中国高等教育经历了从精英教育到大众化教育、从规

[①] 习近平：《决胜全面建成小康社会 夺取新时代中国特色社会主义伟大胜利——在中国共产党第十九次全国代表大会上的报告》（2017年10月18日），人民出版社2017年版，第10页。

模发展到内涵提升等不同发展阶段，人才培养、科学研究、社会服务、文化传承与创新都取得了举世瞩目的成就。"① 我国普通高等学校数量从1978年的598所增长到2015年的2856所，增加了2258所；普通高等学校在校生人数由1978年的85.6万增长到2015年的3647万，增加了3561.4万。② 但是，即便如此，我国的高等教育也还不能跟上时代的步伐，因此迫切需要转变发展方式。原因有以下三个方面。

（一）在我国高等教育近40年的快速发展过程中，积累了一些问题需要解决

这些问题主要有：第一，高等教育"大而不强"。2007年，我国接受高等教育的总人数超过2700万，跃居世界首位，自那时起我国就成为高等教育的大国。但是，我国还远不是高等教育的强国。我国虽然有2800多所大学，但"跻身世界一流的高校并不多。国际论文发表总量稳居世界第二，但总被引用数仅居世界第七"③。第二，高等教育在区域布局上发展失衡，东部地区强西部地区弱的现象非常突出，这对我国经济、社会的均衡发展很不利。第三，一些大学"重名不重实，重量不重质"，人才培养质量水平不高。这一方面表现在我国高校培养出的世界一流科学家、研究出世界公认的关键技术数量极其稀少，因而才有了"钱学森之问"；另一方面表现为我国高校没有为社会经济发展培养出大批合格的高水平应用人才。"根据世界经济论坛（The World Economic Forum）的报告，应用型的工程技术专业的大学生，毕业后一上手就能较快适应工作的在美国占80%，在印度占25%，而在中国只有10%。"④ 第四，高等教育同质化现象严重，层次结构不合理。"近年来，由于大学排名与评估采

---

① 毕宪顺、张峰：《改革开放以来中国高等教育的跨越式发展及其战略意义》，《教育研究》2014年第1期。
② 2015年的数字来源于教育部《2015年全国教育事业发展统计公报》。
③ 刘延东：《深化高等教育改革走以提高质量为核心的内涵式发展道路》，《中国高等教育》2012年第11期。
④ 闵维方：《"十三五"时期我国高等教育发展战略的若干问题》，《北京大学教育评论》2016年第1期。

用同一标准,以及地方政府和地方大学快速发展的愿望,致使大学在'做大、做强、追赶一流'的浪潮拍打下,迷失了自身的办学方向,盲目追求'大型化、综合性、高水平',出现了盲目改名风、升格风等不健康的发展趋势,结果使学科与专业建设失去了方向。"①

(二) 新时代对高等教育提出了新的要求

工业革命以后,高等教育和国家建设、社会进步发生了紧密的联系。我国当前取得的每一份成就都有高等教育的功劳,当然,我国当前存在的问题的根源,也都可以从教育上找到。因此,习近平总书记在党的十九大报告中指出,要"优先发展教育事业"。根据习近平总书记近年来对高等教育的系列重要论述,新时代对高等教育提出的新要求主要有以下几个方面:第一,高等教育要为实施国家战略起支撑和引领作用。习近平总书记在全国高校思想政治工作会议上指出:"教育强则国家强。高等教育发展水平是一个国家发展水平和发展潜力的重要标志。"② 第二,高等教育的重大任务是培养中国特色社会主义事业的建设者和接班人。习近平总书记指出:"高校立身之本在于立德树人。只有培养出一流人才的高校,才能够成为世界一流大学。"③ 第三,高等教育要扎根中国大地,办出中国特色。习近平总书记指出:"办好中国的世界一流大学,必须有中国特色。没有特色,跟在他人后面亦步亦趋,依样画葫芦,是不可能办成功的","我们要认真吸收世界上先进的办学治学经验,更要遵循教育规律,扎根中国大地办大学"④。

(三) 人民对高等教育有新的期待

改革开放初期,人民以能上大中专学校为无上的光荣,那时,他们对高等教育的要求不是很高。经过几十年的发展,高等教育的毛入学率

---

① 刘尧:《大学内涵发展的背景与前景》,《青岛科技大学学报》(社会科学版) 2014 年第 3 期。
② 《习近平谈治国理政》第 2 卷,外文出版社 2017 年版,第 376 页。
③ 《习近平谈治国理政》第 2 卷,第 377 页。
④ 《习近平谈治国理政》第 1 卷,外文出版社 2014 年版,第 174 页。

接近50%，人民不再满足于能上大学，而是希望能上更好的大学，享受更高水平的高等教育。当前，高等教育领域的主要矛盾是人民日益增长的对高水平高等教育的需要与高等教育发展不充分不平衡之间的矛盾。而解决这个矛盾的关键，是改革高等教育的发展方式，提高高等教育的质量，实现高等教育的均衡发展。党的十八大之后，习近平总书记多次谆谆告诫我们，人民对美好生活的向往，就是我们的奋斗目标，要坚持以人民为中心的发展理念。因此，高等教育必须满足人民的新期待，否则是没有出路的。

改革开放以来，我国的高等教育基本上属于外延式发展。[1] 这一方面是因为改革开放四十年来，高等教育一直处于扩张的状态，只不过有的时期扩张快一些有的时期扩张慢一些；另一方面，在高等教育扩张较慢的时期（如1986年至1998年、2006年至2012年），也没有实现内涵式发展。因为内涵式发展是"以提高质量为核心，通过结构优化、质量提升与效益增强实现内部要素驱动的发展模式，是规模、结构、质量与效益协调统一的可持续发展"[2]。而在这两个时期，我国的大多数高校并没有把提高质量放在首位，国家也没有对高等教育的结构进行优化，不论是教育主管部门还是高等院校，都没有对高等教育的效益给予足够的重视。即使国家明确要求促进高等教育的内涵式发展[3]，但实际上并没有明显的成效。

在高等教育的初创和恢复时期，外延式发展是必要的。但外延式发展往往也是粗放式发展，注重了规模和数量，容易忽视质量和效益。在高等教育发展到一定规模的情况下，将发展方式及时转向内涵式发展，不仅是可能的，而且是必须的。当前，我国高等教育的规模从总量上看

---

[1] 有学者认为，我国的高等教育有外延式发展的时期，也有内涵式发展的时期。参见毕宪顺、张峰《改革开放以来中国高等教育 的跨越式发展及其战略意义》，《教育研究》2014年第11期。

[2] 转引自齐美东、苏剑《基于人口出生率下降趋势下中国高等教育转型发展探讨》，《贵州社会科学》2017年第6期。

[3] 如，全国第二次教育工作会议提出"以提高教育质量和办学效益为重点发展高等教育"。参见《国家教育委员会关于国家教委直 属高校贯彻全国教育工作会议精神的意见》，1994年11月5日。

已经全球第一,从毛入学率上看即将达到普及化阶段,而高等教育现状和人民期待的高质量、高水平,和时代的新要求都有较大的差距。所以,及时转入内涵式发展,是社会的需要,是国家的要求,是人民的期待。因此,在党的十八大上,时任中共中央总书记的胡锦涛同志提出"推动高等教育的内涵式发展",在党的十九大上,习近平总书记指出要"实现高等教育的内涵式发展"。这两次党的全国代表大会,都为高等教育下一个阶段的发展指明了方向。"实现高等教育的内涵式发展",重在"实现"。所谓"实现",是指要使高等教育的内涵式发展变成现实。实现高等教育的内涵式发展,应当包括以下含义:第一,高等教育的整体发展方式是内涵式,高等教育要以提高质量和效益为核心,而不是把扩大规模和数量当作工作重点;第二,在局部地区(如西部以及高校较少的省份)和个别高校,可能需要在规模和数量上有一定的扩张,但在扩张的同时,发展必须符合内涵式的基本要求;第三,高等教育的发展,在全局上要"重质量、稳规模、调结构、增效益",在具体工作上,要把完成立德树人这个根本任务和提高人才培养能力作为核心要义。在高等教育内涵式发展的过程中,不是说一点也不能扩大高等教育的规模和数量,在不影响内涵式发展大局下的扩张是可以的。但内涵式发展是主旋律,外延式发展只能是"协奏曲"。

二 高等教育内涵式发展的目标

高等教育内涵式发展一定要有目标,没有目标的内涵式发展就会失去方向。而且,对不同的高等教育主体来说,内涵式发展的目标是不同的,或者说,高等教育内涵式发展的目标是有层次的。

(一) 建设高等教育强国是内涵式发展的国家目标

如前所述,我国在2007年的时候,高等教育的规模已经是世界第一了,但我们是大而不强。古人云"兵不在多而在精",如果我们培养不出拔尖人才,培养不出社会、经济发展需要的人才,规模再大数量再多也是没有用的。因此,我国高等教育发展的目标不再是大而是强。建设高等教育强国是党中央赋予我们的光荣任务。习近平总书记在党的十九大报告中指出:"建设教育强国是中华民族伟大复兴的基础工程",这里的教育强国,首先是高等教育强国。没有强大的高等教育做支撑,中华民族伟大复兴就不能实现。因为强大的高等教育可以为中华民族的伟大复兴培养、吸引最优秀的人才,可以为国家建设和社会发展积累学术优势和科技优势,可以为国家进步提供强大的创新能力。所以,习近平总书记说:"我们对高等教育的需要比以往任何时候都更加迫切,对科学知识和卓越人才的渴求比以往任何时候都更加强烈。"[1] 建设高等教育强国是高等教育发展的国家规划。《国家教育事业发展"十三五"规划》明确提出,"十三五"时期教育改革发展的总目标是:教育现代化取得重要进展,教育总体实力和国际影响力显著增强,推动我国迈入人力资源强国和人才强国行列,为实现中国教育现代化2030远景目标奠定坚实的基础。国务院印发的《统筹推进世界一流大学和一流学科建设总体方案》明确规定,到21世纪中叶,一流大学和一流学科的数量和实力进入世界前列,基本建成高等教育强国。可见,不论是国家教育事业发展"十三五"规划还是国务院确定的"双一流"建设方案,建设高等教育强国都是我国高等教育当前和今后一段时间的发展目标。因此,高等教育的内涵式发展,也必须把建设高等教育强国作为自己的目标。否则,高等教育的内涵式发展将因为游离于国家确定的高等教育发展规划之外而无法展开。高等教育的内涵式发展与建设高等教育强国是高度契合的。如前所述,我国的高等教育目前的状况是"大而不强",而要实现大而且强,必须苦练内功,走提升质量、增强效益之路。内涵式发展的要义,就是通过深化改革,实现结构优化、质量提高、实力和竞争力增强。所以,在当前的社会背景下,建设高等教育强国和高等教育的内涵式发展,内容相同、路径一致,两者实际上是一回事。建设高等教育强国就必须使得我国的高等教育实现内涵式发展;实现高等教育的内涵式发展,其前景必然使我国的高等教育进入发达国家行列,成为具有强大实力和竞争力的高等教育强国。

---

[1] 《习近平谈治国理政》第2卷,外文出版社2017年版,第376页。

(二) 提高人才培养能力是我国所有高等院校内涵式发展的共同目标

人才培养是高校最基本的职能,也是所有高校都必须完成的主要使命。在高校的四个职能中,人才培养是最主要的职能,其他职能必须服从于这个职能,忘记了这一点,高校就不能称之为高校。另外,不论是哪一种类型的高校,不论其科研实力如何,不论其服务社会的能力如何,人才培养都是各高校的共同任务。所以,在高等教育内涵式发展过程中,"牢牢抓住全面提高人才培养能力这个核心点",是做好高校其他工作,实现高等教育内涵式发展的关键。新时代为我国高等教育的人才培养提出了新的要求。根据党的十九大报告可知,我国高等教育培养的人才,是德智体美全面发展的社会主义建设者和接班人,也是担当民族复兴大任的时代新人。这些人才不仅应有抱负有理想有追求,更应有扎实的学识和技能,有创新的能力,有广阔的眼界,有敢于超越世界一切优秀人才的决心和信心。我国所有高校都应该围绕培养这样的人才,来谋划学校的工作,实现高等教育的内涵式发展。提高人才培养能力,首先要提高"立德树人"的能力。"高校的立身之本在于立德树人。"[①]

首先要提高"立德树人"的能力,必须坚持以马克思主义为指导,全面贯彻党的教育方针,坚持不懈培育和弘扬社会主义核心价值观。其次要树立以"学生为中心"的教育理念,学校的一切工作要围绕学生的成长成才这个核心来设计和规划。最后要跟踪并广泛使用现代信息技术,以此为主要抓手改革教育教学方法,使我们的高等教育不仅让人民满意,让党放心,也要让学生喜欢。培养人才的根本途径是让学生接受新思想、新知识和新技能,只有学生积极地学习和虚心地接受,才能使高校的教育发挥作用。所以,让学生喜欢是教育教学方法改革的一个重要标准。

(三) 建设"双一流大学"是少数高校内涵式发展的具体目标

2017年9月21日,教育部、财政部、国家发展改革委员会联合发布了《关于公布世界一流大学和一流学科建设高校及建设学科名单的通

[①] 《习近平谈治国理政》第2卷,外文出版社2017年版,第377页。

知》，正式公布世界一流大学和一流学科建设高校及建设学科名单。首批双一流建设高校共计 137 所，其中世界一流大学建设高校 42 所，世界一流学科建设高校 95 所；双一流建设学科共计 465 个。对于这些高校来说，实现内涵式发展，一定会以"双一流建设"为目标，这不仅是内涵式发展的应有之义，也是它们对国家的一种承诺。而且，只有通过内涵式发展，才可以实现结构优化、质量提升、效益增强，提高学科的国际竞争力，提高学校的整体实力。

除了这些高校之外，还有一些实力和水平与这些高校相当的高校，也会把内涵式发展的目标定位为"双一流大学"。但是，把内涵式发展目标定位在"双一流大学"建设上，对于拥有 2800 多所大学的我国来说只能是少数。就是现在的美国高校，也不都是世界一流大学，学科也不都是世界一流学科。况且，如果所有的高校都把内涵式发展的目标定位在"双一流大学"的建设上，那只能会加剧大学的同质化，不利于建设有特色的高校，更不利于为国家经济社会建设提供合格的人才。"一个国家的教育发展要形成一种与本国经济社会发展相吻合的科学的分类分层，以满足劳动力市场对各类人才的需求。我们既需要能够培养拔尖创新人才的世界一流的研究型大学，也需要能够培养数以千万计的中高级专门人才和数以亿计的高技能劳动者的高等院校，而不是要求所有的高等院校都创建为世界一流大学。"[1]

对于多数高等院校来说，合理确定自己的内涵式发展目标，是非常重要的。这个目标的确定，要根据自身的实际，结合国家、地区和行业对人才的需求，找到本校功能与特色的合理定位，并以此来规划自己的内涵式发展目标。我们也呼吁国家教育主管部门，采取实际的措施支持所有高校的内涵式发展。除了制定实施"双一流大学"建设方案外，还应该制定并实施"西部大学建设方案""特色大学建设方案""高水平应用型大学建设方案"，并给予相应的财政支持，鼓励不同层级不同类型的高校特色发展。此外，我们还要树立一种新的观念：高校一律平等，没

---

[1] 闵维方：《"十三五"时期我国高等教育发展战略的若干问题》，《北京大学教育评论》2016 年第 1 期。

有高低贵贱之分；只要培养出的人才是国家建设、社会发展所需要的，它就是优秀的高校。相反，如果一个研究型的一流大学，培养出的人才社会不需要，国家建设用不上，那它就不是优秀的高校。

三 高等教育内涵式发展的要义

高等教育的内涵式发展，不是对高等教育外延式发展的简单否定，而是发展内容和发展方法的全面创新。"它要求我们在高等教育问题上，统筹谋划，全面安排，实现规模、结构、质量和效益协调发展，实现满足社会需要和满足人的发展需要统一发展。"[1] 根据内涵式发展的基本理论，结合当前我国高等教育实际状况，今后一段时间的内涵式发展，应当注重抓好以下四个问题。

（一）采取切实措施，提升高等教育的质量

2012年，主管国家教育工作的国务院副总理刘延东，就提高高等教育的质量发表过一个专门的讲话，指出，"提高质量是高等教育的生命线，是国家中长期教育改革和发展规划纲要确定的重要方针"。为了让高等教育战线的同志们加深对提高高等教育质量重要意义的认识，她还详细阐述了为什么必须提高高等教育的质量。她说：解决我国经济社会发展的深层次矛盾，迫切要求加快提升高等教育质量；顺应全球强化高等教育质量的新浪潮，迫切要求加快提升高等教育质量；把握新科技革命和知识经济的时代特征，迫切要求加快提升高等教育质量；解决高等教育自身面临的突出问题，迫切要求加快提升高等教育质量。[2] 刘延东同志的分析是非常深刻和全面的。但是，几年过去了，高等教育质量的提升仍然是雷声大雨点小。究其原因，是在提升高等教育质量方面，我们还没有找到好的办法。因此，采取切实措施提升高等教育的质量，是下一

---

[1] 刘振天：《内涵式发展：高等教育本质论、价值论和方法论重建》，《大学教育科学》2013年第6期。

[2] 刘延东：《深化高等教育改革走以提高质量为核心的内涵式发展道路》，《中国高等教育》2012年第11期。

个阶段的工作重点。

高等教育的"产品"主要有两个，一是培养的毕业生，二是研究出的科研成果。因此，提升高等教育的质量，主要是提升人才培养和科学研究的质量。考虑到人才培养是高校的基本职能，所以，应当以人才培养为中心，提升高等教育的质量。

长期以来，由于缺乏严格的质量标准，也缺乏规范的质量管理，提升高等教育质量往往成为难以落实的口号。一方面是各个高校都在按照一定的标准发文凭，另一方面是社会对大学毕业生质量的抱怨声越来越多。所以，在高等教育内涵式发展的过程中，我们要采取切实措施，真正而不是口号式地提升高等教育质量。

第一，制定科学的高等教育质量标准体系。

我国一直没有系统完备的人才培养质量标准体系。2015年，国务院办公厅发布的《关于深化高等学校创新创业教育改革的实施意见》，提出完善人才培养质量标准。按照这个意见，国家要制定实施"本科专业类教学质量国家标准"，修订实施"高职高专专业教学标准"，修订实施"博士、硕士学位基本要求"；相关部门、科研院所、行业企业要制定或修订专业人才评价标准；高校要结合办学定位、服务面向和创新创业教育目标要求，制定专业教学质量标准，修订人才培养方案。该实施意见开启了我国高等教育质量标准体系建设的先河，意义非常重大。但是，教学只是人才培养的一个重要环节而不是人才培养的全部，仅仅制定教学的质量标准还是不够的，还应该制定其他的质量标准，比如，学生的实习实践质量标准、毕业论文质量标准、品德修养质量标准等。

高等教育质量标准体系，应当包括三类：第一类是各级各类人才培养的国家标准。这个标准由教育部依托专业教学委员会的专家制定，经教育部批准执行。主要有本科专业类人才培养国家标准（含教学质量标准、品德修养质量标准、身体素质质量标准等）、学术类博士研究生人才培养国家标准（分专业制定）、学术类硕士研究生人才培养国家标准（分专业制定）、专业类博士研究生人才培养国家标准（分专业制定）、专业类硕士研究生人才培养国家标准（分专业制定）、高职高专专业人才培养标准。第二类标准是各行各业录用高等教育毕业生的行业标准。这类标准由国家人力资源与社会保障部组织有关全国性行业协会制定，经人力资源和社会保障部批准后实施。第三类标准是各高校制定的本校人才培养标准，作为本校衡量学生是否达到毕业要求的准则，也可以成为社会评价高校人才培养质量的标准。除了人才培养质量标准外，我们也可以尝试建立高校的科学研究、社会服务、文化传承创新等质量标准。

第二，建立严格的高等教育质量管理体系。

我国的高等教育缺乏严格的质量管理。考虑到高校数量大且提倡特色发展，高等教育的质量管理由各个高校负责进行。各高校应当建立质量管理制度，覆盖人才培养的各个环节，实现对人才培养质量的过程管理。比如，招生环节的质量管理、课程设置的质量管理、师资队伍建设的质量管理、课堂教学的质量管理、实习实践的质量管理、毕业设计（论文写作）的质量管理。除了建立制度外，要明确校长亲自负责质量管理工作，并设立专门的机构，组建专门的队伍负责质量管理工作。各高校应当就质量管理体系的建设情况，每年向教育主管部门报告，并向社会公布，接受政府和社会各个方面的监督。

第三，实施规范的高等教育质量评价制度。

目前，我国对高等教育的社会评价有教育主管部门的各种教学评估，也有社会上有关机构自发组织的"大学排名"。教育主管部门组织的各类评估，科学性越来越强，工作越来越规范，国际社会的认可度越来越高。但是，由于它还不是严格的"第三方"评价，所以还是时常遭到社会和被评价高校的质疑。社会机构组织的"大学排名"式的评价，由于动机各异，乱象丛生，客观性和真实性经常遭受社会各界的批评和质疑。因此，在我国，建立并实施高等教育质量评价制度的工作还任重而道远。

近几年来，教育部高等教育教学评估中心、学位与研究生教育发展中心进行的有关评估工作越来越规范，社会上的一些评估（价）机构也越来越得到认可。建议将教育部所属的上述两个中心从教育部独立出来，在其基础上建立独立的"第三方"高等教育评价机构，通过政府购买服务的办法，从事高等教育质量的评价工作。同时，也可以通过政府认证的方式，对社会上成立的信誉较好的高等教育质量评价机构进行扶持，培育高等教育质量评价的社会机构，以实现科学合理规范有序的高等教育质量评价。

（二）保持定力，稳定高等教育的规模

只有在稳定高等教育规模的前提下，我们才可以仔细审视近四十年来快速发展的高等教育积累下来的问题，并采取措施加以纠正。只有在稳定高等教育规模的前提下，才可以静下心来采取有力的措施，提高高等教育的质量，促使我国的高等教育由大变强。同时，我国当前和今后一个相当长的时期，也不再具备高等教育规模快速增长的社会条件。"高等教育以规模扩张和空间拓展为特征的外延式发展方式是建立在一定的经济社会发展环境特别是人口基数和人口结构基础上的。"[①] 随着我国生育率降低，高等教育适龄人口数量也将会减少，加上因种种原因的高中毕业生弃考或选择出国留学，我国高等教育的生源问题很快就会到来，这在客观上遏制了我国高等教育的规模扩张。

稳定高等教育的规模是为了高等教育更好地发展。稳定规模表现在两个方面，一是国家高等教育的规模基本保持稳定，或者保持缓慢的增长趋势；二是作为个体的高校也要将高等教育的规模控制在一个合理的范围内。1999年扩招以后，加上高校的合并，我国有的高校在校生人数达到七八万人，甚至上十万人，校区有数个，遍布所在城市的多个地方，以至于有"某某城市坐落在某某大学里"的戏谑之语。这样的大学不仅不应该再度扩张，而且应该瘦身，减少在校生的数量，集聚校区，减少办学成本，加强学校的质量建设和校园文化建设，如果不走这样的内涵式发展之路，这样的大学将无法进行持续性发展。

稳定高等教育规模不是不再增加高等教育在校生数，也不是不再增加高等院校的数量。根据《国家教育事业发展"十三五"规划》，我国高等教育在学总人数将由2015年的3647万人，增长至2020年的3850万人，在校生总人数从2015年的3511万人，增长至2020年的3680万人，五年增加169万人，平均每年增加33.8万人。此外，为了解决地区高等

---

① 刘国瑞、高树仁：《高等教育发展方式转变的历史逻辑与现实选择》，《高等教育研究》2015年第10期。

教育发展不平衡的问题,在高等院校较少的西部中部地区,增设一定数量高等院校也是必要的。但不论是高等教育在学人数的扩大,还是高等院校数量的增加,一定要以不影响提升高等教育质量这个时代主题为前提,一定不能影响高等教育的内涵式发展。

(三) 下大力气,调整高等教育的结构

在高等教育近40年的规模快速扩张过程中,我们没有将高等教育结构[①]与社会对人才的需求很好地匹配起来,从而造成了不同地区之间人才分布失衡问题,"造成了一方面高等学校毕业生'就业难',另一方面经济社会发展亟须的应用型人才短缺的问题"[②]。此外,随着产业结构的升级和人口结构的变化,高等教育结构也必须及时进行调整。"教育结构调整是教育供给侧改革的重要方面,是提高教育质量、推进教育内涵发展的重要路径。"[③]

高等教育结构的调整应当全面而深入。根据当前我国的高等教育结构现状,分析未来社会对高等教育的需求,从提高高等教育质量,实现高等教育内涵发展的角度,应当对我国的高等教育结构进行全面而深入的调整。首先,调整高等教育的区域结构,使高等教育的空间布局更加合理。从高等教育的空间布局来看,东西部高等教育差距较大。"'211工程''985工程'高校主要集中在北京、上海、江苏、陕西、湖北、湖南、四川、广东等省(直辖市)。宁夏、海南、西藏等省(自治区)没有这两类高校。我国重点建设的高水平大学存在数量少、覆盖面小、布局不均衡状况。"[④]"我国的优质高等教育资源还是非常宝贵的稀缺资源,而

---

① 高等教育结构是个比较复杂的系统,包括高等教育的布局结构、层次结构、专业结构、类型结构和体系结构。参见高书国《新一轮高等教育结构调整特征与对策分析——高等教育普及化时代的战略准备》,《高校教育管理》2017年第5期。

② 闵维方:《"十三五"时期我国高等教育发展战略的若干问题》,《北京大学教育评论》2016年第1期。

③ 高书国:《新一轮高等教育结构调整特征与对策分析——高等教育普及化时代的战略准备》,《高校教育管理》2017年第5期。

④ 林冬华:《1985—2015中国高等教育发展战略述评》,《黑龙江高教研究》2016年第10期。

且都集中在少数大城市的少数重点大学。"[①] 因此，在今后的内涵式发展的过程中，应当在高等教育薄弱的区域，重点建设一些高等院校，特别是双一流或者高水平的高等院校。其次，调整高等教育类型结构。当前，我国的高等教育培养的人才，学术型人才过剩，应用型人才不足。而一些高职高专还有转为综合性大学的冲动。因此，国家应当加大高等职业技术型大学的建设力度，坚持不懈地动员一些普通本科高等学校转为应用型高等学校，加大应用型人才的培养力度。最后，调整高等教育专业结构。以社会需求为重要导向，淘汰一批毕业生就业难的老专业，建设一批人才需求旺盛的新专业。在研究生的培养上，减少学术型研究生的数量，加强专业学位研究生教育。

在高等教育结构调整的过程中，可能遇到的阻力会非常大。被调整的高校会面临转型，被调整的专业使得教师会面临职业调整。这些都关系到高校和教师的切身利益。如果不下定决心，加大工作力度，高等教育结构调整就难以进行。此外，为了提高高等教育结构调整的科学性，需要对各行各业的人才需求进行预测。当前，我国基本上还没有建立起人才需求的预测机制，这对于高等教育结构特别是专业结构调整的影响是致命的。所以，我国负责人力资源的部门，应尽快建立人才需求的中长期预测机制，提前发布5年以后的人才需求数据，指导高等教育系统调整专业结构，以便为国家建设和社会发展提供精准的人才支撑。

（四）建立高等教育效益分析机制，指导高等院校增强办学效益意识

高等教育的内涵式发展不仅是高质量的发展，也是精细化的发展。在这种发展模式下，增强办学的社会、经济效益是应有之义。然而，由于我国高等教育长期采取了外延式发展，对高等教育的管理也是粗放型的，国家没有对高等教育进行整体的效益分析，高等院校也没有进行办学的效益分析，以至于我们对高等教育的投入产出比是模糊的。这样下去，不利于优化高等教育资源的配置，也不利于对高等教育的精细化管

[①] 闵维方：《"十三五"时期我国高等教育发展战略的若干问题》，《北京大学教育评论》2016年第1期。

理,提高高等教育的质量也可能成为一句空话。由于没有办学效益的分析,我们对高等教育的拨款还是"大锅饭"。无论毕业生的质量如何,国家或地区都按招生人数进行拨款,这导致了一些高等院校忽视教育质量的提高,一直保有扩大规模的冲动,因为规模就是资源。[①]

一个高等院校的合理规模应该是多大?需要进行办学社会效益和经济效益的科学分析。希望国家有关部门,抓紧制定有关规定,建立高等教育办学效益的分析机制。分析高等教育的办学效益,既要算经济效益账,更要算社会效益账,而且主要是算社会效益账。进行效益分析的基本要素,不仅包括国家对高等院校的土地投入、人力资源投入、资金投入等政策性投入,还包括高等院校人才培养的质量和数量、科学研究成果的数量和质量、高等院校提供社会服务的数量和质量、文化传承和创新等"产出"情况。通过高等教育效益的分析,控制高等院校的招生人数和国家投入,引导高等院校注重办学效益,提高教育质量,自觉走内涵式发展的道路。

四 高等教育内涵式发展的动力

高等教育的内涵式发展,需要有动力来推动,如果没有动力推动,高等教育的内涵式发展就不能持续顺利进行。

(一) 高等教育内涵式发展需要动力转换

在高等教育外延式发展的背景下,高等教育发展的动力,主要来自于政府的外力驱动。改革开放以来,不论是恢复高考,设立新的高等院校,还是实现高等教育的大众化进程,基本上都是中央和地方政府的推动。政府通过"211工程""985工程""大学扩招""协同创新工程""双一流建设工程",推动着我国的高等教育一步一步走到了今天。政府外力驱动高等教育发展的成效极其明显,它可以在较短时间内使我国的

[①] 参见闵维方《"十三五"时期我国高等教育发展战略的若干问题》,《北京大学教育评论》2016年第1期。

高等教育由小到大，实现了跨越式的发展，甚至在某种程度上完成了弯道超车。但是，政府外力推动的弱点也很明显，那就是扼杀了高等院校办学的自主权和主动性。"大学改革和发展依附于外部动力机制的强力推进，相关政府部门成为高等教育改革的第一行动集团，而大学的主体理性难以得到彰显，大学的自主权有限。这在很大程度上抑制了高校主动争取社会资源办学的能力和自我提升质量的能力。"[①]

在高等教育内涵式发展过程中，如果高等院校的内生动力发挥不出来，单靠政府的外力驱动，那是非常危险的。原因在以下几个方面：第一，高等教育的内涵式发展以提升质量为核心，这里说的质量主要是指人才培养和科学研究的质量。高等院校是直接进行人才培养和科学研究的机构，如果它的积极性和作用发挥不出来，高等教育的质量是无论如何也无法提高的。因为政府的强力驱动，对于提高高等教育质量来说是外因，高等院校是内因，外因不通过内因是无法发挥作用的。第二，高等教育的内涵式发展是精细化和特色化的发展，这种发展必须建立在各个高等院校对自身功能和特色的准确定位上，政府无法对所有的高等院校进行定位，只能依靠高等院校自己。第三，政府如果长期作为外力推动高等教育的发展，就会把高等院校培养成"懒汉"，使其失去自主办学的能力，丧失大学精神和大学文化。如果这样，我国通过内涵式发展建设高等教育强国的梦想就会落空。因此，在实现高等教育内涵式发展问题上，应当解决高等教育发展的动力转换问题。

（二）激发高等院校改革的内生动力

如前所述，实现高等教育的内涵式发展，应当使高等教育发展的主要动力由政府转换到高等院校方面来。如何实现这个转换呢？或者说，如何激发高等院校内涵式发展的内生动力呢？

第一，依法切实落实高等院校的办学自主权，让高等院校自己先"站起来"。

---

① 刘国瑞、高树仁：《高等教育发展方式转变的历史逻辑与现实选择》，《高等教育研究》2015年第10期。

我国高等教育法规定，高等院校是个独立的事业法人单位，在专业设置、内部机构设立和人财物安排等方面有自主权。但是，长期以来，高等院校办学自主权落实不到位。为了适应内涵式发展的要求，《国家教育事业发展"十三五"规划》就落实学校办学自主权做出明确的规定，提出在"十三五"期间，落实高校学科专业设置自主权，落实高校岗位管理自主权，落实高校用人自主权，落实高校教师职称评审自主权，扩大高校薪酬分配自主权，落实高校经费使用管理自主权，简化高校建设项目审批程序、扩大基本建设项目自主权，落实高校科研仪器设备采购自主权。这八个高校自主权如果真能落实，高等院校才能够独立于社会，自主处理自己的事务，为内涵式发展奠定"主体"基础。

第二，切实实现高等教育的"管办评"分离，把高等院校推到社会的前沿，直接感受社会的压力。

当前，我国的高等教育，教育主管部门操纵管理和评价大权，有的教育主管部门甚至操纵某些高校的办学自主权，"管办评"的权力几乎集于一个部门。在内涵式发展的背景下，必须实行"管办评"分离。把高等教育的管理权交给政府，把办学自主权还给高校，把高等教育的评价权交给社会。只有这样，高等院校才能够根据国家和社会对人才的需求，及时调整学科专业结构；才可以直接面对社会的压力，内生出发展的动力；才可以根据社会评价，不断改进自己的工作。

第三，改革高等教育财政拨款的制度，把政府对高等院校的投入与办学质量、效益以及社会的评价挂起钩来。

"我国改革开放以来实行的'综合定额加专项补贴'的高等教育财政预算拨款制度存在两方面亟须解决的问题：一是……容易导致在校生'规模导向'的'膨胀机制'……二是目前专项经费拨款的项目太多太杂。"① 在这种财政拨款体制之下，高等院校就有扩大规模、争取更多国家财政拨款的冲动，内涵式发展就搞不起来。因此，应当在教育事业的基本支出方面，除了按照生源均定额拨款外，还要增加一项高等教育

---

① 参见闵维方《"十三五"时期我国高等教育发展战略的若干问题》，《北京大学教育评论》2016年第1期。

绩效拨款。根据内涵式发展要求的教育质量提高、效益增加、专业结构调整、评估成绩等因素，确定一个高等教育绩效拨款数额，由学校自主支配使用。

（三）高等教育内涵式发展需要进行系列改革

在高等教育内涵式发展的背景下，高等院校也必须进行一系列的改革，才能跟上时代的步伐。改革思想政治教育的方法，促进思想政治教育和专业教育的高度融合；改革高等院校的用人制度，建立教职工能进能出、能上能下的机制，建设富有活力的教职工队伍；改革学校的管理制度，发挥教师在学校管理中的作用，落实大学章程的规定，落实"教授治学"的理念；围绕"以学生为中心"的理念，改进教学方法和学生管理制度，促进学生学习积极性和自主性的提高；跟踪信息技术的发展态势，促进信息技术在教育教学和管理中的运用，实现高等教育与信息技术的深度融合。这些改革完成后，高等教育内涵式发展，才可以顺利进行。

（王新清，中国社会科学院大学党委副书记、副校长，中国社会科学院研究生院院长，教授、博士生导师。源自：《中国社会科学院研究生院学报》2018年第3期）

凝练大学精神　办人民满意的高等教育
——访中国青年政治学院党委副书记、
常务副院长王新清

张树辉　王　娟

记者：党的十八大报告指出，要努力办好人民满意的教育。您怎么理解"人民满意的教育"？

王新清："办好人民满意的教育"是党的十六大以来，党和政府对教育事业发展提出的目标要求。党的十七大、十八大报告又再次强调了这一目标要求。《国家中长期教育改革和发展规划纲要（2010—2020年）》在指导思想中，明确指出要优先发展教育，完善中国特色社会主义现代教育体系，办好人民满意的教育，建设人力资源强国。

我认为，人民满意的教育是"符合人民意愿，满足人民需求"的教育。从逻辑上讲，它应该包括五个方面：第一，适龄的青少年都能够公平、顺利地进入学校接受教育；第二，学生都能够在学校愉快、健康地成长；第三，教育能够为国家、社会发展提供所需要的人才；第四，受过学校教育的人，都能够在社会上找到合适的工作，人尽其才；第五，从学校毕业了的人，都有机会和条件接受终身教育。人民满意的教育是种要求很高的教育，我们需要经过长时间的努力才能达到。办人民满意的教育需要全社会共同努力，单靠学校是不够的。从学校来说，办人民满意的教育，首先要让学生、家长和用人单位满意。

记者： 党的十八大报告提出，要加强教师队伍建设；习近平同志在今年教师节向全国教师致慰问信时也强调要加强教师队伍建设。您从教20余年，请您谈谈如何做一名让学生满意的教师？

王新清： 1988年，我从中国人民大学毕业留校任教，如今教龄已有25年。总结这么多年的教学经验，我有四点体会：讲授知识要丰富；教学方法要灵活；心里要永远装着学生；既要授业、解惑，也要"传道"。

讲授知识要丰富，包括"新""全""理论和实践相联系""在讲授知识的同时要传授分析方法"四个方面。教师既要掌握近期本学科最新的研究成果，又要掌握教学大纲要求讲授的本课程完整的知识体系。每一门课程都不是孤立的，必须找到它在整个知识体系中的位置，与其他课程建立有机联系。

恰当的或者说好的教学方法就是灵活的教学方法，它可以做到"因课施教""因材施教""因时施教"。具体而言，就是根据课程内容，不同的教学对象选择不同的教学方法，在课堂上根据学生的反应，适时采取能够提高学生注意力和学习热情的讲授方法。

教师是一个高尚的职业，只有心里永远装着学生，才能赢得人们的尊敬。教师应该经常思考这样一个问题：这门课对学生今后的工作、职业有什么帮助？为了使他们能够顺利运用所学知识解决工作中的问题，这门课应该怎么讲？总之，教师要通过认真讲授知识为学生今后的发展助一臂之力。

随着现代教育分工的细化，"传道"似乎成了德育工作者的事情，专业课教师似乎不过问德育的事，这是完全错误的。从培养社会主义事业合格建设者和可靠接班人的高度看，每一位教师都要既教书又育人，要授业、解惑，更要"传道"，这既是人民的期望，也是党和国家的要求，每位教师都要身体力行。

记者： 每年新生入校，您都会给他们讲大学之道，谈谈大学、大学生和大学生活。在您看来，何为大学？

王新清： 高等教育在人类历史上，存在有几千年了。但是，现代大学制度，仅有千年左右的历史。意大利的巴勒莫大学、博罗尼亚大学是人们公认的现代大学的起源。巴黎大学、牛津大学、哈佛大学等国外的名校创立时有两个特点：一是民间举办；二是政府对学者比较宽容。学者们衣食无忧，想的都是和人类发展密切相关的大问题。所以说，大学之所以称为"大学"，是因为思想之大。

现代社会，时代的浮躁情绪蔓延，功利化色彩严重，精神追求缺失，精神引领乏力。人必须有精神，大学在发挥精神追求、精神引领的社会责任中不能缺位。大学不仅要传授知识，更要培育精神。大学精神是社会精神的最高境界，是引领社会精神的重要动力，也会影响学生的一生。大学精神要服务于办人民满意大学、办人民满意教育的大局。大学精神也会帮助学生更好地适应大学生活，确立人生目标，塑造完美人格。现阶段更需要提倡塑造、培育和弘扬大学精神。

西方的大学精神主要有四种：独立自主、思想自由、民主意识、质疑批判。这些都是指在科学研究、探索新知方面不受条条框框约束，营建良好的学术氛围，而不是在社会生活中的行为不受法律和道德约束。

大学在发展，大学精神也应不断发展。在新的历史时期，不管什么样的大学，其精神不应离开以下三点内容：一是追求真理。大学虽然是个弹丸之地，但大学的研究无所不包。大学之大在于思想之大。如果不追求真理，大学就没有存在的价值。二是人文关怀。人文关怀指的是关注人的生存与发展，就是关心人、爱护人、尊重人。大学如果仅仅追求真理而忽略人文关怀，也很难促进社会发展和人类进步。三是促进和谐。社会具有多样性，如何不发生文明的冲突，如何让不同地域、不同文化的人们和谐相处，为此需要有一批思想家、学者设计一系列的政治制度、社会制度来促进人类的和谐。和谐是和而不同，既能保持多元化，又能保持这个社会和和美美地向着一定的目标前进，正如费孝通所说的"美美与共"之佳境。

大学除了上述精神外，还要秉承一种精神，即责任和使命。我们是劳动人民供养的，大学不直接创造拿金钱衡量的物质价值，所以我们必须具备一种道德，就是为人类谋幸福，这便是我们的责任和使命，是大学的基本道德。大学还要为国家的富强做贡献，为一个国家或地区人民的幸福生活做贡献。

记者：中国青年政治学院（以下简称"中青院"）的精神是什么？具

体表现在哪些方面？

王新清：大学不在于大小，关键在于"精"，在于有好教师、好学生，有一个好的大学精神，这样才能出成果、出成绩，才能为世人所认可。中青院的精神表现在三个方面：第一，精英意识、家国情怀。学校在中央团校的基础上建立，从革命时代延续的精神浸润着后辈学子。理想信念教育和责任意识培养，一直是中青学子的必修课。第二，脚踏实地，能吃苦肯干事。中青学子不仅有"书生意气、指点江山、激扬文字"的激情，而且更懂得脚踏实地、埋头苦干。第三，朝气中闪现锐气。多年的校园文化实践，使学校形成了独具特色的"思辨文化"，让中青学子充满锐气，提升了学生的核心竞争力。

记者：《国家中长期教育改革和发展规划纲要（2010—2020年）》中对高等教育提出"优化办学结构办出特色"的要求。作为团中央直属高校，中青院在办学实践中如何确定和强化自己的特色？

王新清：作为共青团中央直属院校，"青年"和"政治"是党中央赋予这所学校的天然特色和光荣使命。从学校的历史传承、专家评估和社会评价来看，"青年"和"政治"是学校的显著特色，体现在课程设置、科学研究和校园文化传统上。

中青院设有青少年工作系、青少年研究院。学校的思想政治教育等专业，在坚持教育部关于本科专业教学计划原则意见的基础上，突出青年特色，开设有青少年研究相关课程近20门。广大教师基于主流的社会科学理论和方法，以"青年"为研究对象，开展青年研究、青年工作研究、青年组织研究，取得了一批丰硕成果。积极探索具有学科交叉性、互补性和融合性的新兴学科。"政治"特色的内涵并非局限于教育部学科专业目录上确定的一级学科门类"政治学"及其下设专业。在我们看来，与国家建设、社会发展、公共管理相关的法学、社会学、新闻学等专业，都有很强的政治内涵。

历经65年的改革发展和历史传承，中青院逐渐形成了"实事求是，朝气蓬勃"的文化积淀和"春风化雨，润物无声"的育人传统。在校园文化建设方面，学校围绕"青年"和"政治"这一内核，立足学校的文化历史底蕴，深入挖掘和凝练"团校传统、中青精神"，积极推行价值管理，大力倡导和谐文化，引导师生员工的态度和行为，促进学校愿景目标的实现。

记者：为了实现"政治素质高、理论基础扎实、实践能力强、富有社会责任感"的人才培养目标，学校做了哪些尝试和努力？

王新清：学校坚持人才培养的中心地位，结合时代发展、社会变革和共青团事业发展对高素质人才的要求，把握高等教育发展的新趋势，针对大学生群体的新变化和新需求，不断充实和完善富有成效的、有特色的人才培养模式。开展富有特色的思想政治教育，持续推进思想政治理论课改革，高度重视党建在学生思想政治教育中的作用，坚持以党建带团建促班建，坚持理论学习与社团活动、社会实践相结合，将政治素质培养贯穿于学生的学习、活动和实践的全过程。开展以文化素质教育改革为主体的通识教育改革，推进以专业核心课程建设为基础的专业教育改革，坚持以师生共读专业经典著作为主的读书活动，辅之以学校和各个专业共同开设的品牌系列讲座，打牢学生的理论基础。坚持把实习实践作为有学分的必修教学环节，以校内外实习实践基地建设为基础，以课程并行实习、社会实践、毕业实习为载体，以社会服务为抓手，督导师生深入社会，了解国情、社情和民意，寻找科研课题，学以致用，不断提升社会实践能力。坚持开展形势政策教育和职业生涯规划辅导等专业性教育，支持开展形式多样的志愿服务、公益活动和法律援助等活动，强化学生的责任意识和担当精神。相互支撑的四个方面有效保证了人才培养目标的实现。

坚持把实践作为人才培养的重要途径，重视培养学生的理论应用能力、创新精神和社会责任感，是学校人才培养和实践教学的一大亮点。学校通过课程、项目、实践基地、品牌化实践活动和专业化实习实践，构建了一套比较完备的实践育人体系。思想政治理论课和专业课程的并行实践、"智慧星火——中青学子学术支持计划"、教师和学生的暑期社会实践活动、KAB大学生创业教育、大学生创新创业训练计划项目等都是有实效、有影响的实践品牌，学校建立了近百个实践基地，培育了西部志愿者协会、西部之窗协会等优秀学生实践社团。

记者：2012年7月，教育部、团中央签署协议共建中青院，这为学校的发展带来了哪些新的机遇？

王新清：共建，不仅是一个难得的历史性机遇，更是一个重要的转折性起点。

第一，共建给中青院的发展创造了新机遇，搭建了新平台。一方面，通过共建，学校作为团中央直属的唯一一所普通高等院校的行业性院校属性得到了教育部的认可，在国家高等教育布局和共青团系统中的特殊地位得到了广泛认同，自身的学科优势和办学特色得到了进一步加强；另一方面，通过共建，学校将在人才培养、教学科研、学科建设、师资队伍建设、校园建设等方面，获得来自教育部和团中央的更多直接指导与实质支持，拥有更多争取资源、整合力量、参与合作、扩大交流的机会，这无疑为学校破解深层难题、拓展发展空间、突破体制机制壁垒、提升综合办学能力提供了可能。

第二，共建给中青院的发展树立了新标准，提出了新要求。共建的长远目标是建设"有特色、高水平"的大学。向着这个目标迈进，办学理念要更加清晰，学科建设要形成更合理的结构布局，教学工作和人才培养要体现更高的水平和质量；科研工作要更好地服务党和国家的重大需求，服务经济社会发展和共青团事业，形成突出的特色优势；校园文化要具有更加凝练的价值内核、更加稳定的精神传承、更加鲜明的中青特色。

（张树辉，中国社会科学院大学副校长，曾任中国青年政治学院党委副书记；王娟，中国青年政治学院宣传部）

坚持"两个主体"办好人民满意的大学

张树辉　万伟伟

党的十八大做出了"围绕保持党的先进性和纯洁性，在全党深入开展以为民务实清廉为主要内容的党的群众路线教育实践活动"的重大战略部署。作为第一批开展教育实践活动的单位，中国青年政治学院以高度的思想自觉和行动自觉，积极践行党的群众路线，以办好人民满意大学目标为镜、以为民务实清廉要求为镜、以师生员工意见建议为镜，对学校事业发展进行了一次大思考、大讨论、大谋划，对党员干部"四风"问题进行了一次大排查、大检修、大扫除。

一　深刻认识践行党的群众路线对于办好人民满意大学的重要意义

党的十八大报告把教育放在改善民生和加强社会建设之首，强调"努力办好人民满意的教育"这一核心任务，阐明了教育发展满足人民群众需求的重要性，体现了教育在国家发展、民族振兴、人民幸福中的重大作用，赋予了教育事业新的使命和责任。党的十八届三中全会对全面深化改革的重要领域和关键环节做出重大部署，特别是围绕党的十八大报告提出的"深化教育领域综合改革"总体要求，明确了教育改革的攻坚方向和重点举措，对促进教育事业科学发展、努力办好人民满意的教育，具有极为重要的指导意义。

让"人民满意的教育"是能够满足国家发展、社会进步与个体幸福生活共同需求的教育，是新的时代背景下党为人民服务宗旨在教育领域的具体体现。"办好人民满意的教育"这一目标任务体现在高等教育的具体落实上，就是办好人民满意的大学。

在长期的办学实践中，学校党委清醒地认识到，办好人民满意的大学是践行党的群众路线的内在要求。"一切为了群众，一切依靠群众，从群众中来，到群众中去，把党的正确主张变为群众的自觉行动"，是党的十八大通过的新党章对群众路线基本内涵的高度概括。群众路线在指导思想上体现了全心全意为人民服务的党的宗旨；在世界观上体现了坚持人民创造历史和人民群众是真正英雄的马克思主义唯物史观；在价值观上体现了坚持以人为本、人民至上的根本取向；在群众观上体现了坚持一切为了群众，一切依靠群众的群众观点；在政绩观上体现了坚持立党为公、执政为民的思想理念；在方法论上体现了密切联系群众的领导方法和工作方法。践行群众路线最关键的是，要从思想和行动深处，解决好"为了谁"这一群众路线最核心的问题、"依靠谁"这一群众路线最本质的问题、"我是谁"这一群众路线最重要的问题。

办好人民满意的大学，既要回答好"我是谁"的问题，深刻把握高等教育进入大众化阶段后社会对教育需求的新变化，深入思考办什么样的大学；又要回答好"为了谁"的问题，深刻把握高等教育作为科技第一资源和人才第一力量有机结合的战略高地作用，深入思考培养什么人、怎样培养人；还要回答好"依靠谁"的问题，深刻把握"办学以教师为主体，教育以学生为主体"的要求，一心一意抓好发展这个第一要务，全心全意依靠广大师生员工，真心实意维护师生员工的根本利益。

在长期的办学实践中，学校党委深切地感受到，践行党的群众路线是办好人民满意的大学的重要保证。全党深入开展党的群众路线教育实践活动，融入了我们党对历史经验的深刻认识和对优良传统的继承弘扬，回应了人民群众对改进党风政风、密切党群干群关系的期盼。习近平总书记指出，开展党的群众路线教育实践活动，是实现党的十八大确定的奋斗目标的必然要求，是保持党的先进性和纯洁性、巩固党的执政基础和执政地位的必然要求，是解决群众反映强烈的突出问题的必然要求。

这三个"必然要求",深刻揭示了开展党的群众路线教育实践活动的重大意义,也充分体现了群众路线在新的历史条件下鲜明的时代价值。

在高校开展党的群众路线教育实践活动,对于高校坚定正确的政治方向,凝聚师生力量,办好人民满意的大学,培育实现中华民族伟大复兴的一代代新人具有重大意义。要从实现民族复兴中国梦的全局高度,充分认识教育实践活动的极端重要性;从密切党与群众血肉联系的政治高度,充分认识教育实践活动的特殊针对性;从切实为党做好新形势下的青年群众工作、巩固和扩大党执政的青年群众基础的战略高度,充分认识教育实践活动的现实紧迫性。

二 坚持办学以教师为主体是高校践行党的群众路线的生动体现

当前,学校正处于全面实施"十二五"发展规划、为建设有特色高水平大学夯实基础的关键时期。开展党的群众路线教育实践活动,为学校进一步加强学风教风校风建设、凝聚爱校荣校强校力量提供了重要契机,为提升学校核心竞争力、推动学校科学发展转型跨越注入了重要动力,为加强干部队伍建设、同心共圆"中青梦"提供了有力保障。

为民务实清廉是党的群众路线教育实践活动的核心内容,为民是目的,务实是行动,清廉是保障,三者密切联系,集中体现了党的群众路线一以贯之的价值立场和精神指向,强化了党的群众路线的行为指向,是新时期贯彻执行党的群众路线的具体要求。对于学校而言,讲"为民",就是坚持全心全意依靠广大师生员工办学治校,发挥师生员工的主体作用,尊重师生员工的首创精神,做到谋划发展思路向师生员工问计,查找工作不足听师生员工意见,改进工作作风受师生员工监督,落实发展任务靠师生员工努力,衡量发展成效由师生员工评判,最大限度地让师生员工干事创业的活力竞相迸发、共谋发展的热情充分涌动。讲"务实",就是坚守实事求是、真抓实干,发扬理论联系实际之风、密切联系群众之风、艰苦奋斗之风,静下心来干事业,沉下身来抓工作,察实情、鼓实劲、出实招、办实事、求实效;讲"清廉",就是坚定地遵守党章、严守党纪、敬畏国法,保持崇高的精神境界、良好的工作状态、高尚的为人品格、健康的生活态度,建设风清气正、朝气蓬勃的发展环境。

高校践行群众路线,要坚持办学以教师为主体。"一切依靠群众",是党的群众路线的手段和方法。对教师而言,学校是生存发展的基座,是干事创业的舞台,是安身立命的家园,甚至是安度晚年的港湾;对学校而言,教师是立德树人的主力军,是办学兴校的主人翁,是党委始终信赖、始终依靠的力量。践行党的群众路线,就要坚持办学以教师为主体,紧紧依靠广大教师的智慧和力量,充分调动广大教师的主动性和积极性。

近年来,学校在依靠教师办学方面,进行了积极探索,以实实在在的行动赢得了教师的认可和拥护。一是坚持群众观点,推进民主办学。着眼于建立现代大学制度,加强学术委员会、本科教学工作委员会、研究生教育工作委员会等学术组织建设,优化校系(院、部、中心)两级学术组织架构,赋予学科带头人、教学科研骨干等教师更多学术权力,发挥学术组织在学科建设、学术评价、教学科研、人才培养等事项上的重要作用。坚持教职工代表大会制度,充分发挥工会组织的基本职能和桥梁纽带作用,进一步完善教代会、工会各工作机构设置,设立教代会民主管理委员会,加强各项工作制度建设。通过制定《信息公开实施办法》、出台教代会代表列席校长办公会制度、建立校情通报和领导班子成员年度述职制度、实行校领导接待日制度、举办"校长沙龙"活动、建立 RTX 信息交流平台、召开不同对象座谈会、走访基层单位等举措,拓宽学校领导班子与教师的沟通渠道,增进领导班子与教师的联系。主动适应新时期青年教师思想政治工作的新形势、新特点,充分发挥自组织在青年教师思想政治工作中的作用,支持青年教师成立自发组建、自我管理、自我服务的青年教职工协会。二是站稳群众立场,维护教师利益。秉持全校师生共享发展成果的理念,学校在收入分配、福利待遇、困难救助、办公条件、职业发展等方面多做聚人心、暖人心的实事。学校克服困难,开源节流,努力提高在职教职工工资收入并向一线教师和青年教职工倾斜,出台《教职工在职攻读更高学历(学位)资助办法》,设立青年教师专项科研经费,增加院系办公用房和教授办公室。改善教职工福利待遇，实行教职工休养制度；设立教职工生活紧急救助基金和党员帮扶专项资金，出台《中国青年政治学院关于教职工困难补助的若干规定》，对患有重大疾病教职工和困难党员给予切实帮助。

三 坚持育人以学生为主体是高校践行党的群众路线的基本遵循

高等教育的根本任务和使命在于培养人才。对高校来说，一切工作都要围绕人才培养，都要为学生的健康成长服务，在任何时候、任何情况下都不能忽视人才培养质量。

高校践行群众路线，要坚持育人以学生为主体。"一切为了群众"，是党的群众路线的核心内容和根本目的，是党一切工作的根本出发点和落脚点。对学生而言，学校是播种梦想的沃土，是扬帆远航的起点，学校赋予了他们相伴一生的求学背景，培育他们一脉相承的文化基因。对学校而言，培养人才既是根本任务，也是价值所在，不仅承载着学生的梦想，而且也寄托着千万家庭的厚望，还肩负着国家社会的期待。践行党的群众路线，就要坚持育人以学生为主体，让教育回归育人的本原，育人回归人本传统，大力提升学生的人文精神和综合素养，促进学生全面发展。建校以来，学校把"育人为本、德育为先"的理念贯穿人才培养的全过程，坚持"全面育人、全程育人、全员育人"，形成"教书育人、管理育人、服务育人"的良好氛围，努力培养政治素质高、理论基础扎实、实践能力强、富有社会责任感的高素质管理人才。一是注重理论引导，充分发挥课堂教学的育人主渠道作用。二是坚持知行合一，构建了"六位一体"的实践育人体系，即坚持以课堂教学为阵地，与实践教学相衔接，强调紧扣实际；以社会实践为载体，与自我教育相支撑，强调深入基层；以责任自觉为导向，与文化建设相互动，强调关注民生；以社会服务为依托，与专业培养相结合，强调学以致用；以问题研究为切入点，与教师实践相结合，强调贴近现实；以校友资源为纽带，与精神传承相联系，强调共生效应。形成了以"智慧星火——中青学子学术支持计划"、教师和学生暑期社会实践活动、各类学科竞赛等为主体的实践育人平台，建设了近百个实践教学基地，培育了以青年志愿者协会、西部之窗协会、健言社、团友会、尚著学社等为代表的优秀学生社团。三是以团学组织为阵地，夯实思想政治教育的基础。在大学生思想政治教育中，学校始终坚持学生是主体的理念，重视发挥团学组织在大学生中的感召力、凝聚力、渗透力。学校健全大学生教育管理组织体系，以"学校—院系—班级"三级团学组织和学生社团组织为依托，有效地推进思想政治教育进班级、进宿舍、进社团，提高思想政治教育的组织覆盖率和工作覆盖面。四是大力培育以"实事求是，朝气蓬勃"为核心，充满理想主义气质、爱国主义精神、人文主义情怀的校园文化。学校开展了寓艺术、时尚、情感、兴趣等元素于一体的校园文化活动，有历久弥新的社团文化节、金秋文化艺术节、辩论赛、五月诗会等品牌活动，有各具特色的传媒人大讲堂、文化素质讲坛、国家政策论坛、中青大讲堂、民生论坛、读书活动等专业讲座，有形式多样的志愿服务、公益活动、体育赛事等特色活动，产生了吸引学生、凝聚学生、教育学生的聚集效应，80%以上的学生积极参加各类活动并从中受益。五是强化个性化服务和人性化管理，关注学生在生活、就业、学习等方面的需求，使育人工作有为有位，有声有色，与学生自我发展、价值实现相适应。心理健康教育有序开展，就业服务水平不断提升，学生资助工作稳步推进。六是充分发挥宣传思想工作的育人作用，以德育人，以文化人，深入挖掘师生中的感人事迹、典型故事、凡人善举，注重用身边的榜样教育身边的人，用平凡人的事迹传递正能量；坚持受众为本，在贴近校园、贴近师生、贴近生活上下功夫，改进新闻报道，提升新闻品质，使新闻报道既有深度、有说服力，又接地气、有感染力；主动适应新媒体发展趋势，开通官方微博、官方微信等，多渠道推介，下功夫运维，保持活跃度，提升关注度，增强美誉度，用柔性的方式达到思想宣传"润物无声"的效果。

办好人民满意的大学是不断发展的历史过程，党的十八届三中全会做出了全面深化改革的战略部署，对深化教育领域综合改革提出了新任务新要求，也为办好人民满意的大学赋予了新标准新内涵。相信只要坚持群众观点，践行群众路线，只要发挥好"两个主体"的作用，就一定能够凝聚起办好人民满意的大学的强大力量,推动学校又好又快发展,为办好人民满意的教育做出应有的贡献。

参考文献

[1] 和学新:《"人民满意的教育"的深刻意蕴》,《中国教育报》2011年8月2日。

[2] 袁贵仁:《深化教育领域综合改革》,《中国教育报》2013年11月20日。

[3] 赵旻:《办好人民满意的教育理论解析》,《北京教育》(高教版)2013年第6期。

[4] 张树辉、王娟:《凝练大学精神,办人民满意的高等教育——访中国青年政治学院党委副书记、常务副院长王新清》,《北京教育》(高教版)2013年第12期。

[张树辉,中国社会科学院大学副校长,曾任中国青年政治学院党委副书记;万伟伟,中央团校党委组织部。源自:《北京教育》(高教版)2014年第1期]

他们的精神气质从何而来？
——探寻中青院人才培养的"秘诀"

张树辉　毛赟美

近日，一则"中青学子见义智为勇救落水女"的微博新闻在网络中广泛传播，网友们为中国青年政治学院的高兴贵、杨妍君两位同学在早春寒夜奋不顾身搭救并帮助轻生女子的壮举而感动，也为这两人接力施救的机智而钦佩。而在这两个"英雄"大学生的嘴里却听不到半句口号式的言语，他俩从冰冷的昆玉河中救出人后，把自己的衣服鞋子贡献出来，并把被救人送回宿舍，陪派出所的同志回去录完情况，自己悄悄地回到学校并未声张，几天后派出所给学校寄来情况通报，事情才被老师同学发到网上。

他俩事后告诉记者，自己当时只是恰好在现场，做了谁都会做的事情，远没有"舍生取义"来得悲壮和轰轰烈烈。他们还告诉记者，去年北京"7·21"大雨，12位在房山少年军校参加社会实践的校友，冒着生命危险保护300多名少年军校学员撤离；前几年，一个叫刘展术的师兄捡到9万元巨款毫不动心、苦等失主，而他当时还在为筹集回家过年的路费犯难；有个姓陈的师兄在香山公园的湖里也救过落水的游客；有位姓刘的师姐是学生会的副主席，自己悄悄地给一位小病孩儿捐了骨髓，团委老师追问她为什么几天没在学生会露面，她才跟老师说了情况，并嘱咐不要告诉系里。按高兴贵、杨妍君的话说，"这类事情发生在大学生身上很正常，发生在我们学校更是应该"。

这些话不禁让记者产生了强烈的好奇心：中青院究竟是怎样一所学校？为什么它培养的学生有着一种共同的传递正能量的特质？

走近这群学生，记者无时不被他们身上散发的独特精神气质所感染。这种精神气质感受得到，却难以精确描述，就连学校的师生都无法给出统一的答案。也许，我们能从学校育人的点滴细节中探寻一二。

一 精英意识，家国情怀

在中青院雅致的校园里，有一块书卷模样的雕塑格外引人注目，上书"青年人才成长的摇篮，社会精英培育的殿堂"。在党委书记倪邦文看来，这既是学校的自我定位，也是国家赋予的使命，社会大众寄予的期望。

中青院是在中央团校的基础上成立的，"培养坚定的马克思主义者"是党中央在批复同意建院时对学校的要求，历届团中央第一书记均兼任学校校长，特殊的性质和光荣的校史浸润着后辈学子，学校又把"精英意识、家国情怀"融汇于人才培养的各个环节，这使得那些本就胸怀抱负高分录取到这所高校的青年更容易形成"家国天下"的角色认同。

这种认同来自于润物无声的理想信念教育。多年来，学校形成了"以学生党建为龙头，以课堂教育为主阵地，以多彩活动为载体"的红色教育格局。学校坚持把学生党支部设在班级，本科生一年级有党小组、二年级有党支部，充分发挥党组织的带头作用，引导学生自我管理：汶川地震后，刑法学研究生党支部率先捐出2000元的特殊党费，带动其他同学踊跃捐款；每年两会期间，各党支部组织结合专业特色讨论两会热点，把艰涩的理论学习变成生动的专业研讨……在中青院，95%的学生都递交了入党申请书，超过一半的本科生被发展入党，研究生入党率近100%。

这种认同来自于根植实践的责任意识培养。学校与近百个校外单位合作共建了校外实践基地，并从制度、资金等方面大力保障各种学生实践活动。学生们每年都要参加社会调查、志愿服务、送课下乡、就业见习、扶贫支教、法律援助等形式各异的社会实践活动。就拿每年的暑期社会实践来说,学校以招标的方式鼓励学生申报实践项目、组织实践团队、探寻社会问题。近3年来,共有93团队、近千人次参加了该项活动,同学们的足迹几乎遍布全国各省份,撰写的调查报告有26篇在首都"挑战杯"比赛中获奖,两篇在全国"挑战杯"比赛中获奖。学校连续五年获得"首都高校社会实践先进单位"称号。这种认同还来自于一届届校友的榜样力量。中青院从1990年后才有本科毕业生,但已有一大批校友成为各行各业的中坚。1997届校友沈健平现任学校团委书记,他认为,"中青院学生最大的特点是'位卑未敢忘忧国',每次同学聚会,不管大家的社会角色如何,聊得最多的话题还是时事政治、国家民族"。

二 脚踏实地,能吃苦肯干事

中国储备粮管理总公司副总经理许高峰曾给予中青院的学生高度评价。他认为,中青院的学生具备非常鲜明的特征,其中之一就是讲政治,肯牺牲,具有坚韧不拔的品质和自强不息的精神。

中青院学生不仅有"书生意气,指点江山,激扬文字"的激情,更懂得脚踏实地、埋头苦干。有学生认为,尽管自己的高考分数高于省重点线50分,但一进入大学,"很快就发现周围的同学高考分数甚至比自己还高,都很优秀,自己根本就没有骄傲的资本"。采访中记者发现,中青院学生踏实的作风还有更多缘由。

师长们的言传身教就是一个很重要的原因。在中青院,流传着这样一句话"小小中青院,暖暖我的家",老师用实实在在的行动培育着学生也影响着学生。"北京高校优秀辅导员"社工学院教师王冬梅离预产期只有3天时,还挺着大肚子艰难地走上教学楼四层给同学们开会,鼓励他们以积极的心态面对考研就业的压力,她所带的班级学生就业率达到98%。"北京市师德标兵"中文系教师朱玲生病住院期间,因牵挂正处于期末复习阶段的学生,偷偷从医院跑出来为大家辅导。她义务为本系学生进行考研辅导,15名学生中11人进入复试并顺利被北大、北师大等名校录取。此外,每有学生因病困需要救助,校领导总是带头捐助,用实实在在的行动诠释着校园大爱。

校园活动的历练也是一个不可或缺的因素。中青院有各种学生社团近60个，其中公益类和实践类社团各占三分之一。在中青院，班团干部没有"终身制"，每年的大调整，当过的同学要"让贤"。此外，研究生担任本科班主任助理、大四学生担任大一新生军训辅导员等制度安排，都让学生学着做事、学会做事。

此外，同学校友的鞭策也是中青学子脚踏实地的重要原因。2003年，中青院华伟成为全国第一个报名参加"大学生志愿服务西部计划"的大学生。获第三届"全国道德模范"提名奖的校友陈允广，扎根内蒙古达茂旗10年，在做好本职工作的同时，四处奔走，家访学生，募集捐款45万元，帮助全旗300多名贫困学生重返校园。获"北京青年五四奖章"的校友陈昆作为一名记者，在2008年南方雪灾、汶川地震中赴一线艰苦采访。校友李学文2010年毕业后，放弃事业单位的工作，到怀柔区当了一名村官，从开通村旅游博客到建立农家书屋，他被新华网评为"2011年度大学生村官十大创新人物"。"毕业后从基层踏踏实实干起"成为越来越多中青学子的选择，近5年，每年有约10%的毕业生去基层、西部实现自己的梦想。

（张树辉，中国社会科学院大学副校长，曾任中国青年政治学院党委副书记；毛赞美，中央团校培训部。源自：《光明日报》2013年4月15日第16版）

2018年中国社会科学院大学本科生学业导师联络报告

张 波 高迎爽

"师徒制"是中国社会科学院的优良传统。为充分发挥社科院导师资源优势，创新本科生的培养模式，提高人才培养质量，学校从2017年开始实行本科生学业导师制度。通过学业导师调动和启发学生自主学习的积极性，帮助学生树立正确的专业理想并理解专业课程结构，尊重学生个体差异，给予学生有针对性的个性化指导。充分发挥学业导师力量，利用社科院丰富的学术资源，积极推进教学与科研的相互促进，全面提升学生的专业素质，开阔学术视野，挖掘学术潜力，鼓励、支持本科生参与其学业导师的课题、调研、学术研讨会及其他形式的科研活动；鼓励学生在申报大创项目、社会调研项目时，将学业导师列为指导教师。

为更好地贯彻落实学业导师制度，学校制定了《中国社会科学院大学本科生学业导师管理办法（试行）》并经大学临时党委通过，还制定了学业导师指导手册，要求导师指导学生要有记录可查，手册是考核学业导师的重要依据。根据《中国社会科学院大学本科生学业导师管理办法（试行）》，每位学业导师指导2—5名学生，辅导学生进行课外阅读，每学年读书不少于5本，并督促学生撰写读书报告；每月当面指导一次，平时辅以电话、邮件等其他指导、沟通、交流方式，了解研究生的学习、思想和生活情况，全面关心学生的成长；帮助学生树立正确的专业思想并理解专业课程结构，提高学生的专业兴趣；带领学生参与课题、调研等科研活动，指导学生撰写调研报告和学术论文；指导学生认真选择毕业论文题目，确定论文提纲，进行论文写作与修改，并定期进行检查；指导学生完成毕业论文，举行论文答辩等。受聘导师须接受大学考核，每年考核一次，考核合格者可续聘；连续两年考核不合格者，自动解聘。学业导师要调动和启发学生自主学习的积极性，发挥专业辅导优势，培养学生的创新意识，加强师生之间的沟通交流，给予学生个性化的有针对性的指导。

2017年，学校4个学院确定的学业导师共计284人。经过学生和导师双向选择后，11月底最终确定了学生和导师对应关系，390名本科生对应186名学业导师，平均每名导师带2名学生。根据4个学院提交的《本科生学业导师指导手册》情况汇总表，教务与科研处进行了系统的统计与分析，发现学校本科生学业导师制度实施半年来，师生互动效果很好，得到了绝大多数学生和学业导师的好评。

一 指导内容记录分析

（一）见面指导次数

根据各学院提交的学业导师指导手册，马克思主义学院提交的学生总数116人，涉及学业导师76人，导师见面指导总次数为315次，平均每位导师面谈指导4.144次，学生与导师见面次数最多10次，最少的0次；人文学院学生总人数58人，涉及学业导师32人，导师见面指导总次数为126次，平均每位导师面谈指导3.938次，学生与导师见面次数最多5次，最少的0次；经济学院学生总人数173人，涉及学业导师88人，导师见面指导总次数为461次，平均每位导师面谈指导5.239次，学生与导师见面次数最多8次，最少的0次；国际关系学院学生总人数29人，涉及学业导师13人，导师见面指导总次数为88次，平均每位导师面谈指导6.769次，学生与导师见面次数最多8次，最少的1次（见表1）。

表1　　　　　　　　　　学业导师见面指导次数

学生人数及比例\见面指导次数	0	1	2	3	4	5	6	7	8	9	10
马克思主义学院	5	23	31	32	13	3	2	3	3	0	1
人文学院	1	7	27	15	5	3	0	0	0	0	0
经济学院	4	30	63	41	15	7	6	4	3	0	0
国际关系学院	0	3	13	6	4	0	0	1	2	0	0

从首次见面时间看，绝大多数学生与导师在第一学期结束之前进行了面谈，其次是3月份即开学初。经济学院因信息统计不完整，故暂不纳入表格（见表2）。

表2　　　　　　　　　　与学业导师首次见面时间

学生人数及比例\首次见面时间	元旦前	1月	2月	3月	4月	5月	6月
马克思主义学院	62	63	2	32	1	7	0
人文学院	25	28	0	16	0	6	4
国际关系学院	14	11	0	9	0	0	2

（二）指导读书情况

根据各学院提交的学业导师指导手册中的读书记录统计，在第一学年结束后，马克思主义学院学生读书总本数为347本，人均读书数量为2.99本，学生读书本数最多为27本，最少为0本；人文学院学生读书总本数为113本，人均读书数量为1.95本，学生读书本数最多为10本，最少为0本；经济学院学生读书总本数为103本，人均读书数量为0.6本，学生读书本数最多为10本，最少为0本；国际关系学院学生读书总本数为65本，人均读书数量为2.24本，学生读书本数最多为6本，最少为0本（见表3）。

表 3　　　　　　　　　学业导师指导学生读书情况

学生人数及比例\读书（本）	0	1	2	3	4	5	6	7	8	9	10	11	12	21	23	26	27
马克思主义学院	24	10	23	18	13	8	2	6	5	1	2	0	2	0	1	0	1
人文学院	20	17	6	5	1	3	1	0	3	0	2	0	0	0	0	0	0
经济学院	52	27	28	15	11	16	14	1	3	1	3	0	0	1	0	1	0
国际关系学院	7	2	7	6	5	1	1	0	0	0	0	0	0	0	0	0	0
总计	103	56	64	44	30	28	18	7	11	2	7	0	2	1	1	1	1

（三）学生撰写读书报告情况

根据各学院提交的学业导师指导手册中的读书报告登记情况来看，马克思主义学院学生登记和提交的读书报告共69份，人均提交读书报告0.59份，学生撰写读书报告最多为23份，最少为0份；人文学院学生登记和提交的读书报告共9份，人均提交读书报告0.155份，学生撰写读书报告最多为1份，最少为0份；经济学院学生登记和提交的读书报告共103份，人均提交读书报告0.6份，学生撰写报告最多为10份，最少为0份；国际关系学院学生登记和提交的读书报告共7份，人均提交读书报告0.24份，学生撰写报告最多为2份，最少为0份（见表4）。

表 4　　　　　　　　　学生撰写读书报告情况

学生人数及比例\读书报告或笔记（份）	0	1	2	3	4	5	6	7	8	9	10	21	23
马克思主义学院	91	21	2	0	0	0	0	0	0	0	0	1	1
人文学院	50	8	0	0	0	0	0	0	0	0	0	0	0
经济学院	127	21	11	8	1	3	0	1	0	0	1	1	1
国际关系学院	23	5	1	0	0	0	0	0	0	0	0	0	0

（四）学生参与科研情况

根据各学院提交的学业导师指导手册中的学生参与科研次数的登记情况来看，马克思主义学院学生在本学年内共参与48次科研活动，人均参与科研活动 0.41 次，学生参与科研活动次数最多为 4 次，最少为 0 次；人文学院学生在本学年内共参与 14 次科研活动，人均参与科研活动 0.24 次，学生参与科研活动次数最多为 2 次，最少为 0 次；经济学院学生在本学年内共参与 121 次科研活动，人均参与科研活动 0.7 次，学生参与科研活动次数最多为 6 次，最少为 0 次；国际关系学院学生在本学年内共参与 13 次科研活动，人均参与科研活动 0.45 次，学生参与科研活动次数最多为 4 次，最少为 0 次（见表 5）。

表 5　　　　　　　　　　学生参与科研情况

学生人数及比例＼参与科研次数	0	1	2	3	4	5	6
马克思主义学院	83	25	4	1	3	0	0
人文学院	47	8	3	0	0	0	0
经济学院	91	56	20	3	0	2	1
国际关系学院	23	5	1	0	0	0	0
共计	244	94	28	4	3	2	1

（五）学生参与课题情况

根据各学院提交的学业导师指导手册中的学生参与课题的统计情况来看，马克思主义学院学生在本学年内共参与 8 项课题，人均参与课题 0.07 项，学生参与课题最多为 1 项，最少为 0 项；人文学院学生在本学年共参与 1 项课题，人均参与课题 0.02 项，学生参与课题最多为 1 项，最少为 0 项；经济学院学生在本学年共参与 29 项课题，人均参与课题 0.17 项，学生参与课题最多为 8 项，最少为 0 项；国际关系学院学生在本学年内共参与 0 项课题，人均参与课题 0 项（见表 6）。

表 6　　　　　　　　　　学生参与导师课题情况

学生人数及比例＼参与课题情况	0	1	2	3	8
马克思主义学院	108	8	0	0	0

续表

学生人数及比例\参与课题情况	0	1	2	3	8
人文学院	57	1	0	0	0
经济学院	158	10	1	3	1
国际关系学院	29	0	0	0	0
总计	352	19	1	3	1

(六) 指导方式

导师指导学生的方式除了线下面谈之外，还包括微信、短信、邮件、电话等线上交流的方式。据统计，导师通过线上指导的次数接近面谈的次数。在此需要指出的是，一些学生没有记录线上指导的次数或内容，所以实际的线上指导的次数肯定比表格中统计的次数要多。具体情况如下：

表7　　　　　　　　　　导师指导学生的方式

指导方式	线上	线下
马克思主义学院	211	315
人文学院	96	126
经济学院	271	461
国际关系学院	13	88

二　指导内容

这一学期是本科一年级，学业导师的指导内容主要包括以下几方面内容：一是了解学生的学习与生活情况，帮助、引导学生完成从高中向大学生活转变，引导学生树立自主学习和兴趣学习的意识与习惯；二是回应学生学习与生活中的问题，对一些具体问题提出要求、指导与建议；三是探讨专业发展前景，给未来发展规划提供建议；四是指导学生阅读专业经典名著和理论学习，布置阅读书目；五是带领学生聆听讲座和学术报告，参与研究生学术讨论；六是适当地让本科生参与到课题调研中。具体而言，不同学院、不同专业以及不同学生，指导内容又有所不同。

例如，人文学院有的导师强调英语学习的重要性，要求学生摆脱学科束缚，开阔视野；建议学生自由阅读，不限制领域范围，遵循自己的爱好，并将读书心得发给导师进行交流。通过随意、轻松的聊天询问学生们对一些事情，诸如高中生活与大学生活阅读、文学在中国的发展、外国文学与中国文学等的看法与态度并给出自己对学生的建议和鼓励。有的导师带学生参加爱尔兰国庆节活动，拓宽他们的国际视野，并对他们的学习提出建议。

经济学院导师了解学生的学习生活情况后，帮助他们树立正确的人生观、价值观、世界观，指出未来学习的重点，引荐师兄和老师，交流人生规划建议，给予学术指导，讨论学术问题，鼓励学生德智体美全面发展；阐释本科四年的培养计划，指出了本科不同阶段应重点培养的能力；详细地讲解财务管理专业的内涵以及未来发展的规划及方向，提出了学习和生活上的要求，督促学生在做人做学问方面不断进步；带领学生参加专业领域的学术研讨会，提供参与科研项目的锻炼机会，并对学生假期及空闲时间进行学习上的规划指导，加强学生对于专业基础知识的学习。

马克思主义学院的老师善于结合社会热点，用专业知识来解释社会现象，利用线上平台推送相关文章传递知识。不少老师会结合学生所分享和报告的学习近况，针对不同学生所面临的问题进行逐一解答，布置阅读作业并赠送书籍，鼓励学生多读书、读好书，做好读书笔记，尽快找到自己未来的方向，鼓励学生在读书期间做出规划。老师们也会协同学长、学姐与新生进行座谈，多加交流，建立长期联系机制，定期安排师生会面或学习活动，用过来人的经验和经历为学生提供做人和做学术的指导与帮助，提高学生科学素养。

国际关系学院的老师们在与学生交流时，多注重交流求学、治学、为学的经验，给学生的大学生活提出建议，为学生分析本专业以后的未来发展方向，结合个人情况拟订发展的具体计划，或成立学习小组，建立讨论制度，以强调基础学科的重要性，培养研究型人才所应具备的素质。此外，老师们在希望学生能够提高自身综合素质之余，更寄予学生做充满生活情趣的君子的期望，做到"头上有星空，心中有道德"。

三　学生感悟

在本科第一学年结束之后，学生们对于学校的教学安排和导师们的学习指导方式都有了更深的了解和感悟。根据各学院所提交的学业指导手册记录以及学生们对于导师制施行情况的反馈，可以看出学生们在入学后通过导师制获得了更多与名师交流的机会，在学者们的带领下，掌握到难得的学习方法与科学思想，令大家受益匪浅。大学，非大楼之谓也，大师之谓也。中国社会科学院大学邀请各个领域潜心治学的老师担任本科新生们的导师，一是让学生们能够更好地适应从高中到大学的身份转换与过渡，二是依靠这些有着丰富研究成果的学者传递给学生专业且执着的人文学科精神，帮助学生确立大学生活的发展方向，明确学生的学习任务与自身职责所在。

例如，经济学院的学生们对导师制施行后发出的感悟有："老师学术精湛，和蔼可亲，既对我们严格要求，又对我们关心有加。我们从老师的教诲中，明悟许多人生的道理，学到许多有用的学习方法和科学思想，总之，与导师的交谈，让我们受益匪浅。""导师对我的关心和指导让我颇有感悟，在未来的学习中，我更有了目标方向，相信以后的学习研究在导师的带领下能迅速成长。""与社科院大师近距离接触，发现导师虽然学术水平高，但非常平易近人，举手投足都有学者风范，让我有站的更高的机会。""老师温文尔雅，和蔼可亲，他的教导不仅是有关学习，更多的是人生的智慧，让我受益多多。同行的师兄待我们如弟妹，不遗余力地向我们传授大学生活的经验。本人寡智不敏，却忝列门墙，这是我的幸运，也是对我未来的鞭策与激励。"

此外，其他学院学生在指导记录册上也有不同的反映，如人文学院的学生写道："最大的感受就是，每次见导师，都有新收获。记得这学期开学的时候导师组织我们几个学生研究课题，那是我第一次真正意义上做一个学术研究，当时看了很多书，翻阅了很多资料和论文，最后写出了一篇两万五千多字的论文。后来与导师见面，导师当面指导我们的论文，短短几个小时，我们学到的东西比那几个月的研究学的还多，导师的讲解特别的独到，打开了我们本科生没有的一些视角，介绍了一些观点，更重要的是教会了我们学习、研究的方法。导师总是直接或间接地询问我们的情况，对我们的问题更是耐心回答。我们都知道导师很忙，行政上的事情就已经让他难以分身，但他还是抽出时间给我们指导大挑战杯的事宜，时而给我们一些振聋发聩的教诲。每次见导师，都会有很大的收获和感慨，觉得自己还不够优秀，于是倍加努力。导师给每个学生都安排了一位博士师兄或师姐来帮扶，师姐师兄们平时很关心我们，不仅指导我们学习上的事情，也关心我们的生活琐事，引导我们的心态和观念，导师这样的安排很科学地弥补了他没有和我们见面的时间缺口。很感谢导师的付出，每次想起都觉得自己还是不够优秀，每次都会在导师的激励和引导下更加努力。""我感受到了老师对学生提出的高要求和殷切的希望，自己很受鼓舞。我将端正自己的学习态度，认真学习，保证基础学业的优秀；立志学术，认真研究文艺理论、文学阐释学，在学术道路上认真思考、谦虚请教，积极进取。""自随师泊今，闻谆语，拓博界，获益良多，所咀之英华，难尽于片语只言也。览导师所馈之书，有感论语之简言而繁意，六朝之诗华而不庸，唐宋之词浩而非滥，更兼妙文诸篇，所提所荐，有扩眼疆、勘古意、思前路之感，得以浅知马克思文学理论之泱泱。自觉今朝之肄业虽未厚积，亦于师之感教之下积羽而待抟风矣。愿明日之我，不负今之所学，愿经年之我，不负师之所望，则师乐甚而我幸甚也。"

通过导师制度的实施，学生们参与到各种讲座与学术活动中去，更有不少学生在导师的支持下参加各类科研项目活动，积累了学术经验，培养了个人独立思考的能力。如有学生这样说道："在学习学术方面，导师帮助我们修改文章，指正文章与思想中的不当之处，教我们如何写论文。导师赠送给我们许多书籍，从书籍的种类与内容上看，导师希望我们兼涉中西，由浅入深，有基础的文学素养和批判反思的品格，同时这些书籍也兼有趣味性与可读性。在锻炼思维方面，导师告诉我们不能盲从盲信,要有独立人格与思考能力,扩展自己的视野,先广泛关注,再择定方向。同时,我们也被导师平易近人的风度与耿直正派的文人品格所感染。""我觉得从导师处学会的最重要的几点:其一是要立志,我们要对自己的学业,对自己的人生负起责任。在大学期间,要不断摸索自己想做什么,能做什么,志存高远,并不断地调整自己的规划。其二是要学会'讲道理'。我们进入大学后面临着很多论文任务,要会写论文,必须要先学会讲道理,学会如何表述清楚自己的想法,学会为自己的观点搜集证据,并且有条理、有逻辑地展开论述。其三是要终身读书。不管将来从事何种行业,都要以读书为终身爱好,并且在我们这个年纪,要以读'该读的书'为要,因为'想读的书'可能容易流于兴趣,接触到的思想是低层次的,要提高自己,必须勇攀高峰,读'该读的书'。最后,做到工欲善其事必先利其器。"

在导师们的指导下,学生们从总体上了解各自学科的基本概况,并且了解到各学科研究的前沿领域以及交叉发展方向,各位导师所指出的"思想无界,追求无限"的学术研究精神与思考问题的深刻性,对学生也有着极大的鼓舞作用,从导师们所研究的多方面领域看到了更为宏大的学术世界与宽阔的学习方向,从而对前沿学术问题和未解之谜有信心去努力攻克与钻研,引领学生们走进学术研究的殿堂。

四 学生的意见与建议

对于刚入学的新生而言,导师制度的施行极大地帮助了学生们迅速、高效地投入到大学学习生活中去,通过与诸多具备丰富教学经验和科研经验的导师展开线上与线下的交谈,扎实学生专业知识的基础,拓宽了学生的眼界,可以说真正发挥了导师制度的作用。从各学院所提交的学业指导手册中学生们对于导师制度的施行效果反馈来看,导师制度仍有可进一步改进与发展的空间,学生们从多个角度提出一些意见和建议,希望导师制度能够得到更好的施行。

一些学生提出,首先,学校在实施导师制度的同时,应建立相应的运行机制,为学生和导师提供固定的会面场所与辅导时间,促使双方能够更便捷、频繁、便利地交流，让"师徒制"发挥更大的力量，为社科大的建设添砖加瓦。也有部分同学反映，本科生的必修课时间有时会与导师的时间冲突，失去了一些和导师亲自交流的机会，故希望学校可以适当调整教学课程安排，留出充分的时间与导师见面，使师生见面逐步常态化。其次，因学校与研究所距离较远，学生与导师出行都存在不便，希望学校可以考虑增加往返班车，利于学生与导师安全出行。

从目前导师指导方式来看，线下见面主要通过见面交流、参与学术活动和外出实践等形式展开，线上指导主要通过微信、邮件、电话等方式进行，学生们提出因交流多样化，希望在考核时不要把见面次数作为唯一的考核点，多结合具体指导内容进行考核。从导师指导内容的反馈看，学生们希望导师在专业知识的传授中能够提供更多的案例分析与实践机会，丰富每次见面指导的内容与形式，以便对本专业的未来发展有更多切实的感悟，并锻炼自己的专业能力。此外，学生们也希望伴随着年级的升高，学习的不断深入，能够熟悉导师所专长的领域并参与到导师所进行的课题研究或硕博士的研究中去，不断适应导师的知识水平结构，提高个人的专业科研素养；学生也期望导师们能够多推荐相关的课外扩展阅读书目，并就读书指导方案进行后续讲解与分析，帮助学生更好地领悟书籍内容。

（张波，中国社会科学院大学副校长；高迎爽，中国社会科学院大学马克思主义学院教师。本文源于2018年社科大本科生导师制实施情况调查报告）

新时期中国社会科学院大学（研究生院）研究生导师落实立德树人情况报告（2018）

张　波　高迎爽

一　中国社会科学院大学（研究生院）研究生导师队伍建设基本情况

（一）研究生导师队伍基本情况

学校研究生院研究生导师分为硕士生导师和博士生导师，主要是来自于学校研究生院各研究系所（院）的科研人员。学校研究生院鼓励科研人员在自愿的基础上，担任研究生院的导师。符合研究生院导师聘任条件的社科院科研人员，可以根据研究生院导师遴选办法的规定自愿提出申请，经过相关遴选程序获得导师资格后，由研究生院聘为导师。

目前，学校研究生院共有6个教学研究部、40个教学院系，还有公共管理硕士、工商管理硕士、社会工作硕士、法律硕士、金融硕士、税务硕士和文物与博物馆硕士等7个专业学位教育中心，拥有来自各教学院系的导师。现任研究生导师共计1750人。其中现任博士生导师604人（截至2018年5月25日），现任硕士生导师1146人（截至2018年6月29日）。具体情况如下（见表1、表2、表3、表4、表5、表6）：

表1 现任博士生导师学科门类分布情况

学科	人数
法学	48 名
工商管理	21 名
公共管理	1 名
考古学	60 名
理论经济学	70 名
历史学	1 名
马克思主义理论	21 名
民族学	8 名
农林经济管理	16 名
社会学	28 名
世界史	1 名
外国语言文学	6 名
新闻传播学	6 名
应用经济学	116 名
哲学	51 名
政治学	72 名
中国史	8 名
中国语言文学	70 名

表2 现任博士生导师学科专业分布情况

专业	人数	专业	人数
知识产权法学	2 名	马克思主义民族理论与政策	1 名
比较文学与世界文学	9 名	会计学	2 名
财政学（含：税收学）	4 名	技术经济及管理	8 名
产业经济学	17 名	金融学（含：保险学）	18 名
城市经济学	3 名	经济法学	5 名
俄语语言文学	2 名	经济史	7 名
发展经济学	3 名	经济思想史	4 名
法律史	3 名	考古学及博物馆学	13 名
法学理论	7 名	科学技术哲学	2 名
法语语言文学	1 名	科学社会主义与国际共产主义运动	12 名

续表

国际法学（含：国际公法、国际私法、国际经济法）	5 名	可持续发展经济学	4 名
国际关系	21 名	劳动经济学	7 名
国际贸易	6 名	历史文献学（含：敦煌学、古文字学）	4 名
国际政治	30 名	伦理学	4 名
国民经济学	43 名	逻辑学	1 名
国外马克思主义研究	3 名	旅行管理	3 名
汉语言文字学	12 名	马克思主义发展史	5 名
马克思主义基本原理	4 名	区域经济学	8 名
马克思主义哲学	15 名	人口、资源与环境经济学	1 名
马克思主义中国化研究	7 名	人口学	5 名
媒体语言学	1 名	人类学	3 名
美学	2 名	社会学	18 名
民商法学（含：劳动法学、社会保障法学）	8 名	史学理论及史学史	1 名
民俗学（含：中国民间文学）	2 名	世界经济	27 名
民族学	4 名	世界史	8 名
农业经济管理	16 名	数量经济学	10 名
企业管理（含：财务管理、市场营销、人力资源管理）	8 名	诉讼法学	3 名
新闻学	6 名	外国哲学	8 名
刑法学	3 名	文艺学	13 名
英语语言文学	3 名	西方经济学	10 名
语言学及应用语言学	12 名	夏商周考古	1 名
政治经济学	13 名	宪法学与行政法学	5 名
政治学理论	13 名	中国古代史	9 名
思想政治教育	3 名	中国古代文学	6 名
中共党史（含：党的学说与党的建设）	6 名	中国古典文献学	2 名
中国边疆史地	5 名	中国近现代史	17 名
中国当代史	7 名	中国民间文学	2 名
中国现当代文学	5 名	中国史	2 名

续表

中国哲学	3 名	中国少数民族语言文学（侗傣语族、西夏文、苗瑶语族）	8 名
专门史	6 名	宗教学	14 名

表 3　　现任硕士生导师学科门类分布情况

法学	68 名
工商管理	51 名
公共管理	38 名
理论经济学	87 名
金融	13 名
考古学	151 名
马克思主义理论	20 名
民族学	25 名
农林经济管理	25 名
社会工作	12 名
社会学	53 名
税务	77 名
外国语言文学	12 名
文物与博物馆	55 名
新闻传播学	24 名
应用经济学	130 名
哲学	72 名
政治学	105 名
世界史	7 名
中国史	20 名
中国语言文学	101 名

表 4　　现任硕士生导师学科专业分布情况

传媒信息法学	1 名	网络与信息法学	2 名
社会法学	2 名	知识产权法学	4 名
比较文学与世界文学	5 名	行政管理	6 名

续表

专业	人数	专业	人数
财政学（含：税收学）	8 名	环境与资源保护法学	2 名
产业经济学	23 名	会计学	3 名
城市经济学	10 名	计算语言学	5 名
俄语语言文学	5 名	技术经济及管理	14 名
德语语言文学	2 名	法语语言文学	1 名
欧洲语言文学	1 名	专门史	20 名
传播学	10 名	发展经济学	5 名
民商法学（含：劳动法学、社会保障法学）	8 名	金融学（含：保险学）	44 名
法律史	4 名	经济法学	4 名
法学理论	7 名	经济史	14 名
工商管理	21 名	经济思想史	2 名
公共管理	32 名	考古学及博物馆学	27 名
汉语言文字学	13 名	科学技术哲学	3 名
国际法学（含：国际公法、国际私法、国际经济法）	13 名	科学社会主义与国际共产主义运动	8 名
国际关系	32 名	可持续发展经济学	7 名
国际贸易	1 名	劳动经济学	7 名
国际政治	58 名	历史地理学	3 名
国民经济学	17 名	历史文献学（含：敦煌学、古文字学）	8 名
旅游管理	6 名	伦理学	2 名
马克思主义发展史	9 名	逻辑学	3 名
马克思主义民族理论与政策	4 名	民族学	15 名
马克思主义哲学	18 名	农业经济管理	25 名
马克思主义中国化研究	8 名	区域经济学	20 名
媒体语言学	2 名	人口、资源与环境经济学	1 名
美学	4 名	人口学	6 名
民俗学（含：中国民间文学）	4 名	企业管理（含：财务管理、市场营销、人力资源管理）	7 名
社会保障	2 名	日语语言文学	1 名
社会工作	12 名	数量经济学	12 名

续表

社会学	42 名	税务	77 名
史学理论及史学史	3 名	夏商周考古	9 名
世界经济	35 名	思想政治教育	3 名
世界史	26 名	诉讼法学	4 名
文物与博物馆	55 名	外国哲学	10 名
文艺学	5 名	宪法学与行政法学	8 名
西方经济学	17 名	新闻学	14 名
英语语言文学	2 名	刑法学	5 名
语言文字测试学	6 名	中共党史（含：党的学说与党的建设）	4 名
语言学及应用语言学	13 名	中国边疆史地	7 名
政治经济学	7 名	中国当代史	11 名
政治学理论	6 名	中国古代史	36 名
中国史	11 名	中国古代文学	14 名
中国现当代文学	15 名	中国古典文献学	3 名
中国新石器时代考古	8 名	中国近现代史	9 名
中国哲学	13 名	中国民间文学	3 名
宗教学	19 名	中国少数民族史	6 名
中国少数民族语言文学（侗傣语族、西夏文、苗瑶语族）	17 名		

表5　　　　　　　我校研究生导师年龄分布情况

单位：1750 人		合计	29 岁及以下	30—34 岁	35—39 岁	40—44 岁	45—49 岁	50—54 岁	55—59 岁	60—64 岁	65 岁及以上
按专业技术职务分	总计	1750	0	14	136	241	350	363	273	239	134
	正高级	1145	0	0	49	73	184	270	221	217	131
	副高级	605	0	8	93	168	166	93	52	22	3
按指导关系分	博士导师	604	0	0	0	15	66	134	130	150	109
	硕士导师	1146	0	14	136	226	284	229	143	89	25

表6　　　　　　　　　　我校研究生导师职称情况

编审	34 名	高级经济师	5 名
副编审	13 名	高级工程师	2 名
教授	152 名	研究馆员	20 名
副教授	35 名	副研究馆员（副高级）	4 名
研究室副主任（副高级）	1 名	研究员	934 名
副研究员	545 名	译审	1 名
高级编辑	4 名		

（二）管理体系基本情况

中国社会科学院研究生院实行独特的"按所设系、分片教学、集中办院、统一管理"的办学模式。各教学系为教学、培养人才与研究合一的机构，系里的教学与研究生培养工作依托单位研究人员，大多数系（所）无专职导师。研究生院负责研究生的日常管理、公共课、选修课等教学管理工作，各教学系设系主任、系秘书，协调进行研究生专业能力培养和系内专业课程的教学管理工作。各系的学位评定委员会在其研究生教学管理方面起着主导作用，咨询、研究、审议、参与决策并督促落实各项与系研究生培养有关的工作。中国社会科学院研究生院在研究生导师管理方面制度建设比较完备，导师的遴选、考核等都有比较成熟的做法和流程。各系严格执行研究生院的相关规定，并在研究生导师制度建设方面进一步细化和丰富，在导师遴选、师德建设等环节形成一套合理的机制，以更好地服务于研究生教学和管理。

导师是研究生教育和培养的第一责任人，硕士生导师按照保证质量、按需增补的原则每年遴选一次，博士生导师按研究生院的相关要求每两年遴选一次。遴选导师的条件是：必须拥护党的基本路线，治学严谨，作风正派，能为人师表，教书育人，有良好的师德。导师不仅要指导研究生的业务学习，而且要做好研究生的思想政治教育，促使其德智体美劳各方面健康成长。

各教学系、所的研究生导师接受研究所和研究生院双重管理，实行严格的准入制度。遴选程序包括（1）研究室推荐；（2）院所学术委员会会评；（3）研究生院学术委员会会评。全程接受举报，对有违"四个意识""八项规定"和学术道德、外事纪律的候选人实行一票否决制。院所党委书记为第一责任人，负有政治责任；院长、所长亦为第一责任人，负有学术责任。

学校高度重视研究生导师的职前培训，严肃导师资格审查。获得硕士生导师和博士生导师资格的导师，必须参加由研究生院组织的新增导师上岗培训后，方可获得招生资格。获得招生资格的导师由研究生院颁发导师聘书。

各教学系的研究生的培养实行导师负责与集体培养相结合的办法，在充分发挥指导教师的主导作用的基础上努力发挥学术集体的健康学术氛围的培养和激励机制，帮助研究生端正学习态度，在政治上、思想上与党中央保持高度一致，树立严谨、勤奋、求实、创新的良好学风，成为政治素质过硬、专业能力强的高素质专门人才。

各教学系所实行科学的导师评价制度。每年根据研究生导师的基本职责规定，采用学生评价和同行评议的方法，从科研状况、社会影响、授课状况、指导状况、师德师风等方面对导师进行评价，以此重点考察研究生导师在聘任期内的总体工作情况和学术水平。

（三）制度建设基本情况

作为学校的上级领导部门，中国社会科学院成立了马克思主义理论学科建设和理论研究工程领导小组办公室、思想理论写作组办公室、意识形态建设领导小组办公室、纪律建设督查领导小组办公室等，推进马克思主义理论的研究和宣传、回应社会重大理论问题，批驳各种错误思潮，坚决捍卫马克思主义坚强阵地，中国社科院的这几个办公室皆设在学校的马克思主义研究院。中国社会科学院研究生院研究生导师立德树人工作、思想政治教育、意识形态、纪律建设等都被纳入其中，并严格执行定期汇报制度、督导检查制度。

中国社会科学院研究生院经过四十年的建设与发展，形成了一整套研究生导师师资队伍建设及研究生教育体制机制，《中国社会科学院研究生院关于研究生导师职责的规定》《中国社会科学院研究生院硕士生导师遴选规定》《中国社会科学院研究生院审定博士生指导教师实施办法》等对于立德树人相关工作有明确的要求和规定，研究生院把立德树人纳入教学评估体系，对于未能履行立德树人或有违反师德行为的研究生导师一律实行一票否决制。在导师年度考核和综合考评中，对不能切实履行导师职责、完成研究生培养任务，违反学术规范，因有悖师德、责任心缺失等导致重大问题或事故的导师，将视情节给予通报批评、暂停招生、取消导师资格等处分。在研究生培养过程中有错误政治观点的；对所指导的研究生不履行教书育人职责、放任自流，且连续两年面授指导未达到每学期5次的；导师本人或者导师默许所指导的研究生抄袭、剽窃他人成果的；连续2年在教育行政主管部门抽检的博士、硕士学位论文评议结果为"存在问题的学位论文"的；在研究生教育质量检查与评估中，发现有培养质量问题的，暂停其招生资格。政治上违背四项基本原则的；因违反国家法律，被追究刑事责任的，取消其导师资格。

中国社会科学院研究生院2011年制定了《中国社会科学院研究生院关于进一步加强马克思主义理论学科建设的意见》，遴选具有坚定的马克思主义信仰和社会主义信念，坚持正确的理论方向和良好的学风的导师授课，提升研究生思想政治教育质量和水平。

各教学系（所）历来重视导师立德树人职责落实工作，认真执行研究生院各项制度和管理规定，尤其是马克思主义研究系，针对学科特点和要求，结合自身实际，不断调整教育教学方案，对师德建设及加强研究生思想政治教育等方面进行有效的完善和细化，健全研究生导师评价激励机制，加强对研究生导师立德树人职责落实情况的评价，一直以来各项工作稳步推进，取得了良好的教育教学成果。

二 中国社会科学院大学（研究生院）落实《意见》情况

教育部为贯彻全国高校思想政治工作会议精神，努力造就一支有理想信念、道德情操、扎实学识、仁爱之心的研究生导师队伍，印发了《教育部关于全面落实研究生导师立德树人职责的意见》（教研〔2018〕1号，以下简称《意见》）和《全国教育大会工作精神》，对研究生导师的基本素质、立德树人职责和评价激励机制等方面都提出了具体而又明确的要求。

学校各研究生教学系（所）高度重视，认真组织学习讨论如何贯彻《意见》的相关内容，深刻领会和准确把握文件精神和要求，要求其研究生导师在政治思想和研究生教育教学方面自觉拥护和努力贯彻党的基本理论、基本路线、基本方略，具有强烈的事业心和责任感，以高尚的道德品质努力推进新时代坚持和发展中国特色社会主义伟大事业。

（一）贯彻落实《意见》的具体举措

各研究生教学系（所）立即下发通知转发《意见》到每一位导师，并提出明确要求：一是全文学习，深刻领会和准确把握文件的精神和要求。二是坚定理想信念，不断提高学术水平和课堂表达能力。三是加强与学生的沟通，爱心、耐心育人，注意方式方法。将全面落实研究生导师立德树人职责，与贯彻全国高校思想政治工作会议精神有机结合，与落实《中共中央　国务院关于全面深化新时代教师队伍建设改革的意见》有机结合，作为一项重要的政治任务抓好落实。各教学系（所）在具体落实中采取多种举措。

西亚非洲系为贯彻落实《意见》的通知精神，迅速成立西亚非洲系研究生导师立德树人职责落实情况工作小组，迅速将《意见》精神传达到每位导师，并提请各导师先自行学习。召开专门的学习会议，并让各位导师在会上谈学习心得和提出意见。

城市建设与环境系在研究生导师遴选原有办法基础上，增加两方面师德考核条件：一是对政治思想不健康、生活作风不正派的科研人员，实施一票否决制。加强研究生导师考核激励机制建设。加大对研究生导师的工作激励，从参考文献的推荐、实习工作安排、研究生毕业学术成果发表、毕业论文质量等多层面，细化研究生导师业绩评价标准，对认真负责并培养出优秀研究生的导师给予较高奖励；对于"放羊式"教学的导师和"打工式"教学的导师，给予零业绩考核打分。二是加强研究生导师监督管理机制建设。加大对研究生导师的监督查处管理，所纪委的监督专用邮箱向全所工作人员和全部在读研究生、历届毕业研究生公布。重点监督以下几方面师德作风：其一，是否模范遵守教师职业道德规范，为人师表，爱岗敬业；其二，是否谨遵学术规范，恪守学术道德，自觉维护公平正义和风清气正的学术环境；其三，是否科学选才，规范招生，正确行使导师权力，确保招生录取公平公正；其四，是否有责任心和使命感，尽职尽责，确保足够的时间和精力及时给予研究生启发和指导；其五，是否有仁爱之心，以德育人，以文化人。

经济系新增加了针对研究生的政治思想考核，每学期增加一节政治思想课。日常学习中强调对学生的学术道德教育，鼓励研究生将个人的发展进步与国家和民族的发展需要相结合，为国家富强和民族复兴贡献智慧和力量；支持和鼓励研究生参与各种社会实践和志愿服务活动，在服务人民与奉献社会的过程中实现自己的人生价值；培养研究生的国际视野和家国情怀，积极致力于构建人类命运共同体，努力成为世界文明进步的积极推动者。在论文发表审核方面，增加签署《学术道德自律声明》，进一步强化学生的学术道德自律意识。

马克思主义研究系为深入贯彻落实《意见》精神，开展了一系列具体工作：首先，成立了以系主任为核心的研究生导师立德树人职责落实领导小组，全面统筹相关工作，并结合马研系具体情况，在研究生院相关规定的基础上进一步完善相关规定，并重点关注制度的落实及反馈情况。其次，在第一时间将《意见》文件传达到每一位研究生导师，要求导师对文件精神全面领会，并通过马研院各部门的专题座谈会、经验交流会、师生座谈会等认真组织学习，力求让每一位导师都能准确把握文件内容并在研究生教学过程中认真贯彻落实和执行。同时，弘扬高尚师德，注重导师评价和奖励的反馈机制建设，注重调查研究和与研究生的定期交流沟通，力求建立有效的立德树人监督反馈机制，及时发现和解决相关问题，力求奖罚分明，公平、公正地将各项考核制度落到实处，有效地提升了研究生导师的工作热情和积极性。

外文系通过建章立制，强调研究生导师的立德树人职责，强调研究生导师必须率先垂范。要求研究生导师做学术的模范、道德的模范、遵纪守法的模范。在外文系的创新工程"2.0"升级版中，突出了构建中国特色社会主义思想的经典谱系。文学作为特殊的意识形态，必须适应和推动新时代中国特色社会主义建设。遵照《关于加强马克思主义指导地位，切实贯彻习近平总书记系列讲话精神》的要求，尤其是总书记关于文艺和哲学社会科学工作、进一步办好中国社会科学院的指示精神，外文系正在着力做好以下两个方面的工作：一是继续加强马克思主义的指导地位，利用研究生招生、教学和刊物平台结集推出《马克思主义文艺理论研究》文集。二是认真落实"经典重估"系列的编译、出版工程。鉴于近一个时期出版社各自为政，文学出版物鱼龙混杂、良莠不齐，外文系致力于以马克思主义立场、观点和方法为指导，努力夯实社会主义核心价值观，先计划在原"三套丛书"之《外国文学名著》基础上遴选一套让党中央放心、社会放心、家长放心的经典丛书，以满足青少年和广大民众的阅读需求。本丛书将由本单位研究生导师担纲编选，分批组织翻译，并由读书·生活·新知三联书店负责出版。

（二）根据《意见》制定实施细则的基本情况和主要内容

学校研究生院的各教学系（所）根据《意见》要求，检查本部门研究生导师队伍中存在的问题，酝酿起草相应的实施细则。其中，各教学系（所）一个共同的做法是：明确导师基本素质要求和立德树人职责，健全研究生导师评价激励机制。

为进一步强化研究生管理和导师管理，突出研究生教育方面的过程管理，马克思主义研究系在研究生院相关规定的基础上进一步制定了系研究生教育教学方面的实施细则并注重制度的有效落实。建立与研究生的定期交流沟通机制，加强对研究生指导教师工作的管理和监督，努力实现教学管理的科学化、精细化，为研究生导师立德树人职责落实工作提供持久的制度保障。

世界政治与经济系和西亚非洲系已经拟定了本系的相关规定与细则。如西亚非洲系根据教育部《意见》指导思想制定实施细则，明确研究生导师的基本素质和立德树人职责：一是提升导师的政治素质，并将这种政治素质贯穿到立德树人中。该系每年定期组织学习培训，确保导师坚持正确的政治方向。将爱党、爱国、爱人民贯穿到导师具体的研究生培养工作中来。将为社会主义建设做贡献贯穿到导师具体的研究生培养工作中来。一旦导师出现违反政治正确的问题，将对其进行一定程度的处罚。二是倡导导师高尚的师德师风，并发挥对研究生的示范效应。导师模范遵守教师的职业道德规范，以高尚的道德情操和人格魅力感染、引导学生。导师谨遵学术规范，并促使学生恪守学术道德。导师对待学生有责任心和使命感，确保对学生进步给予实质性帮助。三是加强组织制度建设，制定和完善关于导师立德树人职责的规章制度，安排专项经费用于导师队伍建设，保障导师待遇，支持导师进步。改善导师治学和树人环境，提高导师工作条件。积极听取导师意见，提升导师工作满意度。四是健全导师评价激励处罚机制。进一步建立公正、合理、全面的研究生导师评价机制。加强和完善导师的奖励机制和惩罚措施。

由于一些研究生教学系（所）尚未制定"规定"及其实施细则，有关情况和内容仍待讨论决定，但都开始酝酿拟定相关实施细则。例如，世界历史系拟定的工作方案时间节点为：2018年10月完成"规定"和"细则"的初稿，经过研究生导师和系学位委员会讨论，并经所长办公会和所党委会通过，2018年12月通过实行。拟定"规定"和"细则"的主要内容为：研究生导师的遴选程序和机制；研究生导师的政治思想；研究生导师的师德师风；研究生导师的教学业务；研究生导师的师生关系；研究生导师的评价激励机制；研究生导师的督导检查；研究生导师违规违纪的处理；等等。日本研究系正在积极认真地研究印发实施细则，其内容将包含导师队伍建设的政治素养标准、教书育人的师德师风标准、学术能力及业务素质标准，两级导师的评价考核、表彰奖励、检查督导机制，以及相应的组织保障与资金配套机制等。

总之，各教学系所都认真执行研究生院转发的《意见》的有关规定，并结合自身实际，进行了有效的细化，各项工作稳步推进，取得了良好的教育教学成果。学校研究生院将在各研究生教学系（所）的充分讨论并拟定的《实施细则》的基础上，制定学校层面的《意见》实施的细则，在指导思想和总体要求、研究生导师基本素质要求、研究生导师立德树人职责、健全研究生导师评价激励机制、强化组织保障五方面制定具体的、可操作的措施。

（三）落实《意见》过程中查找出的问题及解决办法

学校研究生院各教学系（所）在落实《意见》过程中查找自身存在的问题及解决办法。其中一些是共性的问题，比如，由于社科院自身的定位，导师们大多长于科研工作，教学能力仍有提高空间；受制于长期的师徒制传统，单一导师制受到单一学科的限制具有某些弊端。导师难免有出国、行政工作、科研任务的压力，并不能完全保证与学生的充分沟通，这影响了研究生的培养质量；研究生招生名额太少，导师的培养经费和待遇较低；考核制度有不少缺陷，既有的考核制度重视对导师的学术水平和师德师风的考核，但对于研究生的考核相对不足。另外，既有考核制度注重对导师的管理约束而忽略对导师的奖赏激励，这种情况容易使导师产生压力感和危机感，不能够很好地调动导师们的指导积极性。此外，由于研究生院地处房山区，距离研究生导师平时所在办公室较远，再加上目前研究生教学方面软硬件设施尚不够完善，机构设置的特殊性、地理位置等客观条件的限制，造成导师指导研究生的时间、与学生见面沟通的时间相对较少，研究生学位论文优秀率不高，论文质量有待于进一步提高，研究生创新性能力培养有待加强，等等。

虽然存在上述问题，但学校研究生院各研究生教学系（所）有优良的师资队伍，研究生导师有很强的责任感和科研能力且工作积极性高，有热情，有活力，能够很好地因地制宜、因材施教，在提高研究生的学术能力和水平方面，摸索出各自独特的教学思路和方法。例如，马克思主义研究系导师有较好的马克思主义理论素养和专业基础知识，能够较好地分析和总结马克思主义理论发展和指导实践过程中的经验教训，并研究和分析现实社会问题，培养了一大批合格的马克思主义理论专门人才。此外，中国社科院还有大量的学术期刊、中心、社团和馆藏资料等，在研究生教学过程中，应当更好地运用现代科学技术，继续加强校园信息化建设，为导师和研究生提供更多有效交流的平台，将中国社科院的优势资源充分利用和发挥出来，使之更好地服务于研究生教学的实践。

西亚非洲系在落实《意见》的过程中，系领导和导师都认识到导师既要为人师表，又要甘为人梯，愿意为学生的健康成长和学习进步提供帮助。面对存在的一些问题，西亚非洲系定期对导师进行教育学领域的培训，包括安排一些讲座和集体学习，让导师们更好地理解和运用教育学的最新成果，促进立德树人；建设双导师或多导师制度，鼓励学生选择多导师，提升自身能力。

总体来说，大多数教学系（所）在制度建设的精细化、规范化方面还有待加强，尤其是专门针对研究生导师立德树人的过细过硬的专项管理制度尚未建立起来，研究生导师立德树人职责还未融合在相关制度中，有待独立建章立制。

三 加强研究生导师队伍建设的经验和建议

学校秉承"人文兴民族兴，教育强中华强"的办学理念和"笃学、慎思、明辨、尚行"的校训精神，高举中国特色社会主义伟大旗帜，坚持社科院的"马克思主义坚强阵地"的定位，研究生导师们都特别注意政治素质，在政治立场坚定方面以及师德师风方面做得很好。在研究生人才培养过程中把立德树人作为研究生导师的首要职责，在研究生导师队伍建设方面形成了一套完整的、比较成熟的做法，积累了不少有益的经验，培养出一支政治素质高、科研能力强的研究生指导教师队伍。

（一）加强研究生导师队伍建设的工作经验

综合学校各教学系（所）在落实《意见》、加强研究生导师队伍建设的工作经验，主要有以下几个方面。

第一，在政治素质方面不断加强马克思主义理论学习，认真贯彻领会习近平新时代中国特色社会主义思想，开展各种学习和研究活动。

第二，严格的导师遴选制度很好地确保了研究生导师质量。各教学系（所）的研究生导师的选拔十分严格，这既保证了导师队伍的高水平，又强化了导师的责任心。

第三，采取多种措施增强导师责任感，增进学生与导师的联系与沟通。一方面，通过定期举办研读会或师生见面会等形式，提倡学术争鸣，使学生与导师之间自由讨论，深入沟通；另一方面，积极实行对外学术交流，多方发展对外学术交流与合作。马克思主义研究系积极鼓励和促成师生共同参与中外学术研讨会和学术论坛，了解所在学科的学术前沿，不断拓宽学术视野。此外，积极鼓励研究生参与研究生院和系所、导师组织的各项社会实践和国情调研活动，通过理论与实践的结合，不断增进他们的集体认同感和社会责任感。

第四，研究生教育方面，一对一的师徒制教学是经过实践检验的行之有效的培养方式。研究生教学工作事无巨细，学校研究生院各系（所）每年招收研究生数量不多，这种少而精的培养思路使得研究生的培养质量较好，利于开展对研究生的思想教育工作，强化研究生教学过程中的人文关怀，同时在专业课程开设方面也能够做到机制灵活，针对研究生的学术背景和特长开展理论教学，效果反馈及时，有利于提升研究生的创新意识和科研水平。

第五，严格遵守研究生导师管理制度，发挥制度约束机制。"十年树木，百年树人"，研究生教学旨在培养一流的专业人才，他们除了有精湛的业务能力，还必须牢固树立国家意识、具有丰厚的家国情怀。这也是各教学系（所）重视立德树人的基本出发点。世界经济与政治系研究生导师除了对学生的学业严格指导外，同时关心学生的思想状况和心理健康，培养学生树立远大理想，把个人的发展和整个国家的发展结合起来，克服困难，在实现中华民族伟大复兴的中国梦中升华自己的价值。同时，对个别有违师德的研究生导师决不姑息。此外，外文系还严格禁止导师视学生为"打工仔"。这些具体做法得到了广大学生的好评。

（二）对进一步落实《意见》的意见建议

从学校组织架构看，大部分教学单位按所设系，这具有一定的优势，各所可以根据《意见》要求，因地制宜灵活地按照本单位的学科优势进行落实。但这种组织架构在发展过程中也存在一些问题，因此，结合学校及各教学系（所）的实际情况，笔者针对进一步落实《意见》提出一些意见和建议。

第一，更多参与教育部系统的活动，加强与其他兄弟院校长期合作机制。由于中国社科院研究生院机构设置的特殊性，研究生导师在研生教学方面参与的国家层面的培训和交流的机会相对同水平高校较少，参加教育部系统课题申报、教学能力比赛、优秀导师评选等的机会也不多。各教学系（所）与其他兄弟高校之间缺乏有效的沟通机制。研究生导师们希望在今后的工作中能有更多学习和交流的平台，有更多参与研究生教学相关课题研究的机会。建立高校间的长期合作交流机制对于提升研究生导师教学能力和水平有着重要作用。各教学系（所）衷心地希望今后能有更多机会与全国各大高校就研究生教学、研究生导师立德树人等方面的工作加强交流和合作，互通有无、互相借鉴，建立良好的校际关系，共同提高和完善研究生教育教学工作。

第二，针对研究生导师立德树人职责落实情况，应该建立更灵活的研究生导师准入和退出机制，加大立德树人职责落实工作的资金支持。在选拔研究生导师时，不能只关注导师的学术能力、研究成果，更要关注导师的道德水平，还应严格考核研究生导师的工作态度。作为一名教书育人的园丁，要抱着认真负责的态度，要有不断进取的雄心，以自身为典范，才能为学生起表率作用，成为学生未来人生道路上的一盏明灯。

第三，制定更加科学、均衡的考核制度，进一步加强对导师的奖惩机制建设，健全研究生导师评价激励机制。首先设置专项经费，进一步制定详细的导师立德树人职责考核办法，定期开展优秀导师、优秀团队的表彰与奖励。值得强调的是，在规定老师职责的同时，也应当规定学生的责任，即一方面增加对学生的考核，另一方面加大对导师的奖赏。其次，在绩效考核指标体系中，增加教学工作的分值比重。通过相应的激励与约束机制，逐步引导和建立科研与教学并重的普遍认识，在年终考核和评优工作中，提高教学任务的打分比重，将教学工作的地位真正提升到一定高度，并使其成为科研优势向教学转化的真正动力，从而妥善处理部分科研人员不擅长教学的问题。再次，根据招生名额指标设置相应导师岗位，在那些已经具备研究生导师资格的人员中，综合各种因素进行筛选，包括考察其拥有的教学成果、科研成果以及之前指导过的学生的评价等，使那些研究态度严谨、工作认真负责、教学成果优异的导师能够及时进入教学工作中。同时，应建立健全导师奖惩机制和淘汰机制，根据考核制度标准由相关部门对在岗的导师进行考察，并根据考核结果予以奖惩。对考核结果优秀者，除给予物质奖励外，应允许其适度扩招研究生；对未通过考核者，应暂时停止招收研究生；对连续多次未通过考核者，应暂停其招生资格，或者直接取消其研究生导师资格。以上这些具体制度的建设都能够为提高研究生的培养质量发挥很好的导向作用。

第四，建立健全动态的研究生导师遴选机制和监督管理制度。研究生导师最重要的职责是育人。在导师遴选中做到有进有退，有上有下，评聘分立。应加强对导师履行职责的检查和监督，强化对导师的激励、约束和考核机制。完善导师监督管理制度，可以尝试逐步废除导师终身制，强化导师危机意识，建立培养优秀导师的评价机制，以学生的学术成果和科研水平作为导师绩效的衡量标准之一，提高导师对研究生的指导效果，杜绝一切急功近利行为。研究生教育管理部门要把立德树人纳入教学评估、学科评估指标体系，加强对研究生导师立德树人职责落实情况的评价。研究生培养单位要结合自身办学实际和学科特色，制订研究生导师立德树人职责考核办法；要将研究生导师立德树人评价考核结果，作为人才引进、职称评定、职务晋升、绩效分配、评优评先的重要依据。

第五，建立研究生导师师德档案。为了加强研究生导师立德树人的自觉意识，建议有关部门建立研究生导师师德档案，该档案须征求学生意见，以便学生在毕业并获得学位之后留下对导师的真实评价。同时，设置相应的激励机制，引导研究生导师进一步加强与学生的联系，聊生活、经历、爱好，谈学习、理想、愿望，见微知著，因人施教，教学相长。

第六，设置专项经费用于研究生导师队伍建设，保障导师待遇，加强导师培训，改善导师治学环境，不断提升导师的学术研究水平和研究生指导能力。提高研究生教学的软硬件设施配置，增加对研究生教学单位的支持力度，进一步提高研究生指导教师的培养经费和待遇，以更好地提高研究生导师工作的积极性和主动性。此外，在学校层面，根据不同学科研究生人才培养过程中立德树人的职责，客观认识社科院办学的独特优势和资源机制，鼓励各研究生教学系（所）挖掘自身优势。

综上所述，研究生导师立德树人职责落实问题体现出研究生教育工作的基础性、导向性问题。落实好这一问题，对于深入学习贯彻和宣传习近平新时代中国特色社会主义思想，对于推动研究生教育、推动社会主义精神文明建设等将起到积极的促进作用。新时代、新征程，学校将认真学习贯彻《全国教育大会精神》，持续不断地抓好研究生导师立德树人职责落实工作，扎实推进研究生教育和教学管理，不断提高研究生的培养质量和综合素质，为我国哲学社会科学事业、为新时代中国特色社会主义建设事业的繁荣发展贡献力量。

（张波，中国社会科学院大学副校长；高迎爽，中国社会科学院大学马克思主义学院教师。本文系2018年社科大落实新时期研究生导师立德树人情况报告）

深化科教融合　提升育人水平

——中国社会科学院大学本科教育模式的探索与实践

刘文瑞　张洪磊

习近平总书记在全国教育大会的重要讲话中指出："培养什么人，是教育的首要问题。我国是中国共产党领导的社会主义国家，这就决定了我们的教育必须把培养社会主义建设者和接班人作为根本任务，培养一代又一代拥护中国共产党领导和我国社会主义制度、立志为中国特色社会主义奋斗终身的有用人才。这是教育工作的根本任务，也是教育现代化的方向目标。"[①] 高校作为专门的人才培养机构，肩负着培养服务国家经济社会发展、担当民族复兴大任的高素质人才的重大历史使命。而要完成这一重大历史使命，高校必须聚焦立德树人的根本任务，扎根中国大地办教育，坚定不移地走内涵式发展道路，深刻把握高等教育的本质属性与内在规律，"坚持以本为本，推进四个回归"[②]，努力构建坚持正确方向、符合时代要求、具有自身特色的本科教育模式，加快形成高水平人才培养体系。

中国社会科学院大学隶属于中国社会科学院，是以中国社会科学院

[①] 《坚持中国特色社会主义教育发展道路　培养德智体美劳全面发展的社会主义建设者和接班人》，《人民日报》2018年9月11日第1版。

[②] 陈宝生：《在新时代全国高等学校本科教育工作会议上的讲话》，《中国高等教育》2018年第Z3期。

研究生院为基础，整合中国青年政治学院本科教育及部分研究生教育资源组建而成。学校以马克思主义为指导，坚持党的领导，坚持正确的办学方向，坚持中国特色社会主义大学的办学方针，致力于培养政治可靠、作风过硬、理论深厚、学术精湛的哲学社会科学后备人才，培养又红又专、德才兼备、全面发展的中国特色社会主义事业接班人和建设者，努力建设成为具有中国特色的社会主义一流文科大学。自学校组建成立以来，特别是新时代全国高校本科教育工作会议召开以后，中国社会科学院大学全面贯彻落实《教育部关于狠抓新时代全国高等学校本科教育工作会议精神落实的通知》《教育部关于加快建设高水平本科教育全面提高人才培养能力的意见》等有关文件精神，结合作为"新建"高校易于"变轨超车"的优势，确立了以"科教深度融合"为特色、以个性化人才培养为突破口的本科教育发展思路，在人才培养理念、课程设置方式、教学制度体系建设、教学组织形式、教学管理模式、教学评价方式等进行了探索和实践。

一 依托社科院学术研究优势，推进科教深度融合

习近平总书记强调："学生在大学里学什么、能学到什么、学得怎么样，同大学人才培养体系密切相关。目前，我国大学硬件条件都有很大改善，有的学校的硬件同世界一流大学比没有太大差别了，关键是要形成更高水平的人才培养体系。"[①] 培养高素质人才必须依托于高水平人才培养体系，低水平人才培养体系很难培养出高素质人才。然而，对于什么是高水平人才培养体系，如何构建高水平人才培养体系，不同类型的高校理解是不一样的，其建设思路与具体做法也不尽相同，这也是符合高等教育内在发展规律的。不同类型的高校在办学定位、培养目标、师资结构、生源质量、教育资源、文化传统等方面存在很大差异，其构建人才培养体系的基础是不一样的，用单一的人才培养模式和标准去要求不同类型的高校，既是不科学的也是不合理的。因此，必须要"推动高

---

① 习近平：《在北京大学师生座谈会上的讲话》，《人民日报》2018年5月3日第2版。

校分类发展，引导各类高校发挥办学优势，在不同领域各展所长，建设优势特色专业，提高创新型、复合型、应用型人才培养质量"①。

作为一所年轻的研究型大学，自成立之日起，中国社会科学院大学就立足于科研机构办大学的特点与优势，在构建"科教深度融合"型本科人才培养体系方面进行了有益的尝试与探索。长期以来，中国社会科学院研究生院作为一所以研究生教育为主的教育机构，一直在实践着对研究生科教融合的培养。2017年5月大学成立后，学校积极与社科院直属科研机构在管理体制、师资队伍、培养体系、科研工作等方面进行不断融合：一是聘请社科院学部委员、各研究所研究员作为学科专业的带头人和课程团队的主讲人，并主持制定本科生专业培养方案。二是设立本科生学业导师制。由社科院的博士生导师和硕士生导师担任本科生学业导师，并进行双向匹配。导师一般每月与学生交流1—3次，学生向导师报告学习进展。导师与学生进行讨论并给予具体的指导，引导学生向更深层次去思考，同时向学生提出建议并布置阅读书目。此外，导师还会利用各自专业领域的学术专长为高年级学生提供参与科研的机会，训练学生的科研思维能力。三是推进师资队伍的深度融合。由社科院专家和中国社会科学院大学专任教师联合组建课程教学团队，合作开发、设计和实施课程教学。这样，一方面能够将学科研究的最新成果融入课堂教学，另一方面由本科教学经验丰富的教师讲授课程的核心知识点，有助于保障课程教学的整体性。四是完善"本—硕—博"一体化培养。"本—硕—博"一体化培养是中国社会科学院大学的办学特色之一，学校为加强中国特色新型智库人才队伍建设，培养高层次哲学社会科学后备人才，通过加大推免力度、硕博连读等形式，探索在相关基础学科和重点学科开展连续培养试点，向本科教育导入研究生教育资源，实现"本—硕—博"资源一体化。学校将硕士和博士阶段的课程，提前向本科生开放选课，让本科生提前接触硕士阶段课程学习，目前已经有10余门研究生课程对本科生开放。通过这一系列举措，中国社会科学院大学在探索构建具有

---

① 教育部：《关于加快建设高水平本科教育全面提高人才培养能力的意见》，2019年10月17日，http://www.moe.gov.cn/srcsite/A08/s7056/201810/t20181017_351887.html。

自身特色的"科教深度融合"型本科人才培养体系方面取得了一定的成效。

二 优化专业整体课程结构，提升课程教学质量

课程教学是高校人才培养的主渠道，加强课程建设、提升教学质量是高校内涵式发展的重要内容。教育部部长陈宝生指出："对大学生要合理'增负'，提升大学生的学业挑战度，合理增加课程难度、拓展课程深度、扩大课程的可选择性，激发学生的学习动力和专业志趣，真正把'水课'变成有深度、有难度、有挑战度的'金课'。"[①] 为此，高校必须坚持以学生全面发展为中心，进一步优化专业课程结构，大力加强精品课程建设，不断提升课程教学质量，着力打造"金课"、淘汰"水课"，助力学生的成长成才。

中国社会科学院大学着眼于培养高层次创新人才的目标，充分发挥社科院的特点与优势，积极推动课程体系改革，不断优化专业课程结构，适当减少专业必修课，增加专业选修课、跨学科选修课以及通识课，并由学校整体规划建设交叉学科课程群和系列讲座课，打造推出了"学部委员＋学术名家＋网络 MOOC/SPOC"的系列专题金课，以满足学生个性化学习的需求。一是充分发挥学部委员学术优势和学术影响力，举办系列"学部委员形势与政策报告会"，谢伏瞻、蔡昉、汪同三、潘家华、金碚、朱玲等学部委员上讲台给本科生授课；二是开设"马克思主义学术名家大讲堂"专题课，广泛要求吴潜涛、刘建军、王炳林、艾四林等校外马克思主义理论领域的顶级专家来校讲学，强化了面向全体学生的马克思主义理论教育；三是按照国家精品在线开放课程的要求，在中国大学 MOOC 平台上线"学部委员形势与政策报告会""新中国史十二讲""创业基础"等专题慕课，并在校内建设了 60 余门 SPOC 课程，有效推动了混合式课程教学，进一步拓展了教学时空。这一系列专题"金课"的

[①] 陈宝生：《在新时代全国高等学校本科教育工作会议上的讲话》，《中国高等教育》2018年第 Z3 期。

推出，受到了学生的普遍欢迎，收到了良好的教学效果。

三 强化小班化教学组织形式，尊重学生主体性和创造性

无论何种教育都离不开主体与客体两个方面，课程教学本身就是教与学的统一体。因此，高校要提高教学质量、提升育人水平，不仅要重视教师的教学能力与技术，还要关注学生的学习状态与效果。具体来说，就是"要改革传统的教与学形态，……广泛开展探究式、个性化、参与式教学，推广翻转课堂、混合式教学等新型教学模式，把沉默单向的课堂变成碰撞思想、启迪智慧的互动场所，让学生主动地'坐到前排来、把头抬起来、提出问题来'"①。而要达到这样的教学效果，小班化教学是必不可少的前提条件。只有采取小班化的教学组织形式，才能够为师生创造学习互动、自由交流的条件，使学生的主体性在研讨式、参与式教学活动中得到充分尊重和发挥，从而帮助学生锻炼和提升创新思维。

中国社会科学院大学自成立之日起就确立了小而精的办学思路，目前本科生的招生人数控制在每年400人左右，全校本科生规模控制在2000人左右。同时，学校师资力量雄厚，拥有一支规模相对较大的高水平教师队伍，其中博士生导师757名、硕士生导师1132名、专任教师254人，本科教育的生师比为0.93:1。这为开展小班化的研讨式、参与式课程教学提供了必要的前提条件。目前，全校20人以内的专业课教学班占全校专业课教学班的比例为30%，并计划在5年内将这一比例提升至60%以上。未来，中国社会科学院大学将继续坚持小班化的教学组织形式，积极推广混合式教学、翻转课堂，大力推进智慧教室建设，努力构建线上线下相结合的教学模式，不断推动课堂教学革命，通过教学改革促进学习革命，着力引导学生自我管理、主动学习，激发求知欲望，提高学习效率，提升自主学习能力。

---

① 陈宝生：《在新时代全国高等学校本科教育工作会议上的讲话》，《中国高等教育》2018年第Z3期。

四 构建全面多维教学评价体系，增强教学评估科学性

教学评估是教学管理流程的必要环节，也是高校提升教学工作质量与水平的重要抓手。科学制定评估标准，规范设置评估流程，可以帮助高校提高教学管理工作水平，督促、引导任课教师关注课程教学效果、重视教学技能养成，从而有效促进学校的教学培养工作的开展。因此，教育部《关于加快建设高水平本科教育全面提升人才培养能力的意见》明确提出："充分发挥高等学校教学指导委员会、高等学校本科教学工作评估专家委员会等学术组织在标准制定、评估监测及学风建设方面的重要作用。充分发挥行业部门在人才培养、需求分析、标准制定和专业认证等方面的作用。通过政府购买服务方式，支持社会专业评估机构开展高等教育质量评估。"[1] 这对于高校做好教学评估工作，具有重要的指导意义。

中国社会科学院大学高度重视教学评估工作，积极构建全方位、全过程的多维教学评价体系。学校通过与第三方合作建设了教学质量管理平台，设计了"金课"问卷、以学生为中心的问卷、理论类问卷、体育类问卷、实践类问卷等丰富的指标库和模板，构建了全方位评教体系，持续开展教学质量综合评价（学生评教50%、督导评教25%、同行评教5%、领导评教10%、教师自评10%）。在评估时机方面，学校将目前主流的期末一次性评价转换为全过程多次评价，并在每次评估完成后对评教结果进行即时反馈，以便被评教师及时了解和改进教学工作。同时，学校还可以通过平台对教师不同学期的综合评分进行多角度的比较分析，如班级规模、职称与综合评分的相关分析，不同难度课程与课程满意度的关联因素分析，同时也可以对不同专业课程间相关数据进行对比研究，从而极大地增强了教学评估的科学性。

---

[1] 教育部：《关于加快建设高水平本科教育全面提升人才培养能力的意见》，2018年10月17日，http://www.moe.gov.cn/srcsite/A08/s7056/201810/t20181017_351887.html。

此外，学校教务部门还与清华大学高等教育研究院合作进行了中国社会科学院大学本科生学习与发展追踪研究（CCSS）。该项目通过调查问卷的方式，在综合性分析指标、教育过程诊断指标、学习诊断指标这三个大类、25个分项指标的支撑下，获取关于学校的教学质量、专业与课程建设、学风建设与学生指导、教学条件与利用、学生的学习方式、学生的评价等中观或微观数据，分析学校宏观层面的定位、人才培养方式、产学研教育是否得以实现。同时，还可以将该数据与其他高校进行对比研究，从中发现差距与不足，有针对性地加以改进。

五 联动校内外科学研究资源，培养学生学术能力

高等教育的出发点和归宿是培养高素质人才，而高素质人才的核心品质是创造力。所以，高校必须以创新人才培养为目标，将创新意识、创新思维、创新能力的教育纳入学校的教育培养体系之中，努力提升学生的创新素养。当然，不同类型的高校会因为办学定位、学科属性、资源禀赋等方面的差异而在培养学生创新能力时的侧重点有所不同，具体的路径与方法也会有所区别，但积极推动科教融合，让学生通过更多地参与课题研究、学科竞赛、创新创业等创造性实践活动来提升创新素养，却是高等教育工作者业已达成的基本共识。为此，教育部部长陈宝生强调："创新人才培养，要推进科教融合，让学生尽早参与和融入科研，早进课题、早进实验室、早进团队，加大各级科研基地向本科生开放力度，提高学生科研实践能力和创新创业能力。"[1]

中国社会科学院大学的办学定位是高水平研究型文科大学，增强学生的科研意识、提升学生的学术能力，既是学校的培养目标也是学校的传统优势。因此，从组建成立之日起，学校就着眼于培养、激发本科生的学术兴趣，提升本科生的学术思维能力和学术语言表达能力，促进师生进行思想的交流与碰撞，在积极组织本科生参加国家级大学生创新项

---

[1] 陈宝生：《在新时代全国高等学校本科教育工作会议上的讲话》，《中国高等教育》2018年第Z3期。

目、北京市科研训练项目的同时，还专门设立了"人文社会科学新苗支持计划"，划拨专项经费用于支持本科学生在专业教师指导下从事学术科研活动。"新苗计划"的支持范围包括"课题研究项目""读书会""学术团体""学科竞赛"等各类科研实践活动，覆盖所有在读全日制本科生。此外，学校还为每个新苗计划小组配备了有专业背景的指导老师，开设了科研训练相关课程，引导学生从以前的"要我学"转变为"我要学"，系统掌握大学的学习方法，接受严格的学术规范训练。"新苗计划"于2018年秋季学期正式启动，现已完成2018年度、2019年度的立项、中期检查、结项评奖等工作，形成了一批符合学术规范的成果，部分优秀成果已经正式发表。经过一年多的实践，在学生中形成了良好的口碑。

六　实施深度国际化教育战略，拓展学生国际视野

当今世界是开放的世界，交流互鉴、合作共赢既是文化繁荣发展的内在要求，也是我国建设高等教育强国的必由之路。教育部《关于加快建设高水平本科教育全面提高人才培养能力的意见》明确提出，高校要深化国际合作育人，"主动服务国家对外开放战略，积极融入'一带一路'建设，推进与国外高水平大学开展联合培养，支持中外高校学生互换、学分互认、学位互授联授，推荐优秀学生到国际组织任职、实习，选拔高校青年教师学术带头人赴国外高水平机构访学交流，加快引进国外优质教育资源，培养具有宽广国际视野的新时代人才"[①]。为此，高校应当积极顺应时代发展潮流，按照面向现代化、面向世界、面向未来的基本要求，树立开放办学的理念思路，虚心学习借鉴其他国家的先进教育经验，广泛吸纳整合国内外的优质教育资源，努力追赶国际高等教育的发展潮流，为培养具有世界眼光、本土经验、专业特质的高层次创新人才创造更为有利的条件。

中国社会科学院大学始终秉承开放办学的教育理念，高度重视开展

---

① 教育部：《关于加快建设高水平本科教育全面提升人才培养能力的意见》，2018年10月17日，http://www.moe.gov.cn/srcsite/A08/s7056/201810/t20181017_351887.html。

对外合作交流，全面推进和实施教育教学的深度国际化战略，大力培养具有国际视野和国际竞争力的高素质人才。学校的深度国际化战略，主要包含两个方面的内容：一是"送出去"。自2017年9月招收本科生以来，学校一直致力于本科生的国际化培养，积极和海外知名高校合作开展各种国际交流合作活动，为学生提供赴世界一流高校学习交流的机会。在短短两年时间内，已经与英国牛津大学、美国加州大学伯克利分校、日本明治大学等多个国家和地区的知名高校建立了紧密的合作关系。2019年底，学校派出了250余名本科生赴海外学习交流。目前，学校的学生国际交流项目主要分为海外学分项目、短期海外研修项目、海外实习项目以及国际竞赛等。同时，为大力支持和鼓励学生赴境外学习，学校还特别设立了学生海外培养项目奖学金，根据不同的项目类型，选拔优秀学生并予以资助，为学业优秀的学生特别是家庭经济困难的优秀学生提供更多的海外学习机会。二是"请进来"。学校积极开展对外学术交流，广泛邀请世界一流大学的知名学者来校讲学，2019年先后成功举办了"美国南加州大学安纳伯格学院国际学术周""美国蒙大拿州学术文化交流周""英国大学学术月"等多场国际学术交流活动。同时，学校还专门选拔青年教师、学术带头人和特色教学团队赴国外高水平机构访学交流，并把各专业全英文授课比例进一步提升，以便于与国外高校合作，吸引外国留学生到校学习，积极营造校园国际化学习氛围，努力拓展学生的国际化视野。

七 加强教师政治素养和师德师风建设，提升师资队伍素养

所谓大学者，非有大楼之谓也，有大师之谓也。高校能否培养出政治过硬、素质优良的创新型人才，归根到底取决于教师队伍素质水平的高低。习近平总书记指出："人才培养，关键在教师。教师队伍素质直接决定着大学办学能力和水平。"[①] 高校必须花大力气抓好师资队伍建设，

---

① 习近平：《在北京大学师生座谈会上的讲话》，《人民日报》2018年5月3日第2版。

按照"有理想信念、有道德情操、有扎实学识、有仁爱之心"的"四有"要求，努力锻造一支政治素质过硬、业务能力精湛、育人水平高超的高素质教师队伍，这是大学建设的基础性工作，也是我们建设高等教育强国的必然要求。

中国社会科学院大学高度重视师资队伍建设，在不断提高专业教师业务能力与教学水平的同时，还制定出台了一系列的制度规定，通过严肃政治纪律、严格教学规程、严把师德师风等举措，努力增强专业教师政治素养、提升教师道德水平。在教师政治素养方面，学校在全体教师当中开展了"学习习总书记讲话精神、提高教师政治站位、加强课堂政治纪律"活动，研究制定并下发了《关于加强课堂教学意识形态工作的要求》，要求各教学部门组织所有任课教师认真学习相关规定，在课堂教学中严守意识形态红线。同时，在新遴选研究生导师培训会、本科课程任课教师座谈会、教学系主任及系秘书工作会等教师培训活动中，设定相应的培训内容，明确教学工作中的政治纪律要求，提高专业教师及教学管理人员的政治意识与政治鉴别力。在师德师风建设方面，学校把思想政治要求置入教师的聘用关、考核关和奖惩关，把政治标准放在首位，对拟进教师的思想政治、品德学风进行综合考察和把关。在事关政治原则、政治立场和政治方向上不能与党中央保持一致的，或理论素质、教学水平达不到相应课程要求的，不得继续担任任课教师。严格执行师德"红七条"底线要求，把师德规范要求融入创新工程、课题申报、职称评审等评聘和考核各环节，融入教育教学、科学研究和服务社会的实践中，提高师德践行能力。按照教育部办公厅下发的《关于深入做好新时代教师职业行为十项准则系列文件贯彻落实工作的通知》的文件精神，制定了《中国社会科学院大学教师师德失范行为处理办法（试行）》并开展了师德违规问题自查工作。这些制度与措施，对于提升师资队伍整体素养、提高学校教育教学水平，发挥了重要作用。

（刘文瑞，中国社会科学院大学教务处处长；张洪磊，中国社会科学院大学教务处）

新时代防范化解高校立德树人
工作重大风险探析

王维国

"居安而念危，则终不危；操治而虑乱，则终不乱。"党的十九大把防范化解重大风险摆在全面建成小康社会三大攻坚战之首，是实现中华民族伟大复兴必须跨越的重要关口。防范化解重大风险，高校不能，也无法置身度外。特别是岁末年初，新冠肺炎疫情这一公共卫生突发事件给包括高校在内的整个社会带来巨大风险。高校在内涵建设、稳中求进中，必须在努力实现"中国教育现代化2035"奋斗目标的同时，把防范化解重大风险作为高校立德树人的基础性工作和战略性任务。坚持底线思维、增强忧患意识、突出问题导向、强化方法自觉，既要高度警惕"黑天鹅"事件，也要防范"灰犀牛"事件，着力防范化解高校立德树人工作面临的各类重大风险，写好高等教育全面振兴、全方位振兴的奋进之笔，培养和造就一代又一代担当民族复兴大任的时代新人。

一 坚持底线思维，充分认识防范化解高校立德树人工作重大风险的战略意义

2019年1月21日，习近平总书记在省部级主要领导干部坚持底线思维着力防范化解重大风险专题研讨班开班式上发表重要讲话强调："坚持底线思维，增强忧患意识，提高防控能力，着力防范化解重大风险，保

持经济持续健康发展和社会大局稳定,为决胜全面建成小康社会、夺取新时代中国特色社会主义伟大胜利、实现中华民族伟大复兴的中国梦提供坚强保障。"① 底线思维是保持战略定力、应对错综复杂形势的科学思维方法,也是高校办学治校的底线要求。面对新时代高等教育前进中的问题、成长中的烦恼和转型中的困惑,必须坚持底线思维、做到居安思危,充分估量高校立德树人工作中存在的各种风险,充分认识防范化解高校立德树人工作重大风险的重要性、紧迫性、艰巨性,牢牢守住底线、积极寻求对策,坚决打好打赢防范化解高校立德树人工作重大风险攻坚战。

(一) 从应对复杂外部环境的高度,深刻理解防范化解高校立德树人工作重大风险的艰巨性

我们现在所处的是一个船到中流浪更急、人到半山路更陡的时刻,是一个愈进愈难、愈进愈险而又不进则退、非进不可的时刻。在经济稳中向好、社会总体稳定的同时,显性风险与隐性风险、一般风险与重大风险、国内风险与外部风险不断交织叠加甚至集中显现,成为高校办学治校的外生性风险。从国际看,当今世界处于百年未有之大变局,充满着变革又充满着变数,面临着逆全球化、贸易保护、宗教冲突、民粹抬头、恐怖主义、气候变化等诸多冲突与挑战,全球动荡源和风险点不断增多,"黑天鹅""灰犀牛"事件时有发生。改革开放走到今天,我国日益接近世界舞台中央,各种风险内外联动、接踵而至,从政治到经济再到文化充满着角力与争夺。这种角力和争夺也反映到高校,西方国家始终把高校师生作为渗透重点:一些非政府组织、境外资金和驻华机构,打着学术交流、项目资助的旗号进行意识形态渗透。这些渗透活动力度大,隐蔽性强,如果无法及时处理,就会带来重大风险。从国内看,全面深化改革进行深水区,很多改革红利已经用到了上限,经济社会发

---

① 《习近平在省部级主要领导干部坚持底线思维着力防范化解重大风险专题研讨班开班式上发表重要讲话强调:提高防控能力着力防范化解重大风险 保持经济持续健康发展社会大局稳定》,《人民日报》2019 年 1 月 22 日第 1 版。

展面临着巨大的下行压力。加之发展的不平衡不充分导致社会问题与日俱增，各种矛盾、问题、困难、挑战交织在一起，造成政治、意识形态、经济、科技、社会、外部环境、党的建设等领域的风险隐患不断增多。

高校不是处于社会之外，上述风险在高校均有不同程度地反映，如果不能把握大势、认清主流，不仅会损害广大师生的政治辨别力，影响高校的和谐稳定，也会冲击社会的思想防线，危及国家长治久安。进入21世纪，以信息技术为代表的科技革命和产业革命迅猛发展，我们进入人工智能社会并即将迎来5G时代。互联网技术正在不断重塑教育形态，改变着知识获取方式和传授方式。有人将互联网比作信息丛林，其中既有予人甘甜、沁人心扉的山泉珍果，也有惑人眼球、乱人心智的毒花杂草，后者即便只有万分之一，但对于广大师生来说也是巨大的风险，它带来的除了心理健康的扭曲与变质外，更有精神世界的腐蚀和消融，必须坚决铲除这些毒花杂草，清朗网络空间。

（二）从高等教育发展走向的高度，深刻理解防范化解高校立德树人工作重大风险的紧迫性

外部发展环境的境域转变、优质高等教育的美好向往和师生精神世界的充盈需要，给开辟新时代中国特色高等教育改革发展新境界提出了更高要求。近日，中共中央、国务院印发《中国教育现代化2035》，提出"到2035年，总体实现教育现代化，迈入教育强国行列"的发展目标，并把"更加注重以德为先"作为推进教育现代化的八大基本理念之首，这是在我国社会主要矛盾发生重大变化的背景下，高等教育实现"由大到强"的时代要求，也是高等教育发展的未来走向。作为高等教育的基础性内容，高校思想政治工作是实现高等教育现代化2035年发展目标的思想基础，是落实"更加注重以德为先"发展理念的关键因素，必须坚持在改进中加强，切实提升其针对性和亲和力。

进入新时代，高校思想政治工作的发展机遇前所未有，也面临着许多新挑战、新问题和新风险，比如，不同区域、不同类型高校、不同学段、不同学科、不同专业之间思想政治工作不平衡问题，加强和改进高校党的建设、推进"三全育人"综合改革、课程育人、科研育人、实践育人、文化育人、网络育人、心理育人、管理育人、服务育人、资助育人、组织育人、宣传思想文化建设、统一战线工作、教师思想政治工作、意识形态工作、国家安全教育、平安校园建设、网络舆情工作等不充分问题。这种风险是高校思想政治工作内部运行与管理过程中潜在或发生的内生性风险，如果处置不及时或者不好，就有可能给高校思想政治工作甚至整体办学治校工作带来不可承受的严重后果。加之高校思想政治工作触点多、燃点低，很多工作举措都可能引发高度关注，甚至引发争论、抵触和重大风险。因此，必须深刻认识防范化解高校立德树人工作重大风险的极端重要性和实践要求，牢牢掌握工作主动权和主导权，切实巩固并坚守高校这一思想文化重地。

（三）从伟大事业薪火相传的高度，深刻理解防范化解高校立德树人工作重大风险的重要性

中国特色社会主义是前无古人的伟大事业，越是伟大的事业，往往越是充满艰难险阻，越是需要防范化解重大风险。正如习近平总书记指出："前进的道路不可能一帆风顺，越是前景光明，越是要增强忧患意识，做到居安思危，全面认识和有力应对一些重大风险挑战。"一代青年有一代青年的历史际遇。我们的国家正在走向繁荣富强，我们的民族正在走向伟大复兴，我们的人民正在走向更加幸福美好的生活。青年大学生是祖国的未来，民族的希望。坚持和发展中国特色社会主义的伟大事业最终要靠青年来实现，这一伟大进程中的重大风险、重大挑战、重大阻力、重大矛盾，也最终要靠青年来应对。高校不仅是各学科人才聚集的重要高地，拥有一批高端的卓越人才队伍，也是培养优秀青年人才的重要园地，承担推动我国成为学习大国、人力资源强国和人才强国的光荣使命。

习近平总书记强调："办好我国高校，办出世界一流大学，必须牢牢抓住全面提高人才培养能力这个核心点，并以此来带动高校其他工作。"[①]

---

① 《习近平谈治国理政》第2卷，外文出版社2017年版，第377页。

高校人才培养工作千头万绪、纷繁复杂，难度系数大，问题源和风险点多。比如，人才培养的中心地位还不够巩固，一些领导精力投入不到位、教师精力投入不到位、学生精力投入不到位、资源投入不到位，学科体系、教学体系、教材体系、管理体系和思想政治工作体系建设不平衡，评价标准和政策机制导向仍不够聚焦。只有解决了这些风险，努力构建起德智体美劳全面培养的教育体系，形成更高水平的人才培养体系，把立德树人融入思想道德教育、文化知识教育、社会实践教育各环节，贯穿人才培养工作各领域，才能增强广大师生知识更新的紧迫感，塑造师生与时代发展和事业要求相适应的能力，使中国特色社会主义的伟大事业薪火相传、后继有人。

二 突出问题导向，精准把握防范化解高校立德树人工作重大风险的着力点

高校防范化解立德树人工作重大风险要防什么？就是要围绕影响、阻碍、威胁高校办学治校、立德树人工作的重大风险开展防范、精准施策。习近平总书记反复强调要"扎根中国大地办大学""抓好马克思主义理论教育""传承和弘扬中华优秀传统文化"，这是高校办学治校、立德树人的根本性问题和战略工程，决不能出现战略性错误。应聚焦这三大领域潜在的各种风险，增强问题意识、突出问题导向，综合分析研判风险的轻重缓急，把防范化解的着力点放在可能出现的最大风险上，以三大领域重大风险的化解带动各类风险的解决，进而保障高校办学治校、立德树人工作的整体推进。

（一）聚焦扎根中国大地办大学，防范化解高校立德树人工作重大风险

我国有独特的历史、独特的文化、独特的国情，这决定了必须走自己的高等教育发展道路，扎根中国大地办大学。正如习近平总书记指出的："世界上不会有第二个哈佛、牛津、斯坦福、麻省理工、剑桥，但会

有第一个北大、清华、浙大、复旦、南大等中国著名学府。"① 世界高等教育发展到今天，不可能有一成不变、整齐划一的发展模式与统一标准。当前我们正在统筹推进的世界一流大学和一流学科建设，必须有中国特色。西方办学经验可以参考借鉴，但如果不加分析地盲目模仿，其结果只能是步人后尘、陷入趋同，不可能赶上，更不可能超越。

社会主义办学方向是扎根中国大地办大学的基本遵循。它解决了为谁培养人、培养什么人、如何培养人的根本问题。长期以来，在坚持社会主义办学方向上，各地各高校旗帜鲜明、立场坚定、措施得力、成效显著。同时也要看到，随着经济全球化和国际交往不断深入，有的高校在双一流建设中，存在办成"第二个哈佛、牛津、斯坦福、麻省理工、剑桥"的风险。盲目追求国际接轨，过度依赖西方标准，片面推崇海外学历和国际学术期刊发表，不愿提及中国特色社会主义大学的性质，落实学习研究宣传马克思主义、培养担当民族复兴大任时代新人的根本任务的意识有待加强。这些问题不解决，高等教育改革发展就会偏离正确轨道。

党的领导是扎根中国大地办大学的重要保证，必须毫不动摇、长期坚持并全面加强。当前，有些高校"四个意识"不够强，执行党委领导下的校长负责制不到位，有的领导干部风险意识淡薄、责任观念不强、麻痹状态凸显，防范化解高校立德树人工作重大风险的意识不足；个别领导存在本领恐慌，对重大风险的基本分类、本质特点、内在规律、现实状况和发展趋势等把握不住，只做表面安抚工作，不解决深层次问题。

世情国情党情是扎根中国大地办大学的立足点，习近平总书记强调："谋划和推进党和国家各项工作，必须深入分析和准确判断当前世情国情党情。"② 当前高校世情国情党情教育也存在不少风险点。青年师生对当前的世情国情党情，尤其是我们从站起来到富起来再到强起来的国情没有深刻的把握，道路自信、理论自信、制度自信、文化自信的自信心不足，存在一种"放大镜"心理，过于放大发展过程中的不平衡不全面问

---

① 《习近平谈治国理政》第 1 卷，外文出版社 2014 年版，第 174 页。
② 《习近平谈治国理政》第 2 卷，外文出版社 2017 年版，第 60 页。

题，喜欢将小问题放大成大问题，将局部问题放大成系统性问题。这样的"放大镜"效应往往会影响到青年师生对事实的正确认知，并造成在实践中走偏变味，给高校各项工作带来重大风险，甚至给社会的和谐稳定带来隐患。

（二）聚焦抓好马克思主义理论教育，防范化解高校立德树人工作重大风险

马克思主义是立党立国的根本指导思想，也是我国大学最鲜亮的底色。习近平总书记在全国高校思政会上强调："要坚持不懈传播马克思主义科学理论，抓好马克思主义理论教育，为学生一生成长奠定科学的思想基础。"当前，一些青年学生面对纷繁多变、鱼龙混杂、泥沙俱下的社会现象，面对学业、情感、职业选择等多方面的考量，往往只是在经验层面、感觉层面和情绪层面看问题做事情，缺乏辩证思维，"两点论"只顾一头、只看支流，且只看负面的一点，结果陷入形而上学的片面性，甚至走向极端。这跟青年学生马克思主义素养不够，运用马克思主义立场观点方法观察世界、分析世界的能力有待提升不无关系。究其原因，是因为当前高校马克思主义理论教育遇到了问题、困难与挑战，存在"肌无力""娱乐化""孤岛化"的风险。

一是教育内容存在"肌无力"的风险。理论只要彻底，就能说服人。当前马克思主义理论教学科研队伍的理论创新能力不足，导致在课堂上对社会主义社会是否存在剥削、爱国与爱社会主义的关系、如何认识"西方普世价值"等理论热点难点问题阐释不够，针对性、深刻性、彻底性不足，无力更好地回应学生的关切与困惑。同时存在系统性不够的风险，课堂教学呈现内容零乱化、知识碎片化、体系分割化、讲解表层化的问题。面对西方话语体系的渗透，部分教师偏离马克思主义学科属性，甚至用西方的基本概念原理、研究框架范式来阐释问题，在与错误思想展开斗争时很容易掉进别人设立的学术陷阱。

二是教学方法存在"娱乐化"的风险。当前马克思主义理论教育"配方"陈旧、"工艺"粗糙、"包装"不时尚的问题得到初步解决，但又出现了方法创新游离教育内容，过度"娱乐化"甚至低俗、媚俗、庸俗化的倾向：个别教师认为讲正宗的马克思主义理论学生不爱听，常常以新奇特甚至怪异的言行来吸引学生，过度使用视频、音频、网络等技术手段，过多穿插一些有乐无教，缺乏思想性、教育性的"逸闻趣事"。

三是教育格局存在"孤岛化"的风险。学科体系、教学体系、教材体系、管理体系与思想政治工作体系的同频共振尚未实现，协同推进各类课程与马克思主义理论教育同向同行的方法不多、措施不力，存在"单兵作战""孤岛化"的窘境。部分教师把课堂教学仅仅视为知识传授的手段，忽视其在增强学生价值判断能力、价值选择能力、价值塑造能力方面的重要作用。一些专业教师对专业教学中如何发挥马克思主义指导作用存在困惑，刻意回避对现实问题的讨论，甚至认为马克思主义理论教育是马克思主义学院的事，自己的专业是"纯学术"，应该价值中立。

（三）聚焦传承弘扬中华优秀传统文化，防范化解高校立德树人工作重大风险

文化自信是更基础、更广泛、更深厚的自信，也是更基本、更深层、更持久的力量。绵延五千多年博大精深的中华优秀传统文化是文化自信的根本、根脉、根基，它独一无二的理念、智慧、气度、神韵，增添了中国人民和中华民族内心深处的自信和自豪。坚定文化自信的一个重要方面，就是要在建设伟大事业、实现伟大梦想的进程中坚定地传承弘扬中华优秀传统文化。高校不仅是传播知识的殿堂，更是传承文化的主战场，承担着文化传承与创新的重要职能和使命。开展中华优秀传统文化教育是高校传承弘扬中华优秀传统文化的重要抓手，值得注意的是，与增强学生文化自信、民族自信的时代要求相比，当前高校的中华优秀传统文化教育还存在不少问题：对其重要性认识有待提高，教育内容系统性、整体性还明显不足，重知识讲授、轻精神内涵阐释现象还比较普遍，课程和教材体系有待完善，全社会共同参与的教育合力有待加强。这些问题的存在增加了文化领域错误思想蔓延到高校的潜在风险。

一是增加了文化虚无主义蔓延到高校的风险。一些学生对中华优秀传统文化缺乏谦逊的学习了解，更缺乏历史和文化辩证法，缺乏敬畏、自信不够。比如，对传统节日认识模糊，热衷于追捧、跟风，享受情人节、愚人节、万圣节、圣诞节等带有浓郁宗教色彩的洋节日；不加分辨地推崇西方的个性解放、个人奋斗等价值理念以及性自由、试婚制等生活方式。不知自己"从哪里来、向哪里去"，对支撑我国文化自信、民族自信的史实、人物、事件了解不够，甚至将其戏谑化、低俗化。

二是增加了文化复古主义蔓延到高校的风险。用持守文化传统来否定学习借鉴西方文化的必要性，表现为"祖上也曾阔过"的文化自恋。比如，部分青年学生对传统文化在古代的实践存在认知偏差，不顾时代变迁机械照搬，盲目参加各种"国学班""女德班"等活动；部分青年教师热衷于研究、甚至认同"新儒家"，试图用"古之道"驾驭"今之有"，从儒家文化中开出解决中国现代化问题的"药方"。

三是增加了历史虚无主义蔓延到高校的风险。习近平总书记提出的"四个讲清楚"，将中国特色社会主义道路与中华五千多年文明，中华优秀传统文化与革命文化、社会主义先进文化融会贯通。文化自信既包括对中华优秀传统文化的自信，更包括革命文化和社会主义先进文化的自信。但是，我们在教育教学中对"四个讲清楚"阐释不够，使得部分学生对优秀传统文化与革命文化、社会主义先进文化的关系认识不清，甚至割裂它们的联系。加之社会上、网络上历史虚无主义思潮对中国共产党历史进行"戏说"，对历史定论进行"翻案"，对革命文化、社会主义先进文化进行"虚无"。一旦这种思潮从社会蔓延到高校、从网络渗透到课堂，就会降低青年学生对革命文化、社会主义文化的认同。

三 强化方法自觉，全面提升防范化解高校立德树人工作重大风险的能力水平

恩格斯指出："一个民族要想登上科学的高峰，究竟是不能离开理论思维的。"党的十八大以来，习近平多次强调要努力学习掌握科学的思维方法，为认识、分析、解决问题提供有效的方法"钥匙"。应紧扣当前防范化解高校立德树人工作重大风险的治理实践，不断强化方法自觉，提高战略意识、精准意识、制度意识和责任意识，切实增强防范化解立德

树人工作重大风险的科学性、预见性、主动性与创造性。

（一）强化战略意识，筑牢精神高地

战略意识即从长远看当前风险、从全局看局部风险、从整体看部分风险，致力于解决根本性、全局性、长远性的问题，努力增强"放眼全局谋一域、把握形势谋大事"的风险防控化解能力。一是防范化解扎根中国大地办大学的重大风险。积极探索中国特色世界一流大学和一流学科的建设之路，突出中国特色和制度优势，坚持社会主义办学方向，落实立德树人根本任务，着力培养具有历史使命感和社会责任心，富有创新精神和实践能力的各类创新型、应用型、复合型优秀人才。充分发挥高校党委的领导核心作用，坚持完善党委领导下的校长负责制。深入开展世情国情党情教育，教育引导学生正确认识世界和中国发展大势、中国特色和国际比较、时代责任和历史使命以及远大抱负和脚踏实地。二是防范化解加强马克思主义理论教育的重大风险。推动习近平新时代中国特色社会主义思想进教材进课堂进头脑，办好思想政治理论课，编好教材、建好队伍、抓好教学；深化哲学社会科学教育教学改革，推动思政课程与课程思政同向同行；构建具有鲜明中国特色、中国风格、中国气派的话语体系和学术评价标准，努力掌握学术话语权；大力推进中国特色新型高校智库建设，提升研究回答我国改革发展重大理论问题和现实问题的能力。三是防范化解中华优秀传统文化在高校传承弘扬的重大风险。把中华优秀传统文化充分融入课程与教材体系，将传统文化内容体现到教材编写和课程开发中，使本硕博各阶段教学内容相互衔接、层层深入、螺旋上升；以社会主义核心价值观为引领，组织实施中华优秀传统文化主题教育活动，深入开展教育教学研究，积极推动中华优秀传统文化创造性转化、创新性发展；着力增强教育的多元支撑，构建互为补充、相互协作的中华优秀传统文化的教育格局。

（二）强化精准意识，坚持分类施策

当前高等教育领域风险错综交织，更需要精准把握高校潜在或发生的各种风险的表现形式和突出特点、形成规律与应对举措，精准发力、

分类施策。一是未雨绸缪防范"灰犀牛"事件。"灰犀牛"事件是指有较大发生概率，但未受到应有重视、未加以有效抑制，最终因累积升级而有可能酿成重大风险的事件。防范"灰犀牛"事件，就是要防患于未然。在学校发展规划、经费投入、公共资源使用等各领域，人才培养、科研立项、评优表彰、职务评聘、对外交流等各环节，党的建设、思想政治教育、意识形态工作、维护安全稳定等各方面，都存在不少风险点和问题源，如果管理流于形式，就有可能给高校办学治校造成风险。应"图之于未萌，虑之于未有"，立足风险查找、风险防范、风险化解，扎紧制度篱笆、堵塞管理漏洞，打好防范和抵御风险的有准备之战。二是主动施策化解"黑天鹅"事件。"黑天鹅"事件是指破坏性强、驾驭难度大、事先难以预测的偶发事件。高校办学治校千头万绪、纷繁复杂，存在不少发生"黑天鹅"事件的风险点，加之社会关注度高，稍有不慎就会引发突发事件。近期发生的青年演员翟天临学术论文抄袭、南京大学长江学者梁莹百余篇论文凭空消失等，就是高等教育领域"黑天鹅"事件的典型。巴菲特的诺亚方舟原则认为："预测下雨无济于事，建造方舟才能以防万一。"既然"黑天鹅事件"的复杂性、多样性、突变性、不确定性和难驾驭性更加突出，人们对其预测研判也极其有限，不如主动出击、迎接风险：在事件到来前，努力占据战略主动和有利地形，建立具有相对适用性的高校立德树人工作重大风险防范化解体系，把重大风险的不确定性降至最低。在事件发生后，对可能引发重大风险的重点部位和关键节点，选用有效防控预案和应对措施，在第一时间进行处置，及时中止风险演化，打好克"险"取胜、转危为机的战略主动战。三是从源头抓起消除"蝴蝶效应"连锁联动。"蝴蝶效应"是指初始条件下的微小变化，如果不能及时加以正确引导和规范调节，就会迅速放大和无控释放，引起整个系统长期巨大的连锁负面效应，甚至会带来颠覆性、系统性的巨大风险与灾难。这就要求我们增强责任感和自觉性，全面梳理高校办学治校各领域各层面各环节的风险点，对可能引发重大风险的苗头性、倾向性、源头性问题进行动态监测、实时预警和妥善处理，力争把风险化解在源头，防范风险的连锁联动：消除小风险的源头，防范其连锁联动为大风险；消除个别风险的源头，防范其连锁联动为综合风险；消除线下风险的源头，防范其连锁联动为网络风险；消除校园风险的源头，防范其连锁联动为社会风险。

（三）强化制度意识，推进依法管理

俗语说"没有规矩，不成方圆"，防范化解高校立德树人工作重大风险同样需要通过建章立制来突破一些瓶颈的制约。在全面推进依法治国大背景下，制度建设是防范化解高校立德树人工作重大风险实现依法管理的必由之路。有关部门和高校应围绕防范化解高校立德树人工作重大风险中的突出问题，切实推进重点领域、重点部位、重点环节的建章立制，按照于法周延、于事简便的原则，建立健全风险研判机制、决策风险评估机制、风险防控协同机制、风险防控责任机制，努力使制度体系更加科学系统，更加配套衔接，更具可操作性。依法管理，重在落实，只有在广阔的实践中才能发挥规章制度管用可行的效能。防范化解高校立德树人工作重大风险之所以存在一些难点问题和薄弱环节，固然有建章立制不到位的影响，但与落实不到位也不无关系。应把制度意识贯穿落实到课堂讲坛、网络监管、境外资金与非政府组织管理等防范化解高校立德树人工作重大风险的具体实践中，强化制度刚性约束，防止"破窗效应"，坚决克服"人治"现象。依法防范化解高校立德树人工作重大风险，关键在人，核心是提高干部教师的法治思维和依法办事能力。应加大法治宣传教育、法治文化培育，强化干部教师的法治理念和法治思维，引导师生自觉学法、尊法、守法、用法，使依法防范风险成为一种行动自觉、工作习惯和问题处理方式，不断提高运用法治思维法治方式防范化解高校立德树人工作重大风险的能力。

（四）强化责任意识，汇聚强大合力

孤举者难起，众行者易趋。防范化解高校立德树人工作重大风险牵涉面广，事关党和国家事业全局。绝不是高校一家的事，而是全党全社会共同的责任。防范化解高校立德树人工作重大风险中党的领导是关键。各级党委和政府作为指挥中枢，应加强对高等教育立德树人工作领域重大风险的分析研判，推动重大部署、重要任务的落实，更好发挥把方向、

管大局、抓落实的作用。高校党委承担着防范化解高校重大风险的政治责任和领导责任，书记校长应有守土有责、守土负责、守土尽责的责任担当，有"临大事而不乱"的战略定力和冲锋陷阵的战略胆识，着力防范化解高校立德树人工作遇到的各种重大风险。领导班子要加强理论修养，善于把握防范化解高校立德树人工作重大风险的内在规律，切实提高重大风险的防范、洞察、驾驭、遏制、化解能力。应不断提升高校基层党组织的凝聚力战斗力，着力激发基层单位防范化解风险的积极性、主动性、创造性，使广大师生成为风险防控的主体力量。各条战线、各个部门的沟通联动是防范化解高校立德树人工作重大风险的必然要求。应充分发挥自身职能作用，从严压实各自责任，把风险防控化解要求落实到每个岗位、每个环节，主动加强与高校的沟通协调，推动信息资源共享，加强会商研判和联合预警，共同应对高等教育立德树人工作领域的突发事件和重大风险。企事业单位、新闻媒体、社会组织等社会各方面力量不能各吹各的号、各唱各的调，应强化"一盘棋"思想，积极支持配合高校，形成系统化、联动化和高效化的高校风险防控化解体系，真正汇聚起全社会合力防范化解高校立德树人工作重大风险的磅礴力量。

（王维国，中国社会科学院大学马克思主义学院副院长，社科大教育部思政创新发展中心研究员。源自：《湖北行政学院学报》2020年第3期）

课程建设和创新实践

高校党委如何抓好思政课建设

张政文　王维国

在改进中加强高校思政课建设，战线在高校，战场在课堂，思政课教师是战斗员，指挥部则在高校党委。高校党委必须站在坚守意识形态阵地和党的事业薪火相传的战略高度，把思政课建设作为一项重要的政治任务和战略工程，靠前指挥、抓好关键、强化责任，把思政课建设成学生真心喜爱、终身受益的优秀课程，引导广大师生树牢"四个意识"、坚定"四个自信"、坚决做到"两个维护"，从而培养和造就担当民族复兴大任的时代新人。

一　深刻认识高校党委抓好思政课建设的极端重要性

高校党委履行学校管党治党主体责任，最终目的是要教书育人、立德树人。思政课是高校坚持社会主义办学方向的重要阵地，是落实立德树人根本任务的主干渠道，是进行社会主义核心价值观教育、帮助大学生树立正确的世界观、人生观、价值观的核心课程。因此，思政课事关意识形态工作大局。落实高校党委意识形态工作责任制，做好高校意识形态工作，必须办好思政课，巩固马克思主义在高校意识形态领域指导地位，牢牢占领高校意识形态主阵地。

社会主义办学方向解决的是培养什么人、怎样培养人、为谁培养人这个根本问题，是办好高等教育的基本遵循。思政课为师生信仰筑堤坝、点明灯,只有把思政课建设始终摆在关键位置,始终作为重大使命,才能把社会主义办学方向全面扎实地落实到办学育人的全过程。在长期的办学实践中,我们探索出了"党委领导、校长负责、教授治学、民主管理"的大学治理模式。其中,坚持党的领导是根本要求。可以说,我国大学治理的"中国特色"集中体现在党的领导上。而党委抓思政课建设是高校坚持党的全面领导、肩负办学治校责任的重要体现。

高校立身之本在于立德树人。思政课是落实立德树人根本任务的主干渠道,思政课本质上是一个释疑解惑的教学过程。在这一过程中,可以通过发挥好思政课的重要作用,从而完成立德树人的根本任务。党的十八大以来,高校思想政治工作持续加强和改进,呈现出良好的发展态势。但在思政课建设领域,一些地方和高校对思政课仍然重视不够,政策条件保障尚未落实到位,思政课建设体系尚未完全形成,而建立党委抓思政课建设的责任制,是在加强中改进思想政治工作的有力举措。

二 全面落实高校党委抓好思政课建设的重点任务

抓机构,把"马院"作为重点学院进行建设。一是抓规范。高校党委要就各校马克思主义学院建设中的组织管理、学科建设、教育教学、人才队伍建设、硬件建设、社会服务等内容提出规范性要求和评价指标,着力推动马克思主义学院的规范建设、科学发展。二是抓示范。要将马院建成马克思主义理论研究的学术平台,马克思主义理论教学的教育平台和马克思主义理论人才的培养平台,以其在教学研究、学科发展、队伍建设、理论宣传和人才培养上的发展成就扩大引领力。三是抓协同。要确保在学校发展规划、经费投入、公共资源使用中优先保障马克思主义学院建设,在人才培养、科研立项、评优表彰、职务评聘等方面支持马克思主义学院,形成高校协调推进马克思主义学院建设的工作机制。

抓学科,把"马学科"作为重点学科进行建设。建好建强马克思主义理论学科,应该成为高校党委抓思政课建设的重要抓手。把思政课建设与学科建设紧密结合,制订学校马克思主义理论学科发展规划,形成以马克思主义理论学科为引领、相关学科为补充的思政课学科支撑体系,以马克思主义理论学科的优先发展、优势发展、优质发展支撑思政课教学，进而引导广大学生划清是非界限、澄清模糊认识，用科学理论的魅力说服学生、教育学生。

抓教学，把"马课程"作为重点课程进行建设。思政课教学是一门科学，也是一门艺术。讲得准确是科学，讲出亲和力是艺术。要使大学生愿意听并且掌握其中的道理，必须钻研讲课艺术，不断改革教学方法，逐步形成课堂教学、实践教学、网络教学相互支撑，理念先进、方法多样、管理高效、评价科学的教学方法体系，实现方法创新与教学内容的完美结合，做到能贴近性、对象化、接地气。思政课教学一定要"目中有人"，紧密联系大学生成长成才的实际，将深刻的理论分析与生动鲜活的案例、新颖活泼的形式、形象与直观的影像结合起来，增强教学感染力。

抓队伍，把"马队伍"作为重点师资进行建设。党委管干部，管队伍，院系领导班子和思政课教师队伍建设是其重要内容。要构建系统的思政课教师培训体系，提升培训效果，引导教师在理论研修、社会实践中形成扎实厚重的马克思主义理论根基和突出的理论教育的能力；要引导教师不仅做学问之师，更要做品行之师，坚持教书和育人相统一、言传和身教相统一、潜心问道和关注社会相统一、学术自由和学术规范相统一，更好地担起学生健康成长的指导者和引路人的责任。

三　努力形成高校党委思政课建设的工作合力

强化高校党委抓思政课建设的主体责任。强化党委的主体责任，要把思政课建设纳入学校总体发展规划，列入党委工作议程，坚持思政课建设与其他工作同谋划、同部署、同落实、同考核。党委书记作为第一责任人，要对思政课建设的重大事项进行政治指导，对思政课建设重点工作亲自部署、重大问题亲自过问、重要事项亲自协调；要强化校长的政治责任，校长在党委领导下，主持学校教学行政工作，要把思政课建设融入教学科研和行政管理工作全过程，经常到马院调研，带头上思政课；强化其他校领导的分管责任，结合自己的分管领域，落实思政课教育教学、学科建设、科研立项、社会实践、经费保障等方面的政策和措施；学院和系要在师资、实践教学基地等方面对思政课予以积极的具体支持。

明确高校党委抓思政课建设的基本要求。一是党政同责。学校党委与行政班子对思政课建设都负有领导责任，班子成员按照职责分工分别承担相应的工作职责，共同担当、共同负责。二是一岗双责。学校党委、行政班子在履行岗位职责的同时，按照"谁主管、谁负责""管学科必须管思政课学科建设、管教学必须管思政课教学创新、管财务必须管思政课建设经费保障、管人事必须管思政课师资建设"的原则，以同等注意力和责任心履行思政课建设职责。三是齐抓共管。学校相关党政部门、教学院系和"马院"各负其责，相互配合，形成保障协调体系。四是责任追究。建立思政课建设考核评价与责任追究机制，对实践中认真贯彻落实的干部要提拔任用；落实责任不力的，应及时调岗。

构建高校党委抓思政课建设的保障机制。一是完善工作格局。健全完善党委领导下的校长负责制，着力构建"党委统一领导、校长行政负责、马院组织实施、部门院系支持配合、广大师生积极参与"的思政课建设工作格局。二是加强督促检查。对照教育部《高等学校思想政治理论课建设标准》，要组织专家进行督促检查，全面了解学校思政课建设基本情况，总结成功经验，查找薄弱环节。三是健全考核机制。制定规范完善、科学可行的考核评价办法，由省委教育工委对校党委履行思政课建设主体责任进行考核评价，由校党委对马院党组织履行思政课建设具体责任进行考核评价。

形成高校党委抓思政课建设的制度体系。一是针对部分学校存在的一些突出问题，要通过刚性的制度约束、严格的制度执行，破解思政课建设的各种难题。二是着眼于推进科学管理，加强制度建设。要根据高校党委抓思政课建设的实践需要，抓紧相关制度的修订和起草，将改革过程中提出的重要举措，工作实践中形成的有效方法和创新案例以制度的形式固定下来，通过制度建设，推进科学管理。三是着眼于形成长效机制加强制度建设。当前，中央的决策部署为思政课建设指明了前进方向、提供了基本遵循，现在的关键就是落实。应抓紧研究制定切实可行、操作性强的实施办法，通过一系列具体举措，进一步健全高校党委抓思政课建设的相关制度，为党委抓思政课建设提供制度支撑。

（张政文，中国社会科学院大学党委常务副书记、校长，社科大教育部思政创新发展中心执行主任，教授、博士生导师；王维国，中国社会科学院大学马克思主义学院副院长、副教授，社科大教育部思政创新发展中心研究员。源自：《光明日报》2019年3月19日第15版）

加强党对高校的全面领导
全力办好新时代思政课

王 兵 王维国

2019年3月18日,习近平总书记在学校思想政治理论课教师座谈会上发表重要讲话,为推进新时代思政课建设指明了前进方向,提供了重要遵循。一年来,在中国社会科学院(以下简称"社科院")党组的坚强领导下,中国社会科学院大学(以下简称"社科大")党委把学习贯彻习近平总书记重要讲话精神不断引向深入,全面贯彻谢伏瞻院长的重要批示指示,积极落实王京清副院长、高培勇副院长的工作要求,站在为党育人、为国育才的工作大局,聚焦立德树人、抓好主责主业,全力办好新时代思政课,形成具有鲜明社科大特色的思政课建设体系,坚持不懈用习近平新时代中国特色社会主义思想铸魂育人,努力培养担当民族复兴大任的时代新人。

抓方向、谋大事,将党对高校的全面领导作为办好思政课的根本保障。一是社科院党组及院领导高度重视。社科院党组全面落实中央关于思政课建设的决策部署,定期研判形势,及时研究解决问题。谢伏瞻院长高位推动、亲自部署,2019年3月22日,到大学就学习贯彻习近平总书记在学校思想政治理论课教师座谈会上的重要讲话精神进行专题调研,并深入思政课堂听课,对社科大办好思政课做出重要指示。王京清副院长、高培勇副院长一线指挥,亲自授课。2019年6月5日,王京清副院长为全体本科生上专题思政课；2019年4月12日，蔡昉副院长为本科生做形势与政策报告。社科院各职能部门和院所强化"一盘棋"意识，主动加强与社科大的沟通协调。二是社科大党委全面履行主体责任。校党委坚持思政课建设与学校改革发展同谋划、同部署、同落实，在工作格局、队伍建设、支持保障等方面采取有效措施。学校主要领导亲自分管马克思主义学院，带头推动思政课建设，带头联系思政课教师。分管校领导主动研究、支持思政课建设，开展经常性工作指导。加强顶层设计与整体谋划，2019年以来，党委常委会、书记办公会、校务会研究思政课建设10次，专题调研9次，校领导深入课堂听课7人次。疫情防控期间，校党委、校疫情防控领导小组及指挥部多次就统筹推进疫情防控与思政课建设进行专题研究，对思政课在线教学提出具体要求，校领导进入思政课网络课堂随机听课6人次，确保将党中央和教育部、社科院对思政课建设的重大部署及各项要求贯彻到位。三是形成合力办好思政课的大格局。社科大党委把思政课建设纳入学校发展规划、思政工作全局及"双一流"建设方案，确保在发展规划、经费投入、公共资源使用中优先保障思政课建设。组织、宣传、统战等校内党的部门及人事处、财务处、教务处、科研处、研究生处、本科生处等行政处室和各院系都结合自身职能，主动承担起办好思政课的政治责任。加强与教育部社科司、北京市教工委的沟通联系，推动与中国科学院大学及其他兄弟院校的深度合作，争取支持、增强认同，努力形成党委统一领导、党政齐抓共管、有关部门各负其责、全社会协同配合的工作格局，推动形成全党全社会努力办好思政课的良好氛围。

抓队伍、育骨干，将提高教师整体素质作为办好思政课的重要基础。一是推进师资深度融合。建立特聘、长聘教授制度，聘请具有丰富教学经验和很高教学水平的社科院专家与社科大专职思政课教师组成教学团队，共上一门思政课。2019年，程恩富、侯惠勤、金明卿等37位专家参与到研究生思政课教学中，5位专家参与讲授本科生思政课。今年疫情防控期间，侯惠勤、毕芙蓉等社科院专家积极利用现代信息技术云端开讲、在线授课。社科大专职教师年富力强、视野开阔，注重贴近性、对象化、接地气，这种团队授课模式具有很强的吸引力。二是重视骨干教师培养。把思政课教师引进与培训纳入学校人才建设总体规划。通过理论学习、实践研修、项目支持和青年教学名师培育等多种途径，加强教师培训。2019年5月，组织教师到西柏坡纪念馆、正定县塔元庄开展理论学习和骨干研修。7月，组织思政课教师到教育部思想政治和理论教师实践研修基地（贵州师范大学）进行全员培训。三是加强师德师风建设。把思想政治要求置入教师的聘用关、考核关和奖惩关。把政治标准放在首位，对拟进教师的思想政治、品德学风进行综合考察和把关。严格执行师德"红七条"底线要求，绝不能在政治方向、价值取向上出现偏差。把师德规范要求融入创新工程、课题申报、职称评审等评聘和考核各环节，融入教育教学、科学研究和服务社会的实践中，提高师德践行能力。

抓教法、建金课，将课程综合改革创新作为办好思政课的关键环节。一是打造"学部委员形势与政策报告会"金课。在谢伏瞻院长的亲自部署下，与社科院学部工作局合作，2019年以来举办7期"学部委员形势与政策报告会"，蔡昉、汪同三、潘家华、金碚、朱玲、李林、张晓山、周弘等学部委员上讲台讲授思政课。积极推进信息技术与课程建设的深度融合，按照国家精品在线开放课程标准建设"形势与政策"思政慕课，2019年9月底在中国大学MOOC上线。今年2月24日，"形势与政策"思政慕课第二季在疫情期间如期上线，4万余名来自全国各地、不同高校的大学生在云端同上一堂思政课，为支持配合疫情防控大局贡献了特殊力量。二是打造"领导干部上思政课"系列金课。建立领导干部上讲台上思政课制度。2019年6月5日，王京清副院长以"学根本大法　立人生大德"为题，为全体本科生上专题思政课。2019年4月12日，蔡昉副院长围绕"用好战略机遇期　实现高质量发展"这一主题，为本科生做形势与政策报告；2019年4月15日、9月18日，校长张政文教授围绕"中国特色：文化自信的根与本""守马克思主义初心　担中国特色社会主义使命"分别为本科生与"马骨干"博士生上专题思政课。三是打造"马克思主义学术名家大讲堂"

专题金课。周五下午定期开展马克思主义学术名家大讲堂，作为学校思政课教学体系的重要组成，面向全校学生开放。2019年共举办7期，邀请吴潜涛、刘建军、王炳林、冯刚、季正聚、周文彰等马克思主义理论领域的国务院学科评议组成员、长江学者、思政课教指委副主任委员等顶级专家走上社科大思政课讲台。

强学科、抓科研，将提升教学科研水平作为办好思政课的学术支撑。一是加强学科建设。把思政课建设与学科建设紧密结合，实施"马克思主义理论学科领航计划"，以马克思主义理论学科的优先发展、优势发展、优质发展支撑思政课教学。2019年，"思想政治教育"成功入选教育部"双万计划"一流专业，"形势与政策"课进入教育部一流课程终评。规划思想政治教育硕士专业2021年实现招生，稳步推进"马克思主义理论骨干人才计划"博士项目，申请"马克思主义理论骨干人才计划"硕士项目，构建"本科+硕士+博士"一体化学科建设体系。二是推进科学研究。形成科研支持思政课教学制度，学校大力支持思政课教师积极申报各级、各类课题。2019年以来，成功立项国家社科思政专项1项，教育部后期资助项目1项。目前在研国家社科基金项目4项，教育部项目5项。在《人民日报》《光明日报》《人民论坛》等发表学术论文20余篇，出版专著10余部，并在全校首获教育部第八届高等学校科学研究优秀成果奖青年奖。开设"马克思主义主编论坛"，着力畅通教师与顶级编辑、知名学者交流渠道。疫情防控期间，组织思政课教师积极申报校级"公共卫生突发事件治理研究""国家治理体系和治理能力现代化研究"专项及国家社科基金"国家应急管理体系建设研究"专项，组织教师在大报大刊撰写理论文章，凝聚起全力抗"疫"的强大精神力量。三是打造创新平台。成功获批教育部高校思想政治工作创新发展中心，把思政课堂上搜集到的学生关心关注又存在困惑的重大理论与实践问题，列为中心课题，组织协同攻关。2019年，启动"全国高校科研育人状况滚动调查"。今年，思创中心设立2项重点课题和1项一般课题，张政文教授主持的"防范化解高校重大风险调研"获批社科院2020年度国情调研重大项目。同时，学校建有思想政治教育高等研究院、21世纪当代中国马克思主义高等研究院等重大创新平台，深入研究坚持和发展中国特色社会主义的重大理论和实践问题，为思政课建设加大思想性、理论性的内容资源供给。

　　抓党建、夯基层，将全面加强自身建设作为办好思政课的先修内功。一是建强建好马院。社科大党委抓重点、重点抓，就马克思主义学院建设的组织管理、学科建设、教育教学、人才队伍建设、硬件建设、社会服务等提出明确要求。加强思政课规范化建设，由马克思主义学院统一管理全校本科生、研究生思想政治理论课教学，统一负责马克思主义理论学科建设，统一管理思政课教师队伍。延迟开学阶段，马克思主义学院认真落实校党委"停课不停教、停课不停学"的工作要求，对在线教学工作提早谋划、周密部署，通过线上党政联席会整体部署、网络集体备课集中研讨、在线平台效果对比与实验、平台使用培训、线上教学资源审核、进群听课督查等多种方式，组织引导广大教师上好课、育好人。二是落实条件保障。在人才培养、科研立项、评优表彰、职务评聘等方面优先支持马克思主义学院，严格按照师生比不低于1:350的比例核定专职思政课教师岗位，并尽快配备到位。切实改革思政课教师评价机制，进一步提高评价中教学和教学研究的占比。在教学名师、青年教学名师等人才项目中加大思政课教师的倾斜支持力度，按在校生总数每生每年不低于40元的标准投入思政课建设专项经费，落实思政课教师津贴待遇。三是加强基层党建。社科大党委把马克思主义学院基层党组织建设作为办好思政课的重要保障，组织学院认真开展"不忘初心、牢记使命"主题教育，进行专题理论学习6次，举办专题讲座4次。开展了包括"支部书记讲党课""学院工作分享会""师生交流座谈会"在内的系列主题调研活动。积极推动基层党组织政治核心作用的实现，特别是疫情防控期间，在高高飘扬的党旗引领下，广大党员思政课教师积极上好思政"战疫课"，将疫情应对的丰富素材有机融入思政课线上教学，有序保障、不断提升思政课教学效果，努力把党的政治优势、组织优势转化为办好思政课的制胜优势。

　　通过持续建设，社科大的思政课取得明显育人效果，课堂秩序和教学效果明显改善，学生学习兴趣和满意程度得到提升，广大学生更加坚定"四个意识"、增强"四个自信"、做到"两个维护"。形成教师更加爱教、学生更加爱学思政课的良好局面，为落实立德树人根本任务，办好中央放心、人民满意的社会主义一流文科大学，培养德智体美劳全面发展的建设者和接班人打下坚实基础。

（王兵，中国社会科学院大学党委副书记、纪委书记、副校长，社科大教育部思政创新发展中心副主任、思想政治工作高等研究院副院长；王维国，中国社会科学院大学马克思主义学院副院长、副教授。源自：中国社会科学网，2020年4月3日）

思政课改革须适应移动互联新常态

张树辉

近日,中办、国办联合印发《关于进一步加强和改进新形势下高校宣传思想工作的意见》,明确提出"切实推动中国特色社会主义理论体系进教材进课堂进头脑",要"编好教材,建好队伍,抓好教学,切实办好思想政治理论课"。反观思政课发展的现实情况,尽管近年来各高校在推进教学方法改革等方面做了很多有益探索,也涌现出不少有影响力的知名专家和"玩转思政课堂"的"80后"青年教师,受到许多大学生欢迎;然而,在一些学校里,我们仍然听到不少同学、教师对思政课的"吐槽":同样内容学了几遍,内容无法紧跟现实,说教色彩较重,教师水平不一,课程专业性不强,社会实践不好组织,好的专家讲座不好请,同学听讲不认真,对教材、考试等管得过死,讲课用视频资料时长也有限制等。

推动中国特色社会主义理论体系建设,比"进课堂、进教材"更难的是"进头脑",进头脑先要"走心"。要学生真心叫好,思政课教师必须用心改进教学。信息多元的时代背景下,思政课的表达途径必须多元化、有贴近性,要主动适应青年学生获取知识、接受信息的习惯,对教学内容进行全新的"包装"。

一个值得探索的做法就是:全视频+慕课+移动互联。

当前主流媒体每天都会有海量的时政和弘扬主流价值观的科教、法治、文史、人物等"严肃"的节目,而在校学生"喜闻乐见"的更多是明星真人秀、八卦新闻乃至美剧、韩剧和各类神剧,他们在课余甚至课上时间获取时政新闻、言论观点和深度评论的渠道,更多是微博转发、微信订阅以及一个个"圈子"。但移动互联网上看似及时真实、随意点赞批判甚至迎合低级趣味、与主流价值观背道而驰的信息却又满天飞,我们相信大部分同学的甄别力,但每天同学们要甄别的实在太多了。

假设一下,有一个专业团队,不用太权威的专家,不用太高端的制作,应该也不用耗费太多经费,每周定期从《新闻联播》《焦点访谈》《今日说法》《感动中国》《青春中国说》等节目里,把这些已经不大为大学生们所接触,却对大学生最有价值的内容进行时尚而流行的编辑,加以高端、生动、接地气的点评,融入和强化引导功能,润物无声地发挥"宣教"作用,启发同学思考讨论,那这样的思政课一定别开生面、有益有趣。

学校课程负责部门更可以组织任课老师和学生们一起开发慕课、App,编辑微信公众号,把内容精编改制成便于移动互联传播的内容,同学、老师、专家、实践导师们可以一起在网络社区交流、研讨、答疑。当然,还可以探索专门拍摄配合实践的视频,走进新国企、走进新农村、走进绿色军营、走进庭审现场、走进孝老爱亲家庭、走进各级政府甚至中南海。那些做得好的,可以以"思政好视频"为名走上电视荧幕,在课堂之外发挥更大的作用。

思政课改革能做的应该还有很多,我们所需要的,是改掉惯性思维,迈出主动适应移动互联新常态的第一步。

(张树辉,中国社会科学院大学副校长。源自:《光明日报》2015年1月28日第2版)

新形势下推进高校思想政治工作的心理学思考

张树辉　周少贤

习近平总书记在全国高校思想政治工作会议上强调，做好高校思想政治工作要因事而化、因时而进、因势而新，要遵循思想政治工作规律，遵循教书育人规律，遵循学生成长规律。党的十九大对中国特色社会主义历史方位做出科学判断，高校思想政治工作者要坚定不移地用习近平新时代中国特色社会主义思想武装头脑、指导实践、推动工作。聚焦立德树人，不忘初心，牢记使命，勇于担当，补齐与"全面提高人才培养能力"不相适应的弱项短板，破解高校思想政治工作发展不平衡不充分问题，大力提升高校思想政治工作质量，开创高校思想政治工作新局面。

当前高校思想政治工作本身仍面临诸多挑战，难以契合新形势下大学生的心理需求，很多心理学领域的教育思想和实施措施值得借鉴。人的思想和心理具有相通性，高校思想政治工作和心理健康工作均是针对人的精神领域，都统一于立德树人的总体目标之下，共同致力于不断提高学生的综合素质。这种目标的同向性和重合性为从心理学视角介入思想政治工作提供了科学依据。随着国家对学生心理健康工作的日益重视，心理健康教育体系得到持续发展和完善，趋向成熟的高校心理健康教育模式，为推动高校思想政治工作心理化提供了较为充分的条件。因此，高校思想政治工作积极引入心理学的理念和方法，是新形势下推进思想政治工作的现实要求和必然选择。

一 心理学视角下高校思想政治工作面临的困境

以心理学视角审视和研判新形势下高校思想政治工作在方法、成效等面临的问题和挑战，主要体现在以下几个方面。

（一）大学生思想问题叠加心理问题，呈现新型化特点

随着"90后""00后"成为大学生主体，当代大学生表现出了一些新型的思想问题。有国内学者于2015年对全国22所高校大学生精神家园状况进行了调查，涉及大学生的生命观、成就观、伦理观、政治观等内在精神系统等。调查结果显示，大学生整体的精神状况是好的，但同时也存在着个人主义色彩过强、生命观异化、成就观扭曲、道德感弱化、政策预期悲观、理想信仰缺失等较为突出的问题。

"90后""00后"的大学生独生子女居多，具有较强的自我主体意识，个人主义色彩浓烈，生活条件相对于"70后""80后"更加宽裕，同时社会贫富差异加大的现实也折射进校园。学生个体相对容易得到基本的物质满足，但在人的自我实现方面陷入虚无，表现出既简单又复杂、有强大也有脆弱，既注重现实又容易陷入精神空虚，心理稳定性比较差，心理冲突和矛盾更加剧烈等特征。此外，当前大学生体验着更加激烈的社会竞争和更加强烈的社会比较，他们承负着巨大的精神压力。

人的意识和思想具有一致性，大学生的某些思想道德问题包含了心理问题，二者互有重合、高度叠加、彼此影响，并没有明确的边界。因此，大学生思想教育工作引入心理学的理论和教育实践是必然的，不能仅仅从思想单方面下手而忽视心理。

（二）高校思想政治工作错失心理关键期，补课工作任务重

我国传统教育一直是重知识传授、轻个性发展和全面发展，初高中阶段以成绩为导向的应试色彩比较浓重。中学阶段的思想教育大部分是单向填塞灌输道德知识，教育内容和效果被文化课稀释，存在被弱化和边缘化的情况，这种状况给大学阶段的思想教育工作带来较大挑战。

心理学视角下，人的心理在不同阶段具有不同特点，上一阶段的发展水平会直接影响下一阶段的发展；每个阶段的发展主题有所差别，存在发展的关键期和敏感期，如果错失关键期，个体的发展就可能出现障碍。中学是心理逐渐成熟、个性更加完善的关键阶段，是实施思想政治教育的关键期和敏感期。但现实中，虽然中学阶段思想教育地位重要，却存在内容更新较慢，教育手段单一，效果不尽如人意的现象。同时，中学阶段思想教育在目标、方法、效果上均与大学阶段的联系不够紧密，缺乏逐步深化和系统衔接。学生在中学阶段积累的思想问题和心理问题，到了大学才开始相对系统而全面地进行思想教育和干预，"补课"模式的大学思想教育工作步履艰难。

（三）思想政治工作遭遇互联网与自媒体合围夹击，面临严峻挑战

近年来，互联网以惊人的速度改变着整个人类社会的生活形态，人们对于网络从过去的"依靠""依赖"，已经演变成"依存"，互联网已经从工具演变为人的肢体和感官。而大学生对于网络的依赖程度更远高于其他群体，在网络环境下学习、生活已经成为大学生活的新方式。同时，高速发展的自媒体具有平等性和平民化特点，大学生借助自媒体获取知识、交流情感、寻求刺激和慰藉，也易接受更多负面信息、垃圾信息、公害信息，甚至形成"自媒体价值观依赖"。对互联网和自媒体的高度依赖，导致大学生更容易对时间管理、学业管理、情感管理失控，明辨是非的意识和能力下降，心理防线和思想防线失守的风险加大。

相反，思想教育的应对机制却滞后于网络和自媒体的发展。传统的思想政治教育程式感强，惯于说教和灌输，教育手段单一，而网络、自媒体却有极广的覆盖面和超快的传播速度。在互联网和自媒体的夹击合围之下，高校思想教育必须改革创新，教育手段要更加科学化、人性化和生动化，否则思想引领和教育影响力将逐渐弱化，大学生的价值取向存在陷入不可控和不确定状态的风险。

为了降低这种风险，高校思想政治工作必须更加全面、系统地研究教育对象，从教育对象的心理特征、心理过程及其发展变化的规律入手，使思想政治教育更加贴近教育对象的心理特点和思想实际，从而提高思

想政治教育的科学性和实效性。

(四) 青年教师面临思想和心理的双重压力，也需要支持关爱

随着高等教育规模的扩大，大学教职工数量也迅速增长，且40岁以下的青年教职工是增量的主体。学校对于每位青年教职工的平均关注度相对下降，导致教师的公平感、信任感缺失，失落感、疏离感增强，青年教师的荣誉感、责任感及对学校的归属感不强。同时由于科研论文难发、职称评聘困难，青年教师面临比较普遍的职业发展焦虑，而高昂的房价、子女教育的投入和相比于其他行业较低的职业收入，使得青年教师担负着比较沉重的生活压力。受上述因素影响，部分青年教师没有长远的职业规划，容易职业倦怠。同时心态消极，常有失落、抑郁和焦虑的情绪，心理健康水平整体偏低，衍生出各种类型的思想问题和心理问题。

青年教师既是高校思想教育的重要力量和生力军，同时也是思政工作的重要对象群体，如果自身价值取向偏离、心理问题突出、缺乏长远的职业理想和深厚的教育情感，既会影响青年教师自身的身心健康和职业发展，也会给学生的思想教育带来严重的负面影响。

二 积极探索推进高校思想政治工作心理化

探索心理工作与思政工作融通互补，特别是以心理化为导向探求新的思路和做法，是心理工作者和思政工作者共同的责任，具有现实紧迫性和重要意义。

(一) 借鉴理念做法，提升思想政治工作的科学性和有效性

心理学对教育对象的心理过程和个性特征、教与学过程中的心理现象及其规律的研究为思想教育提供了丰富的研究成果，心理学的临床辅导和干预方法为思想教育提供了可借鉴的科学手段。

在理论层面，高校思想政治工作要借鉴吸收当代心理学领域的一些先进理论，进一步强化教育的主体性、能动性、协同性、实践性以及可接受等原则，推动思想教育的理论创新。如从发展心理学的视角了解不同年龄阶段教育对象的心理特点，根据学生心理规律开展思想教育工作；借鉴行为主义关于心理行为塑造的原理，努力创设欣赏学生、感召学生、激励学生的良好育人环境，采取有效措施强化学生良好的行为习惯；学习人本主义的人文关怀理念，注重以人为本，尊重学生的个性，积极发挥学生的主体性和能动性；依据积极心理学的要求，以正向、欣赏的心态对待周围的每一个学生，欣赏每位学生的潜能和特长，使学生在强烈的人文关怀下感到愉快、幸福，进而形成积极健全的人生观、价值观，推动思想政治觉悟的提升。总之，思政工作要实现理论创新，必须紧密围绕思想政治教育实践中的重大现实问题，借助其他科学优秀理论成果，比如教育学、心理学、管理学、社会学等，使自身成为真正的复合型应用科学。

在实践层面，可以借鉴心理咨询个别辅导和团体辅导技术，将心理咨询的方法与技巧，通过科学巧妙的手段运用到思想政治工作中，如心理咨询的共情技术、倾听方法以及正向引导和积极暗示等。在思想教育传统的理性分析基础上，发挥情感功能，以情感人、以情育人，使思想工作具有更强的可接受性。同时，还可以借鉴心理健康课程的一些多元化教育手段，如创设情境、案例讨论、视频教学、心理游戏等，提升思想教育的生动性和吸引力。当前思政工作存在的突出问题就是教育内容接受性不强，效果内化不够，思想教育传送的价值理念难以纳入学生已有的框架体系中，更不能将这些价值观念外化为行动。而心理健康教育模式的效果具有更好的可接受性，内化水平更高。

（二）加强有效衔接，推进中学与大学阶段思政和心理工作的系统化

大学与高中的教育一脉相承、密不可分，不能各自为政、彼此割裂。由于所处的教育阶段和学生心理、生理特点的差异，思想政治教育在高中和大学阶段表现出了不同的特点和要求，两者之间有很大区别。中学开展心理健康教育和思想教育工作的广度和深度更因地域和经济社会发展状况存在极大差异，无法与大学相比；大学接纳各种状况的生源，生源之间的巨大差异带来较大的工作挑战。

加强大学与高中的思想教育和心理工作衔接可以尝试从以下几个方面入手：首先，做好大一新生的心理适应工作，积极开展新生入学适应教育，帮助学生尽快了解大学学习的内容和要求，尽快解除远离家庭和进入新的集体生活的不适，尽快消除人际沟通障碍，尽快接触生命健康教育，尽快实现从高中生到大学生的角色转换；其次，在教育内容的设置上也应该依照由难而易、由深到浅、循序渐进的原则推进，压缩、删除与高中思想教育内容相重复的部分，加入和充实与大学生生活及生理、心理特点相符合的内容，做到既立足于高中的基础，又有大学特有的深度和创新，提升思想教育在大学阶段的吸引力；最后，加强对高中阶段思想教育状况的了解，改变大学"高高在上"的观念和错觉，可以通过中学心理档案转接与中学进行思想教育和心理工作的对接与延续。

（三）整合多重资源，形成校内与校外两种教育合力

首先，高校思想政治工作应向网络、家庭延伸，形成以学校、社会、家庭为主体的校外教育合力。高校的思想教育应充分利用网络平台的技术特性和开放、高效、双向、协同等教育方式的优势，建立健全完善的思想教育信息系统，利用信息媒介的"公信力"，传播更多主流、积极的思想文化信息，拓展网络思想教育空间。家庭也是校外教育合力的重要阵地，目前理论研究和临床教育实践都证实，大学生的很多问题根源是各种家庭问题的体现。家庭教育以其范围广泛、内容丰富、形式多样、可行性和可靠度高等特点和优势，对人道德行为的养成发挥着无可替代的作用。但就大学生而言，家庭思想政治教育内容缺失比较严重，很多家长认为思想政治教育是学校、政府和社会的责任，忽视家庭对于思想教育不可替代的作用，而且有些家庭传递给大学生的教育理念与思想政治教育理念是对立和冲突的。这些情况最终导致了在整体的思想教育体系中难以实现学校和家庭的优势互补和良性互动。因此国家和社会有责任要求和指导家庭在大学前和大学期间对学生进行持续正态的思想引导和干预。高校思想政治工作有义务探索有效措施促进家、校互动，引导家长以身作则，转变不合理的家庭教育观念，采用科学的原则和方法教育孩子，优化大学生思想政治工作的家庭环境，充分利用家庭教育的资源，形成社会、学校、家庭三级教育体系。

其次，应促进高校思想政治工作与心理健康工作的融合，形成校内教育合力。近年来，随着高校思想政治工作科学化研究的不断深化，思想教育与心理学特别是心理健康领域的结合更加密切，思想教育与心理健康教育融合的趋势越来越明显。高校思想政治工作一方面要以中国特色社会主义理论体系为指导，引导学生坚定政治立场和理想信念；另一方面也要联系实际、结合生活，切实解决大学生成长成才过程中面临的各种心理困惑，提高大学生的自我教育效能和主观幸福感，使其拥有积极乐观的人生心态。两个工作体系中教师队伍的融合也不容忽视，在高校思想教育实践中，心理健康教育工作者与思想政治教育教师并不存在本质的角色冲突。思政工作队伍应有意识地吸收具有心理学专业背景的教师加入，促进心理健康教育真正融入思想教育过程，提高高校思政工作的专职化、专业化和专家化水平。思想政治工作与心理健康工作应彼此支持、互相借鉴、取长补短，共同促进高校思想政治工作向更高水平迈进。

（四）重视教师群体，提高青年教师队伍的思想建设和心理素养水平

教育主体是整个教育过程的关键和灵魂，高校需要意识到加强教师队伍建设的重要性。加强青年教职工队伍的思想政治教育和心理健康教育，首先，要丰富青年教师的精神力量，涵养大学共同体精神，强化青年教师的归属感。要创设更具吸引力的校园文化，以科学的教育理念和高质量的教育效果获取青年教师对学校的心理认同，同时以公平公正的工作氛围和良好的职业发展平台强化青年教师的心理归属感。其次，要促进教师职业素养的提升，使其具有高昂的职业热情和远大的育人理想，并用强有力的激励奖励机制让青年教师拥有强烈的职业幸福感，愿意投入大学生思想教育工作中来。再次，要切实解决高校青年教师生活中存在的实际问题，协调解决青年教师合理诉求，注重对青年教师的心理关怀，帮助他们解决生活中的实际困难使其免除后顾之忧，使他们有更多的精力主动参与到思想教育中来。最后，要提升青年教师的心理专业素养和自身的心理健康水平。高校应采取有效措施，通过专业培训，逐步培养一批既掌握思想政治教育和青年学生成长规律，又掌握一定心理健康方面专业知识的高校青年教师骨干，一方面可以更好地对学生施教，另一方面也能促进青年教师自身的个人成长，具备良好的心理素质，建设青年教师群体的心理健康工程。

（五）加大建设投入，打造思政和心理工作良性互动局面

从全国来看，高校的思想政治工作和心理健康工作的重视程度较之以往有大幅度提升，但仍在一定程度上存在重视不足和发展不平衡不充分的情况，特别是和高校的专业教学领域相比，学生的思想教育和心理健康教育相对虚化、弱化和边缘化，其中一个重要体现就是对两个领域的投入不足。要加大对两个领域的投入，首先是按照政策文件要求根据学校学生人数配齐两个领域的专业工作人员，并为其积极创设良好的职业发展平台；其次是增加物力和财力投入，保证场地、设备、经费充足；最后是加大知识投入，鼓励专业人员通过进修、培训等多种方式增强自身知识储备，特别是加强思政工作者的心理学基础知识和工作技能业务培训。

新形势下高校思想政治工作非常重要，心理学的学科视角为高校思想政治工作的改革创新提供了新思路和新方法，但两者高度的融合性、同向性、共生性不能取代思想政治工作的独立性和特殊性，思想政治教育领域存在的困境和挑战，更不是依靠心理学就可以全部克服和解决的。思想政治工作是一个与时俱进的系统工程，高校思想政治工作必须在习近平新时代中国特色社会主义思想指引下，不断树立科学的教育理念，探索新的教育方法，形成具有自身特色的教育模式，为培养中国特色社会主义事业建设者和接班人做出持续有效的贡献。

参考文献

[1] 陈寒、顾拓宇：《新建本科院校教师队伍结构现状研究》，《高教探索》2016 年第 10 期。

[2] 习近平：《全国高校思想政治工作会议上的讲话》，2016 年 12 月 7 日。

［3］徐俊、任旭：《十八大以来大学生精神家园现状调查研究》，《中国青年研究》2016 年第 3 期。

［4］张东刚：《新思想引领新发展》，《中国高等教育》2017 年第 21 期。

（张树辉，中国社会科学院大学副校长；周少贤，中国社会科学院大学心理咨询中心教师。源自：《中国高等教育》2018 年第 7 期）

高校青年教师思想道德素质建设研究

张树辉　漆光鸿　杨永虎

一　研究背景

近年来，随着我国高等教育事业的快速发展，高校教师队伍持续扩大，高校青年教师的比重越来越大。国家教育部的统计数据显示，青年教师已成为高校教师队伍的主体。因此，青年教师的素质，特别是思想道德素质的水平将会直接影响到高校为社会主义现代化建设所输送的人才的质量。但是，目前在部分青年教师中出现了思想道德素质滑坡的迹象，如理想信念比较淡薄、功利主义倾向泛化、科学道德素质下降等，引起了社会的广泛关注，成为摆在高校管理者面前迫切的难题。因此，研究青年教师思想道德素质建设问题，对于明晰青年教师思想道德素质的内涵，探索青年教师思想道德素质建设举措，提高青年教师的整体质量，进一步夯实我国社会主义现代化建设人才基础具有重要意义。

本文所指的青年教师是指年龄在40岁以内，在高校任教的教师，包括全日制普通高校、成人高校以及民办的其他高等教育机构的专任青年教师。

思想道德素质主要包括思想素质和道德素质。它是现实的有特色的人即人格的导向部分，对人格动机和行为起主导作用，决定人格的方向和性质，能够影响和制约人格结构中其他部分的变化，甚至决定整个人格结构的社会性质。思想素质主要包括世界观、人生观和价值观。道德素质主要包括道德意识和道德品质两部分。个体只有具备了道德观念、情感、意志、信念、理想，才能将道德行为转化为道德习惯即形成具有某些稳固心理特征的道德品质，它是个性中具有道德评价意义的核心部分。

二　高校青年教师的人口及素质现状

（一）青年教师人口现状

国家教育部的统计数据显示，近年来，随着我国高等教育事业的快速发展，教师队伍规模持续扩大，高校教师队伍建设取得了显著成效。根据教育部网站2008年发布的有关全国高等学校的数据来看，全国各类高校2008年教师总数为1831884人（不含科研机构、校外企业、其他外办机构以及工勤人员），其中专任教师为1309799人，这些人的年龄分布如下（见表1、表2）：

表1　　　　　全国高等教育学校专任教师年龄情况分布

年龄\职称	30岁及以下	31—35岁	36—40岁	41—45岁	46—50岁	51—55岁	56—60岁	61—65岁	65岁以上	总计（人）
正高级	32	926	8082	38083	29263	28434	14774	8925	4709	133228
副高级	1335	26393	87120	119049	58955	41129	20701	5494	2178	362354
中级	100362	166751	104531	52581	20493	12214	5245	754	169	463100
初级	210697	44001	11501	4290	1800	1002	431	11	—	273733
无职称	64216	8298	2583	1055	513	395	244	32	48	77384
各年龄段总计	376642	246369	213817	215058	111024	83174	41395	15216	7104	1309799

表2　　　　　全国高等学校不同年龄专任教师的比例

专任教师年龄段	所占人口比重	分类比较
30岁及以下	28.76%	
31—35岁	18.81%	63.89%
36—40岁	16.32%	

续表

专任教师年龄段	所占人口比重	分类比较
41—45 岁	16.42%	
46—50 岁	8.48%	31.25%
51—55 岁	6.35%	
56—60 岁	3.16%	4.86%
60 岁以上	1.70%	

由以上两个表格的数据可以看出，在全国高等学校专任教师群体中，青年教师群体（40岁及以下）占教师群体总数的63.89%；41—55岁的中年教师群体占教师总数的31.25%；55岁以上的教师群体，仅占教师总数的4.86%。青年教师群体在教师群体中所占比例已接近2/3，他们已成为教师群体的主要力量。另据教育部公布的数据显示，2005—2008年的青年教师数逐年增加，分别为695896人、755499人、812421人、836828人，可以看出，青年教师队伍的人数呈逐年递增的趋势，近几年来我国教师队伍的更新变化是很明显的。

（二）青年教师思想道德素质现状

目前，高校青年教师队伍逐渐壮大，已经成为教师群体的主体，但随着国际国内环境的巨大变化，这一群体受到的冲击很大，在思想道德素质建设方面也出现了一些问题。

1. 理想虚无、政治冷淡

随着互联网的普及，广大青年教师群体受到不同文化及意识形态的冲击，在各种思潮的激荡中致使部分青年教师在理想信念上存在明显不足。表现在青年教师入党积极性不高，对国际国内大事表现非常冷淡。部分青年教师对政治持冷漠态度，把共产主义信念当作为其谋取利益的手段，而非崇高的追求和信仰。

2. 人生观、价值观消极

极端利己主义、拜金主义在部分青年教师中有一定的市场。面对我国社会转型过程中出现的各种问题，他们鼓吹西方式的"民主""自由"，并将其作为自己的行为准则,甚至将高校课堂作为他们传播激进思想、发泄心中怨气的阵地。

3. 职业道德缺失

一些高校青年教师缺乏为学生传授知识的责任感,把给学生传授知识视为一种"副业",而将自己的科研甚至社会事务视为"主业"。同样,他们把育人的责任也抛给了社会,认为高校就是学生"自学"的地方,学好学坏与教师无关。这种思想意识在青年教师群体逐渐蔓延,使职业道德成为一纸空文。

4. 科学道德失范

一些高校青年教师出现了科研上重数量、轻质量,甚至弄虚作假的不良倾向;部分高校青年教师为了达到目的,抄袭、作弊等现象比较严重,使高校教师形象大大受损。教师群体素质的滑坡直接影响了他们"育人"的质量。

(三) 原因分析

解决问题的首要步骤是探究这一问题产生的原因,进而才能找出解决问题的办法,青年教师思想道德素质建设问题的解决也不例外。纵观青年教师群体所处的外部和内部环境,产生这一问题的归因主要集中在以下几个方面。

1. 社会环境因素

在社会转型和文化不断变迁的过程中,高校青年教师所赖以生存的社会环境正经历着前所未有的剧烈变化。首先,在开放多元的世界面临矛盾选择。互联网的普及使社会意识形态不断趋于多元化,各种亚文化不断产生出来,新旧价值观念、中外价值观念相互碰撞与冲突,社会中出现大量社会失范现象,这些都促使青年教师在行为导向上面临各种矛盾选择。其次,社会支持的缺失造成其不知所措。一方面,社会中脑体倒挂的现象随处可见,广大高校青年教师因物质需要得不到满足,而产生不满与困惑。另一方面,"初出茅庐"的他们,当渴望被人尊重和自我实现的需要无法得到满足时,就会产生一种现实挫败感,进而导致青年教师群体思想激进、人生观及价值观扭曲，在社会中处处碰壁，不知所措。

2. 高校内部因素

高校内部环境因素对青年教师群体的影响是最为直接的。在各个高校内部存在的各种不良做法严重阻碍了青年教师思想道德素质的提高。首先，针对教师的教育机制不完善。高校在职培训在目标、形式和机制上都存在或多或少的问题。过分注重提高学历层次，忽略其职业道德修养、教育信念的培养和完善。其次，教育评价目标存在偏差。在高校针对青年教师的评价机制中，过多地看重学历层次、科研成果的获奖情况、发表论文的数量和刊物的等级等指标，而往往把青年教师的工作态度、思想表现等方面的因素排除在外或是作为软要求来参考，没有归入硬性指标中。最后，青年教师享有的资源有限。在大多数高校中，青年教师因受资历、职称等的限制往往申请不到自己擅长和感兴趣的科研项目，这就使青年教师群体不能充分发挥他们自身的潜力，难以有所成就。

3. 青年自身因素

青年教师自身的一些特点也增加了对这一群体进行思想道德建设的难度。他们要面临角色的巨大转变以及生活的各种压力，所经受的冲击比其他群体都要剧烈，思想变化也最为复杂。首先，心理冲突明显。青年教师刚刚走上工作岗位，缺乏社会经验，自我调适能力较差，自尊心较强，挫折耐受能力较低，常常会受到各种现实生活的影响。其次，社会"免疫力"差。现今的青年教师大多是改革开放以后成长起来的，书本上学来的仅存的道德意识，在残酷的现实环境中极易变质，出现思想波动和道德滑坡。再次，角色定位模糊。高校青年教师大多处于适应期和发展期，要经历从学生到教师、丈夫甚至父亲等多重角色转换和适应过程。过惯了在高校学生时代自由自在、无忧无虑的生活之后，工作以后学校对他们的评价给他们的工作定位、工作方式带来的震动很大，势必影响他们对自我能力、德行、价值的评价，使他们在对自我和外界的肯定与否定中陷入深深的迷惘之中。

近些年来，青年教师群体一些思想道德素质问题的出现，使加强青年教师思想道德建设的必要性显得尤为突出。加强青年教师思想道德素质建设，是培养人才的需要，是培养高素质教师队伍的需要，也是加强和改进高校思想政治工作的需要。

三　提高青年教师思想道德素质的措施

青年教师由于其各方面的特征与高校学生有很多契合点，这一群体的思想道德发展水平将会成为高校学生思想道德的风向标。因此，他们在思想道德方面出现的问题不容忽视。要解决这一问题，以下几方面需要重点关注。

（一）以青年教师为本，是青年教师思想道德素质建设的有效切入点

青年教师现实的物质需求虽然不能立刻给予满足，但其精神需求的满足却可以通过一定途径实现。心理学家马斯洛说："社会上所有的人都希望自己有稳定、牢固的地位，希望别人高度评价，希望自尊、自立或为他人所尊重。"这种尊重的需要，对教师来说一是来自学生对自己的尊重，二是学校组织、领导、同事对自己的尊重。这就需要我们根据青年教师群体的思想特点和实际需求去寻找思想政治教育的途径。找准教师关心的"点"，及时发现困扰青年教师思想、工作和生活的问题，及时为青年教师排忧解难，赢得他们的信任是做好青年群体思想道德建设的基础。

（二）发挥党的组织优势，是青年教师思想道德素质建设的有效途径

在高校中，党组织在青年教师思想道德建设中发挥着重要作用，但在高校青年教师党员的比例还不高，这就使党组织对青年教师群体进行思想道德建设的功能有所减弱。一方面，党组织发挥作用的范围受到限制；另一方面，大多数非党员青年教师的言行裹挟了部分青年教师党员的思想意识。针对这一现状，首先，要根据高校青年教师知识层次较高，可塑性较强的特点，通过教育、熏陶，将优秀青年教师吸引到党组织周

围，鼓励他们加入党组织。其次，党组织必须加大高校青年教师的党员发展工作力度，避免入党条件上求全责备，发展时间上论资排队等不良现象。再次，党组织要开展丰富多彩的活动，增强党组织对青年教师群体的吸引力。除了为青年教师在科研领域提供帮助外，党组织也应该注意扩大青年教师群体在高校的政治影响力，促使青年教师关注政治，并积极向党组织靠拢，进而不断提升自己的思想道德修养。

（三）完善高校内部绩效考核机制，是青年教师思想道德素质建设的关键

建立一整套完善的培训、评价、激励和监督机制是促进青年教师思想道德建设的根本动力。第一，要改变"论资排辈"的培训机制，为青年教师提供更多的培训、国内进修以及出国进修的机会。第二，要建立科学的评价机制，是将思想道德建设的目标具体化、规范化，通过量化的、可考核的指标评价和把握教师或某一教学部门的师德师风状况，并把这种价值判断反馈给行为者本人，促进青年教师师德师风的不断完善。第三，要制定一套完整的激励机制。针对青年教师可塑性强的特点，要尽可能积极创造条件给予情感激励，关心、爱护青年教师，建立一种相互信任的良好关系，营造平等和谐的工作氛围，从而达到激励的目的。第四，通过多层次的监督网络，促使青年教师不断提高自身的思想道德素质。

总之，高校青年教师的思想道德素质建设是一个系统工程，其问题的出现是多方面因素导致的，需要全社会来关注。探寻一种适应我国高校青年教师特点的思想道德素质建设模式是一项长期而艰巨的任务，需要广大教育工作者不断研究和努力。纵观这些复杂因素，优化社会大环境的程度总是有限的，因此，只有从高校内部和青年自身去探寻解决问题的办法，而高校内部体制因素才是解决这一问题的关键所在。

（张树辉，中国社会科学院大学副校长；漆光鸿，中国社会科学院大学团委副书记；杨永虎，中国青年政治学院学生。源自：《思想政治工作研究》2011年第8期）

高校团组织提高大学生思想政治教育的有效性探析

沈健平

高校团组织是开展大学生思想政治教育的重要力量,无论在任何历史时期,开展思想政治教育都是高校共青团的基本职能之一。然而,随着我国经济社会的不断发展,高等教育格局的深刻变迁,当代大学生的思想状况、行为方式等都发生了巨大变化,这导致高校团组织在实际工作中面临诸多新困难、新问题,研究并解决这些困难和问题,从根本上促进高校团组织职能的有效发挥,应当成为大学生思想政治教育领域内的重大课题。

一 高校团组织开展大学生思想政治教育的特点

2004年,中共中央、国务院颁布的《关于进一步加强和改进大学生思想政治教育的意见》(以下简称《意见》)规定,"发挥共青团和学生组织作用,推进大学生思想政治教育",对共青团的职责、任务等做了详尽要求。概括起来,要义有二:一是高校团组织要把加强大学生思想政治教育工作摆在突出位置,充分发挥其在教育、团结和联系大学生方面的优势,竭诚为大学生的成长成才服务;二是高校学生会、研究生会是加强和改进大学生思想政治教育的重要依靠力量,要自觉接受党的领导,在共青团指导下开展活动,把广大学生紧密团结在党的周围,使大学生思想政治教育更好地发挥桥梁和纽带作用。

根据《意见》精神，结合实际，高校团组织开展大学生思想政治教育，主要依托两大载体，即社会实践和校园文化。

社会实践是大学生思想政治教育的重要环节，对于促进大学生了解社会、了解国情、增长才干、奉献社会、锻炼毅力、培养品格，增强社会责任感具有不可替代的作用。当前，高校学生社会实践活动主要分两类，一类是由各教学院系负责的社会实践，计学时学分，旨在检验学识，提高专业技能；另一类是由团委组织的社会实践，不计学时学分，旨在使大学生在社会实践活动中受教育、长才干、做贡献，增强社会责任感。

校园文化同样具有重要的育人功能，团组织是高校校园文化的重要建设者。"校团委、学生会和各类社团要组织丰富多彩的校园文化活动，让课堂教育和各种活动相结合，互相补充促进，让学生在活动中真切地感受到中国优秀传统文化的博大精深。"[1] 事实上，高校团组织正是通过开展丰富多彩、积极向上的学术、科技、体育、艺术和娱乐活动，才把德育、智育、体育、美育有机集合起来，寓教育于文化活动之中。依据2004年12月教育部、团中央下发的《关于加强和改进高等学校校园文化建设的意见》，当前校园文化建设的主要任务是："以理想信念教育为核心，深入进行树立正确的世界观、人生观和价值观教育；以爱国主义教育为重点，深入进行弘扬和培育民族精神教育；以基本道德规范为基础，深入进行公民道德教育；以大学生全面发展为目标，深入进行素质教育。"可见，团组织校园文化建设的根本目标仍然是思想政治教育。

"思想引领"和"成长服务"是2008年全国共青团工作会议上提出的高校共青团两大战略任务。"思想引领"，就是引导大学生树立正确的世界观、人生观、价值观，提高运用马克思主义的立场、观点、方法分析和解决问题的能力，坚定跟党走中国特色社会主义道路的理想信念。"成长服务"，就是围绕学生成长发展中遇到的突出困难和问题，为他们提供切实有效的指导和帮助，促进他们的健康成长和全面发展。"思想引

---

[1] 教育部思想政治工作司：《大学生思想政治教育"十个如何"研究》，高等教育出版社2007年版。

领"和"成长服务"是相互促进、有机统一的，把思想引领工作与成长服务工作相结合，把解决思想问题与解决实际问题相结合，才能更好地促进大学生的成长和发展，有效开展大学生思想政治教育工作。

二 高校团组织开展大学生思想政治教育存在的问题

调查显示，"大部分学校重视共青团组织在学生思想政治教育中的作用，共青团、学生会针对大学生的特点开展生动有效的思想政治教育活动，把广大学生紧密团结在党的周围，在大学生思想政治教育中发挥了桥梁和纽带作用，取得明显效果"①。虽然高校团组织在大学生思想政治教育整体格局中占据重要位置，发挥着重要作用，但深入观察，我们也不难发现，团组织在具体工作中同样存在一些问题。这些问题中，一部分是来自于外部的因素，也有一部分来自于内部因素。

（一）重形式而轻内容

当前，部分高校团组织存在"为活动而活动"的现象，团组织在开展思想政治教育过程中，以大量活动为载体，却通常忽略活动本身的意义和价值，而把重点放在活动的形式、规模、包装、宣传等方面。对于工作，少数团干部缺乏思考，甚至缺少学习，热衷于喊口号、炮制概念、夸夸其谈，善做表面文章，缺乏理论功底，缺少思想政治教育的专业知识和方法技能。

（二）重短期而轻长效

"短平快"是团组织突出的工作特点，在追求效率的同时，部分团组织容易忽视思想政治教育工作的长效机制建设。少数高校存在的情况是，团组织活动搞得有声有色，轰轰烈烈，但活动结束就戛然而止，既没有后续跟进深化，更没有建设系统化的工作运行模式。大量的活动彼此间没有内在逻辑联系，呈一盘散沙状，无法体现出蕴含于活动背后的核心

---

① 杨建义：《大学生思想政治教育路径研究》，社会科学文献出版社2009年版。

价值和追求目标。高校团组织开展大学生思想政治教育习惯采用座谈、报告、讲座、学习研讨等形式，这是因为这些形式比较简单易行，周期短、见效快，但团组织必须深刻认识到，"十年树木、百年树人"，大学生思想政治教育是一项长期战略任务，是一个潜移默化、厚积薄发的系统工程。

(三) 重服从而轻自主

高校团组织在党委领导下独立开展工作，但客观评价，当前高校团组织独立开展工作的能力并不强，甚至会处于一种被动服从状态，不敢创新，缺少冒险精神。尤其是思想政治教育领域，被高校团组织视为"高风险区"，甚至是"雷池""高压线"，轻易不敢涉足。个别团干部因为年轻，对政策把握不够，大局意识欠缺，政治素养偏弱，容易犯错，这在一定程度上也制约阻碍了高校团组织在大学生思想政治教育领域的独立自主、创新创造。

(四) 重整体而轻个案

高校思想政治教育，既要重视大学生整体层面的教育，又要重视个案的特别教育。虽然高校团组织普遍建有三级系统，即校级团委、院系级分团委或团总支、班级团支部，原则上可以覆盖到全体学生，但深入分析不难发现，团组织在教育的个案方面，无论是掌握情况，还是开展具体工作等方面，都存在薄弱环节，尤其是与辅导员等队伍比较，这一问题更加明显。

首先，班级团支书基本由学生担任，他们本来就是工作对象，尤其是低年级学生，很难真正胜任工作。而班主任、辅导员基本都是教师，即便有少部分学生兼辅导员，也是高年级的学生，心理认同程度的差异是明显的。其次，团组织开展的思想教育活动，通常都是覆盖整个学校、辐射所有学生，视角集中在整个群体，与个体接触少，针对个案的实践并不多。而思政课教师通过课堂教学，几乎可以接触到每个个体学生，能更加客观地掌握思想政治教育的整体状况；班主任、辅导员在日常工作中，处理个案是其工作重点，他们具有更强的个案工作能力。

三 高校团组织开展大学生思想政治教育的有效途径

为贯彻落实《意见》精神，教育部、团中央等部门先后制定下发了《关于进一步加强和改进大学生社会实践的意见》《关于加强和改进高等学校校园文化建设的意见》《关于进一步加强高等学校网络管理工作的意见》《关于加强和改进大学生社团管理工作的意见》《关于进一步加强和改进高等学校共青团建设的意见》等一系列重要文件，这些文件为新时期高校共青团开展大学生思想政治教育指明了方向和途径。

（一）深入开展社会实践

理论教育和实践教育相结合是大学生思想政治教育的根本原则，社会实践已经成为大学生思想政治教育最为有效的途径。各高校均将社会实践纳入教学工作总体规划，规定学时学分，加强实践基地建设，创新社会实践的内容和形式，建立社会实践和专业学习、服务社会、勤工助学、择业就业、创新创业等相结合的管理机制。但也存在一些薄弱环节，"如社会实践活动基地建设还不能满足实践需求，一些高校领导对大学生社会实践的重视不够、措施不力、办法不多，全社会共同支持大学生社会实践的局面尚未形成，等等"[1]。

2005年2月，中宣部、中央文明办、教育部、团中央联合下发《关于进一步加强和改进大学生社会实践的意见》，明确了大学生社会实践的总体要求和工作原则。高校团组织在开展大学生社会实践中，要坚持育人为本，牢固树立实践育人的思想，把提高大学生思想政治素质作为首要任务，确保思想政治教育贯穿于社会实践的全过程。要坚持理论联系实际，提高社会实践的针对性和实效性，通过社会实践让学生"受教育、长才干、做贡献"。同时，要善于整合资源，调动校内外各方面的积极性，为大学生社会实践营造良好的校内外氛围，提供切实保障。其中，文化、科技、卫生"三下乡"和科教、文体、法律、卫生"四进社区"

---

[1] 黄蓉生等：《改革开放30年大学生思想政治教育论》，中国社会科学出版社2012年版。

活动，是新形势下大学生参加社会实践的有效载体，按照要求，高校团委负责具体的组织实施，要精心设计、周密安排大学生参加"三下乡"和"四进社区"活动。

（二）大力加强校园文化建设

加强校园文化建设，对于加强和改进大学生思想政治教育、全面提高大学生综合素质具有十分重要的意义。

当前，各高校均有各种各具特色的校园文化品牌活动，在进一步加强和改进校园文化建设中，应当牢牢把握以下重点：一是文化活动是载体及形式，蕴含于活动背后的理想信念、世界观、人生观、价值观、爱国主义、民族精神、公民道德等全面综合的系统教育，才是根本目标。二是要善于把德育和智育、体育、美育有机结合，寓教育于文化活动中，促进大学生思想道德素质、科学文化素质和健康素质的协调发展，使大学生在活动参与中受到潜移默化的影响，思想感情得到熏陶、精神生活得到充实、道德境界得到升华。

特别值得关注的是，校园文化建设对于加强和改进大学生心理健康教育具有十分重要的积极作用。良好的校园文化不仅能够积极引导大学生保持积极健康、乐观向上的心理状态，也有助于提高大学生理性思考问题、正确应对问题的能力，促进大学生形成自尊、自爱、自律、自强的良好品格和优良的心理品质。

（三）主动占领网络阵地

任何事物都有其两面性，网络也不例外。互联网的兴起，对大学生思想政治教育提出了新的课题和挑战，它对大学生社会化产生积极影响的同时也带来了负面影响。网络在社会中的普及使虚拟社会化成为可能。虚拟社会化作为一种与真实社会化相并列的社会化机制，对大学生思想、观念的形成产生了作用，并直接影响着大学生的价值观与行为模式，正在消解传统的社会化模式。

当前，大学生对网络的依赖程度越来越高，网络已经成为大学生日常学习生活的一个重要组成。如何占领网络阵地，牢牢把握网络思想政治教育主动权，是当前大学生思想政治教育工作亟待破解的难题。笔者根据这些年的实践经验，提出以下建议：一是要适应新形势，主动介入，通过网络掌握学生思想动态和舆情；二是要重视培养学生意见领袖，通过他们来引导网络舆论；三是要提高对网络意见的重视程度，特别是对一些倾向性、群体性意见，要及时应对与处理；四是要加强线上线下的联动和有机协调，以线下的切实工作为基础来赢得线上的支持和认同；五是要与时俱进，学习掌握网络术语，善于在网络中与学生实现有效交流和沟通，避免用说教、压制、争论的方式，要不断提高掌控网络的能力。

（四）切实提高服务能力

高校团组织要始终坚持把服务学生作为工作的出发点和落脚点，积极帮助广大学生解决和处理好学习和生活中遇到的具体问题。采取有效措施，通过济困助学、勤工俭学，认真做好关心和服务经济困难大学生的工作。深入实施"心理阳光工程"，积极参与大学生心理健康教育，为大学生提供及时有效的心理咨询服务。加强对大学生创业就业的指导，帮助他们培养创业意识，树立正确的就业观念，不断提高创业素质和就业本领。

实践证明，得到学生的信任和认可，是高校团组织能开展思想政治教育工作的前提和基础，只有切实为学生提供了帮助和服务，才可能在学生中赢得口碑和尊重，得到支持和拥护。在服务学生的过程中，既要重视整体层面的覆盖，又要加强个案的帮扶，尤其是要把服务学生的理念贯穿于工作的始终，加强长效机制建设。

切实提高服务能力，需要不断加强高校共青团干部的教育培训，提高综合素质和履职能力，把团干部队伍真正建设成为知识结构合理、政治素质较高、工作经验丰富、人格魅力突出的"精锐部队"。

此外，加强高校"党建带团建"的制度化建设，党委在政策、资源等方面给予团组织更多实质性支持，把"党建带团建"落到实处，形成制度。加强高校共青团工作评价体系的科学化建设，构建以学生为主导的工作评价机制，将社会实践、校园文化、思想引领、成长服务等细化为具体指标，以此衡量评估团组织的工作成绩，等等。这些都有助于促进高校团组织更好地开展大学生思想政治教育。

（沈健平，中国社会科学院大学人文学院党总支书记。源自：《思想理论教育导刊》2014年第10期；部分内容同时发表于《中国共青团研究》，人民日报出版社，2017年2月第1版）

新媒体时代高校研究生
思想政治教育研究[①]

李 提 毕亚娜 任耀博

摘要：随着新媒体时代互联网工具的不断发展，高校思想政治教育面临新的挑战和契机，本课题主要通过归纳新媒体的内涵、特征和发展现状，从而探寻新媒体时代研究生思想政治教育接受效果在认知层面、态度层面与行为层面存在的问题。在此基础上，分析原因并提出对策和路径。通过对重点高校调研，了解校园网络思想政治教育中培养"意见领袖"的经验，探讨高校加强新媒体法制教育，规范、引导研究生网络行为的方法，探索如何在思想政治教育活动中科学合理地运用新媒体，以提高研究生思想政治教育接受效果。

关键词：新媒体；思想政治教育；研究生；高校

21世纪以来，随着日新月异的科学技术的不断问世，媒体领域也发生了众多变化，其中较为引人注目的是新媒体的迅速发展及其广泛应用。新媒体已经通过其特有的信息传播载体将触角延伸至社会的各个领域、各个角落、各个群体。其中，高校学生群体则是目前新媒体技术主要的

[①] 本文是中国社会科学院青年人文社会科学研究中心社会调研项目"新媒体时代高校思想政治教育研究"课题研究成果。

应用者和传播者，不管是网络媒体还是移动终端数字媒体，高校学生群体都扮演着最为活跃的主力军角色。同时，高校学生群体在日常生活、价值取向等方面都在发生着深刻变化，在此背景下，传统的思想政治教育模式已经难以适应瞬息万变的新媒体时代。为了进一步在新媒体时代做好高校学生思想政治教育工作，充分认识新媒体的涵义、特点以及发展现状是必要的。

一 新媒体的基本认识

（一）新媒体的涵义

所谓"新媒体（New Media）"是相对于传统媒体而言的，传统媒体包括报、刊、广播、电视等媒体形态，新媒体则是运用网络数字技术，通过互联网、无线网、卫星等渠道以及电脑、手机等终端向用户提供信息和服务，从而新媒体也称之为"数字化新媒体"。[①]

关于"新媒体"这一概念的由来，大致可追寻至 20 世纪 60 年代，由美国哥伦比亚广播电视网（CBS）技术研究所所长格尔德马克（P·Goldmark）首次提出。随后这一概念开始逐步为媒体界接受，并逐渐扩散。随着科学技术的不断更新换代，新媒体的适用范围和传播形态也在因新产品（如网络媒体和数字媒体等）而不断扩展。近些年，新媒体保持着瞬息万变的发展速度，基本上是通过以手机为输出终端的移动数字媒体和以计算机为输出终端的网络媒体来给用户提供信息服务，其中移动数字媒体包括：电子书、多媒体互动杂志、手机电视、手机报等；而网络媒体则包括：各类门户网站、论坛、微博、微信、短视频平台等。新媒体也是依托于数字互联网技术、移动通信技术、三网融合等新技术向受众提供信息服务的第五媒体。此外，新媒体也是一种环境，即涵盖了所有数字化的媒体形式。

一般说来，"新媒体"的概念有着广义和狭义之分，狭义的涵义即是所谓"新兴媒体"，这一认识即强调新兴的传播媒体形态，而不是一种涵

---

① 石磊：《新媒体概论》，中国传媒大学出版社 2010 年版，第 2 页。

盖所有传播形式和途径的笼统概念。而广义的新媒体涵义则恰恰相反，它着重强调所有具备传播形态的载体对于受众的传播，即对于媒体的传播形态进行客体概括，而不是纠缠于具体的某一种传播形态。关于新媒体的涵义的归纳则是众说纷纭，有学者对此进行了整理，主要有"传承论"、"相对论"、"凡数字论"、"互联网论"、"媒体定义回归论"、"规模论"、"多维论"和"一言难尽论"等。[1]

新媒体涵义的多样化存在和多视角的理解均没有限制或者制约新媒体的快速发展，反而正是如此多维度、多视角等侧重不一的定义，使得新媒体的发展呈现多元化格局。主要体现在两方面，即"用技术推动新媒体发展"和"让用户创造内容，反过来再通过用户来达到传播目的"。这也是对于新媒体的多种定义的两种最基本的归纳和概括。

（二）新媒体的特点

新媒体时代里，传统媒体的优势几乎是消失殆尽，新媒体的优势则是处处占据上风。主要表现在信息的产生方式、获取方式、传播速度等方面，而及时、有效、方便、快捷、个性化服务则是新媒体的明显优势。

新媒体的主要特征有如下几种：一是互动性与及时性。互动性即指在互动环境中，信息不再依赖于某一方发出，而是形成于双方的交流过程中。及时性则是强调新媒体的传播依靠网络，网络传播的载体是光纤通讯线路，传播速度是每秒30万公里，信息更新速度也是以秒为单位计算的。二是海量性与共享性。一般说来，互联网的信息量在理论上是可以做到无限量的，新媒体的传播可以做到在任何时间、任何地点都可以进行任何形态信息的生产获取和沟通交流。三是多媒体与超文本。新媒体的主要媒介除了传统的媒介之外，还有诸如声音、动画、影像等媒介，同时以结点（Node）为单位的超文本方式展现。四是个性化与社群化。相对于传统媒体的大众化覆盖，网络媒体则是个性化服务，网络上的用户大多是以各种各样的社区形态充斥整个网络空间的，即"社群化"[2]。

---

[1] 石磊：《新媒体概论》，中国传媒大学出版社2010年版，第3—4页。
[2] 石磊：《新媒体概论》，中国传媒大学出版社2010年版，第15—18页。

此外，新媒体还具有全天候和全覆盖的特征，以及新旧媒体的融合性。所谓"全天候"和"全覆盖"就是指在有电子信号的任何场所，都能根据受众持有的终端设备的接收能力的强弱而接收到信息，基本上不受传统媒体在传播途径、方式和形态上的限制或制约。

传统媒体在信息供应上已基本沦为二级供应商，而不再是以前的一家独大的主要供应者，通过下图可以清晰地看到，传统媒体、网络整合商以及受众三者的关系。其中传统媒体在新媒体的格局中的位置较为特殊，尽管新媒体不断更新发展，但仍难以彻底取代传统媒体在现代传媒领域中的地位。

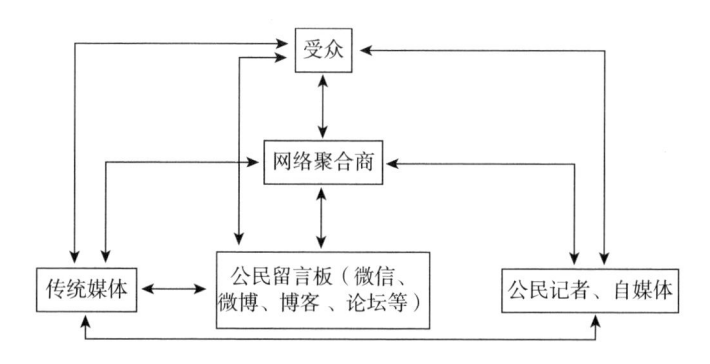

图1 网络传播的渠道变化（制图：李青）

资料来源：李青《媒体新进化》，南方日报出版社2015年版，第20页。

基于新媒体的诸多特征，新媒体在整个现代传媒领域都扮演着举足轻重的角色，通过新媒体自身的不断演变和升级，体现了科学技术的进步、内容方式的转变、传播语境的变化、传统话语权的解构与转变，并以其形式多样、路径广泛、普及率高、参与感强等特点在现代媒体领域占据着难以撼动的位置。[1]

---

[1] 人民网：网络新媒体特点及其现状分析，http：//media.people.com.cn/n/2014/1205/c391183-26155814.html。

（三）新媒体的发展现状与趋势

随着新媒体的发展，网络使用正内化为生活习惯，并深入到日常生活的各个层面和各个角落。2016年人工智能的快速发展作为一个亮点，智能化已经成功渗透到人类社会的众多领域，在移动通信技术方面，我国4G用户数量增速持续高涨，2017年第一季度总数已达到8.36亿户[1]。根据国家规划，我国将于2019年启动5G网络建设，并且在短时间投入使用，同时媒体融合举措将不断改进升级，网络文化将发挥越来越重要的作用，其中社交功能仍将是新媒体的核心功能。[2] 此外，《国家"十三五"时期文化发展改革规划纲要》明确强调要"推进对外文化传播网络和新媒体平台建设"[3]。

自2004年以来，我国新媒体发展的速度可谓是一日千里，传媒领域经历了翻天覆地的变化，具有新概念的词语层出不穷，移动终端，诸如手机、平板电脑等电子产品的功能更是保持着较高的更新升级速度，信息产生和接收受到时间、地点、空间的限制越来越少。在众多新媒体中，手机已经成为社会大众须臾难离的新媒体平台，也是当前所有媒体传播形式中最普及化、最方便快捷的平台。[4]

审视新媒体的发展历程，通过媒介技术、用户需求、媒介生态与资金投入等方面来综合分析，新媒体在日新月异的新技术支持下具备了很好的社会整合功能，基本上达到了引导舆论、协调社会、娱乐大众、传承文化等目的。[5] 而针对新媒体的发展趋势，对此有着较为权威的预测和判断的是在2017年6月北京举行的金砖国家媒体高端论坛上，论坛执行

---

[1] 人民网：《中国新媒体发展报告》2017版在京发布，http：//media.people.com.cn/n1/2017/0627/c14677 - 29365803. html。

[2] 光明网：《新媒体蓝皮书》发布新媒体未来十大发展趋势，http：//politics.gmw.cn/2017 - 06/27/content_ 24904283. html。

[3] 中国政府网：中共中央办公厅、国务院办公厅印发《国家"十三五"时期文化发展改革规划纲要》，http：//www.gov.cn/zhengce/2017 - 05/07/content_ 5191604. html。

[4] 张晓梅：《新媒体与新媒体产业》，中国电影出版社2014年版，第9—10页。

[5] 人民网：新媒体现状及未来媒体发展趋势的分析研究，http：//media.people.com.cn/n1/2017/0406/c411992 - 29193037. html。

主席、新华社社长蔡明照谈到了新媒体的6大发展趋势：一是移动化，手机、笔记本电脑等移动设备已成为受众获取信息的主要载体；二是可视化，视频已经成为新闻传播的潮流；三是智能化；四是互动化，受众渐渐成为信息生产中的重要一员；五是平台化，网络平台聚集着大量的用户资源；六是开放化等。[1] 新媒体作为媒体领域的后起之秀，大有青出于蓝而胜于蓝的趋势，并且随着信息技术、网络技术、数字技术、移动技术的快速发展，这种趋势已经更加明显，新媒体基本上已经成为信息传播的主要渠道，整个媒体行业的格局焕然一新。

新媒体的发展已经成为未来媒体领域发展的主流，传统媒体的形态已经在相当范围里借助并在很大程度上依赖于新媒体。新媒体顺应时代发展潮流和科技发展趋势，整合了传统媒体和新媒体，整个传媒领域以新媒体为主要生产和传播途径立足于现代发达的网络信息环境。

二 新媒体时代研究生思想政治教育接受效果现状

源自专业术语的新媒体已俨然成为包含着文化传承、思想交流、群体心理与人际交往等多种复杂语义的时代命题。新媒体以一种技术的形式潜移默化地改变着人类世界。作为社会的知识精英，高校研究生群体担负着全面建设小康社会和实现中国梦的光荣使命，是中国特色社会主义现代化建设的中流砥柱。因此，研究生群体的思想政治教育是否能与时俱进，以适应时代的形式为满足国家建设的需要提供高素质的专门人才则备受关注。

然而，我们需要注意到因研究生群体的特殊性与培养模式的差异性，高校研究生思想政治教育工作面临着诸多困境，因主动参与性不足与规模化管理较难，研究生思想政治教育的边缘化问题突出。相较于本、专科教育而言，研究生教育是高等教育体系中高层级的学历教育，他们是中国特色社会主义建设重要的智力支撑。如何使研究生充分认清其时代

---

[1] 新华网：蔡名照谈当前新媒体发展六大趋势，http://news.xinhuanet.com/world/2017-06/08/c_129628187.html。

责任与使命，坚定政治立场，以优良的道德风范为社会树立榜样是研究生高校思想政治教育的核心命题。不断扩大新媒体技术的发展为研究生思想教育提供了更具亲和性的灵活、高效的宣传平台。其广泛、快速与可视化的传播方式使高校的思想政治教育打破了时空的藩篱，成为融于研究生校园生活的信息样态。但同时新媒体时代的到来也给研究生的思想政治教育效果带来了新的挑战，本课题以中国社会科学院研究生院的硕博研究生为调查对象，从认知层面、态度层面和行为层面关注并探讨了新媒体时代研究生的思想政治教育发展现状。

（一）新媒体时代研究生思想政治教育认知层面的接受效果

认知层面接受效果即指研究生群体对思想政治教育的认识，指的是教育者把社会要求的价值观念、道德准则等信息作用于大学生的知觉和记忆系统，引起其信息接受量的增加或接受图式构成的变化，从而影响到其对周围环境的知觉与印象。新媒体时代研究生群体对思想政治教育在认知层面的接受效果表现出两大方面特点。一是对具有亲和性、趣味性的思想政治教育新媒体平台具有较大关注度与认同感。例如，共青团中央、人民日报等微信、微博及手机软件宣传平台，因其信息的权威性、推广形式的新颖性、内容的趣味性而在研究生群体中有着较为广泛的认可度，在调查中高达80.71%的被调查者通过新媒体平台发布和获取信息，68.57%的被调查者通过新媒体平台进行学习，而被调查者对微信的使用率更是高达98.57%。二是对传统思想政治教育内容存在一定程度上的认知"逆反"。传统思想政治教育内容多以理论性、政治性见长，其"教科书式"的内容构成在内容丰富、形式多样的新媒体宣传中受到"冷落"，研究生群体对于与此相关的信息的接受兴趣和获取的主动性都大为降低，在对研究生思想政治教育方式进行的统计中，赞成传统授课的被调查者比例仅占16.43%。

（二）新媒体时代研究生思想政治教育态度层面的接受效果

态度层面接受效果是指学生对社会主导价值观念的认同与维护，可以反映思想政治教育强化或者改变大学生对社会问题和价值观念等的看

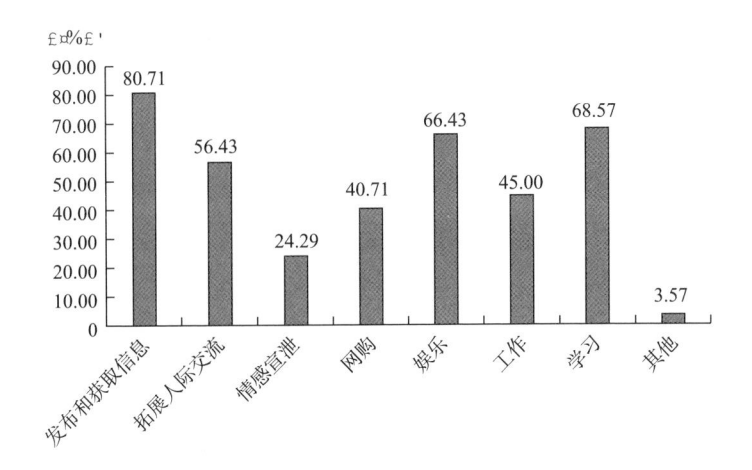

图1 关于使用自媒体意图的调查统计

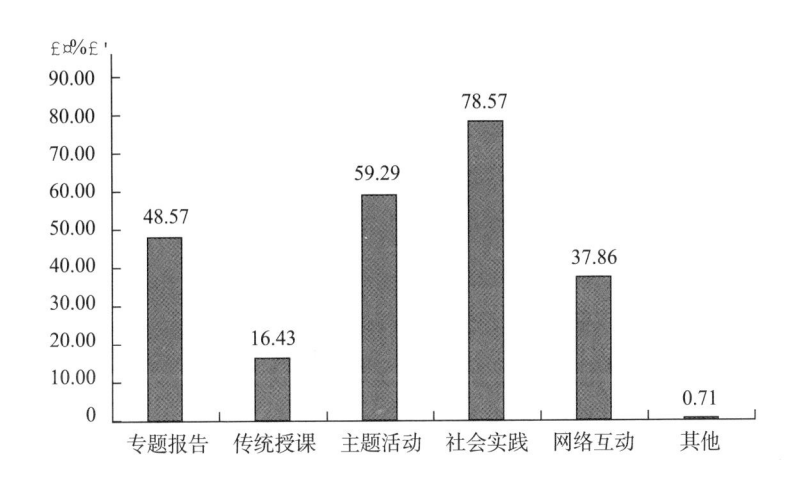

(发布和获取信息 80.71；拓展人际交流 56.43；情感宣泄 24.29；网购 40.71；娱乐 66.43；工作 45.00；学习 68.57；其他 3.57)

图2 关于研究生思想政治教育方式的倾向调查统计

(专题报告 48.57；传统授课 16.43；主题活动 59.29；社会实践 78.57；网络互动 37.86；其他 0.71)

图1和图2数据均来源：中国社会科学院研究生院"新媒体时代高校学生思想政治教育研究"课题调查问卷。

法和态度，并表现出其对大学生情绪培养、性格塑造等方面的影响。新媒体时代研究生群体对思想政治教育的接受效果在态度层面显现出新的倾向。

一方面，由于移动化的新媒体在生活中的普及，思想政治教育正以更为多样化的形式融于研究生群体的生活之中。在全民媒体人的时代，作为知识分子的研究生群体对其所关注的社会问题与政治问题等有了更为广泛的表达渠道。所以，对于现实热点中承载的思想政治问题，研究生群体有着广泛的关注度，甚至乐于积极参与其中。在问卷调查中，面对"您认为新媒体时代下思想政治教育的内容应侧重哪些方面"这一问题，有65.71%的被调查者认为应侧重"政治观点"。

另一方面，对于思想政治教育样板式、教条化的宣传内容则表现出消极的厌恶与拒绝。① 即使是利用新媒体技术与思想政治教育的宣传形式进行了创新，但宣传内容的陈旧与呆板仍会激发研究生群体对其信息接受的抵触。其中，以党建网等为代表的思想政治教育宣传的主流网站因其内容枯燥、形式单调而较少受到关注。依据调查问卷中针对使用率最高的微信新媒体平台进行调查的结果显示，浏览党政宣传公众号信息的被调查者比重仅占30%，而关注过校园网中党团建设相关版块的被调查者则仅占18.57%。

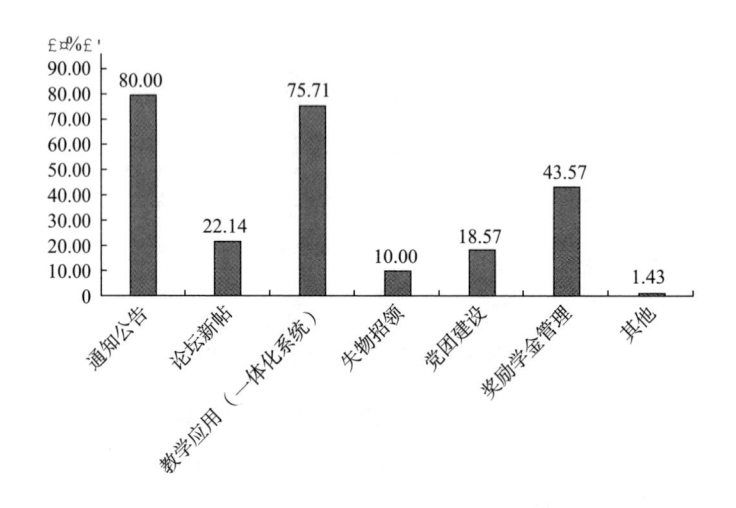

图3　对校园内网关注板块的调查统计

数据来源：中国社会科学院研究生院"新媒体时代高校学生思想政治教育研究"课题调查问卷。

---

① 宋丽英、王嘉：《基于新媒体的大学生思想政治教育接受效果研究》，《前沿》，2013年第12期。

（三）新媒体时代研究生思想政治教育行为层面的接受效果

行为层面接受效果即思想政治教育的接受效果在研究生群体行为上的反映，是认知层面与态度层面接受效果的变化在言语与行动上的表现，从而形成研究生的社会行为范式与行为习惯。从认知到态度再至行为，是一个效果累积、深化和扩大的过程。随着研究生群体对于新媒体多元化传播方式认知度的提高、依赖性的增强，其行为习惯也发生着变化。新媒体平台成为研究生群体生活与学习必不可少的重要工具。研究生群体作为青年知识分子的代表，往往具有高度的爱国热情与社会责任感，其对国家大事与社会热点等思想政治教育活动的参与较为广泛。但是，当受认知层面与态度层面因素累积的影响，其面对难以接受或排斥的思想政治行为的接受范式则在其行为中体现为消极对抗或保持缄默。

三 新媒体时代研究生思想政治教育现状成因探析

（一）新媒体传播形式的易于接受性

校园新媒体因其无限开放性、即时交互性与虚拟的多样性，从而形成了较之传统媒体更易于被接受的特点。从其开放性而言，校园新媒体能够跨越时间与空间上的局限性，大量传播信息，使网络信息源源不断地供给需求者。从其及时交互性而言，相较于传统媒体的传播形式，校园新媒体打破了受众与传播者的身份限制，使校园信息的传播渠道多元化。网络信息的传播和接收都没有时间上的限制，传播者和受众可以随时随地发布信息，新媒体可以实现信息传播和接受的同时与同步，使每个人都即是信息的传播者，也是信息的接收者。对信息传播的切身参与使同作为传播者与接受者的研究生更易于接受。从其传播内容的虚拟多样性而言，新媒体集图形、文字、声音、动画等多种形式为一体，内容的多样性使其受众更具吸引性。新媒体所具有的即时性、可视性的传播特点为研究生思想政治教育提供了更加灵活、高效的宣传方式。相较于传统的教育模式，新媒体时代的思想政治教育拥有了打破时空限制的工具，使教育手段更为生动便捷。①

（二）新媒体传播内容的庞杂性

新媒体时代最显著的特点即是通过新媒体平台海量的信息得以传播与流通。多元的新媒体平台承载着文字、图片、音频、视频等内容丰富、形式多样的新媒体信息。各个领域打破了时空与专业的界限将数量巨大的庞杂信息"堆砌"在受众面前。每一秒钟均有成千上万的信息流在网络空间产生与传播，海量的信息在使受众获取更为全面、广泛的信息的同时，也使网络环境变得更为复杂，新媒体宣传所包含的丰富内容中也不乏一些歪曲的社会思潮。新媒体传播内容的庞杂性及对信息筛选的困难性，使错误的信息与社会思潮在新媒体时代更易影响受众的认知与判断，尽管研究生群体因其较高的知识水平与文化素养相较于一般受众更为理性与审慎，但海量的庞杂信息仍可能引入偏执与消极的态度行为，从而扰乱其个人思想、社会舆论与公共秩序。

（三）新媒体传播管控的困难性

新媒体时代信息传播的易于接受性与庞杂性使对新媒体信息的监管与引导成为极具艰巨性的课题。自媒体技术的飞速发展使人人都可以成为信息的发布者与传播者。信息监管的对象也从"点"发展至"面"，从而大大增加了对信息有效监管的难度。在高校新媒体网络中越来越多的学生言论领袖开始成为高校思想政治信息的发布者与学生舆论的引导者。高校思想政治教育体系对思想政治教育宣传的管控对象由高校官方媒体转变为以主要官方媒体为引导主体，以众多学生自发性媒体为监管与协助对象的新媒体传播管控体系。但因学生自发性媒体的随时随地与随意性，如何处理校学官方媒体与学生自发性媒体的关系，如何将学生自发性媒体纳入高校新媒体宣传与监管的体系中成为新媒体时代高校思想政治教育面临与待解决的重要课题。

---

① 付冉：《对新媒体环境下研究生思想政治教育工作的思考》，《决策论坛——管理科学与工程研究学术研讨会"论文集（下）》2016年6月，第101页。

（四）新媒体传播与思想政治教育结合的滞后性

新媒体时代的到来使信息传播的方式、内容与载体发生了翻天覆地的变化。高校思想政治教育也面临着传统教育方式与新型新媒体教育方式的整合与转型。当前，新媒体传播与思想政治教育结合的滞后性仍是这一转型过程中的攻坚难题。在信息传播的载体方面，传统的思想政治教育以课程、物质（环境）、活动、制度等载体为主要代表，在传媒载体上主要依赖党建网站等正式的官方宣传路径。虽然近几年依赖微博、微信等新兴自媒体的思想政治教育宣传呈现出井喷之势，但在内容上仍难以突破硬性宣传的藩篱，对内容形式的探索仍存在与新媒体时代探索相脱节的滞后性。以言论领袖为代表的学生自发性新媒体传播方式相继出现，学生言论领袖因其身份的特殊性与在学生群体中广泛的影响力而成为校园官方思想政治教育的有力"助益团"与"后备军"。但在当前高校思想政治教育宣传中，学生言论领袖仍未被广泛动员与运用。学校思想政治教育与学生间思想政治舆论的有效融合仍待推进。

四 新媒体时代研究生思想政治教育问题的应对路径

（一）拓宽新媒体时代思想政治教育的宣传路径

在新媒体时代，思想政治教育工作应积极实现计算机数字技术与移动终端的结合，使工作内容更加丰富，工作方法更加多样，工作形式更加生动。当前，传统思想政治教育方式已难以满足新时代思想政治教育的工作要求。新媒体技术的广泛应用已为研究生思想政治教育的工作实践带来了新的变化，应加强高校新媒体平台的建设，建立校园网、校园论坛、微博、微信平台等全方位的校园思想政治教育网络平台；将思想政治教育与新媒体多元化平台有机结合，建立融校园新闻、时事报道、生活交流与建议咨询等为一体的校园多媒体平台体系。在为研究生提供充分的自由发言空间，激发其思想活性与智慧火花的同时，适时引导其对焦点、热点问题的讨论，抵御错误思潮与言论的影响。此外，充分利用新媒体平台的便捷性与即时性，开展"两会一课""线上党校"等针对党团教育的线上活动，使信息获取、人才培养与党团建设打破旧有传统方式的限制，以灵活的方式提升高校思想政治教育的接受效果。

（二）推进传统思想政治教育经验与新媒体的教育方式相结合

在运用新媒体技术手段的同时，应充分结合传统思想政治教育所积累的丰富经验。在新媒体迅猛发展的时代背景下，我们也不能忽视新媒体发展所带来的弊端，传统思想政治教育应成为我们纠偏新媒体的教学方向、重审教学大纲的重要参考，在此基础上建立新媒体运营的专业队伍，专人维护、专人监管，以确保新媒体教学内容积极、导向正确。

新媒体的进步为教育方式的演进带来了新的技术手段，多样化的传播路径取代了课堂教育方式"仅此一家"的局面，可利用新媒体技术来引导学生通过多样化的平台学习思想政治知识，增加授课方式的互动性与开放性，不断提升思想政治课程的吸引力。针对学生言论领袖等学生自发性新媒体应加以适时的管控与引导，加强与学生自发性新媒体运营者的联系，探索校方管制与学生自治相融合的思想政治教育宣传体系。

（三）建立党、团、学一体的指导、监督与管理体制

搭建监管平台，营造思想政治教育健康向上的良好环境。以校党委、团委为代表的党政机构是高校思想政治教育的指导与管理的机构，校党委与团委应在总体协调的基础上积极组织建立以学生自治管理为主体的党、团、学一体的指导、监督与管理体制，充分发挥研究生群体的自治、自理、自律能力。一方面，校党委、团委应做好校园新媒体平台信息的收集工作，对校园内官方的新媒体平台运行情况进行充分地了解和管控，加强与各新媒体平台运营单位的沟通与交流。对校园内有影响力的学生自发性新媒体平台应做好信息的统计工作，对其运营者与运营情况有较深入的了解，形成定期的研究生运营者与校党委、团委的沟通交流机制。另一方面，建立校园新媒体联盟，形成以校园官方新媒体平台为主体，以研究生自营新媒体平台为协助的校园新媒体合作与交流体系。加强对新媒体运营人员的思想政治教育与技能培训，定期举办交流会进行经验交流与分享，形成兼具扎实的思想政治教育理论与新媒体运营技能的校

园新媒体联盟体系。

(四) 培养兼具新媒体技术与思想政治教育工作者

随着新媒体技术在研究生教育工作中发挥着愈加重要的作用,如何利用新媒体技术的优势,将思想政治教育与科技红利相结合应成为每一位思想政治教育工作者思考的命题。为使新媒体在研究生思想政治教育中充分发挥作用,"培养一支既有较高的政治理论水平,熟悉思想政治工作规律,又能较有效地掌握网络技术、熟悉网络文化特点,能够在网络上进行思想政治教育工作的队伍"[1] 已成为当务之急。

建立良好的信息沟通机制是保证新媒体在研究生思想政治工作中的作用效果的另一重点。在将传统思想政治教育方式与新媒体技术有效结合的进程中,教育工作者与高校新媒体运营者建立长效沟通机制,形成畅通的信息反馈渠道。此外,应摆脱思想政治教育的传统工作方法的束缚,以灵活生动的新媒体手段与研究生进行更具开放性的沟通交流,确保思想政治教育更具效果,这是在新媒体时代对高校思想政治教育工作者提出的全新要求。因此,高校思想政治教育工作者应转变思维模式,熟悉并运用新媒体载体,改进工作内容与方法,提升在思想政治教育工作中灵活运用新媒体技术的能力。

(五) 重视校园思想政治教育网络"意见领袖"的遴选

互联网是一个自愿讨论的场所,可以自由发言,可以自由传达和接受信息并且不被利益扭曲。新媒体挑战传统媒体从而传播知识产品,并且通过相互交流使舆论形成民主化。[2] 进入新媒体时代,互联网给中国带来了诸多革命性的影响,主导高校网络舆论环境的学生意见领袖也在技术革新的潮流中应运而生。学生意见领袖通过在高校交流沟通类网络应用中的发言而引导网络舆论环境。塑造思想政治教育阵地的学生"意见

---

[1] 中华人民共和国教育部网站:教育部关于加强高等学校思想政治教育进网络工作的若干意见, http://old.moe.gov.cn//publicfiles/business/htmlfiles/moe/s6636/201207/139888.html。

[2] [英] 希瑟·萨维尼著,张文镝摘译:《公众舆论、政治传播与互联网》,《国外理论动态》,2004年第9期。

领袖",充分发挥其在研究生群体中的舆论引导者作用,在思想政治教育传播信息的过程中"取精去粕",以提高研究生群体对思想政治教育的接受效果。针对研究生群体的校园生活特征,应注重校园BBS、博客、微博、微信以及社交网群等学生意见领袖的遴选与利用。着重发挥BBS管理员、微博大V、"校园之星"等具有一定影响力与说服力的学生意见领袖作用。一般而言,多数人对意见领袖的追随是自发性行为,因此校园意见领袖在化解某些突发性群体事件时往往具有更加及时与潜移默化的效果;此外,网络"意见领袖"具有"议程设置"、"沉默的螺旋"等舆论引导功能[①],充分发挥网络"意见领袖"的引导作用,能够有效避免校园突发性危机事件,提高教育者对校园舆论的管控能力。

结束语

在新媒体技术飞速发展的背景下,及时辨别评估新媒体带来的教学环境新变化,充分发掘新媒体技术与教育教学结合的新方法,在高校思想政治教育工作中不断拓宽工作思路,创新工作方式,探索研究生受众接受意见的新途径,是时代发展对研究生思想政治教育工作的新要求。高校研究生思想政治教育工作者要把握时代潮流,深化教育方式变革,才能迎接时代挑战,使研究生思想政治教育工作与时俱进,为国家和人民培养有道德、有文化、讲政治、有立场的优秀人才。

(李提,中国社会科学院大学国际交流与合作处处长;毕亚娜,中共广东省委党史研究室;任耀博,中国社会科学院大学国际交流与合作处)

[①] 王嘉、戴艳军、王智宇:《大学生"网络意见领袖"研究——基于人人网》,《中国青年研究》,2012年第7期。

高校思想政治教育与心理健康教育融合问题研究

周华珍

一 思想政治教育与心理健康教育融合的必要性

（一）两者融合的必要性

既有研究文献表明，关于思想政治教育与心理健康教育融合问题国内已开展相关研究，并从多方面分析了两者融合的必要性和可能性。根据全国3000万青少年心理问题调查数据研究结果，提出思想政治工作要以人为本，要关心人、尊重人，给予人文关怀，而研究人首先必须研究人的心理，应该把心理健康内容纳入思想政治工作中。[1] 思想政治教育和心理健康教育的整合具有一定的可行性，因为思想政治教育对心理健康教育具有统领作用，而心理健康教育有利于提高思想政治教育的成效；同时，思想政治教育与心理健康教育在内容上具有相关性、教育目标上具有一致性、教育方法上具有互助性、教育功能上具有互动性。[2] 思想政治教育是高校育人的政治方向，是心理健康教育的基础；而心理健康教育是大学生成长、成熟、成才的保障。思想政治教育和心理健康教育相

---

[1] 李丽娜、陈晓美、罗红格等：《大学生思想政治教育与心理健康教育的创新与思考》，《华北煤炭医学院学报》2011年第2期。

[2] 宋伟：《论高校思想政治教育与心理健康教育的整合》，《电力职业技术学刊》2009年第1期。

辅相成、良性互动，必须把两者有机结合起来，才能为国家培养出高素质人才。① 在实际开展思想政治教育过程中，发现仅靠思想政治教育的方法无法解决学生的情绪问题和心理问题，需要将思想政治教育的人文关怀和心理健康呵护结合起来，将世界观、人生观和价值观的指导作用与心理健康咨询工作结合起来，将心理健康教育润物细无声地融入思想政治教育工作中去。

（二）两者融合的可能性

以教育层次为切入点，周先进、张颖颖对高校思想政治教育与心理健康教育契合的可能性进行分析，提出针对高校两种教育契合存在的不足之处，需要明确心理健康教育在思想政治教育中的定位和作用，通过心理疏导增强思想政治教育的针对性、实效性和吸引力。② 在高校开展思想政治教育过程中，针对不同年级和性别的教育对象，单纯采用思想政治教育方法效果不佳，需要根据教育对象所需要解决的具体问题，采用心理健康咨询方法，疏通受教育者的心理和情绪，与受教育者建立良好的信任关系，再进行思想政治教育效果会有明显改善。

（三）两者融合的可行性

秦斯、陈茜指出：高校思想政治教育与心理健康教育的整合有利于交融学科知识、促进教学改革、整合师资力量。高校应充分认识思想政治教育与心理健康教育整合的意义，并把它作为学生思想政治教育和心理健康教育的重要内容。③ 为了将大学生思想政治教育与大学生健康教育结合起来，设置了一门本科必修课《思想政治教育心理学》，一方面丰富和发展了思想政治教育学科体系，同时也开阔了思想政治教育和心理健

---

① 宋伟：《论高校思想政治教育与心理健康教育的整合》，《电力职业技术学刊》2009 年第 1 期。

② 周先进、张颖颖：《论高校思想政治教育与心理健康教育的契合》，《湖南农业大学学报》2010 年第 4 期。

③ 秦斯、陈茜：《浅论思想政治教育与心理健康教育融合的必要性》，《当代教育论坛》2010 年第 11 期。

康领域的研究视野，促进了思想政治教育与心理健康学科建设。在此基础上，在开展思想政治教育和心理咨询过程中，有意识地将两者融合起来，将会提高思想政治教育和心理健康咨询的时效性。

二 思想政治教育与心理健康教育关系

大学生思想政治教育与心理健康教育是两个既相互独立、又相互统一的体系。只有把握其差异性和共通性，才能在整体上提高学生的基本素质。国内既有相关文献对两者异同的研究主要集中对其意识形态、教育对象、目标、途径、原则等方面进行了研究。如李巫熙指出思想政治教育与心理健康教育，相对于物质，它们都是第二性的东西，本质上是一致的，两者都包含有理想、信念、品德、意志等共同元素。但其在心理与思想观念、理论基础、目的、内容、从业人员资格方面有不同。[1] 易晓明认为大学生思想政治教育与心理健康教育在教育对象、目标、途径、原则上存在某些严格的区别，也有共通的方面。心理健康教育目标是培养学生增强调控自我、承受挫折的能力，对少数有心理行为问题的学生给予及时的心理辅导；思想政治教育的核心问题是人生观、世界观和价值观的导向，旨在使个体具有一定的政治立场。心理健康教育着眼于发展性心理教育、自主性心理教育等。思想政治教育通过教育灌输进行，注重说理、说服。[2] 赵景会从意识形态、社会元素、培养目标分析思想政治教育和心理健康教育共同之处，以理论基础与研究对象、工作内容与价值取向、教育方式与手段为切入点，对其不同点进行论述，指出思想政治教育属于认识的理性阶段，心理健康教育属于认识的感性阶段。思想政治教育以辩证唯物主义和历史唯物主义为理论基础，出发点是社会需要，侧重学生的思想行为规律；心理健康教育以心理学、医学、教育

---

[1] 李巫熙：《思想政治教育与心理健康教育的异同》，《雅安职业技术学院学报》2009年第3期。

[2] 易晓明：《试论大学生思想政治教育与心理健康教育的关系》，《内江科技》2009年第4期。

学的理论为基础,出发点是人本需要,帮助受教育者化解心理矛盾。① 沈汪兵等认为思想政治教育与心理健康教育两者在内容、学生观、具体目标、原则和方法上各具特点。思想政治的内容理论性较强,属于纯社会科学;心理健康属于生理学和心理学,跨自然科学和社会科学。思想政治教育注重外在的规范,具有群体作用性,教育目的是让个体更好地适应社会群体;心理健康教育是来自自我的规范和约束,更偏向感性,教育目的是更好地进行自我适应和调节。②

高校思想政治教育与心理健康教育融合是当前我国高校教育发展过程中面临的特殊问题,国内学者对于两者中关系主要持以下三种观点。

(一) 心理健康教育是思想政治教育的补充

该观点认为,心理健康教育是加强和改进思想政治教育工作的重要途径和有效补充。2004 年 8 月中共中央、国务院的《关于进一步加强和改进大学生思想政治教育的意见》提出:"要把心理健康教育融入思想政治教育之中,开展深入细致的思想教育活动。"③ 2005 年 1 月教育部、卫生部、共青团中央颁发的《关于进一步加强和改进大学生心理健康教育的意见》进一步指出:"加强和改进大学生心理健康教育是新形势下全面贯彻党的教育方针、推进素质教育的重要举措,是加强和改进大学生思想政治教育的重要任务。"④ 该文件颁发以后,各校纷纷开设《思想政治教育心理学》课程,并对从事该门课程的老师和负责思想政治教育工作的人员进行专门培训,增强了该门课程的师资力量,提高了思想政治教育专职人员的心理健康素养,将心理健康内容融入思想政治教育中,增强了思想政治教育课和思想政治工作的时效性和针对性。

---

① 赵景会:《大学生思想政治教育与心理健康教育的异同》,《佳木斯大学社会科学学报》2010 年第 4 期。

② 沈汪兵、王永娟、任其平:《中学思想政治教育与心理健康教育的整合:基于复杂性科学视角》,《教学与管理》2011 年第 9 期。

③ 中共中央国务院:《关于进一步加强和改进大学生思想政治教育的意见》(2004 年 10 月 15 日),2009 年 2 月 5 日,http://zhidao.baidu.com/84751733.html。

④ 教育部、卫生部、共青团中央:《关于进一步加强和改进大学生心理健康教育的意见》(2005 年 11 月 15 日),2011 年 10 月 16 日,http://zhidao.baidu.com/question/。

（二）心理健康教育包括思想政治教育与思想政治教育包括心理健康教育

一种观点认为，思想政治教育包含了心理健康教育，心理健康教育是思想政治教育的重要内容。梁次红等通过理论分析和历史考察，指出适合我国国情的二者结合模式——母子系统关系，并在此基础上就构建二者关系的合理格局提出建议。① 还有一种观点认为心理健康教育包含了思想政治教育。张海钟等总结师范专科学生心理健康测评档案中 SCL-90 测评结果，分析了师范专科学生的心理健康水平以及心理障碍的成因和类型，认为心理教育包括思想教育、品德教育、智力教育等各部分，即心理健康教育是一个更加宽泛的概念。②

（三）心理健康教育与思想政治教育互为补充

马建青通过对大学生心理危机形成和干预的三要素分析，指出心理健康教育与思想政治教育有可能成为一种独立关系下的互补关系，这样才可使两者的教育功能得到充分发挥。③ 卢玫通过对高校心理咨询与思想教育的联系和区别的探析，认为努力培养一支既深谙思想政治教育理论与实践，又懂得一定心理咨询专业知识的德育教师队伍，是实现两者结合的关键。④ 由此可见思想政治教育与心理健康教育是既平行又交叉，互为补充，相互渗透的。

三 思想政治教育与心理健康教育融合途径

国内学者关于心理健康教育和思想政治教育的结合，多数关注几方

---

① 梁次红、罗玉堂：《高校心理健康教育与现代思想政治教育关系的再认识》，《中国农业教育》2002 年第 5 期。

② 张海钟、王云霞、骆焕国等：《师专生心理健康状况调查》，《健康心理学杂志》1996 年第 1 期。

③ 马建青、黄翠翠：《大学生心理危机形成和干预的三要素分析》，《当代青年研究》2009 年第 2 期。

④ 卢玫：《高校心理咨询与思想教育关系探析》，《重庆交通大学学报》2002 年第 1 期。

面的有机整合，如教育对象、目标、内容以及相应的制度规范保障。近些年来，兴起的网络教育平台给二者的融合提供了契机，构建二者协同运行的网络平台成为一种可能。

实现思想政治教育和心理健康教育的有机整合，万艳玲、李香玲认为：首先，提高思想政治教育教师的专业素质，这里的专业素质不仅包括提高思想政治理论水平，还包括心理学方面的知识能力；其次，培养专职心理辅导员，以此缓解思想政治教育教师的压力；再次，充分利用网络平台拓宽教育渠道，把思想政治课堂教学延伸到校园网络，同时，设立心理健康教育网站，建立网络在线咨询。① 罗金彪将思想政治教育和心理健康教育的整合途径归纳为以下几方面内容：一是思想认识方面的有机结合，深化对二者的认识，弄清楚二者结合的必要性；二是教育目标和教育内容方面的有机结合，改变以往思想政治教育只重视思想道德理论知识的教育模式，改变心理健康教育只重视解决心理问题的模式，重新定位二者的教学目标；三是教育队伍方面的有机结合，将思想政治教育人员和心理健康教育人员进一步有机融合，做到资源最大限度地优化配置；四是制度和经费保障方面的有机结合，设立学生思想政治教育与心理健康教育专项基金。② 罗丽琳、臧建建将社会责任感教育作为高校思想政治教育和心理健康教育二者整合的连接点，指出通过激发大学生社会责任感以实现思想政治教育和心理健康教育的整合，这一模式正是从微观入手，以点破面，层层递进，最终可实现当代大学生思想政治的进步和心理健康的良性发展。③ 胡新峰、马建青结合上海市 10 所高校的学工部所做的关于大学生对高校思想政治工作的评价的调查数据指出，要实现高校思想政治教育和心理健康教育的有机整合，提高两种教育的实效性，必须把"人文关怀"作为两者整合的重要途径，整合过程

---

① 万艳玲、李香玲：《大学生思想政治教育与心理健康教育》，《辽宁医学院学报》2010 年第 2 期。

② 罗金彪：《思想政治教育与心理健康教育的有机融合》，《学校党建与思想教育》2011 年第 6 期。

③ 罗丽琳、臧建建：《论大学生思想政治教育与心理健康教育的结合：从激发社会责任感角度》，《法制与社会》2010 年第 27 期。

中要重视两种教育自身的丰富性和人文性，贴近实际、贴近生活、贴近学生。[①]

通过对已有关于心理健康教育与思想政治教育融合问题相关文献的梳理，我们可以发现当前对心理健康教育与思想政治教育融合问题的研究都已经认识到两者相结合的重要性。心理健康教育与思想政治教育关系研究的主流观点认为两者是相互补充、相互渗透的，除此之外还有两种观点，一是认为心理健康教育是思想政治教育单方面的补充，二是思想政治教育是心理健康教育的一个组成部分。在心理健康教育与思想政治教育异同的研究中，学者们普遍认为只有把握其区别性和共通性，才能在整体上发挥心理健康与思想政治教育融合的教育作用，提高大学生的素质。通过对心理健康与思想政治教育融合的可行性、必要性研究，心理健康教育与思想政治教育的融合越来越成为学科发展的必然要求，因此学者们从多个角度对两者融合的途径进行了探索，特别是网络的兴起为两者的融合发展提供了契机。

当前研究虽然已经取得了丰富的成果，但仍然有许多方面有待继续深化研究。首先，就是对大学生心理健康教育与思想政治教育的融合缺乏整体性、系统性的研究。因此，我们需要从更广阔的视野对大学生心理健康教育与思想政治教育的关系进行审视，使其系统化。其次，当前研究对实践应用的关注较少，当前关于大学生心理健康教育与思想政治教育的融合研究多注重理论研究，缺乏实际应用的研究，并且在由两者融合研究而提出的相关解决办法，一般都侧重对传统思想教育工作方法的改进，而不是提出新的教育方法，应尝试从心理健康方面寻找有效的解决措施。

（周华珍，中国社会科学院大学马克思主义学院副教授）

[①] 胡新峰、马建青：《倾注人文关怀：马克思主义基本原理教学中值得关注的问题》，《思想政治教育研究》2009年第2期。

我国高校思想政治课程教学吸引力研究

——以Z大学思想政治理论课的教学实践为例

高迎爽

在我国，高校的思想政治理论课程具有鲜明的政治导向性、思想教育性和现实针对性。其教学重心在于培养学生的政党认同、道德修养与运用马克思主义基本立场与原理分析现实问题的能力，这些都直接地关切到学生正确的世界观、人生观和价值观的确立。高校思政课的特殊性已经超脱了表层的知识性教学，深入到了意识形态以及方法论的层面，是一项重大的建构灵魂的思想"工程"。

2015年9月10日，教育部印发《高等学校思想政治理论课建设标准》，进一步加强对高校思想政治理论课的宏观指导，规范了组织管理、教学管理、队伍管理和学科建设。在党和国家的大力支持之下，大批优质的教学资源和师资力量被配置到高校思想政治课程之中，学科建设日渐完备。

一 样本分析——以Z大学马克思主义学院为例

2015年11月，Z大学成为国家级"中特"理论体系研究中心依托单位，在马克思主义理论研究和建设方面具有深厚的根基，思想政治理论课程的教学也颇具代表性。该大学思想政治理论课程的教学、科研工作由其二级学院——中国马克思主义学院负责，学院下设《毛泽东思想和中国特色社会主义理论体系概论》《中国近现代史纲要》《马克思主义基本原理概论》《思想道德修养与法律基础》4个教研室，并充分调动整合全校师资力量参与到思想政治课的教学科研工作之中。学校党委和各级行政管理部门都特别重视思想政治理论课的教学工作，努力采取措施提高思想政治理论课的实效性和针对性，大力推进思想政治理论课教学改革的探索，并建立起以学生学习效果为中心的评价体系，为思想政治理论课课堂教学改革提供了充分的数据资源。

该大学每个学期组织所有修学思想政治课程的学生对该门课程任课教师进行评价。学生评课指标涉及教师的教学态度、教学内容、教学方法、教学效果等多方面，学生参评比例较高，评价结果相对客观、公正，基本与专家听课情况相一致，因而学生的这些主观评价对于挖掘提高思政课吸引力的教学因素具有重要意义。本研究以该校思想政治理论课学生主观评价为数据来源和资源依托，选取近五年的思政课学生主观评价建立样本。样本共包含课程数168门，涉及21位教师。本研究从课程与教师两个维度对上述样本进行分析，重点分析总课程中的优质课程与近五年平均成绩为"优"的教师，力图从学生的视角把握优质课程和优秀教师所表现出来的特质。总课程中评价结果为"优"的课程为57门，"良"94门，"良-"与"中"17门，优质课程所占比重达33.93%，优质课程中的总参评条数达10418条，数据充分，已具有代表性。样本涉及教师21位，其中老教师（入职10年以上）6人，中年教师（入职5—10年）10人，青年教师（近5年入职）5人；从事学生工作的4人，从事领导工作的2人，专职教师15人；教授3人，副教授8人，讲师10人，样本分布均衡。

21名教师中近五年平均成绩为"优"（90分以上）的教师6人，共48门课。其中老教师1人，中年教师2人，青年教师3人；教授1人，副教授1人，讲师4人；有领导职务的1人，从事学生工作的3人，专职教师2人。从被学生评为"优"的课程中，通过对学生主观评价进行词汇筛选，出现的高频描述或评价性词汇共计9220条，主要包括以下几点。

教学内容：生动：639条；有趣：487条；丰富：165条；有深度：151条；关注生活：197条；关注实际：150条；理论联系实际：112条；贴近现实：91条；联系时事：37条；关注时事：27条；时代性：22条；关注时政：91条；课外知识：40条；课外世界：180条；有新意：73条；新颖：121条。共计2583条。

教学态度：认真：1188条；负责：696条；有耐心：116条；细致：52条；用心：52条；准备很充分：59条。共计2163条。

教学方法：注重与学生互动：235条；注重与学生交流：138条；注重学生参与：57条；启发学生：202条；激发学生：58条；激发学生兴趣：256条；激发学生学习主动性：25条；激发学生学习积极性：174条；注重引导学生：59条；注重鼓励学生：39条；吸引力：107条；吸引人：105条；形式多样：83条；独特：59条；多元化：30条；深入浅出：36条；有条理：46条；经验丰富：15条。共计1724条。

教师性格：幽默：658条；风趣：418条；活泼：144条；亲切：126条；亲和力：82条。共计1428条。

教师情绪：有激情：872条；热情：249条；有思想：104条。共计1225条。

师生关系：融洽：80条；课堂氛围活跃：17条。共计97条。

综合分析上述高频词，可看出学生普遍认可的受欢迎的思政课具有如下特征。

其一，教学内容。28.02%的学生对此给出评价。学生喜欢的思政课教学内容首先是"生动"。在此，"生动"可理解为"鲜活""有趣""不刻板"，这可从学生其他的评价中得到解释，如"内容丰富""关注生活""关注实际""理论联系实际""贴近现实""联系时事""关注时事""时代性""关注时政""课外知识""课外世界"的评价，共计1112条，占有关教学内容评价的43.05%；而"有新意"与"新颖"的评价也反映了学生对陈旧、死板、脱离社会与生活实际的教学内容的反感。即，任课教师要有渊博的知识，开阔的视野，让学生觉得"有料"。

在教学内容的处理上能够联系现实实际进行理论分析,让学生觉得学而"有用",有切实的获得感。

其二,教学态度。任课教师认真、负责、有耐心、细致、用心、准备充分,都是教学态度端正、优秀教师必备的职业素养,共计2163条,占23.46%。这是学生们最为关注的问题,即教师的责任感,让学生感受到"有责"。

其三,教学方法。学生们喜欢的高校思政课堂上,其反映最多的就是任课教师注重与学生互动,注重启发、激发、引导、鼓励学生自主学习的兴趣与积极性,反映出学生希望任课教师能够采取灵活多样的教学方法,让学生参与到教学之中,进行体验式教学,让学生觉得"有趣",有互动感。

其四,教师性格。学生们喜欢的思政课的任课教师首先在性格上具备幽默、风趣的特质,其次是亲切与亲和力,最后是活泼开朗。任课教师的这些个性特征是与学生进行心灵沟通与对话的润滑剂,符合大学生充满青春活力、乐观向上的精神气质需求。

其五,教师情绪特征。学生喜欢的思政课任课教师首先有激情、有热情、有思想,亦即任课教师要真正热爱教学、全身心投入教学,有坚定的政治信仰,并在日常生活和教学中言行一致、知行合一,让学生觉得"有力"。

二 进一步增强高校思政课教学吸引力的方法

通过对Z大学优质思政课学生主观评价分析,我们已经基本能够明确什么样的思政课对学生更具吸引力,这为我们探索进一步增强思政课教学吸引力的方法大有裨益。

(一)增强思政课教学吸引力,"有责"是前提

"有责"就是指任课教师要有端正的教学态度。端正的教学态度是赢得学生尊重,吸引学生注意力的基础。在上述样本中,有近1/4的学生

评教涉及任课教师的教学态度，如某老师深刻生动、幽默风趣；某老师激情、感染力强，对学生热情关怀；某老师循循善诱、生动亲切都得到了学生们的高度认可。这表明学生的学习热情与教师的敬业精神之间存在着正向的关联。如果一名思政课教师对教学没有较高的追求，在教学方法和教学内容上必然难以有所创新，也就免不了会照本宣科。因准备不足敷衍了事的现象不仅会使学生厌倦，甚至会使学生对思政课产生误解，认为其只是一门可以应付了事的"水课"。

（二）增强思政课教学吸引力，"有料"是关键

"有料"就是指任课教师要与时俱进，要在教学内容上寻求创新和突破，不能只讲书本上的"死知识"。与时俱进不仅仅意味着思政课教师要学习新媒体技术，更新知识储备，更重要的是思想政治课程必须要在知识传授的基础之上拓宽其教学目标的广度与深度，确立其新的价值定位和吸引点。这就要求任课教师一方面要将新的研究成果、新的历史资料、新观点和新认识带进课堂，并把国外社会科学研究的新成果介绍给学生以开扩学生的眼界；另一方面要有高度的政治敏锐性，并用新的理论、新的方法分析和认识现实生活中的问题，做到上接政策下接地气，才能够产生代入感，吸引住学生。当然，这种"有料"不能脱离思政课的本质，不能脱离马克思主义的理论框架，更不能漫天乱谈、东拉西扯。

（三）增强思政课教学吸引力，"有趣"是手段

"有趣"就是指思政课教师要注意运用新的教学方法，活跃课堂氛围。有效的教学方法能够将较为严肃、易成说教的思想政治教育课变成富有激情、震撼心灵的难忘课堂。这就要求任课教师能够积极探索和更新教学方法，完善教学手段。根据对学生主观评价的分析可知，学生喜欢和熟悉的教学方式有情景式教学、任务驱动式教学、辩论式教学以及体验式教学。总之，新的教学方法一定要突破传统的填鸭式教学模式，一定要坚持以学生为主体、以教师为主导，师生互动，活跃课堂的教学理念。

（四）增强思政课教学吸引力，"有用"是内核

"有用"就是指思政课教师讲授的内容不能是纸上谈兵，要能够切实地帮助学生解决现实问题和困惑。这样才能够使学生有获得感，才能使学生保持对思政课的兴趣和热情。第一，这要求思政课教师能够坚持以问题为导向，即所讲授的知识点要重点围绕学生思想上可能存在的错误或模糊认识的地方、当前社会热点问题可能干扰学生思想的地方、网络舆情上西方意识形态可能影响学生思想的地方来重点安排。第二，所讲授的知识要适合学生的知识水平和实际要求，要能够密切地联系现实问题，并将马克思主义理论实践方法与时政生活密切衔接。第三，要将教授的内容与学生的生活实际联系起来，突出实用性，引述的例证要新鲜，要接地气。如此才能够让学生感受到思想政治理论课的魅力所在。

（五）增强思政课教学吸引力，"有力"是保障

"有力"就是指思政课教师讲授的内容要有说服力。说服力主要来自两个方面：一是例证足够充分，能够有效地印证理论的正确性；二是教师本身的言传身教。这就对思政课教师提出了以下几个方面的要求：第一，思政课教师对于马克思主义和共产主义必须是真信真懂，容不得掺假；第二，思政课教师要能够熟练地运用例证法将马克思主义理论真实地呈现给学生，让学生们也能够真学真信；第三，任课教师必须要在日常的生活中做到言行一致、知行合一，这样才能在学生中发挥榜样的作用。言传身教是最好的教学，教师的身体力行是增强教学说服力最有力的保障。

除此之外，教态、语速、PPT美感等细节也都对思政课的教学吸引力有着很重要的影响。当然，提高思政课教学吸引力的方法不可能是一成不变的，也不可能是一劳永逸的，这需要思政课教师结合自己的教学特色，在教学实践的过程中不断地摸索。

当然，提高高校思政课教学吸引力，除了教师个人的努力之外，还需要来自国家、社会以及学校多个层面的支持。积极加强对任课教师职

业道德、职业素养、教学方法方面的培训，探索、建立专门指向思政课任课教师的评价与培训体系，构建高校思政课教学改革的有益的生态环境，激发任课教师主动进行教学创新的积极性与创造性，提高思政课的吸引力。

（高迎爽，中国社会科学院大学马克思主义学院教师，部分内容曾在《中国青年政治学院校报》2016年第17期发表）

新媒体助力高校青年教师课堂教学改革路径研究

高迎爽

新媒体的迅速崛起正在重塑一种全新的文化境遇，这种文化境遇带来了教学载体和育人环境的巨大变革。越来越多的人尤其是大学生习惯在社交网络中相互交流、分享，表达自己的想法。在这一背景下，各种优质的教学资源通过各种新式媒介实现迅速地整合与交汇，以"慕课"为代表的在线课程和学习平台在世界范围内迅速兴起，"互联网+教育"作为一种新的教育生态成为教育发展的必然趋势。2015年4月，教育部颁布的《关于加强高等学校在线开放课程建设应用与管理的意见》，充分肯定了"互联网+教育"模式的发展，意味着在线教育成为高等教育体系的正规军。2015年5月在青岛召开的国际教育信息化大会指出，在信息化时代，教师要充当技术支持的创新先锋，要创新教育理念和模式，加强信息化教学模式的研究开发。

世界已进入工业4.0时代，个性化生产与消费成为时代特征，为培养新一代世界公民，教育也要革命，以互联网和数字化为基础的新媒体就是这场革命的工具。新媒体自身的特征、理念与价值契合了大学生青春、活力、自由与探索的天性。新媒体大规模的共享资源为大学生认知机制的成熟提供了充分的知识储备，同时也为其自主学习能力的培养提供了良好的契机。刚入职青年教师作为处于教学能力快速提升状态的青年代表，面对一代在网络中成长的大学生，如何利用信息技术和新媒体实现课堂教学的人本化、公平化、优质化，拓展教学空间、增强教学吸引力，激发学生参与教学的积极性和自主性，成为教学改革必须面对的问题。

一 当前我国高校刚入职青年教师课堂教学中存在的问题

自我国实现高等教育大众化以来，高校教育质量一直成为国家和社会关注的重点。对于高校青年教师，尤其是刚入职的青年教师，通常具有博士研究生学历，正值学术青春期，教学态度认真、教学热情高涨，思维活跃、勇于创新，但由于缺乏教学经验，在教学中普遍存在的问题包括教学形式与方法单一；教学主线不清晰，缺少课程规划；教学内容不具体、条理和逻辑不清晰、重点难点问题不突出；教学语言缺乏活力和感染力、表达不清楚，不能深入浅出地用通俗的语言讲解；教学节奏把握不好、进度不合理；与学生交流互动不够，把控课堂能力差，不能很好地营造课堂氛围和调动学生学习积极性。

（一）对教学对象认识不够

课堂教学是教师教、学生学的过程。任课教师在教学前、教学过程中以及教学后需要与学生深入交流，充分了解学生的心理状况、认知背景，了解教学对象，这是做好课堂教学工作的首要前提。据麦克思对我国一些高校2013级新生的调查研究显示，在存在学习问题的本科生中有65%的同学"对所学内容缺乏学习动力"，[①] 即缺乏主动性学习的意愿与驱动力，其影响因素主要是学习认知和学习兴趣。学习认知，除了对学习目的的理解之外，主要包括学习知识储备、学习能力等方面；学习兴趣对学习效果的影响也越来越大。现代教育提倡以学生为中心，一切为了学生、为了学生的一切，但刚入职的青年教师虽然与学生的年龄落差较小，若沟通少则易于导致主观臆断地代替学生，忽视学生的真实想法与需要，剥夺了学生的主动权和主动性，更遑论了解学生学习的目的、

---

① 吴垠：《学生没兴趣？——日本大学如何应对》，《麦克思研究》2015年第2期。

已有知识基础及学习困难,等等。而这些却应是教学的起点。

因此,对于缺乏教学经验的刚入职的青年教师来说,如何不受时空所限,"问问"学生的情况,找到学生的认知起点,以此确定教学过程中学生在已有水平下可以通过自学掌握哪些内容、需要教师指导哪些知识,这不仅是教育理念问题,更是一种教育智慧。

(二) 对教学内容理解不深入

教学内容是任课教师在理解了教学对象、专业要求、课程目标与知识体系基础上所进行的选择与加工。任课教师首先应该全面把握专业培养目标以及该课程在知识体系中的价值,掌握整个课程知识结构与体系,了解最新知识发展动态及学生关注热点。在此基础上,确定教学内容、教学重点难点以及教学进度。由于刚入职青年教师缺乏教学经验,在课程教学中难以把握教学主线和重点难点问题,易于依靠教材,出现理论性太强、难度太大以及与社会脱节的问题。就教材而言,新入职青年教师所选择的教材要么是直接照搬西方翻译,要么就是非常陈旧。在第三届高层次应用型人才培养中德论坛上,来自德国的吕贝克应用科技大学副校长阿希姆·利兹称,中国大学尤其是应用型专业大学生的"知识脱节"问题严重,"每天都在技术更新的 IT 行业,大学里的教材却还停留在 20 世纪 80 年代的水平!"[1]。这一论断虽有点夸张,但教学内容与现实严重脱节,这是当前我国高校教学中普遍存在的问题,也是造成学生缺乏学习兴趣、动力不足的重要原因。刚入职青年教师理应避免这点,向学生传授最前沿的、学生感兴趣的对学生发展有用的内容。

在我国,从教材立项、编写到出版发行,至少需要 2—3 年的时间。而现代社会,知识更新换代速度加快,据统计,20 世纪 90 年代以来,每 3—5 年知识总量翻一番。三四年前领先的知识和技术编入教材再传递给学生时,早已经过时甚至无用。在新媒体迅速发展的时代,知识的增长与传播呈几何式倍增,社会发展和学生需求也相应发生变化,这就给传

---

[1] 朱四倍:《教材越老越好? 被时代甩在身后的教材尚能用否?》,《中国教育报》2015 年 7 月 15 日第 2 版。

统的高校知识载体教材提出了前所未有的挑战。在新媒体背景下，如何通过互联网，及时更新和纠偏那些过时的教材内容，充实最新的知识，确保教学内容与社会发展同步，提高教学内容的科学性、学术性、实用性和前沿性，让学生学之有趣、学之有用，高校青年教师亟须在此方面进行改革与探索，这是提升教学能力的重要方面。

（三）教学方式单一

关于教学方式方法，即怎么教，需要任课教师在充分掌握学科知识体系和学生的身心特征及需求的基础上，灵活利用现有的教育媒介，在师生互动中自己少教、学生多学。青年教师尤其是刚入职的教师，由于对教学对象、教学内容理解不深入，教学经验少，在教学过程中的方式方法、语音语调单一，不能很好地调动学生学习积极性、掌控课堂，上课念教案或者PPT，学生对此非常反感。从学生对课堂教学网上评教的主观评价可看出，学生喜欢互动性、实用性、思想性较强的课堂，希望能有思维碰撞、观点交锋、情感互动的场景。据调查，77.4%的大学生普遍认识到课堂参与对学习效果的重要性，认为不重要和非常不重要的只有9.6%。[①] 但是，仅有1/3左右的大学生参与课堂教学，并且参与方式单一，仅限于课堂回答问题、课堂讨论、课堂陈述、课上记笔记等。与此相反，根据对学生课堂教学评价的调查显示，学生对于一些教学中采用现代媒体技术、勇于创新的任课教师给予较高评价，认为："老师比较懂年轻人的话题。开启了线下答疑活动，效果非常好""能够利用多媒体辅助教学，使学生融入当时的情境，为知识学习做了很好的铺垫""老师课下针对我们个人最近的表现，给我们单独发邮件，提建议，告诉我们学习中的问题和一些学习技巧，提醒我们在哪个方面努力""要考四级了，老师建立了一个微信群，每天早上七点多提醒我们当天该背的单词，很负责""老师通过教学与多媒体的结合以及先导后学的方式使得课程变得十分有趣，印象深刻""老师通过微信公众号的方式给同学们推送各种有意思的与法律相关的知识或案例。希望这种方式能得到推广"。

---

① 高慧斌：《大学生课堂参与度亟待提高》，《中国教育报》2015年7月8日第5版。

上述学生评价印证了美国教育哲学家约翰·S.布鲁贝克的观点,教学不只是讲授,还包括启发和友爱。造成当前我国大学课堂太沉闷和青年教师教学能力广受诟病的主要原因在于任课教师在某种程度上忽视了学生的存在和个性化需求,对教学对象、教学内容认识不深入,教学能力也有待提高,即对"教谁、教什么、怎么教"的问题意识不清晰。当然,我们可以分析出学生存在的问题,例如,课前准备不足,课上无法与教师互动;学生群体分化严重,部分追求学业进步的学生和愿意参与学校活动的学生往往积极参与,发展机会也多,而相对发展落后的学生则越来越滞后,走向另外一个极端,导致师生互动障碍重重;学生功利思想严重,期末考试及格、能拿到毕业证即可,认为上课听不听无所谓;等等。但任课教师尤其是刚入职的青年教师,如何通过新媒体等媒介,更好地与学生互动、理解学生的诉求与水平,是更好地处理教学内容、改进教学方法、提升教学能力的起点。

二 新媒体的特征及其吸引力

随着"互联网+教育"时代的到来,借助国家政策的推动,新媒体的影响力越来越大,已成为高校全体师生共同面对的"新常态"。

(一)新媒体的特征

第一,超时空的互动性是新媒体独特的魅力之所在。新媒体的互动性赋予了每一个人表达自己观点的话语权,同时它也拉近了人与人之间的关系,能够最大限度地实现观点的交汇和思想的碰撞。如今,"线上"互动已经成为人们生活交际的重要组成部分,大有超越"线下"沟通的势头。据调查,当前北京大学生每天上网时间有7成超过2个小时,上网、睡觉和社交是最主要的课外活动,分别占74.14%、34.49%和28.55%。①

---

① 诸葛亚寒:《北京青年大型调查报告——80万北京大学生:追求个性也在意集体》,《中国青年报》2015年4月29日第4版。

第二，新媒体以数字技术和互联网为核心。数字技术和互联网架起了一个开放的平台。在这个平台上，大规模的资源共享和"大数据"的交互整合都得以实现。新媒体的信息往往以文字、声音、影像、图片等多媒体的复合形式呈现。这种多媒体的呈现方式能够承载更多的信息和知识，能够充分调动人们的感官，激发人们的浏览兴趣。新技术和新媒体在改变社会结构和生活的同时，也最大限度地改变了社会化过程中的大学生，微信、微博、数字音乐、在线视频、电子商务等已成为大学生生活中不可缺少的要素。

第三，碎片化信息传播是新媒体的主要特征之一。如今，碎片化的信息和知识突破了时空限制，并借助于各种"屏"充斥、填补了人们几乎所有的闲散时间。碎片化阅读是一种断断续续的、不完整的"浅"阅读模式，这种阅读模式能够使学生在短时期内接触大量的信息和知识。据调查，当前北京19.3%的大学生把网络自媒体视为最可靠的信息来源。

（二）新媒体的吸引力

较之于报纸、广播、电视、杂志四大传统媒体，新媒体具有交互性与即时性、海量性与共享性、多媒体与超文本、个性化与社群化等特点，通过这些特点我们能够把握到新媒体所蕴含的共享、革新与自由的理念，这也是新媒体迅速崛起成为"新常态"、进而影响高校课堂教学的吸引力所在。

1. 共享

新媒体的崛起在一定程度上弱化了传统的知识传承的代际效应，即知识由前一代人向后一代人流动，由教师向学生灌输的单向度的传承模式。新媒体利用数字技术、网络技术、移动技术，通过互联网、无线通信网等渠道以及计算机、掌上电子产品等终端实现了知识与信息的大规模共享。新媒体的共享性，迎合了学生追求个性和存在感的心理需求，让很多个体不受时空限制共享信息和资源。新媒体运用于教学，有助于学生在保持个性的同时，注重与他人的合作与共享，与他人及社会形成合力，相互促进，对培养未来世界的领导者、促进多元文化理解有着重要意义。这种共享世界的能力是衡量一个富有社会责任感的个体的一个标准。

2. 革新

新媒体之所以"新"在于其具有革新的一面。这种革新主要体现在三个方面：技术革新、传播形式的革新与思维方式的革新。首先，新媒体的技术革新与传播形式的革新提供了众多全新的教学载体。数字技术和互联网的迅猛发展为知识的传承提供了一个广阔的平台，"屏时代"的到来突破了传统的纸质载体和单调的课堂言传，知识开始借助图文、影像、游戏等各种新型载体实现更广泛的社会化传播。移动微型学习、游戏学习、碎片化学习等新形式正在改变以课堂为主导的传统教学模式。另外，新媒体的发展带来了思维方式的革新。在新媒体的冲击之下，传统的社会组织和地域社群正在日渐弱化，开放性的社会结构将重塑人们的思维方式和知识诉求。学生们正广泛地利用现代科技创新自己的学习方式。据调查，英国超过1/4的大学生利用社交媒体或社交网站与导师联系并完成学业，其中使用脸书、推特及其他应用程序的学生比例分别为85%、36%、23%。32%的学生认为网络科技在他们大学生活中扮演着重要角色；28%的学生表示经常使用智能手机来辅助撰写大学论文；20%的学生希望学习能提供更多移动设备，使学习及校园生活更加便捷。58%的学生乐于使用智能设备来完成学业，37%的学生乐于在网上虚拟课堂学习，35%的学生表示应用软件能够提高他们的学习兴趣。[1] 这充分说明了新媒体对学生学习创新的重要性。

3. 自由

美国《连线》杂志将新媒体定义为："所有人对所有人的传播。"在这个全民传播的自媒体时代，人人都具有分享和表达的自由；另外，每个人也都具有根据自身需要甄别、选取、整合和使用各种共享资源的自由。"在新的媒介传播时代，个性化的自主传播成为主流，每个人都从传播的客体走向传播的主体。"[2] 因而伴随新媒体而成长起来的大学生希望

---

[1] 程锦编译：《英国超1/4大学生利用社交媒体与导师联系并完成学业》，《世界教育信息》2015年第9期。

[2] 张新宇：《现代媒介环境下高校教师的能力培养》，《中国成人教育》2012年第6期。

成为生活、学习中的主体,渴望实现更大程度的自我管理、自我教育和自我服务。新媒体为学生自适应学习提供了条件,新媒体在教学中的应用可使学生获取主体性地位,进行更加有效的自主学习。新媒体可以突破传统课堂界限,可以把课堂内外的资源打通,营造一种智能化的学习环境,老师可以通过各种新媒体及时了解和分析学生学习背景、学习动机等情况,为学生提供个性化教学。

据统计,截至2014年底,中国网民规模已达6.49亿,其中手机网民为5.57亿,占网民总数的85.8%,这说明绝大多数中国网民通过手机或其他移动设备上网。[①] 61 而对2014年北京大学生的调查显示,他们最大的压力是学习和就业,20.8%的大学生感到就业困难,26.6%的大学生面临着学习困难。[②] 而这些专科生和本科生主要通过网络获取信息和娱乐。面对已经成为与网络深度融合的一代大学生,高校教师应该开拓网络空间,在传统教学中引入新媒体,充分利用新媒体的优势,研究学生认知规律,对学生提供网络救助和学业指导,正确引导学生理性用好新媒体,把教学空间拓展到移动客户端,给学生提供更多的学业支持。

三 新媒体助力高校教师课堂教学创新的路径

捷克教育家夸美纽斯曾说过:"找出一种教育方法,使教师可以少教,学生可以多学;使学校可以少些喧嚣、厌恶和无益的劳苦,独具闲暇、快乐和坚实的进步。"[③] 可见教育方法的重要性。教师、学生与教育媒介作为教育的三大要素,教师是主导者,如何通过教育媒介的作用,变通教学方法、研究学生、引导学生多学、会学、学会,就是教师的智慧。

---

① 潘雅访编:《搭建中美沟通桥梁 承载未来发展希望》,《世界教育信息》2015年第12期。

② 诸葛亚寒:《北京青年大型调查报告——80万北京大学生:追求个性也在意集体》,《中国青年报》2015年4月29日第4版。

③ [捷]夸美纽斯:《大教学论》,傅任敢译,教育科学出版社1999年版。

（一）通过新媒体了解学生认知水平和学习动机

"互联网＋教育"的意义不是教育＋互联网，而是从互联网自身运行所产生的所有数据信息中分析教育的价值和意义。以互联网和数字化为核心的新媒体，其自身产生的信息和数据具有强大的教育价值。新媒体的交互性、即时性为师生交流提供了便利。任课教师应通过 QQ、微信、人人网等新媒体，与每个学生建立起彼此信任、友好与平等的关系，在不断交流中了解学生的个性化需求，把握学生的认知基础、知识与技能，作为自己备课、调整教学策略与进度的起点，构建适合学生的、让其感兴趣的学习情境。为更好地与学生沟通并科学分析相关信息，教师应提高自身教育理论素养，掌握"最近发展区""协同学习""自我效能感""多元智能理论""实践共同体""教学最优化"等理论，提高对教育对象、教育目标的分析能力。

美国教育心理学家戴维曾指出，了解学生的知识储备，并以此为根据来设计教学，是非常重要的。上课前，老师可通过群发软件给学生提出一系列要求，如必须课前预习，并把自己认为难以理解的内容通过微信或者互动网页等方式反馈给老师。课堂教学开始后，任课教师可以把一节课分为几部分，每个部分围绕一个关键概念展开，老师快速讲解一些要点，并提出一些与此概念相关的测试题，让学生快速通过自己的网络系统给予反馈，老师根据学生答题情况，安排不同学生分组讨论，最后形成统一答案汇总给任课教师，任课教师根据每组的答题情况给出成绩。当 70% 以上学生都理解了，再继续下一个部分的学习。任课教师只有时刻关注学习者的学习感受与反馈，才能真正落实以学生为中心、因材施教的理念。

（二）通过新媒体寓教于乐，提高学生的学习兴趣

每当老师在网上征求学生意见时，几乎所有的学生对所有的问题都进行回复，从回复内容可看出，在这种方式中他们非常自由、放松和任意，同时也不乏认真，有的还发表了长篇大论。既然如此，任课教师何不因势利导，在课堂教学设计中引入新媒体，给学生提供适当宽松、自

由，寓教于乐，在激发学生内在积极性的过程中培养学生学习兴趣？如我国思政课教学曾是比较令教师头痛、学生不满的课堂，而重庆邮电大学用"互联网+思政课"的方式，以手机游戏为载体，自主开发了"拼拼价值观""奔跑吧，兄弟""夸父逐日"等学习习近平系列讲话等手机游戏软件，同学们只需拿出手机扫描二维码，就可体验任意一款游戏或参与比赛，在游戏中领悟学习，寓教于乐。

为调动学生学习的兴趣，任课教师首先应激发学生的好奇心与探索精神。不同科目的任课教师，先抛开教材，让学生通过网络媒体查询并共享有关该学科的文化名人或成功人士的事迹，找出自己敬佩的人。在此过程中，了解学科发展史，同时知道在世界发展史上，曾经有多少人因为学习而成功，为自己树立榜样。教师围绕学科教学目标，讲授该门课程与现实世界、与学生生活和发展的联系，使学生意识到学习该科目的意义和价值，激发学生的好奇心。

根据学科特点，在学生关注点部分融入新媒体，吸引学生进行浸入式学习。2015年4月美国联邦教育部在纽约召开游戏学习峰会，针对视频游戏对年轻学生具有很大吸引力的现实，认为视频游戏将会重塑教育方式，提高各个学科对学生的吸引力，因此督促学校和教师探讨在教学中使用视频游戏促进学生学习。夏威夷州普纳荷学校的道格拉斯·基昂通过观察学生玩视频游戏时喜欢的内容，分析学生学习动机及他们对成功的定义，利用玩家的心理特征把学生分为社交者、探险者等类型，根据这些信息考虑如何组织课堂，效果很好。美国威斯康星大学麦迪逊分校数字媒体教育课程教授，高校游戏、学习、科学中心主任，在教学中引入游戏设计环节，他认为，"游戏是一种很好地向学生介绍教学主题及提高其学习兴趣的方式，前提是学生玩的游戏与教学主题有相关性"[1]。通常一个学期一个典型的游戏会占用3—6周上课时间，在模拟游戏过程中，老师提前准备包括游戏历史背景、相关背景文章、游戏章节中部分角色介绍的游戏脚本，学生在了解初步背景介绍和角色智慧，游戏开始，学生自由发挥，任课教师在背后观察学生游戏进展是否在预期轨道上，

---

[1] [捷] 夸美纽斯：《大教学论》，傅任敢译，教育科学出版社1999年版，第78页。

必要时老师也会介入游戏。学生在游戏课程中，需要对游戏中的角色进行演说、撰写相关的文章进行发挥，而教师则对学生在此过程中的表现进行评价。事实说明，学生们在游戏学习中潜能得到极大开发。

（三）用新媒体拓宽学习资源，重建教学内容体系

新媒体提供了海量免费的信息与资源，可用于课堂教学。如美国谷歌、苹果公司为美国高校地理教学提供一些信息。我国高校教师在课堂教学中通过百度、优酷等网络或视频，给学生创设实地场域，拓宽学习资源。根据苏联著名教育家、教学论专家，苏联教育科学院院士尤·康·巴班斯基关于教学过程最优化的论述，教学"是教师和学生（个别学生或全体学生）在一定条件下（教学物质条件、道德心理条件和审美条件）所产生的相互作用"①，"教学过程最优化不仅要求科学地组织教师的劳动，还要求科学地组织学生的学习活动"②。在新媒体时代，大学生的个人选择权和视野被放开，知识的获取方式突破了课堂，甚至一些学生的媒介素养和知识获取能力超过了教师，新媒体信息的碎片化传播使得知识的接收突破了课堂和课本的限制，这对于拓宽学生的视野大有裨益。新媒体的交互性弱化了教师对大学生的单向信息传递机制，"数字杂志、数字报纸、网络及移动电视等的普及，使大学生能够接触海量的即时信息，并且可以自由搜索和发布，这种互动方式改变了大学生原有的消极被动的接受方式，提高了学生主动参与交流的积极性"③。培养学生自主学习能力是大学教育的一个重要事项，在新媒体这种现代、智能的教学设施支持下，任课教师应根据教育教学目标及学生自身的学习水平、学习目的，重建教学内容体系。

首先，任课教师应该顺势而为，发挥大学生利用新媒体的优势，发动全班学生定期学习交流新媒体最新知识，提升媒介素养，让学生理性地认识新媒体的工具属性，认识到内容为王，在新媒体喧嚣之下，更需

---

① ［苏］巴班斯基主编：《教育学》，李子卓等译，人民教育出版社1986年版，第154页。
② ［苏］巴班斯基：《教学过程最优化——一般教学论方面》，张定璋等译，人民教育出版社2007年版，第53—54页。
③ 李娟：《新媒体环境下高校教师教学改革初探》，《求实》2014年第S1期。

要冷静理智的思考。其次，进行探究式教学。任课教师根据教学目的，圈定若干专题，提前告知学生，让学生通过新媒体，从不同视角搜集整理相关信息与知识，并进行评析，形成自己的认识。学生在小组内进行汇总后在全班上做报告，内容包括该问题的国内外最新前沿、争议的焦点、未来发展趋势及自己的理解。这种任务驱动方式使学生走出"浅"阅读的零散化模式，奠定进一步系统深入学习的基础。最后，任课教师运用新媒体在课前、课后对学生进行指导，在课上对学生的学习情况进行客观评价，指出学生认知中的不足以及某些媒体信息的缺陷，通过自己对课程内容的再梳理加工，引导学生进一步深入学习，完善学生的知识体系。在此过程中，任课教师不能迷信权威，打破教材对课堂的束缚，通过自己及学生提供的多方面资源和信息，更新教学内容。通过新媒体在现实社会生活中汲取"鲜活"的例证，捕捉对教学有用的即时性信息，通过自己学习、辨析、批判、扬弃、梳理、吸纳，再形成自己的看法和适合学生学习的体系，将所教课程的每一节课的教学都置于学生整个人才培养方案中，为学生提供最优质的教育性教学。

（四）用新媒体引导学生深入参与课堂、学会思考

在现代社会，培养学生如何思考比思考什么、学习什么内容更重要。据调查，接受调查的74%的本科在校大学生认为"能够有效地引导学生思考"是良好课堂首先应该具备的最重要因素。[①] 而要引导学生思考，需要任课教师具有同理心，关注学生的感受，并在教学方式方法上进行创新。在华中科技大学广告创意策划课堂教学中，任课教师应用了"弹幕教学"，学生在上课过程中，如果有疑问或者想发表看法，可通过手中的连接网络的平板电脑和手机随时发送，发送内容会立即显示在课件上，任课教师根据学生的反馈，随时调整教学内容和教学方式。这种教学方式激发了学生学习的积极性和参与性，虽然课堂需要学生手持笔记本或者手机，但是学生们反而不再是"低头族"，而是将注意力更加集中于课堂，效果很好。

---

① 王慧：《戴着"有色眼镜"来评教？》，《麦克思研究》2014 年第 13 期。

关键是任课教师在课堂上提出的问题要具有关联性、开放性，不局限于固定的答案，才能激发学生讨论、评价的兴趣，引导学生自己寻找答案，学生之间互相分享、互相倾听彼此的观点，然后各自查询资料和证据证明自己的观点，学生在互相评价与辩论中实现了相互学习。在此过程中，引导学生理性地分析教材和各种信息资料，关注这些不同来源的资料的观点是什么，其背后的意图是什么，到底是不是正确，从而最终得出正确的结论。同时，鼓励学生结合教学内容，深入社会实地调查研究，并借助博客、微信、推特等各种新媒体进行资料查询、分析、共享、互动等创新性学习，完成调查报告，传到各自空间，生生之间和师生之间共同分享、评判。这种开放的学习模式将打破传统课堂的边界和教与学之间的壁垒，使学生自己成为学习的设计者和执行者。任课教师结合教学内容，布置多样化、开放性的作业，通过电子杂志、微型纪录片以及电子文件夹等工具，记录学生的学习数据与信息。任课教师可以通过建立公众号的方式，让每个学生上传自己的作业，同学之间可以互相学习，老师也可以用个性化的 iPad 博客或者微信留言的方式，进行评阅或点评，让以往冷冰冰的文字变为有温度、有感情的声音，让学生从中感受到老师在评阅作业时的想法和反馈，这样让学生感觉到老师在关注、关心他。这种新媒体与课堂教学相融合的做法，没有固定的模式和惯例，需要老师成为"领导型"学习者，始终保持教学改革的激情与创新精神。

结束语

在学界，教师、学生、师生互动一直是课程与教学论领域开展课堂教学诊断研究的三个视角。近年来以学生为诊断对象的研究方面，从 1905 年比纳与西蒙的"比纳—西蒙量表"，到布卢姆现代教育评论理论，到巴班斯基的教学过程最优化理论等，均是针对某一类学生，比如学业不佳或者有某方面缺陷的学生而言的，用量表、问卷调查等手段，诊断学生学业和心理状况。直到 2012 年，加拿大学者杨丹丹提出用计算机服务器分析学生学习情况，然后根据数据分析看是否需要老师进行有针对性的指导或关注。而以师生关系为关注点的研究最近也走出了以往标准化测试的局限，开始关注新媒体与技术在课堂中的应用，提出"技术只有与问题结合才能发挥更大的作用"①，但如何改变教学方式从单一向多样化的转变、如何帮助学生改善学习行为等，尚需进一步探索。未来高校不再是固守于固定的教科书和教学步骤的均质化教学，教师也不能仅凭主观判断来确定教育内容，而应该根据学生个性化需求，提供数种组合的个性化教学。新媒体的出现，成为教学反馈、个性化和概率预测的有力渠道。

（高迎爽，中国社会科学院大学马克思主义学院教师。源自：《中国政法大学文选》2017年第1期）

---

① 夏雪梅：《以学习为中心的课堂观察》，教育科学出版社2012年版。

东南大学研究生思想政治教育调研报告

王 展

引 言

习近平总书记在全国高校思想政治工作会议上强调,要把立德树人作为中心环节,把思想政治教育工作贯穿教学全过程,实现全程育人、全方位育人。[1] 党中央、国务院发布了《中共中央 国务院关于加强和改进新形势下高校思想政治工作的意见》[2],教育部发布了《高校思想政治工作质量提升工程实施纲要》[3] 等重要文件,明确要求高校充分发挥课程、科研、实践、文化、网络、心理、管理、服务、资助、组织等方面工作的育人功能,挖掘育人要素,完善育人机制,优化评价激励,强化实施保障,切实构建"十大"育人体系。中国社会科学院大学(中国社

---

[1] 《全国高校思想政治教育会议》,2019 年 1 月 3 日,中华人民共和国教育部政府门户网站(http://www.moe.edu.cn/jyb_xwfb/s6319/zb_2016n/2016_zb08/201612/t20161208_291276.html)。

[2] 中共中央国务院印发《关于加强和改进新形势下高校思想政治工作的意见》,2019 年 1 月 3 日,中华人民共和国中央人民政府门户网站(http://www.gov.cn/xinwen/2017-02/27/content_5182502.htm)。

[3] 中共教育部党组关于印发《高校思想政治工作质量提升工程实施纲要》的通知,2019 年 1 月 3 日,中华人民共和国教育部政府门户网站(http://www.moe.edu.cn/srcsite/A12/s7060/201712/t20171206_320698.html)。

会科学院研究生院）为认真学习贯彻党的十九大精神，进一步把贯彻落实全国高校思想政治工作会议和《中共中央 国务院关于加强和改进新形势下高校思想政治工作的意见》同深入学习教育部《高校思想政治工作质量提升工程实施纲要》提出的基本任务相结合，特此开展以"思政新局面·社科在行动"为主题的专题调研活动，进而大力提升高校思想政治工作质量。为贯彻落实习近平总书记重要讲话精神和相关文件的具体要求，本次调研旨在通过学习各大高校研究生思想政治教育工作在教育理念、基本内容、人才队伍建设、工作路径等方面的成功经验，形成翔实的调研报告，以期完善中国社会科学院大学研究生思想政治教育工作机制，从而牢牢扎根中国大地建设一流大学和一流学科，遵循因事而化、因时而进、因势而新的基本方法，实现不断提高学生思想水平、政治觉悟、道德品质和文化素养的最终目的。

东南大学是中央直管、教育部直属的全国重点大学，是"985工程"和"211工程"重点建设的大学之一，2017年进入一流大学建设高校A类名单，全校共有研究生15000余人。东南大学作为江苏省内"双一流"高校之一，其在思想政治教育体系建设方面有一定的经验与建树，值得学习。在通过搜集相关新闻报道以及阅读相关文献了解东南大学基本情况后，课题组为更好地了解东南大学思政教育工作实际情况，前往江苏省进行实地调研，就其成功经验、教育理念、基本内容、人才建设、机构设置等内容，结合"十大育人"体系，与东南大学相关部门负责人、思政教育一线工作者（包含研工处思政教育工作老师、思政课教师、辅导员等）以及在校研究生开展座谈与访谈，深入了解东南大学研究生思政教育状况，进一步学习其优秀经验，在更好地促进中国社会科学院大学思想政治教育工作开展的同时，对其他高校也有重要的借鉴意义。

本报告以文献资料及东南大学实地调研为基础，整理汇编东南大学研究生思想政治教育的优秀经验及突出做法，同时分析其在研究生思想政治教育过程中面临的挑战以及困境，最后结合调研情况进行分析，得出调研结论并给出对策，给东南大学思想政治教育工作发展的方向提出一定的意见与建议。

一　东南大学研究生思想政治教育的现状

(一) 夯实课程育人基础，打通专业融合脉络

为充分发挥思想政治理论课在学生思想政治工作中的主渠道、主阵地作用，东南大学以切实增强思想政治理论课的亲和力和针对性为重点，以"切实增强学生的获得感"为核心目标，力图将思想政治理论课建设成广大学生"真心喜爱，终身受益"的重要课程。为此，东南大学以"四个正确认识"为切入点，以树立"四个自信"为基本任务，以因事而化、因时而进、因势而新为根本办法，以"三进三出"为主要内容，重构思想政治理论课建设体系，将有"深层次、批判性、学理性"的哲学思考注入课堂，打造了一批具有东大特色的思想政治理论课名师、团队与课程品牌。学校还召集党政部门领导、人文社科主流学者、马院理论专家、著名科学家企业家等走进思政课堂。同时，学校运用现代网络课程系统，通过将传统思政课程与 MOOC 系统相结合，实现线上线下双管齐下的立体化教学模式，为学生提供多渠道的便利学习途径。目前，东南大学已有两位老师的思政课程进入了 MOOC 系统，在学生中引发热烈反响。

此外，东南大学将思政课程与专业课程相结合，通过必听讲座的方式将思想政治教育融入专业学习中去，如在特色院系"仪器科学与工程"系开展"仪器赤子心"报告会，引领学子通过提高专业能力为国家的仪器发展事业做出贡献；再如其他专业院系开展"能源环保融入思想教育""电子芯希望"学术报告会，促进家国情怀与学术理论相融合。

(二) 强化网络育人利器，创新网络思政格局

东南大学为适应互联网时代新的发展要求，坚持构建网络思想政治教育新格局，使其成为立德树人的重要利器。利用大学生喜爱的"网言网语"宣传思想，引领风尚，唱响网络主旋律。为此，东南大学及时跟踪了解回应学生网上关切，加强网络舆情分析研判，整合校园新闻网、专业学术网以及"两微一端"等网络资源，着力办好网上党校、网上共

青团、移动图书馆等网络平台。同时，推动网络责任文化建设，加强对网上观点、模糊认识和校园情绪的引导，强化对高校热点问题的阐释力度。将及时公开透明信息作为责任网络建设的关键，建立校务公开网络平台，坚持用事实说话，使正面信息让师生在网上看得到、看得进、看了信。

此外，东南大学还着力推动网络大爱文化建设，以激发爱心、广聚真情作为建设网络大爱文化的重要方式。设立"网络在线捐赠"，感召众多校友和社会人士设立奖助学金；开通公益微博为重病学生募集大病救助基金；开通"学长助新生·启航向东大"网络在线捐助平台，统合各地校友及社会力量募集助学金、募集爱心基金作为贫困新生和灾区新生的入学交通费。同时，汇集推送微信平台网络微故事，开发"微榜样"人物事迹，推送优秀毕业生到国家的重点行业建功立业的故事，为在校学生树立模范榜样。

（三）在文化中滋养情怀，在实践中开拓创新

1. 文化育人方面

东南大学力求实现优秀传统文化、科技创新文化和高品质人文文化有机结合，系统开设精品人文讲座课程、研究生人文与科学素养系列讲座和微沙龙等课程活动，立志建设高水平"文化素质学堂"。目前，东南大学已经成功举办了"我们的六月"首届诗歌节活动、校园配音大赛、建校116周年系列文化活动，邀请专业演出团体来校举办专场展演。依托"东南大学人文大讲堂"这一主题活动，学校开设了精品人文课，举办高水平人文讲座20场，广播台累计播出节目285期。其中，新生入学素养系列讲座包括"爱国主义""院史院情""心理健康""如何做科研"等专题讲座。另外，还开设了"思政第一课"。该课程是学校在党委领导下，加强高校意识形态阵地建设，改进思想政治教育与落实立德树人根本任务的重要举措，由校长、党委书记等校领导亲自为新生讲授思政第一课。还依托研究生学生会开办了研究生"科学人文素养讲座"，并纳入课程学分制度体系，要求在校生须在1年之内听满8场讲座，其中包含3场必听类讲座和5场非必听类讲座，之后方可开题，其中心理健康和思

政教育属于必听类讲座，至此在有效提升校园文化品位和层次的同时，将思想政治教育融入其中。此外，学校还开展了"2018东南大学毕业季"系列活动，进一步激发毕业学生的使命感、价值感、荣誉感。

2. 实践育人方面

东南大学整合以"挑战杯""创青春""中国研究生创新实践系列大赛"等龙头创新创业竞赛育人体系，以创新创业冬令营、大讲堂和暑期实训营为载体的培训体系，构建以创新创业服务站为平台的服务体系。其中，创新改革暑期社会实践活动形式，遴选出包括重大专项、重点专题、团中央专项计划等125个团队。引入创业导师指导和科技园培训资源，营造校园创新创业氛围。创办"暑期岗位体验营"，组织学生到航天院所参访学习，引导学生进入到国家的建设岗位中去。建设优秀学子与事业单位交流平台，提高研究生创业能力，组织青马工程30人精品班加入到团中央的"紫光阁"计划，从学院骨干中选拔优秀学生到省级实习岗位、联合学生处就业办等重点政府机关、企业进行深入体验。探索建设"志愿服务实践学堂"，使之成为学生在校期间的必经过程，要求在校生志愿服务时间不少于40小时，同时配备系统完善的考勤制度，促进学生在志愿服务中受锻炼、长才干、做贡献。同时，不忘将实践活动与专业课程相结合，探索培育具有专业特色的高质量调研实践活动，比如"玄武湖的水质监测""走入社区测血压"等。

（四）坚守组织育人阵地，引领塑造价值观念

1. 组织育人方面

东南大学形成了一套以"以点带面、以评促建、党员中心"为主线的综合运转机制。以党建为组织育人的龙头，加强学生党团一体化建设，坚持本硕支部建在班上，博士支部建在年级的基本架构。以党建精品项目和红色讲堂为抓手，进一步强化精神引领，加强研究生党支部联合中心建设，健全"两学一做"长效学习机制，通过"两学一做"竞赛的方式贯彻落实"两学一做"常态化制度化建设要求，着力打造精品"三会一课"，成立"团课教研室"，推动支部团课规范化、系统化、制度化、专业化。该课程以资深团干部为主，马克思主义学院老师为辅，采用集体备课的形式，调动全校团干部和团支部书记共同参与，成为培养团支部书记成长的加油站，发挥了团支部在青年思想引领中的带头作用。

2. 引领塑造价值观念

东南大学鼓励支持院系结合学科优势和硕博学生的不同特点开展主题鲜明、形式多样的党建活动。建设"永远在路上红色讲堂""党旗领航""新任党支部书记培训""研究生党建学习平台"等线上线下党建工作平台。开展"最佳党日活动""十佳党支部"等评选活动，提升支部活动力和凝聚力，发挥好战斗堡垒作用。建设"磐石工程"，聚焦基层团支部团日活动，每年以基层团支部为单位，通过课题研究的方式，构建了申报、论证、立项、实施、督导、评估，结题等一体化活动机制。选题由校团委根据热点时事政治来设定，申报项目由各个学院团委书记牵头组织，全程参与，并辅以充足的资金支持。开展"不忘初心，牢记使命"党员主题社会实践，培育学生家国情怀、担当意识和社会责任感。着力打造"青年马克思主义者学堂"，整合培训项目，形成"团支部书记和专兼职团干部培训""学生社团骨干培训""大学生骨干研习营"等多个培训板块，开展"至善"领袖人才培养计划，覆盖三大学生组织和108个学生社团，部长及以上学生骨干，丰富培训内容，坚持把人才成长的一般规律与青年马克思主义者培养的特殊要求紧密结合，规划落实好思想理论学习和领导力培养专题培训。创新党政工作机制，成立"学生工作组"老党支部书记带动新党支部干部，设立"党支部联合中心"，吸纳各个院系优秀学子加入研工部做党政工作。开发思政类型社团，以"青年学习社"为典型，全面推进校、院（系）、班三级"青年学习社"建设，推动全校学生以喜闻乐见的形式学习习近平新时代中国特色社会主义思想，打造"一体两翼"的大学生思想引领与价值塑造工作体系。

（五）重视心理育人发展，打造阳光健康校园

东南大学构建了学校、院系、班级、宿舍四级心理健康教育网络工作体系。注重学生心理信息的采集、分析与运用，及时掌握学生心理状况。充分利用微信、校园广播、宣传栏等平台普及心理健康知识，把握大学生心理特点，利用重要季节节点。积极开展学生喜闻乐见的心理健康活动，帮助学生培养良好心理素质和理性平和的健康心态。积极组织国内外心理专家开展理论讲座、团体督导、体验式学习、沙龙研讨等多种形式的培训活动，提高心理骨干业务水平，优化心理疏导与危机预防干预机制，加强团体辅导与个案咨询，科学开展危机干预和转介治疗等工作，营造健康向上阳光的校园氛围；依托讲座等活动的方式，将心理健康纳入必听类讲座范畴，从学校规章制度层面保证了心理教育的普适性。同时，学校设有心理咨询中心，心理咨询公众号平台，研究生部专设"心理健康邮箱"，博士生部专设心理健康论坛，均设有专职和兼职心理咨询师，学生可以匿名咨询，有专任老师解答。心理咨询样式多样灵活，以便及时关注学生的心理健康并对心理障碍的学生进行干预。目前，该机制实行情况良好，成为学生心理疏导的主要力量。

（六）重视完善配套机制，为思政工作保驾护航

1. 培养体系方面

东南大学构建了一套本硕博一体化的培养方案，实现课程与研究的贯通设计。通过多种方式和途径，提升学生跨文化交流、学习和工作能力。坚持思想引领、知识传授、能力发展并重的原则，构建学习课堂、实践课堂、文化课堂"三位一体"的育人体系。大力推进导师制、书院制、完全学分制，逐步实施小班化、个性化、国际化、卓越化、本研一体化的"三制五化"的育人模式。

2. 教师队伍建设方面

东南大学加强了教师思想政治工作专门机构建设，进一步明确教师工作部的职责与要求。落实教师的思想动态摸底调研，强化新入职教师岗前培训的师德师风建设环节。调整优化辅导员队伍结构，进一步加强专兼职辅导员队伍、班主任队伍力量，通过对其进行班风建设、党支部工作和党日活动、党建工作标准化与流程等系列培训，推进辅导员队伍专业化、职业化建设，提升工作科学化水平。注重对学生的思想引领、价值塑造，形成思政教育"五红"大格局。同时，健全职称（职级）晋升制度，构建教学与科研共生协调的教师考核评价模式，设立教学名师荣誉制度，改革研究生导师评聘评价机制，力求为思政教育注入强大的

师资力量，引领思政工作有序开展。

3. 资助育人方面

东南大学着力改革学生资助模式，建设基于诚信、需要和服务的资助体系，重点实施"金钥匙计划"，全面实现对经济困难学生的经济保障、发展支持和价值引导。加强感恩教育、励志教育、诚信教育，形成资助育人合力，更好地发挥资助育人功效。注重公平公正与信息公开，鼓励学生积极参加"三助"工作，参与事务管理，更好地实现学生自我管理、自我服务。

二 东南大学研究生思想政治教育面临的困难与挑战

（一）课程内容偏重理论，环节设计有待丰富

作为东南大学思政教育的必修课，毛泽东思想与中国特色社会主义理论课程由学校统一安排，由马克思主义学院的教师承担此类政治课程，课程的开展以多位老师讲授不同的专题的形式展开，以理论教学为主。课程的考核方式主要分为两个阶段，即期中考核为小论文，期末考核为闭卷考试。然而，通过对该校学生的访谈与问卷调查，学生们集中表示现有的思政课过于传统化，纯理论知识的教学以及传统的讲授模式使得思政课程形式略显单一枯燥，学生参与度和积极性较低，课程内容与现实生活的相关性存在一定距离，使得思政教育很难与生活实际相联系，对现实生活的指导与帮助作用有待提高。而这也进一步导致同学参与思政课的效果不佳，使得思政课的作用与意义大打折扣。

（二）辅导员人力资源紧张，思政教师队伍亟须扩充

辅导员是与学生学习生活最为密切的思政工作者，其重要作用不言而喻，所以保证辅导员的数量基础是发挥辅导员思政教育职能的必要前提。目前，东南大学的研究生辅导员体制较之本科生辅导员还有很大差距，专职辅导员数量较少，只有一些规模较大的院系配有各年级的专职辅导员，很难实现全校覆盖，大多数院系采取优秀研究生兼任辅导员的方式承担事务性的日常工作，但由于年龄、经验等多方面因素，导致兼

职辅导员并不具备较强的思政教育的能力，使得辅导员的思政教育职能难以落实。思政教学队伍方面，全校的思政课教学工作均由马克思主义学院的教师承担，然而由于马克思主义学院教师数量极其有限，同时还要承担自己的科研工作和本学院学生的日常教学管理工作，这使得马院老师的工作强度和压力普遍处于超负荷状态，很难再将工作重心转至思政课程环节的设计与实践活动的开展上来，同时也很难再有精力关心学校学生的思想动态及日常化的思政管理与教育。

（三）心理育人覆盖范围小，基础服务配套有待完备

目前，东南大学的心理健康教育主要通过讲座的形式开展，与心理健康相关的课程比较欠缺，这使得学生接受心理健康教育的机会和程度大打折扣，也使得心理育人的覆盖范围极其有限。同时，学校虽然设有心理咨询中心，但该中心的咨询师均由学校心理院系的老师兼任，导致每周的开放时间较为有限。通过与学校同学的访谈和问卷调查，同学们均反映该校心理咨询预约较为困难，经常处于爆满状态，导致不少有咨询需求的同学无法及时接受心理疏导与帮扶。而心理健康邮箱只能通过字面表述咨询基础性问题，很难深入解决同学面临的实际心理困扰。虽然东南大学在顶层设计方面较为注重学生的心理健康问题，但在实际的基础性配套方面还有待完善。

三 东南大学研究生思想政治教育的对策与发展趋势

（一）促进课程设计多元化，为思政课堂注入实践动力

通过与东南大学同学进行深入访谈，调研小组了解到，学生心目中理想的思政课程教师并非是对课程要求宽松，考核简单的老师，而是与时俱进，知识渊博的老师。相较于传统的思政理论讲授课，他们更喜欢融入形势与政策以及社会实践的思政课程。思政课堂实践活动对提高马克思主义大众化具有绝对化的帮助，通过思政课程的学习，同学们期望能够获得对于人生发展目标、社会交往和人生态度方面的指导。学生期待的思政课程不仅要具备基础理论知识的讲授，更重要的是将思想政治具体化、生活化、形象化、日常化，使得思想政治教育真正融入学生的日常生活，能够对学生的现实发展起到实质的帮助作用，而这也正是思想政治教育工作的首要目标。基于此，学校应该着力进行多元化的课程设计，通过组织辩论赛、观看教育主题的影视作品、小组科研展示等方式丰富课堂形式。开展相关社会实践活动，带领学生走出课堂，接触社会，利用所学知识服务社会，促进思政教育效果落地，从而实现对学生人生态度、发展及社交等多方面的指导。同时，教师在上课时应注重理论联系实际，多多融入与当下时代发展密切联系的形势与政策的分析，语言尽量生动形象接地气，注重塑造学生的制度自信与理论自信。此外，要利用好学校的 MOOC 平台，丰富过程性考核的形式，实现线上线下贯穿课程始终的全方位考核模式，激发学生参与的同时，增强思政教育的效度。

（二）扩充专职辅导员队伍，纳入导师思政责任制

目前，解决思政队伍建设的首要问题就是增加教师（包括辅导员在内）的人员编制，提高专职辅导员的人数比例，严格按照47号令中1:200的比例配置专职辅导员，切实做到各个院系专职辅导员的全覆盖。同时，为有高校职业意向的优秀学生提供兼职辅导员锻炼机会，辅助专职辅导员开展思政工作，为辅导员思政队伍扩充力量。此外，还可以通过设置三助岗位，为辅导员招募助理，分担日常事务性工作，使辅导员有精力进一步关注同学们的思政动态，加强在思政教育方面的投入。同时，还要关注辅导员自身的成长，通过开展培训、竞赛等多种形式的活动促进辅导员思政工作的专业化与精细化，激励辅导员探索与其学生专业相关的思政教育模式，定期开展经验分享工作，制定相关的激励机制，以评促建，激发辅导员转变工作方式，提高思政工作质量。

与本科阶段不同，在研究生阶段，导师是学生日常学习生活中关系最为密切的人，所以如何利用好导师的力量，发挥导师在思政教育领域的作用是思政队伍建设的发展新方向。导师不仅是学生科研方面的引领者，更是学生思想、生活中的领路人，导师纳入思政责任制无疑为学生的思政教育增添了强有力的抓手。当然，实现导师思政责任制的前提是要提升导师对思政工作的认同感，在此基础上，可以采取设立纵向党支部的模式，将党支部设在"师门"中，从而更好地发挥导师对学生的思政教育作用，进而壮大学习思政教育队伍的力量。

（三）增设基层心理气象员，完善基础配套性服务

学校并非专业的心理咨询机构，所以很难实现对所有学生一对一的心理辅导需求。因此，学校在努力增加专业心理咨询师的同时也要谋求其他解决措施。对于学生的心理健康辅导需求，学校应做分类化处理，针对问题较大的同学应保证其及时得到专业心理咨询师的帮扶，而对于一般性问题，学校可以通过对辅导员的专业性培训，让辅导员掌握一定的心理疏导技能，从而解决同学一般的心理问题。同时，学校可以在各个行政班级内部增设"心理气象员"或"心理委员"这一班委成员，及时掌握班中同学的心理状态，发现问题及时报告，起到基层预警作用，避免学生因心理问题造成严重的人身后果。构建以上三级心理育人配套机制，不但能够分散学校心理咨询中心的工作压力，将好钢用到刀刃上，提高心理咨询的效率和效力，而且还可以实现对全校心理健康关注的覆盖，有效提升心理育人的工作质量。

总　结

通过此次调研，不难发现，东南大学就思想政治教育工作方面，在顶层设计层面基本涵盖了十大育人的各方面，为思想政治工作的有序开展奠定了制度保障和路线支撑。学校围绕"铸魂""磐石"两大工程，打造青年身边"四大学堂"，强化基层团组织建设和第二课堂育人体系建设；不断完善三大特色微信平台，发挥网络育人优势；以积极心理健康教育为导向，促进学生身心和人格健康发展；构建"可视、公开、约束、激励"的政策机制，激发办学活力，并重构与领军人才培养匹配的知识体系。该校有效利用互联网、新媒体等手段创新思想政治教育的过程和方法、充实丰富的思政教育工作理念与经验，一定程度上值得我们学习和借鉴，同时在实施的过程中出现的课程育人、服务育人以及心理育人

方面的问题也值得我们进行反思和探讨，以期更加适应当前社会发展需要、尊重学生发展主体性的要求，进而提升高校思政工作理论体系的科学性和有效性，为接下来高校思政教育工作提供指导方法及意见。

（王展，中国社会科学院研究生院法律硕士生）

思想宣传与意识形态

捍卫和宣传马克思主义社会形态演变规律理论

王伟光

近年来，历史唯心主义的变种——历史虚无主义，对中国历史的虚无，对世界历史的歪曲，不仅颠倒了历史，而且搞乱了人们的历史观。捍卫和宣传马克思主义社会形态演变规律理论，恢复中国社会形态演变历史的本真事实，对于坚持马克思主义唯物主义历史观的科学性、纯洁性、战斗性，用唯物主义历史观武装我们的干部群众，有着重要的现实意义和深远的历史意义。

一

反对马克思主义者，往往都要集中火力否定马克思主义唯物主义历史观。这是因为，没有历史唯物主义就没有辩证唯物主义，就没有作为马克思主义哲学的辩证唯物主义和历史唯物主义。恩格斯称赞唯物主义历史观是马克思的"第一个伟大发现"，"正像达尔文发现有机界的发展规律一样，马克思发现了人类历史的发展规律"。[1] 辩证唯物主义和历史唯物主义是马克思主义的哲学基石，没有这样一块基石牢固奠定马克思

---

[1] 《马克思恩格斯选集》第3卷，人民出版社2012年版，第1002页。

主义理论大厦的基础，就没有马克思主义真理体系的全部。马克思主义哲学的第一个伟大功绩就是把唯物主义与辩证法结合起来，并率先运用于历史领域，把唯心主义历史观从历史领域彻底清除出去，创立了唯物主义历史观。唯物主义历史观的建立是辩证唯物主义创立的标志，是马克思主义哲学创立的标志，是马克思主义创立的标志。唯物主义历史观的一系列基本原理和基本观点，如关于社会存在决定社会意识、社会形态演变一般规律、社会基本矛盾、人民史观、阶级和阶级斗争、无产阶级革命和无产阶级专政、社会主义、共产主义必然代替资本主义等，都直接触动了资本主义最敏感的神经，撼摇了资本主义大厦的基础，是一切马克思主义政敌必欲除之而后快的马克思主义真理的根基。历史唯物主义的对立面就是历史唯心主义，历史虚无主义是历史唯心主义的典型表现。近年来，反对马克思主义的错误思潮突出表现在用历史虚无主义取代历史唯物主义。反对马克思主义者，首先挖掉的是马克思主义的基础——马克思主义哲学，而反对马克思主义哲学者，又首先反对的是历史唯物主义。反对历史唯物主义，通常否定马克思主义经典作家所概括的社会形态演变一般规律的科学原理，否定共产主义必然代替资本主义必然趋势的正确结论。历史唯物主义关于人类社会经过原始社会、奴隶社会、封建社会、资本主义社会，经过社会主义社会的过渡而达到共产主义社会的"五种社会形态"演变发展的一般规律（以下简称"五形态说"），是人类社会历史发展的普遍规律和必然趋势，是马克思主义唯物主义历史观的一个最基本的观点。反对历史唯物主义"五形态说"，是一切历史唯心主义，特别是历史虚无主义的一个通病。其表现为：有的根本不承认人类社会经过原始社会、奴隶社会、封建社会、资本主义社会，必将经过社会主义的过渡而发展到共产主义社会这一人类历史发展的普遍规律，认为"五形态说"是马克思主义经典作家臆造出来的，不是科学的真理；有的变换手法，谎称马克思、恩格斯根本没有提出过"五形态说"，"五形态说"是列宁、斯大林等后来人编造出来，强加给马克思主义经典作家的，制造出马克思主义经典作家与马克思主义的继承和发展者之间的对立和矛盾的假象；有的则玩弄抽象承认具体否定的伎俩，抽象地承认"五形态说",但具体到对我国历史与现状的判断,则认为中国没有经过原始社会、奴隶社会和封建社会;还有的不承认社会主义、共产主义必然代替资本主义的历史必然性,认为中国走资本主义道路才是修成正果。一些历史读物、历史展览、历史影视,往往只是从唯美主义角度而不是从唯物史观角度,离开社会形态发展的一般规律,离开社会基本矛盾的运动,单独地展示历代文物和历史人物,把历史仅仅变成精美艺术品的展示史,皇宗贵族、才子佳人的个人英雄史,从而取代社会形态演变的真实历史,一味地"去政治化""去意识形态化""去阶级斗争化"。唯物主义历史观分析认识社会历史问题,坚持一切从社会存在出发来说明社会问题。社会存在是第一性的,最根本的社会存在就是生产方式的存在,就是"经济的社会形态"的存在。社会发展史说到底就是社会形态发展史。生产力决定生产关系,生产力与生产关系的统一,构成社会生产方式,生产关系的总和构成社会经济基础,一切都要从生产力决定生产关系、生产关系决定经济基础、经济基础决定上层建筑,从而必须从生产方式所决定的人类社会形态出发来认识人类社会现象,而不是相反,这是唯物史观的不可违背的根本原理。

二

人类社会形态的演进,最主要是源于生产力的发展。人类的生产工具从旧石器升级到新石器,再到青铜器、铁器,再到机器、电子、信息、互联网、人工智能……生产力逐步提升,促使生产关系、生产方式不断发生变化,从而推动社会形态从原始社会进步到奴隶社会,再进步到封建社会。当代资本主义表面强大但已经开始衰落,当代社会主义虽弱但却是必然胜利的新生事物。经济基础决定上层建筑,经济结构的变化引起政治结构、阶级构成、社会结构变化,从原始社会、到奴隶社会、到封建社会、到资本主义社会、经社会主义社会过渡到共产主义社会,这就是人类社会历史的客观发展规律,这个规律是必然的、不以人的意志为转移的。有人谬称马克思从来没讲过"五形态说",企图否定社会形态演变的普遍规律，显然是站不住脚的。社会形态演变一般规律理论是马克思主义唯物史观的重要内容，是唯物史观的重要组成部分，是马克思主义经典作家以深邃的历史洞察力深刻剖析人类社会历史发展进程而收获的重要理论硕果，是对人类历史观的伟大贡献。马克思虽然没有就社会形态问题撰写过专著，但一生中围绕着这一问题留下了大量论述。马克思最早在1851年撰写的《路易·波拿巴的雾月十八日》这部名著中提出"社会形态"概念。在这里使用"社会形态"这一概念，是为了表明资本主义社会是人类历史发展的一个新阶段，是不同于以往的社会形态。在1846年合著的《德意志意识形态》一书中，马克思、恩格斯就第一次提出人类社会经过五种所有制形式：部落所有制；古代公社所有制和国家所有制；封建的或等级的所有制；资产阶级的所有制；未来共产主义所有制。① 在1848年发表的《共产党宣言》中，马克思、恩格斯说明："在过去的各个历史时代，我们几乎到处都可以看到社会完全划分为各个不同的等级，看到社会等级分成多种多样的层次。在罗马，有贵族、骑士、平民、奴隶，在中世纪，有封建主、臣仆、行会师傅、帮工、农奴，而且几乎每个阶级内部又有特殊的阶层。""从封建社会的灭亡中产生的现代资产阶级社会并没有消灭阶级对立，它只是用新的阶级，新的压迫条件，新的斗争形态代替了旧的。"② 在《1857—1858年经济学手稿》中，马克思提出了众所周知的关于三大社会形态的论述，他强调指出："家长制的、古代的（以及封建的）状态随着商业、奢侈、货币、交换价值的发展而没落下去，现代社会则随着这些东西同步发展起来。"③

1859年1月，在《〈政治经济学批判〉序言》中，马克思关于五种社会形态的思想已经表述得十分清晰，"大体说来，亚细亚的、古代的、封建的和现代资产阶级的生产方式可以看作是经济的社会形态演进的几个时代。资产阶级的生产关系是社会生产过程的最后一个对抗形式……

---

① 《马克思恩格斯选集》第1卷，人民出版社2012年版，第148—149页。
② 《马克思恩格斯选集》第1卷，人民出版社1995年版，第272—273、248页。
③ 《马克思恩格斯全集》第30卷，人民出版社1995年版，第108页。

人类社会的史前时期就以这种社会形态而告终"①。在1867年出版的《资本论》中，马克思充分论证了共产主义代替资本主义的必然性。随着历史科学有了一定发展，特别是历史学家摩尔根的《古代社会》一书出版，对原始社会提供了详尽的研究材料，使马克思对原始社会有了明确的科学界定，这一科学认识集中反映在1880年到1881年间他对《古代社会》一书的摘要中。恩格斯于1884年撰写了《家庭、私有制和国家起源》一书，清晰地勾画出人类社会发展"五形态"的历史进程。这说明，"五形态说"内在地包含在马克思、恩格斯在历史唯物主义基础上对社会发展形态的科学分期认识中，概括反映了人类社会形态发展进程的最普通的规律。有人以马克思曾说过的以"人的依赖关系，以物的依赖性为基础的人的独立性，建立在个人全面发展和他们共同的社会生产能力成为他们的社会财富这一基础上的自由个性"②的"三形态说"为借口，否定"五形态说"，认为"五形态说"不是马克思的本意，不是历史发展的普遍规律。实质上，"三形态说"与"五形态说"是一致的，而不是相互排斥的。所谓"三形态说"，是人们根据马克思"伦敦手稿"中对社会历史进程的看法而提出的一种论点。在这部手稿中，马克思指出："人的依赖关系（起初完全是自然发生的），是最初的社会形态，在这种形态下，人的生产能力只是在狭窄的范围内和孤立的地点上发展着。以物的依赖性为基础的人的独立性，是第二大形态，在这种形态下，才形成普遍的社会物质交换，全面的关系，多方面的需求以及全面的能力的体系。建立在个人全面发展和他们共同的社会生产能力成为他们的社会财富这一基础上的自由个性，是第三个阶段。第二个阶段为第三个阶段创造条件。"③依据马克思关于人的依赖关系、物的依赖关系、个人全面发展这三大阶段的划分，可以认为，马克思认为人类社会经过自然经济、商品经济和产品经济这三个阶段。这就是社会发展学者概括的"三形态说"。事实上，"三形态说"同样也反映了马克思根据生产力发展的历史状况，对社

---

① 《马克思恩格斯选集》第2卷，人民出版社1995年版，第33页。
② 《马克思恩格斯全集》第46卷上，人民出版社1979年版，第104页。
③ 同上。

会发展形态所做的一种科学分期的看法。从马克思表达的整个思想来看，第一个阶段，"人的依赖关系"实质上是自然经济社会的特点。自然经济社会横跨原始社会、奴隶社会、封建社会。当然每种社会形态的进一步发展期自然经济特点就会减弱，就会逐步增添商品经济的特点。在自然经济条件下，生产力低下，分工不发达，生产的直接目的是生产者的自身需要，必然采取人与人直接互相依赖的办法，来克服工具落后的状况。比如原始人必须依赖于原始群体，帮工必然依附于师傅，这就表现为个人对他人、对社会组织的依赖。第二阶段，"人对物的依赖关系"实质上是商品经济社会的特点。在商品经济社会中，生产发展了，人们生产的目的主要是为了交换，人与人之间的关系物化成商品，产生了"商品拜物教"，人依赖于商品，处于物化的、异己的关系的统治下。在高度发达的商品经济社会——资本主义社会中，人成为商品、货币、资本的奴隶。第三阶段，"个人全面发展"是商品经济消亡以后社会的特点，有人把这个社会概括为产品经济社会。在这个社会中，生产力高度发达，消灭了旧式分工，产品极其丰富，人摆脱了物及其外部关系的束缚，成为人自身的主人、社会关系的主人、物的主人，人可以自由、全面地发展。这就是马克思主义经典作家所预见的共产主义社会。不难看出，社会形态发展进程的"三形态说"与"五形态说"这两种划分，都是根据历史唯物主义的基本原理，对社会形态演变进行分析得出的正确结论，二者的理论根据是一致的。实际上，"五形态说"和"三形态说"是互相包容的。按照马克思的原意，自然经济阶段基本是前资本主义社会，商品经济阶段是资本主义社会，人们概括的产品经济阶段则是共产主义社会。社会主义社会是一个过渡形态的社会。按照马克思最初的预见，社会主义是在资本主义商品经济高度发达的基础上建立起来的。因而，作为共产主义第一阶段的社会主义，不存在商品和货币，遗留资本主义的痕迹，如资产阶级法权等。可是，现实的社会主义却是在相对落后的国家建立的，这样的社会主义必然要经过市场经济充分发展的阶段。当然，这两种划分也是有区别的。因为，对于社会历史发展的分期，人们可以根据需要，对同一对象，按照特定的标准，从不同的角度加以划分。例如，以阶级斗争为线索，可以划分为阶级社会、阶级过渡社会和非阶级社会；以生产资料所有制性质为标准，可以划分为原始公有制社会、私有制社会、由私有制向公有制过渡的低级形式的公有制为主体的社会和高级形式的公有制社会……当然，任何科学划分都不能离开以历史唯物主义基本原理为指导，以生产力发展状况为主线，根据社会基本矛盾运动的规律，直接考察社会经济关系的性质和特征而进行的划分。应该说，"五形态说"是马克思对社会形态划分的主线索，是马克思主义社会形态演变一般规律理论的主要内容。以"三形态说"否定"五形态说"，彻底偏离了马克思主义唯物史观关于社会形态演变一般规律理论的正确的轨道。

马克思主义社会形态演变一般规律理论最根本的要旨就在于说明，人类社会发展是生产力与生产关系的矛盾运动所致，由不同的历史阶段构成，表现为不同的"经济的社会形态"的演进。资本主义社会同其前的其他社会形态一样，只是人类社会历经的一个历史阶段，资本主义社会必然由兴盛而走向灭亡，人类社会形态必将驰入一个全新的历史进程。马克思主义社会形态演变一般规律理论并不因时代的变迁而丧失理论光彩，相反，它依然以其宏大的世界视野、科学的理论价值，对当今社会发展发挥着重要的指南作用。

三

马克思主义社会形态演变一般规律理论在概括社会历史发展本质时，剔除了大量偶然因素，舍去了活生生的事例，只是对历史发展客观逻辑的一种抽象，并不是对全部社会历史现象的总汇，也并不排除人类社会历史发展可能会出现的某种跨越、倒退等偶然特例。因此，必须科学地辩证地认识马克思主义"五形态说"。唯物史观关于人类社会经历了五种社会形态，只是讲的一种总的历史趋势，或者说总的历史规律，并不等于说每个国家、每个民族都必须完整地经历这五种社会形态。"五形态说"只反映了人类历史发展的普遍性规律，而具体的历史发展不是单一的、直线的、绝对的，毫无偶发性、毫无特例的。在一定历史条件下，哪个国家、哪个民族、哪个地区是否可以有特例、有偶然的情况发生，是否都要依次经过同样的社会形态发展阶段，马克思主义经典作家从来没有把它绝对化。他们从来不以认识历史过程的一般规律为满足，而是努力进一步探索不同民族、国家和地区符合一般规律的特殊发展道路。马克思主义经典作家在创立唯物史观和科学社会主义理论的过程中，其注意力和着眼点，主要是放在西方发达资本主义国家。但后来的实践发展促使他们开始注意并研究西方国家和东方国家社会主义革命的不同情况，提出了非资本主义国家跨越资本主义制度的"卡夫丁峡谷"，走社会主义道路的可能性问题，修订和发展了原先的看法，进一步丰富和发展了唯物史观和科学社会主义理论。通过对东方国家和民族发展道路的研究，他们认为，在一定条件下，经济文化比较落后的国家可以不经过资本主义的充分发展阶段，跨越资本主义制度的"卡夫丁峡谷"，从而进行社会主义革命，走上非资本主义的社会主义道路，实现社会形态的跨越式发展。马克思主义经典作家认为，一般地说，像英国等资本主义比较发达的国家，资本主义生产方式是通向共产主义的必经阶段。但他们又预言，像俄国那样经济文化比较落后的国家可以不经过资本主义制度的"卡夫丁峡谷"，而走向社会主义。也就是说，马克思主义经典作家在阐述资本主义生产力和生产关系的矛盾必然导致社会主义革命这一原理时，并不排除不同国家、不同民族、不同地区依各自具体的历史条件所采取的特殊发展道路的特殊性，并不排除某些落后国家在一定条件下可以跨越资本主义制度的"卡夫丁峡谷"，实现社会主义革命的可能性。当然，人类社会形态发展是一个自然历史过程，不论任何特殊国家的制度与道路的特殊选择如何，社会制度可以跨越，但生产力的经济发展过程却不可跨越。归根到底，这一切皆取决于生产力与生产关系的矛盾运动，由这种运动所决定和表现出来的历史环境，以及客观条件所决定的人的主体能动性的主观条件。这个重要思想具有世界观方法论的意义，它告诉我们：经济文化比较落后的国家要进入社会主义社会形态，一定要从本国具体国情出发，选择适合本国特殊国情的社会主义模式，走具有本国特色的社会主义发展道路。

四

　　研究中国社会形态发展历史，要在唯物史观的指导下梳理出中国社会形态演变的清晰脉络，概括提炼出在遵从人类发展普遍规律基础上的中华民族的社会形态发展的独特历史和发展道路。

　　人类社会发展"五形态说"是马克思主义唯物史观对不同国家、地区、民族发展的特殊规律的抽象概括。要用唯物史观关于社会形态演变一般规律理论的这个正确的"一般抽象"，来指导分析中国特色的社会形态演变规律，分析中国独特的发展道路，梳理概括出中国社会形态演变历史和中国道路发展的特殊性，而不是把中国社会形态历史和发展道路人为地编造为王权更替史或才子佳人史。

　　正如毛泽东同志在《中国革命和中国共产党》一文指出的那样："中华民族的发展（这里说的主要地是汉族的发展），和世界上别的许多民族同样，曾经经过了若干万年的无阶级的原始公社的生活。而从原始公社崩溃，社会生活转入阶级生活那个时代开始，经过奴隶社会、封建社会，直到现在，已有了大约四千年之久。"① 在中国封建社会的晚期，民族工商业在一些发达地区获得规模性发展，促进了中国资本主义萌芽的产生。如果没有西方列强的侵入，中国也能自发地走向资本主义。毛泽东同志曾指出："中国封建社会内的商品经济的发展，已经孕育着资本主义的萌芽，如果没有外国资本主义的影响，中国也将缓慢地发展到资本主义。"② 到了近代，西方资本主义先于中国发展起来，并将全世界的殖民地瓜分完毕。资本主义列强不允许中国再按照人类社会形态的一般发展规律，独立自主地走西方发达资本主义的发展道路，从而沦为受西方剥削压榨的半殖民地半封建社会。中国的社会形态演进既有普遍性又有特殊性，中国的特殊情况决定了中国既不能走原来发达资本主义国家走过的资本主义道路，也不能直接进入社会主义社会，而要经过新民主主义革命，

---

① 《毛泽东选集》第2卷，人民出版社1991年版，第622页。
② 《毛泽东选集》第2卷，人民出版社1991年版，第626页。

建立新民主主义社会，再经过社会主义革命而不经过资本主义制度的痛苦，实现跨越性发展，走出一条非资本主义的现代化道路——中国特色社会主义道路。这是中国社会形态历史和中国发展道路的独特历史。只有从社会形态演进层面予以理论剖析，才能认清中国社会形态历史和发展道路的特殊性。

（王伟光，中国社会科学院原院长、党组书记，中国社会科学院大学教授。源自：《世界社会主义研究》2019年第9期）

论全面从严治党视角下的
高校宣传思想工作

张树辉

中共中央办公厅、国务院办公厅印发的《关于进一步加强和改进新形势下高校宣传思想工作的意见》（以下简称《意见》），为高校做好宣传思想工作，加强意识形态阵地建设明确了指导思想、基本原则和主要任务，提供了基本遵循。深入贯彻落实《意见》精神，要切实树立战略思维、系统思维，把高校宣传思想工作放到全面从严治党的战略布局中去通盘考虑、整体谋划，切实加强学校党委对宣传思想工作的领导，切实发挥各级党组织抓意识形态工作的主体责任，努力构建体现全面从严治党要求的高校宣传思想工作大格局。

一 站在全面从严治党高度深刻认识加强和改进高校宣传思想工作的重大意义

党要管党、从严治党，是贯穿于习近平总书记关于党建工作重要思想的一根红线。党的十八大以来，习近平总书记围绕从严管党治党提出了一系列新思想，并在"从严"上敢碰硬、下功夫、出实招，直击积弊、扶正祛邪，开创了党的建设新局面，党风政风呈现新气象。2014年8月，在党的群众路线教育实践活动总结大会上，习近平总书记从落实从严治党责任、坚持思想建党和制度治党紧密结合、严肃党内政治生活等八个方面对新形势下全面从严治党提出了明确要求。2014年12月，习近平总书记在江苏调研时指出，要协调推进全面建成小康社会、全面深化改革、全面推进依法治国、全面从严治党，推动改革开放和社会主义现代化建设迈上新台阶。从明确提出从严治党方针的具体要求，到提升为"全面从严治党"的高度，并纳入治国理政的总体框架，这是新一届中央领导集体治国理政实践创新思路的科学总结。

习近平总书记强调，全面从严治党是推进党的建设新的伟大工程的必然要求，"从严治党是全党的共同任务"。高校党的建设在整个党的建设中具有特殊而重要的地位。高校党建工作不仅直接关系高等教育改革发展稳定，而且对改革开放和社会主义现代化建设全局具有深远影响。习近平总书记批示强调加强党对高校的领导，加强和改进高校党的建设，是办好中国特色社会主义大学的根本保证。历史和现实都告诉我们，如果高校党建工作抓得不紧、不力，高校党组织的力量就会衰弱、式微，高校的改革发展就会失去方向，高校的人才培养就会出现偏差。

加强和改进高校党的建设，把党要管党、全面从严治党要求落到实处，核心是把牢正确方向。加强和改进新形势下高校宣传思想工作是把牢正确方向的关键一环。坚持党的教育方针，坚持社会主义办学方向，是中国高校与其他国家高校的本质区别，是扎根中国大地办大学的基本要求。高校肩负着学习、研究、宣传马克思主义，培育和弘扬社会主义核心价值观，培养中国特色社会主义建设者和接班人的重大任务。高校宣传思想工作关系到高校举什么旗、走什么路、立什么制，决定高校为谁培养人、培养什么人、如何培养人的问题。

习近平总书记指出，高校要把马克思主义作为必修课，成为马克思主义学习、研究和宣传的重要阵地。用中国特色社会主义理论体系武装头脑、教育人民，高校是重要阵地，广大教师是重要力量，广大学生是重要对象。以坚持和发展中国特色社会主义为主线，深入实施马克思主义理论研究和建设工程，推动哲学社会科学繁荣发展，高校具有独特的学科优势和人才优势。切实增强高校抵制各种错误思潮，在师生员工中释疑解惑、疏导情绪等方面的作用，不断净化马克思主义理论宣传舆论氛围，既是巩固马克思主义在意识形态领域指导地位的迫切要求，也是推进高校落实育人根本任务的内在需要。高校党委落实全面从严治党要求、履行从严治党主体责任，就要在办学过程中始终坚持马克思主义指导地位，始终坚持党的教育方针和社会主义办学方向。当前，世界范围内各种思想文化交流、交融、交锋更加频繁，国际思想文化领域的斗争深刻复杂，国内社会转型期各种矛盾相互叠加、集中呈现，高校意识形态工作面临着更加复杂的内外环境和更加艰巨、紧迫的工作任务。因此，高校党委要站在全面从严治党的高度，站在党的事业后继有人的高度来认识抓好宣传思想工作的重要性和紧迫性，不断加强和改进党的建设，不断强化政治意识、责任意识、阵地意识和底线意识，发挥党管宣传的优良传统和政治优势，加强对宣传思想工作的指导，牢牢把握意识形态工作的领导权、主动权，抓好高校意识形态工作这一战略工程、固本工程、铸魂工程。

二 加强和改进新形势下高校宣传思想工作要牢牢把握全面从严治党这条主线

高校宣传思想工作是高校党的建设的重要内容，在高校改革发展中具有思想引领、舆论推动、精神激励、文化支撑的重要作用。加强和改进新形势下高校宣传思想工作，要牢牢把握全面从严治党这条主线，着眼"全面"，把握工作的系统性、整体性；聚焦"从严"，增强工作的针对性、实效性。

全面从严治党作为党的建设的重大战略思想，基础是"全面"，关键是"从严"，体现了治标与治本的统筹兼顾、全面推进与重点突破的双管齐下，是对新形势下执政党建设规律的新认识。就"全面"而言，包含两个层面：一是内容全覆盖，涵盖党的思想建设、组织建设、作风建设、反腐倡廉建设和制度建设各个方面，体现党的建设系统性、整体性。二是主体全覆盖，明确管党治党的主体是各级党组织，尤其是各级党组织的主要负责人。就"从严"而言，要在思想教育、干部管理、作风要求、反腐倡廉、组织建设、制度执行等方面都做到从严。

把握全面从严治党这条主线，加强和改进高校宣传思想工作要着眼

"全面",把握工作的系统性、整体性。一是着力构建全员参与的工作格局。面对当前高校社会思潮文化多元、多样、多变和校园新的传播格局及舆论环境,要建立上下互通、横向联合、齐抓共管的大宣传工作格局。要充分发挥高校党委的领导核心作用,建立健全高校党委统一领导、党政工团齐抓共管、党委宣传部门牵头协调、相关部门和院(系)共同参与的工作机制。要统筹推进包括党政干部、共青团干部、思想政治理论课和哲学社会科学课教师、辅导员、班主任等在内的宣传思想工作骨干队伍建设。充分发挥思想政治理论课教师队伍在学生思想道德教育和理想信念教育中的骨干作用;发挥辅导员、班主任的人生导师作用,使他们真正成为大学生健康成长的指导者和引路人;发挥教职员工教书育人、管理育人、服务育人的作用,实现全员、全过程育人。二是着力构建全面覆盖的工作体系。高校宣传思想工作是一项系统工程,既包括加强思想引领,也包括推动文化传承创新;既包括学科建设,也包括课程改革;既包括课堂内外,也包括网上网下;既包括教师队伍建设,也包括学生全面培养;既包括传统工作阵地,也包括新兴工作领域。做好高校宣传思想工作,要增强系统思维,统筹协调舆论引导、抵御渗透、队伍建设等环节,统筹协调学校内外、课堂内外、网络上下等方面,努力构建全面覆盖的工作体系。

把握全面从严治党这条主线,加强和改进高校宣传思想工作要聚焦"从严",增强工作的针对性、实效性。

首先,要坚持党管宣传、党管意识形态的原则,强化责任意识,管好阵地、导向和队伍,不断提高对高校宣传思想工作的驾驭能力,不断增强宣传思想工作的针对性、实效性和吸引力、感染力。高校党委书记和校长要旗帜鲜明地站在意识形态工作第一线,始终与以习近平同志为总书记的党中央保持高度一致,自觉把党性原则贯穿到办学理校实践中,切实把高校意识形态工作摆上重要议事日程,贯穿到推动学校改革发展的实践中。

其次,要始终坚持正确的政治方向和舆论导向。牢牢把握社会主义办学方向,落实好立德树人根本任务,把社会主义核心价值观融入教育教学全过程,充分发挥课堂讲坛主渠道作用,传播先进文化、塑造崇高理想。高度重视校园网上舆论引导，强化校园网络和新兴媒体管理，不断壮大网上主流舆论阵地。要加强对社会热点问题的引导，大力发展积极健康向上的网络文化，理直气壮地唱响网上主旋律、传播正能量。

再次，要坚持党管干部、党管人才，打造一支德才兼备、结构合理、能打硬仗的高校宣传思想人才队伍。要按照政治立场坚定、理论水平高、业务能力强、善于驾驭意识形态领域复杂局面的标准，把政治坚定和在理论上、笔头上、口才上、网络上有专长的优秀干部充实到宣传思想工作部门，凝聚在高校宣传思想工作战线。要加大培养、培训力度，努力提高队伍的综合素质，同时切实关心他们的成长和发展。

三 把全面从严治党要求抓细抓牢，推动高校宣传思想工作落到实处取得成效

《意见》指出，坚持党性原则、强化责任是加强和改进新形势下高校宣传思想工作的首要原则，要切实加强党对高校宣传思想工作的领导。因此，要全面贯彻落实《意见》提出的任务和要求，就要把全面从严治党的要求贯穿始终，大力提升学校党建工作科学化水平。

一是要落实从严治党的责任，切实担负起抓宣传思想工作的政治责任和领导责任。习近平总书记强调，从严治党必须增强管党治党意识、落实管党治党责任。高校各级党组织要认真落实抓党建工作的主体责任，牢固树立抓好党建就是最大政绩的理念，增强抓党建的主角意识和主动精神，真正把党建工作当主业，作为硬任务，聚精会神抓好党的建设，切实发挥党员干部和党组织的先进作用，不断增强基层党组织的创造力、凝聚力、战斗力。高校各级党组织要把宣传思想工作作为强化主体责任的重要内容来谋划，牢牢把握高校意识形态工作领导权。

二是要坚持思想建党和制度治党紧密结合，强化思想引领，健全制度体系，做到刚柔并济，同向发力、同时发力。意识形态领域斗争具有长期性、复杂性、尖锐性的特征，高校在加强思想引领方面必须举旗帜、指方向、亮底牌、点要害，在课堂教学、教材编写、举办讲座和论坛等环节都要坚持马克思主义指导地位不动摇，决不给错误思潮和主张提供

传播渠道。要充分发挥高校学科齐全、人才聚集的优势，在理论创新中发挥更大作用，使"三个自信"体现在日常教育和学科建设中。要加强广大党员和教师的理论学习，推进工作创新，探索符合高校党员特点的理论学习模式，把党员经常性学习教育作为重要任务抓实抓好。

制度是宣传思想阵地规范、有序、高效运行的保证。要把制度建设作为高校宣传思想工作的基础工程，纳入依法治校和现代大学制度体系建设的总体进程中，增强运用法治思维和法律手段解决高校宣传思想工作中存在的矛盾和问题的能力。要不断完善高校宣传思想工作的各项制度，做到有据可依、有章可循，推动形成内容协调、配套完善、有效管用的长效管理机制，确保各项制度可执行、可监督、可检查、可问责。

三是严肃党内政治生活，严明政治纪律和政治规矩，从源头抓好宣传思想工作。党内政治生活是党组织教育管理党员和党员进行党性锻炼的主要平台。有什么样的党内政治生活，就有什么样的党员、干部作风。党员、干部作风不正，抓宣传思想工作的环境就会乱、力量就会散、成效就会弱。习近平总书记指出，讲规矩是对党员、干部党性的重要考验，是对党员、干部对党忠诚度的重要检验。如果不讲规矩、不守纪律，突破"学术研究无禁区、课堂讲授有纪律、公开宣传有要求"这个重要原则，肯定会出大问题。因此，抓好宣传思想工作要从源头入手，推动落实党内生活制度化、常态化，提高党内政治生活的政治性、原则性、战斗性，运用好批评和自我批评的有力武器，让党内民主氛围活起来、政治生活质量高起来、党员身份意识浓起来。通过严肃党内政治生活，严明政治纪律和政治规矩，帮助广大师生党员分清是非、辨别真假、坚持真理、修正错误、统一意志、增进团结，提高广大师生党员与错误思潮做斗争的自觉性和坚定性。

四是突出抓基层强基础的鲜明导向，有效发挥基层党组织战斗堡垒作用和共产党员先锋模范作用。党的基层组织是党的全部工作和战斗力的基础，承担着推动党的各项工作落地生根的重要责任。全面推进党的建设各项工作，必须切实推进高校党建工作重心下移、资源下沉、强化功能，在固思想之本、强党性之基上下功夫，形成抓牢基层、严抓基层的鲜明导向。基层强起来，基础实起来，抓宣传思想工作才会有坚实支撑。

参考文献

［1］苟仲文：《深刻认识新形势下加强和改进高校宣传思想工作的重要性》，《中国教育报》2015年2月3日第2版。

［2］中国教育报评论：《切实加强党对高校宣传思想工作的领导》，《中国教育报》2015年1月29日第1版。

［3］朱清孟：《完善高校宣传思想工作机制》，《中国教育报》2015年2月5日第3版。

［张树辉，中国社会科学院大学副校长。源自：《北京教育》（德育版）2015年第5期］

高校意识形态工作若干问题研究

王彩霞　曹蓓蓓

在第六次全国宣传思想工作会议上，中共中央总书记习近平同志指出，经济建设是党的中心工作，意识形态工作是党的一项极端重要的工作。他强调，宣传思想工作要巩固马克思主义在意识形态领域的指导地位，巩固全党全国人民团结奋斗的共同思想基础。

高校意识形态工作是党的意识形态工作的重要组成部分。高校肩负着学习研究宣传马克思主义，培养和弘扬社会主义核心价值观，为实现中华民族伟大复兴的中国梦提供人才保障和智力支持的重要任务，是意识形态工作的重要前沿阵地。高校学生的人生观、世界观和价值观，很大程度上直接影响中国未来道路的发展走向，决定党的前途命运和国家长治久安，对此必须高度警醒。牢牢把握高校意识形态工作的主导权、话语权、管理权，是每一位教育工作者义不容辞的责任和使命。

影响高校意识形态工作的因素有很多。在现代信息社会，什么样的队伍为广大学生提供什么样的课程和教育，是意识形态工作的关键环节。队伍是基础，课程是途径，网络是意识形态工作中的重要环境和土壤。本文主要探讨意识形态工作中队伍、课程、网络的现状和面临的突出问题，并试图提出参考的解决路径。

一 队伍

（一）现状与问题

意识形态工作队伍，从狭义上说，包括思想政治课、马克思主义理论课教师、专业课教师、辅导员及党团工作者等；从广义上说，是全体教职工队伍（仅从高校内部范围来讲）。思想政治课、马克思主义理论课教师、专业课教师、辅导员及党团工作者直接和学生打交道，直接肩负意识形态工作职责，特别是思想政治课、马克思主义理论课教师与辅导员，是意识形态工作的"排头兵"。

意识形态问题，是政治、经济、社会、文化、生活等领域存在问题的综合反映。思想政治课、马克思主义理论课教师在意识形态工作中直接承担教学任务，需要在对中国的国情、社情、民情充分了解的基础上，用马克思主义历史唯物主义的基本原理来看待与解释。目前高校的主力教师基本都是中青年教师，对国情、社情、民情了解不充分的情况客观存在，尤其在复杂形势的领域，有的教师无法解释重大理论问题，或者无法针对学生的困惑做出合理解答，这就不能完全满足学生的需求。意识形态教育的针对性不强。

辅导员、班主任是高校学生日常思想政治教育和管理工作任务的主要承担者，工作在意识形态阵地的第一线。相比专职教师，他们和学生的日常交流与互动更多，但往往更多担任管理班级行政事务的职责。按照教育部《关于加强高等学校辅导员、班主任队伍建设的意见》（教社政〔2005〕2号）的要求，专职辅导员总体上要按1∶200的比例配备，保证每个院（系）的每个年级都有一定数量的专职辅导员。同时，每个班级要配备一名兼职班主任。但是，由于高校受事业单位编制限制等因素的影响，多数高校的辅导员队伍都存在配备不足、人手紧张的情况，因而往往不可避免地造成他们忙于日常事务性的工作，对学生的思想教育、心理疏导、生活服务等工作做得还不够，忽略或者没有更多精力进行深入细致的思想政治教育。

另外，高校中其他课程的教师往往认为意识形态工作只是思想政治课、马克思主义理论课教师的事情，其他教师不承担此项责任，所以存在对马克思主义理论知识缺乏系统了解和学习不足的情况，也存在有意无意地回避一些关键问题的情况。

（二）解决路径：明确职责，形成合力

意识形态工作是带有全局性、根本性的工作，关乎高校的办学方向。高校的全体教师都负有意识形态工作的重任，都应该做到守土有责、守土尽责、守土负责。

要不断提高教师的马克思主义理论水平。一方面，加强教师自身本领和传道授业解惑能力的建设。教师本身要有深厚的理论基础和宽广的知识面，要主动加强对马克思主义经典著作的研究，真学才能真懂，真懂才能真信，真信才能真教。另一方面，高校党委应该主动以各种形式提高教师的马克思主义理论水平。比如采取走出去、请进来的方法，建立和完善思想政治课和马克思主义理论课教师的培训机制，定期外出学习、组织国情调研等，支持和鼓励教师参加学术交流活动与专业培训，提高教师的综合素质，促进教学水平的提高。同时，要用科研支撑教学，强化马克思主义理论学科和科研对教学的支撑作用。教学与科研紧密相连，教师在完成教学任务的同时要完成规定数量的科研学术工作，有效地把科研精华转化为学生们喜闻乐见的教学内容。

要健全教师考核评价制度，形成意识形态工作队伍的合力。对专职教师来讲，评价他们的最直接体现就是职称。当前高校教师职称评价的标准普遍更注重科研，这也导致部分教师把更多精力放在论文的写作和发表上，对教学内容、方法的钻研不够。高校应自主探索建立符合思想政治课、马克思主义理论课特点的专业技术职务评价标准。对辅导员队伍，应优化选拔机制，按政治强、业务精、纪律严、作风正的标准，把德才兼备、乐于奉献的人员选聘到辅导员、班主任队伍中来。按照《关于高等学校岗位设置管理的指导意见》（国人部发〔2007〕59号）的意见，高校中实行按岗评聘，一人一岗。辅导员、班主任队伍除承担管理

职能外，同样需要具备深厚的专业知识和理论，也要有一定授课任务和科研成果，不能评聘职称对他们是很大的冲击，不利于队伍的稳定和发展。建议可以试行管理岗为主，职称岗评定资格的办法。一方面按教师职称职数的适当比例评聘专职辅导员的专业职务；另一方面对其中的优秀者专门给予领导职务，增强思想政治教育岗位的吸引力，提高辅导员队伍对于高校意识形态工作的影响力。

更为重要的是，高校应当对思想政治课、马克思主义理论课教师、辅导员、班主任及党团干部等重要力量进行全面整合。一方面要完善制度，落实党建工作责任制，建立健全高校党委统一领导，意识形态工作领导小组牵头协调、党政工团齐抓共管、有关部门和院（系）共同参与的工作机制。强化责任意识，提升党委领导力，加强组织建设。以学生党团组织为抓手，加强学生基层党思想建设和组织建设。另一方面要打通队伍合作边界，鼓励支持辅导员骨干与马克思主义理论课教师互相兼任，鼓励支持哲学社会科学教师参与思想政治课教学，教书育人、管理育人、服务育人，推动队伍的有机融合，形成合力。

二 课程

（一）现状与问题

高校意识形态课程以思想政治课和马克思主义理论课为主要渠道。为大学生上的意识形态相关课程一般统称为思想政治课，研究生课程中，开设更为专业的马克思主义理论课。2004 年以来的 10 余年间，党中央相继出台了《关于进一步加强和改进大学生思想政治教育的意见》《中共中央宣传部、教育部关于进一步加强和改进高等学校思想政治理论课的意见》等文件，积极推进高校思想政治教育教学改革，在取得成绩的同时，还存在一些问题。

传统上认为的施与受的关系不完全适用于思想政治课和马克思主义理论课。思想政治教育与其他知识的教育相比有其特殊性，它不单是理论知识的传播，更重要的还是学生要理解、接受其所宣传的意识形态即社会主义核心价值观等,并且从效果上要将其内化和转化为行动。由于高等教育在学时、学制上的客观限制,思想政治课的教学时数有限,课程内容与实际联系不够紧密,课程吸引力不足,实践教学环节缺乏,教学效果不明显。马克思主义理论课缺乏吸引力,课程内容相对陈旧和枯燥,空心化、虚化现象明显。课虽然上了,但效果和内容是割裂开的两张皮,学生对主流意识形态的认同度不够。思想政治课和马克思主义理论课都是必修课,很多学生是为了学分来修这个课,效果不佳,有时还起反作用。

(二) 解决路径:学以致用,重视实践

中宣部和教育部2015年联合下发了《普通高校思想政治理论课建设体系创新计划》,要求坚持思想政治理论课与专业课相结合,注重发挥所有课程的育人功能,所有教师的育人职责。坚持校内与校外相结合,注重资源整合,探索建立全社会关心支持思想政治理论课建设的长效机制。

课堂内容,要讲好"中国故事"。《中国青年报》2015年3月28日报道了一篇《复旦大学"抢救"思政课》的文章,复旦大学思想政治课的课堂不用点名,学生不用依靠死记硬背来应付考试。每位学生都可以对自己感兴趣的事件设置议题,在课堂上展开讨论,通过老师的点评与深入指导,取得了良好的教学效果。这说明,意识形态教育要以学生接受的思维方式来进行。发现中国问题,解决中国问题,讲好中国故事,总结中国经验,构建中国理论,是当今思想政治课和马克思主义理论课较为理想的课程设置思路。在讲好中国故事的过程中,要让学生了解中国为什么选择了社会主义道路,为什么只有共产党才能救中国,中国在全面改革开放后取得的巨大成就,让马克思主义理论进课堂、进教材、进学生头脑。关注社会思潮对马克思主义指导地位的影响,对"抹黑中国""美化西方"有计划地批评,看清实质。

要完善课程设置。在高校中,有马克思主义理论学科点的高校只有300多所,还有2200所学校没有。应该通过充实教学内容,完善课程设置,形成结构合理、功能互补、相对稳定的课程体系。根据《中共中央

宣传部和教育部关于高等学校研究生思想政治理论课课程设置调整的意见》（教社科〔2010〕2号）等，中国社会科学院马克思主义学院调整、充实马克思主义经典著作的教学计划，加大马克思主义经典著作的课程难度和深度，将马克思主义经典著作教学的系统性、全面性作为重点，进一步理顺马克思主义经典著作课程的先修后续的关系。要不定期邀请各领域专家有针对性地举办专题讲座，更深、更透地理解马克思主义理论中国化的最新成果，及时了解国际国内新形势。

要强化课堂教学纪律，意识形态实行一票否决。在这方面，中国社会科学院研究生院实施"党委听课制""督学督导制""学生评课制"三位一体的课堂意识形态制度。通过党委委员分批进课堂，更加真实地了解教学过程中存在的问题，从而更加牢固地把握意识形态工作的主动权和领导权；通过专家督导教师的学术方向和教学水平，重点考察教材、教案、教学内容、教学方法、课堂纪律等，从根本上防范教学过程中面临的各种意识形态的风险，让课堂讲授更有纪律，巩固马克思主义课堂主阵地，不给错误言论以传播渠道；通过挑选马克思主义信仰坚定、政治素质高、学习成绩优异、为人正派的学生，组成学生教学评价员队伍，建立学生评教制度，准确研判意识形态工作形势，促进教学工作的改进，提升教学质量。

要坚持理论与实际相结合，注重发挥实践环节的育人功能。实践锻炼是课堂教学的重要补充环节。通过课堂教学环节，学生们提出相关问题，带着问题投入社会调查实践中去，在走向社会的过程中真正了解我国在全面深化改革进程中取得的巨大成就，增强对中国特色社会主义的政治认同、道路认同和情感认同。简单来说，只有理论与实践相结合了，才能真正掌握课堂上所讲的理论，并将之内化于心，才有可能做到知行合一。学校方面可以通过设立实践教学专项经费，对学生的社会实践项目进行资助等方式，提高师生参与实践教学的积极性，保障实践教学活动的正常开展。通过课堂上的中国故事和课下的实践调研，提高运用马克思主义的立场、观点和方法分析问题和解决问题的能力，培养具有坚实的马克思主义理论基础和坚定信念的后备人才。

三 网络

(一) 现状与问题

根据中国互联网络信息中心发布的《第36次中国互联网络发展状况统计报告》，截至2015年6月，我国20—29岁的青年网民占比最大，占网民总数的31%。青年人成为中国互联网事业发展的主力军。高校大学生和大部分研究生年龄都在这个阶段，他们掌握相当程度的专业知识，又处于思想最活跃的时期，因而也必然成为意识形态渗透的主要目标。

网络新媒体的内容庞杂，传播便捷，同时又可以全民匿名参与，高校学生在学习、生活等各方面都离不开网络，对其可以说存在着一定的依赖性。网络在给学生带来资讯便捷、更深参与的同时，也使得高校意识形态建设遇到了前所未有的挑战。一方面，网络空间的相对透明和平面化，使得各种意识形态都能在网上凸显并相互碰撞和交锋，网络管理的难度加大。传统的信息管理体制机制是自上而下、高度集中的，现在网络舆论的快速传播、匿名发表、交互表达等，使得意识形态过程中的不确定和不稳定因素成倍增加。与此相对应，另一方面，这也为西方资本主义国家利用网络对中国网民进行渗透提供了更为简便的渠道。最为常见的是打着"民主""自由""普世价值"的名号，传播资本主义的思想观点和价值理念。如果不能很好应对上述情形，将严重消解以高校核心价值观为基石的主流意识形态教育的效果。互联网已成为高校意识形态领域斗争的主战场。

(二) 解决路径：把握舆论导向，加强平台建设

习近平总书记在2014年召开的全国宣传思想工作会议上指出，"要高度重视和切实加强互联网新闻宣传工作，努力掌握网上舆论引导的主动权，使互联网站成为传播先进文化的重要阵地"。在刚进行的中共中央政治局第三十六次集体学习时，习近平强调要加快提高网络管理水平，加快增强网络空间安全防御能力，加快用网络信息技术推进社会治理，加快提升我国对网络空间的国际话语权和规则制定权，朝着建设网络强国目标不懈努力。

要把握好舆论导向。高校应主动通过网络关注、研究分析意识形态领域新形势新要求及师生思想状况，有针对性地制定有关要求和措施。在特殊时期和关键节点，高度关注，反应迅速，切实维护校园安全稳定，处置突发事件，并积极引导舆论。同时辨别与区分反面舆论与负面情绪两种不同性质的情况。对于错误思潮和敌我性质的，要坚决抵制，坚决处理，主动出击。对于西方资本主义国家宣传的各种社会思潮，要全面客观地认识其产生的背景、根源、所起的效应，科学、理性地比较其与社会主义核心价值体系之间的本质区别。高校中常引发负面情绪的事件大多与奖助学金，学分，吃、住、行等日常学生管理和服务保障相关。针对学生的思想、心理状况，抓住学习压力大、家庭生活难、社会工作重等问题，要健全维护学生利益的机制，畅通渠道，及时了解研究生院研究生们的合理诉求进行协调沟通，做好政策解读和心理疏导工作，遵循学生思想特点和规律，主动征求意见建议，化解矛盾，因势而谋，应势而动，顺势而为，提出合理的应对解决方案。

要大力加强社会主义主流意识形态的网络传播平台建设，主动占领网上思想阵地。组织微博、微信公众号，撰写相关理论文章，引领社会新风尚，扩大马克思主义和中国特色社会主义理论体系的魅力。在高校官方网站上，建设红色专题频道，弘扬主旋律；加大对中国人民和中华民族的优秀文化和光荣历史的正面宣传力度，加强爱国主义、集体主义、社会主义教育，引导高校学生树立和坚持正确的历史观、民族观、国家观、文化观。积极开展以"中国特色社会主义、社会主义核心价值观、中国梦、党史国史、优秀传统文化、民族团结"等为主题的网络论坛及征文活动，旨在加大对马克思主义理论的宣传力度，提高马克思主义理论自觉，增强三个自信，抵制违背马克思主义的各种错误思潮和观点。在条件具备的情况下，建设一批贯穿社会主义主流意识形态的哲学社会科学网络精品课程，用科学理论占领网络教育阵地。

进一步健全舆情综合防控体系，加强网络监管。实行校园论坛社区、微博等实名登记注册，加强网络监管，坚决杜绝通过网络危害高校意识形态安全。对高校官网及其二级链接、登记备案的微信、微博等公众账号进行意识形态审读。重点审读以下几个方面：是否存在坚持资产阶级自由化立场、反对四项基本原则、反对党的改革开放决策等情况；是否违背党的基本理论、基本路线、基本纲领、基本经验、基本要求或者重大方针政策；是否存在丑化党和国家形象，或者诋毁、诬蔑党和国家领导人，或者歪曲党史、军史等情形。

2015年1月19日，中共中央办公厅、国务院办公厅印发了《关于进一步加强和改进新形势下高校宣传思想工作的意见》，再次强调："做好高校宣传思想工作，加强高校意识形态阵地建设，是一项战略工程、固本工程、铸魂工程。"这是新形势下做好高校宣传思想工作的纲领性文献，也是今后一个时期高校意识形态建设的重要遵循。高校意识形态建设应以立德树人为根本任务，以深入推进中国特色社会主义理论体系进教材进课堂进头脑为主线，以提高教师队伍思想政治素质和育人能力为基础，以加强高校网络等阵地建设为重点，抵御西方意识形态和价值观的渗透，积极培育和践行社会主义核心价值观，秉持"全员育人、全过程育人、全方位育人"的理念，把高校意识形态工作特别是社会主义核心价值观教育融入教学、科研、人才培养、管理、服务等各个环节，创新教育的方法和手段，整合资源，不断提升统领意识形态建设的能力和水平，合力打造高校意识形态建设新格局。

参考文献

［1］陈大勇：《切实加强高校意识形态工作的几点思考》，《思想政治教育研究》2015年第5期。

［2］顾晓静、常敏：《巩固马克思主义在高校意识形态领域指导地位的路径探析》，《云南社会主义学院学报》2014年第3期。

［3］刘经纬、董前程：《对完善高校意识形态工作话语体系、掌握话语权的探讨》，《思想教育研究》2015年第9期。

［4］王永贵：《扎实推进高校意识形态建设的着力点》，《思想理论

教育》2015 年第 4 期。

[王彩霞，中国社会科学院大学党委常委、党委组织部部长、人事处处长；曹蓓蓓，中国社会科学院大学党委组织部（人事处）副处长。源自：《世纪桥》2016 年第 12 期]

法治，应与全面建成小康社会同行

黄建云

党的十八届四中全会审议通过了《中共中央关于全面推进依法治国若干重大问题的决定》。以此次会议为节点，中国将开启依法治国新时代，中国的依法治国将从政治方略走向全面、系统的法治实践，在社会主义法治旗帜引领下的中国号巨轮必将走得更稳健、更精彩。

党的十八大报告明确提出，要在2020年全面建成小康社会，这个目标宏伟而激动人心。党的十八大报告中还用较大篇幅对"全面推进依法治国"做出了重大决策和战略部署。法治，应与全面建成小康社会同行。

法治，是人类探索社会管理的宝贵经验和文明结晶。在相当长的一段历史时期，人类社会还停留在同态复仇、以牙还牙的蛮荒生态。充斥着"弱肉强食"的丛林法则。自由、平等、博爱、私有财产神圣不可侵犯、宪政等法治的基本要求差不多是在文艺复兴之后，伴随着资产阶级力量的壮大而开始登上历史的舞台。

而我国法治的启蒙似乎更晚，在专制主义时代，政权的更替只有"城头变换大王旗"的王朝取代，反映的是"成王败寇"的斗争哲学。即便是近代推翻帝制以后，本以为会走向共和的一个崭新的国家，因为没有法治，也不过沦为拥兵自重的军阀们相互倾轧的战场。新中国成立后，也有一段时间因为不相信法治，在没完没了的运动中让人人自危，社会和个人普遍缺乏安全感。经济社会发展的成果随时会因为没有法治的保障而化为青烟。"还是法治更可靠些""好的制度让坏人无法作恶，坏的制度会让好人变坏"。法治，是无数仁人志士用智慧和鲜血孜孜以求的结果，是在总结正反两方面经验的基础上所形成的宝贵共识，是人类社会发展进步的重要标志。

法治，是全面建成小康社会的题中应有之义。全面的小康社会，当然不仅仅是单一的物质富足，而应当包括经济持续健康发展、人民民主不断扩大、文化软实力显著增强、人民生活水平全面提高、生态环境和谐良好"五位一体"科学发展的总要求。法治，是其中当然的内容。改革开放以来，我们在总结社会主义民主正反两方面的经验基础上，强调人民民主是社会主义的生命，并在1997年党的十五大报告中明确提出"实施依法治国方略，建设社会主义法治国家"，并在1999年修改宪法时及时变成了宪法内容。2002年，党的十六大首次提出全面建设小康社会的战略目标，并把"提升政治文明，发展民主政治，建设法治国家"作为全面建设小康社会的基本目标加以规定。而党的十八大报告中，"全面推进依法治国"被放在了更加突出、更加重要的地位。不论是篇幅还是具体内容，都做了更加科学详尽的阐述。在阐述全面建成小康社会目标中明确提出，依法治国基本方略全面落实，法治政府基本建成，司法公信力不断提高，人权得到切实尊重和保障。在政治建设目标中提出要全面推进依法治国，法治是治国理政的基本方式，推进科学立法、严格执法、公正司法、全民守法。明确要求"党领导人民制定宪法和法律，党必须要在宪法和法律范围内活动"。除了在政治建设目标中对法治有充分的论述外，在文化建设目标中又将"自由、平等、公正、法治"等作为社会主义核心价值体系建设加以强调，这反映出我们党对法治认识的不断深化和更加重视。

法治，是全面建成小康社会的重要保障。市场经济就是法治经济，在深化经济体制改革、健全现代市场体系、推进经济结构调整等诸多方面，法治不能缺席。积极稳妥推进政治体制改革，必须从各层次各领域扩大公民有序政治参与，实现国家各项工作法治化，必须更加注重发挥法治在国家治理和社会管理中的重要作用。在文化体制改革方面，加快完善科学有效的文化管理体制、生产经营机制，基本建立统一开放、竞争有序的现代文化市场体系，同样离不开法治。在社会建设方面，加快形成党委领导、政府负责、社会协同、公众参与、法治保障的社会管理体制，加快形成政府主导、覆盖城乡、可持续的基本公共服务体系，加快形成政社分开、权责明确、依法自治的现代社会组织体制，加快形成源头治理、动态管理、应急处置相结合的社会管理体制，同样需要法治提供强有力的保障。党的十八大报告提出，推进生态文明建设，是涉及生产方式和生活方式根本性转变的战略任务，必须依靠法律和制度。而加强党的执政能力建设、先进性和纯洁性建设，法治状况本身就是重要的衡量标尺和保障。

　　法治，在当下显得尤为迫切繁难。作为一个幅员辽阔，区域、行业、城乡等发展不均衡的多民族国家，处于战略机遇期与矛盾凸显期并存的当下，经济体制深刻变革，社会结构深刻变动，利益格局深刻调整，思想观念深刻变化，这空前的社会变革，既带来了巨大进步和活力，也必然带来各种矛盾和问题。如经济领域，制约转变经济增长方式的体制机制的问题还很突出，发展不平衡、不协调、不可持续的问题仍然很突出，产业结构不合理，城乡区域发展差距和居民收入分配差距的矛盾还很突出，政府职能转变不到位，对微观经济活动干预过多和提供公共服务职能缺位并存。

　　在政治领域，面对社会群体更加分化（据社会学家研究，目前中国至少有10个社会阶层），利益诉求、价值观念更加多元，政府、社会、市场、公民之间的关系需要重新调整，公民的主体意识、权利要求需要得到更加充分的尊重和保障，因公共权力行使监督不够或不力所带来的腐败，不断侵蚀着人民群众对公共部门的信任等一系列新情况，如何尊重和保障人权，如何健全公共权力的民主机制还需要继续探索。

　　在文化领域，文化管理体制不完善，文化产品生产经营缺乏活力，文化市场体系不健全等，都需要深化改革来破解。而随着经济转轨和社会转型，各种人民内部矛盾和社会矛盾引发的群体性事件多样多发，成为影响社会稳定的重要因素，流动人口大幅增加，既为经济社会发展做出重大贡献，也给社会管理带来巨大压力，非公经济、社会组织快速发展，但管理服务没能及时跟进。并且随着经济社会的发展，我国面临的资源、环境、生态问题日益突出。资源紧张、环境恶化、环境群体性事件增多，生态系统破坏带来的自然灾害频发。这种种问题和矛盾空前突出地摆在我们面前。

要形成改革共识，凝聚力量，维护稳定，实现和谐，必须照顾各方，给予关切，寻求各社会群体利益的最大公约数。如果没有法治，不仅改革的攻坚难以深入推进，现有的改革成果也可能难以维持。从保护改革成果计，从破解改革难题计，唯有推行法治。正如党的十八大报告所阐述的那样，必须让法治的理念深入人心，让法治成为治国理政的基本方式，弘扬社会主义法治精神，树立社会主义法治理念，增强全社会学法尊法守法用法意识。提高领导干部运用法治思维和法治方式深化改革、推动发展、化解矛盾、维护稳定能力。

面对全面建成小康社会的美好前景，面对实现全面小康社会的重重障碍，面对几千年浸淫在专制文化下的历史包袱，设计科学的法治之道，实现真正意义的法治，任重道远。

（黄建云，中国社会科学院大学本科生工作处处长，思想政治工作高等研究院研究员）

马克思《巴黎手稿》的当代价值

张 跣

在马克思卷帙浩繁的著述当中，除了众所周知的《共产党宣言》《资本论》之外，《1844年经济学哲学手稿》（又称《巴黎手稿》）堪称"经典中的经典"。马克思流亡巴黎之际写作的这部著作，包含两大基本主题：一是揭示资本主义社会人的异化本质，二是共产主义对异化的克服。《巴黎手稿》不仅在经济学、哲学领域影响卓著，深刻影响了20世纪的美学、文学和社会学研究，而且全面渗透到人们对人的社会处境和社会生活的理解，其思想价值历久弥新。

一 全面把握马克思主义发展史

《巴黎手稿》被普遍认为是马克思著述中被引用最多而又最难懂的文本之一。这不仅因为它立意高远、内容广博，也因为它是马克思思想发展过程中一次巨大的融合和伟大的创新——汇集了各种必要的思想元素，也存在着表述和术语还不够准确稳定的问题。正因为如此，自从《巴黎手稿》1932年全文公开面世以来，关于"两个马克思"的争论就没有停止过。一些西方马克思主义者认为，存在着一个作为人道主义者的"青年马克思"，也存在着一个作为历史唯物主义者的"老年马克思"。在对《巴黎手稿》历史地位的评价中，出现了两种截然相反的声音：一种观点极力抬高青年马克思《巴黎手稿》的思想意义，贬低和否定成熟时期马克思的历史唯物主义思想；另一种观点极力贬低《巴黎手稿》的思想意义，否定《巴黎手稿》思想和以《资本论》为代表的马克思后期著作之间的思想连续性。两种观点看似相反，实则都在有意无意地制造"两个马克思"的神话，人为割裂前期或青年时期马克思与后期或成熟期马克思的思想，并使之截然对立起来。事实上，《巴黎手稿》第一次把经济学、哲学和共产主义学说有机地结合起来，与紧随其后的《关于费尔巴哈的提纲》《德意志意识形态》等著作在主要观点、基本思路和精神主旨上，有着深刻的内在连续性和一致性。正因为如此，现在越来越多的学者都将《巴黎手稿》看作是马克思学说的"秘密和真正诞生地"。

　　从马克思主义发展史来看，《巴黎手稿》具有三方面的意义。在经济学方面，它以"异化"和人道主义的哲学观点为理论武器，对古典经济学把人的价值等同于商品价值的观点进行批判，开始了创立无产阶级政治经济学的过程；在政治学和社会学方面，它从人道主义——共产主义的社会观出发，对以私有制为基础的阶级社会尤其是资本主义社会进行了批判，揭示其内在矛盾以及必然灭亡的趋势；在哲学方面，它从唯物主义方面，批判了黑格尔唯心主义理念论，恢复了唯物主义的权威，又从以"否定之否定"为核心的辩证法出发，批判了费尔巴哈的机械唯物主义，初步阐述了革命运动和经济运动之间的关系。可见，《巴黎手稿》是马克思在创立马克思主义三个组成部分时所进行的初步尝试，奠定了马克思主义整个学说的雏形，是导向成熟的马克思主义理论体系的一个关节点，是矗立于马克思主义发展史上一座承前启后、继往开来的重要里程碑。对这样一部重要作品的认识和评价，对于全面把握马克思主义发展史具有重要意义。

二　科学认识"异化劳动"

　　异化劳动是《1844年经济学哲学手稿》中首次提出的概念，马克思用它来概括私有制条件下劳动者与其劳动产品及劳动本身的关系。他认为，劳动（自由自觉的活动）是人类的本质，但在私有制条件下却发生了异化，劳动者自己所创造的东西包括自己的活动变成了相反的东西，变成了统治自己的力量，劳动者同他们的产品相异化、同自己的生产活动相异化、同自己的类本质相异化、同人自身相异化。异化劳动的后果，就是无产阶级和资产阶级在物质生活上的两极分化，异化劳动产生的根源也就是私有制产生的原因。与黑格尔作为本体论和辩证法概念的"异化"不同，马克思的"异化"概念着眼于这样一个过程——人类自身的创造物，变成了一种异己的、强加的、外在的力量，反过来奴役人、压迫人。与费尔巴哈、赫斯等人从道义和伦理的角度看待"异化"不同，马克思认为异化就是人类的不自由状态，异化的根源深藏在社会的经济关系中，它是合于规律地产生，并且只能合于规律地消灭的历史现象。正因为如此，马克思指出："'解放'是一种历史活动，不是思想活动。"联系马克思后来的一系列作品，可以看出，《巴黎手稿》对"异化劳动"的分析实际上包含了对社会经济形态及其内在矛盾的分析，包含了对生产力与生产关系、经济基础与上层建筑之间关系的分析，它标志着历史唯物主义的初步形成，并为揭示"剩余价值"打下了理论基础，是通向科学共产主义世界观的重要出发点。

马克思对资本主义社会生产的分析，在今天仍然具有重要的认识论意义。毋庸讳言，在为人的全面发展和劳动者的自由创造开辟出广阔空间的同时，科技发展和社会进步也带来了诸多负面影响。在生产效率飞速提高的生产线上，工人仍然从事着破碎化的劳动，劳动与劳动者仍是相互外在的，劳动只是一种基本谋生手段，而不是人的本质力量的体现。尤其是在当今经济全球化背景下，异化现象非但没有消失，反而更广泛、更深刻地影响着我们的时代和社会。通过《巴黎手稿》对"异化劳动"的分析，我们可以看到，"异化"现象的产生有其历史必然性，它是人类社会走向最终解放不可或缺的历史阶段。异化的消除，人类的根本解放，必须依靠生产力的发展，依靠生产力发展积累起来的足够的物质力量。这种力量既是旧的生产关系和社会关系的破坏者，也是新的生产关系和社会关系的促进者，因为"自我异化的扬弃同自我异化走的是同一条道路"。异化的克服，不能仅仅通过道德和精神的革命来实现，还必须从社会历史运动的过程中寻找克服异化的物质力量，这是马克思异化劳动理论的精髓。

三 准确理解"共产主义"

马克思认为，人的异化不仅存在于物质世界中，而且反映在人的精神世界中，即表现为宗教、哲学、政治、道德、法律等人类的精神创造物反过来压迫人、统治人、支配人。在《巴黎手稿》中，马克思把解决人的异化问题的根本出路指向了共产主义。他明确指出："共产主义是私有财产即人的自我异化的积极的扬弃，因而是通过人并且为了人而对人的本质的真正占有；因此，它是人向自身、向社会的（即人的）人的复归，这种复归是完全的、自觉的而且保存了以往发展的全部财富的。这种共产主义，作为完成了的自然主义，等于人道主义，而作为完成了的人道主义，等于自然主义，它是人和自然界之间、人和人之间的矛盾的真正解决，是存在和本质、对象化和自我确证、自由和必然、个体和类之间的斗争的真正解决。它是历史之谜的解答，而且知道自己就是这种解答。"可以看出，共产主义真正实现了人与自然、人与人、人与自身、自由与必然的统一，共产主义思想的理论核心就是人的全面解放。解放全人类，在地球上建立一个消灭一切人间不合理现象的共产主义社会，这是马克思一生理想和事业的全部目标。

正是基于这样的思想高度，在《巴黎手稿》中，马克思对"粗陋的共产主义"进行了深入的批判。这种"粗陋的共产主义"的一个重要特征就是要求均分财产。马克思指出，这种所谓共产主义是"从想象的最低限度出发的平均化的顶点"，它只要求平均分配私有财产，而不是根本废除私有财产。就其本质而言，这种均分财产的思想是卑劣的、野蛮的。"这种共产主义，由于到处否定人的个性，只不过是私有财产的彻底表现"，是"普遍的和作为权力形成起来的忌妒，是贪欲所采取的并且仅仅是用另一种方式来满足自己的隐蔽形式"，并且是"对整个文化和文明的世界的抽象否定"。马克思对"粗陋的共产主义"的批判不是孤立的，《巴黎手稿》中的这种思想在《共产党宣言》当中得以延续。《共产党宣言》第三部分指出，随着早期的无产阶级运动而出现的革命文献，因为"倡导普遍的禁欲主义和粗陋的平均主义"，所以，"就其内容来说必然是反动的"。究其实质,"粗陋的平均主义"和"粗陋的共产主义"是一个东西,都是打着追求社会平等的旗号,否定发展生产力、增加社会财富的重要性,是对社会变革的物质性力量的根本性漠视,与马克思主义的历史唯物主义思想背道而驰。马克思对"粗陋的共产主义"的批判提醒我们,共产主义是人类社会的最高阶段,它是生产力极度发达的结果,与"平均"和"粗陋"毫不沾边。通过改变生产关系实现脱贫只能是权宜之计,通过发展生产力脱贫才是根本出路。改革开放的总设计师邓小平说过,"贫穷不是社会主义",可以说,这是马克思批判"粗陋的共产主义"重要思想的当代回响。

2018年5月4日,习近平总书记所做的《在纪念马克思诞辰200周年大会上的讲话》进一步指出:"共产党人要把读马克思主义经典、悟马克思主义原理当作一种生活习惯、当作一种精神追求,用经典涵养正气、淬炼思想、升华境界、指导实践。"在中国特色社会主义进入新时代的今天,重新思考和认识《巴黎手稿》的当代价值,对于我们全面把握马克思主义发展史、科学认识"异化劳动"、准确理解"共产主义",具有不可忽视的重要意义。

(张跣,中国社会科学院大学人文学院执行院长、教授)

从"五位一体"总体布局
理解新时代文化建设

张 跣

李克强总理在第十三届全国人民代表大会第一次会议上作的《政府工作报告》政治站位高、形势判断准、工作举措实、民生导向强，是一个既高举旗帜又鼓舞人心的好报告。报告在充分总结过去五年国家各方面工作所取得的成就的基础上，为今后几年各方面工作指明了方向。

在文化建设方面，《政府工作报告》指出："为人民过上美好生活提供丰富精神食粮。要弘扬中华优秀传统文化，继承革命文化，发展社会主义先进文化，培育和践行社会主义核心价值观。加强思想道德建设和群众性精神文明创建。加快构建中国特色哲学社会科学，繁荣文艺创作，发展新闻出版、广播影视、档案等事业。加强文物保护利用和文化遗产保护传承。建好新型智库。加强互联网内容建设。深入实施文化惠民工程，培育新型文化业态。深化中外人文交流。我们要以中国特色社会主义文化的繁荣兴盛，凝聚起实现民族复兴的磅礴精神力量。"报告关于文化建设的集中论述虽然只有这短短的220多个字，但内容全面，主题鲜明，思路清晰，举措有力，不仅体现出"为人民过上美好生活提供丰富精神食粮"这一时代主题，提炼出"培育和践行社会主义核心价值观"这一现实任务，而且从文化传承、文化事业、文化遗产保护、新兴文化业态、公共文化服务、文化交流等方面，对2018年我国文化建设提出了整体性要求，为2018年我国文化建设定下了总基调。

文化建设是中国特色社会主义"五位一体"总体布局的重要组成部分，是否能获得丰富的精神文化食粮，实际上是人民感知并衡量生活美好程度的一个重要尺度。《政府工作报告》关于文化建设的集中论述，是以习近平新时代中国特色社会主义思想为指导，在"五位一体"总体布局和"四个全面"战略布局中对文化建设的成就回顾和前景规划，具有强烈的总结性、指导性和号召性。

一 坚持"以人民为中心"的政治立场

中国特色社会主义是全面发展的社会主义。党的十九大对我国社会主义现代化建设做出新的战略部署，明确以"五位一体"总体布局推进中国特色社会主义事业，从经济、政治、文化、社会、生态文明五个方面，制定了新时代统筹推进"五位一体"总体布局的战略目标。我们党把坚持以人民为中心作为治国理政的价值引领，统筹推进"五位一体"总体布局，协调推进"四个全面"战略布局，贯彻落实新发展理念，不断实现好、维护好、发展好最广大人民的根本利益。

作为"五位一体"总体布局的重要组成部分，新时代文化建设是以人民为中心的文化建设。文化发展为了人民，文化发展依靠人民，文化发展成果由人民共享，文化建设服务于中国特色社会主义事业的总体布局。"为人民过上美好生活提供丰富精神食粮"是"五位一体"总体布局的基本要求，是全面建成小康社会的题中应有之义。因为全面建成小康社会，就是要实现人的全面发展和社会全面进步，实现物质生活和精神生活的全面进步；"为人民过上美好生活提供丰富精神食粮"也是满足人民美好生活需要的重要内涵。因为丰富的高层次的精神文化生活是美好生活的关键要素，有助于提高人民的获得感和幸福感；"为人民过上美好生活提供丰富精神食粮"同时还是建设社会主义现代化强国的必然要求。因为文化是国家的灵魂、民族的血脉，是一个民族传承和发展最根本、最深沉、最持久的力量，也是凝聚民族向心力，增强民族自信心，团结各族人民共同奋斗的坚强基石。"为人民过上美好生活提供丰富精神食粮"这一重要论断，正是坚持以人民为中心的发展思想在文化建设领域的具体体现。它的重要意义在于，从文化建设的角度突出体现了新时代中国特色社会主义事业的基本政治立场，从战略高度强调了为人民提供丰富的精神食粮的重要性，对于推动我国文化事业发展，激发全民族文化创新活力，建设社会主义文化强国，具有重要的指导性意义。

二 抓住社会主义核心价值观的主心骨作用

2014年，习近平同志在江苏视察时强调："做好各项工作必须有强大的价值引导力、文化凝聚力、精神推动力的支撑，加强文化建设要有主心骨，社会主义核心价值观要广泛宣传教育、广泛探索实践，使社会主义核心价值观成为引导人们前进的强大精神动力。"这一讲话是着眼于时代背景和战略全局的重要论断，它明确指出培育和践行社会主义核心价值观就是文化建设的主心骨，只有抓住主要矛盾，抓住这个主心骨，才能推动文化建设迈上新台阶。

社会主义核心价值观，从国家、社会、公民三个层面，分别阐述了我们的价值目标、价值取向和价值准则。核心价值观当中的"富强""民主""文明""和谐"既是我国社会主义现代化建设的国家目标，也是从追求目标层面对社会主义价值规范的凝练，它与"五位一体"的经济建设、政治建设、文化建设、社会建设、生态文明建设既内在统一，又高度契合。富强对应物质文明，是经济建设的价值目标；民主对应政治文明，是政治建设的价值目标；文明对应精神文明，是文化建设的价值目标；和谐对应社会文明和生态文明，是社会建设和生态文明建设的价值目标。

可以看出，中国特色社会主义"五位一体"总体布局并非是一个并列的体系，而是一个有着内在结构的整体即系统。经济建设是根本，政治建设是保证，文化建设是灵魂，社会建设是条件，生态文明建设是基础。在这其中，文化建设既独立于其他四项建设，又同其他四项建设密切相关。无论经济建设、政治建设、社会建设、生态文明建设，都离不开文化指导，其成果最终也要通过文化来表现。因而文化建设，特别是社会主义核心价值观建设乃是五位一体总布局的精髓。社会主义核心价值观与中国特色社会主义发展要求相契合，与中华优秀传统文化和人类文明优秀成果相承接，是我们党凝聚全党全社会价值共识做出的重要论断。必须紧抓社会主义核心价值观这个主心骨，才能使新时代文化建设在"五位一体"总体布局中真正发挥凝魂聚气、强基固本的基础作用。

三　把握新时代文化建设的历史性机遇

1月5日，习近平同志在学习贯彻党的十九大精神研讨班开班式上发表重要讲话，明确指出：当前，我国正处于一个大有可为的历史机遇期。这是习近平同志纵观过去、当下、未来的历史演进，通览国家、政党、民族的沉浮兴衰，做出的重大战略判断。这个历史机遇期是全方位的，不仅仅是经济的发展，更是科技和产业革命的加速，中华文化影响力的增强，为中国智慧、中国方案赢得了更多掌声。就新时代文化建设而言，我们当下所面临的历史性机遇是前所未有的。

前所未有的历史机遇来自社会主要矛盾的历史性变化，它为新时代文化建设提供了源源不断的内在动力。做好做强文化建设，为人民过上美好生活提供丰富精神食粮，是新时代我国主要矛盾"已经转化为人民日益增长的美好生活需要和不平衡不充分的发展之间的矛盾"的必然要求。目前，我国经济建设已经取得了辉煌成就，但文化建设还相对落后，经济建设和文化建设之间发展不平衡和不充分等问题已经成为全面建成小康社会的主要制约因素之一。因此，全面建成小康社会，迫切需要补齐文化发展短板，实现文化小康，在建设富裕的物质生活的基础上，进一步建设更丰富的精神文化生活，提高国民素质和社会文明程度。

前所未有的历史机遇来自中国特色社会主义新的历史方位，它让我们有了把握机遇的深厚底气。中国特色社会主义进入了新时代，这是一个发展起来且努力走向强国的历史发展阶段。党的十八大以来的五年，中国发展经过量的积累进入质的提升阶段，已经由高速增长阶段转向高质量发展阶段，全方位、开创性的发展，带来了历史性成就和历史性变革。经济的发展、政治的清明、社会的安宁、生态的改善，给新时代文化建设提供了有力支撑，让我们对未来满怀期待。

前所未有的机遇同样来自文化建设，文化建设在中国特色社会主义事业中的重要性日益凸显。从党的十六大提出"文化体制改革"，到十七届六中全会制定"文化强国"战略部署，到十八大明确"文化强国"，再到十九大强调要"坚定文化自信"，无不彰显党对文化事业建设的重视与关切，充分体现了党在文化发展问题上具有高度的自觉和远见卓识。从"四位一体"到"五位一体"的总体布局更新，"文化建设是灵魂"，文化在国民经济与社会发展中的重要性日益提升，并上升到国家战略的高度，显示了中国社会面对未来长远发展的新视角和新战略。

从"五位一体"总体布局的角度理解《政府工作报告》关于文化建设的集中论述，对于我们深入理解中国特色社会主义文化"以人民为中心"的政治立场，深入理解社会主义核心价值观在文化建设中的主心骨作用，准确把握新时代文化建设的历史性机遇，具有重要的理论和现实意义。

（张跣，中国社会科学院大学人文学院执行院长、教授）

利益、理论、组织与认同

——论马克思的政党认同观

柴宝勇

政党认同是源自 20 世纪四五十年代美国选举中的一个政治概念，经过几十年的发展，其在世界各国的应用领域越来越广泛，对其的研究视角也越来越多元，涉及的相关概念和相关问题也越来越复杂。就中国而言，我们的政党制度与美国、西方有着显著的差别，这种差别的直接根源在于政党与国家的关系不同，这也决定着中国的政党认同的概念、功能与建构方式与西方也会有显著的差异。中国共产党作为一个以马克思主义为指导的政党，系统梳理和整体概括马克思的政党认同观，无疑对中国共产党执政的中国具有很强的理论价值和现实指导意义。黑格尔曾说，"伟大的灵魂——哲学史上的英雄们的身体，他们在时间里的生活，诚然是一去不复返了，但他们的著作（他们的思想，原则）却并不随着他们而俱逝"。虽然马克思主义的产生有其条件性与时代性，但其深刻性与批判性，即便是其反对者也深深折服。正如德里达所说："不能没有马克思，没有马克思，没有对马克思的记忆，没有马克思的遗产，也就没有将来；无论如何得有个马克思，得有他的才华，至少得有他的某种精神。"[①]

[①] ［法］雅克·德里达：《马克思的幽灵》，何一译，中国人民大学出版社 1999 年版，第 21 页。

在马克思的著作中，虽未明确提及政党认同这一概念，但在其政党思想的总体脉络中，在《共产党宣言》《中央委员会告共产主义者同盟书》《国际工人协会成立宣言》《国际工人协会共同章程》《哥达纲领批判》等文章和著述中，我们仍可找到其对政党认同相关问题的一些论述。在马克思、恩格斯指导、帮助欧洲无产阶级先进分子创立和发展无产阶级政党的实践中，我们也可以对其政党认同理论的实践建构有更为深切的体察。康德说过："每当理智缺乏可靠论证的思路时，类比这种方法往往能指引我们前进。"[1] 对比当时的政党建设理论乃至对比当今西方尤其是美国选举制度中的政党认同概念，仍旧能够发现马克思对政党认同相关问题的深切关怀、深入思考、深刻批判与深邃见解。

一 政党认同的本质源于阶级利益冲突

在西方竞争性的选举政治下，需要有一套理论来解释选民投票的动力和动因，对选举的走向和可能结果做出预测与判断。政党认同（Party Identification）这一概念即是应这种理论和实践的需求而产生。美国学者坎贝尔（Angus Campbell）最早在《美国选民》一书中提出了这一概念，把选民对某一政党在心理上的归属感和忠诚感作为一种长期的影响和解释选举的一个重要因素和变量。《布莱克维尔政治学百科全书》指出，"从某种意义上讲，政党认同已成为用社会学方法解释政治现象，以反对理性选择方法的典范"[2]。也就是说，选民根据政党认同去选择政党或者投票并不是经过理性的计算，而是一种基于情感或者非理性的因素。这一概念在政治社会化、投票态度等领域的应用不断扩展；同时也被应用于解释其他尤其是西欧各国的选举过程中。

西方的政党认同理论是基于以西方政治实践为基石、以他们的政党理论为指导而做出的。在他们的政党语境中，大多数会认为政党是选举

---

[1] ［德］康德：《宇宙发展史概论》，编译组译，上海人民出版社1972年版，第147页。
[2] ［英］戴维·米勒等：《布莱克维尔政治学百科全书》，邓正来等译，中国政法大学出版社2002年版，第566页。

的工具,民主是民众选择精英来进行政治治理的一套程序。与之相比,马克思一针见血地指出了政党的本质,政党是利益冲突与利益斗争的必然结果。马克思认为,随着大工业的发展,工人阶级越来越深刻地认识到自己的利益同现存制度是根本对立的,这就必须用革命手段推翻资本主义制度。因而,无产阶级组织同盟、组织政党的趋势是不可避免的。在1847年出版的《哲学的贫困》一书中,马克思就说明了无产阶级政党是无产阶级同资产阶级斗争发展的必然结果:工人组织经历了临时和局部性的同盟、孤立的同盟、经常性的同盟等形式,最后必然走向工人阶级政党。马克思指出,结成同盟对工人阶级来说就是阶级斗争的学校,是训练工人向资本主义剥削制度进攻的一种形式。马克思说,"经济条件首先把大批的居民变成工人。资本的统治为这批人创造了同等的地位和共同的利害关系。所以,这批人对资本来说已经形成一个阶级,但还不是自为的阶级。他们所维护的利益变成阶级的利益。而阶级同阶级的斗争就是政治斗争"[①]。

而建立在这种政党理论基础上,政党认同就超越了理性与非理性的论争,就更深层次而言,政党认同的本质源于利益冲突。利益决定人的政党观和认同观,政党观和认同观又反映人的利益需求。马克思说:"全部社会生活在本质上是实践的。凡是把理论引向神秘主义的神秘东西,都能在人的实践中以及对这个实践的理解中得到合理的解决。"[②] 观念也好,认同也罢,并不是一个主观性的概念,而是一个主体性的概念,它的主体性就体现在其"利益"尺度当中。认同的利益尺度,反映到人的主观思想当中,就形成了利益对认同的决定作用。是否拥护、爱戴、认同一个政党,关键还是在于这个政党能否在总体上代表、维护自己或者自己所在阶层的利益。在这个意义上,马克思曾言,"'思想'一旦离开'利益',就一定会使自己出丑"[③]。

马克思虽然没有提到政党认同的概念,但其这一思想也内在或潜在

[①] 《马克思恩格斯选集》第1卷,人民出版社1995年版,第159页。
[②] 《马克思恩格斯选集》第1卷,人民出版社1995年版,第56页。
[③] 《马克思恩格斯全集》第2卷,人民出版社1957年版,第103页。

地影响了以马克思主义为指导的中国共产党执政下的中国对这一概念的理解与界说。《中国大百科全书·政治学卷》对于政治认同（Political Identification）做如此定义："人们在社会政治生活中产生的一种感情和意识上的归属感，它与人们的心理活动有密切关系，人们在一定的社会中生活，总要在一定的社会关系中确定自己的身份，如把自己看成是某一政党的党员、某一阶级的成员、某一政治过程的参与者或某一政治信念的追求者等等，并自觉地以组织及过程的要求来规范自己的政治行为，这种现象就是政治认同。"① 进一步来讲，政治认同分为三个层次：初级层次是本能的认同，如血缘的认同、种族的认同、地域的认同；中级层次是情感上的认同，更多受到个人社会经历所驱使，比如对社会政治组织所产生的热爱、信赖、追随、亲近、归属等；高级层次是理智上的认同，政党是为捍卫阶级利益而自觉奋斗的团体，一般具有明确的奋斗目标和行动纲领，因而对政党的认同多属较高层次的认同。② 在中国，更多地倾向于认为政党认同是理性的、高级的政治判断和政治选择。

二 政党认同的根本基础在于维护利益

政党组织起来了，那么如何去争取阶级的认同，赢得斗争的胜利？马克思告诉我们，要以维护利益为基础，以科学理论为指导，以强大的组织力量为保证。既然政党认同的本质源于利益冲突，则无产阶级政党的主要任务就是要维护其代表阶级利益，而维护利益的最切实和最高手段就是通过政治革命取得领导权。③ 马克思、恩格斯在《共产党宣言》中明确规定了无产阶级政党的任务："工人革命的第一步就是使无产阶级上升为统治阶级，争得民主。无产阶级将利用自己的政治统治，一步一步地夺取资产阶级的全部资本，把一切生产工具集中在国家即组织成为统

---

① 《中国大百科全书·政治学卷》，中国大百科全书出版社1992年版，第501页。
② 需要指出的是，这里的政党认同观中的"政党"是指马克思所说的无产阶级政党或共产主义政党（虽然这两类政党也有一些差异），而非指西方学者所说一般意义上的政党或资本主义政党。
③ 《马克思恩格斯选集》第4卷，人民出版社1995年版，第272页。

治阶级的无产阶级手中,并且尽可能快地增加生产力的总量。"①

马克思认为,政治力量的最深厚基础存在于一定社会的经济关系以及受经济关系决定和影响的社会关系。既然追求利益是人们参与社会和政治活动的基本目标和动力,因此政党认同的根本基础就在于代表、整合、维护其所代表阶级的利益。换一个角度表述,公众是否认同一个政党,在本质上与其认为执政党和政府是否代表他们的利益密切相关。政党的发展历史表明,政党作为利益的集约者、维护者和表达者,只有代表绝大多数人利益的政党才是先进的政党,而代表极少数人利益的政党则是落后的政党。马克思在《共产党宣言》中指出:"过去的一切运动都是少数人的或者为少数人谋利益的运动。无产阶级的运动是绝大多数人的、为绝大多数人谋利益的独立的运动。"② 这是党领导的运动之所以能得到最大多数人支持的根本原因。

马克思在 1858 年 10 月为改组共产主义者同盟而写的《中央委员会告共产主义者同盟书》中,指明了无产阶级政党同小资产阶级、资产阶级政党的本质区别。1848 年革命时期,以路易·勃朗和赖德律·洛兰为首的"社会民主党",都在标榜自己代表工人阶级利益,而实际上却是打着社会主义旗号的小资产阶级民主派。他们采用虚假的、小恩小惠的办法来收买工人,用暂时改善工人生活条件的方法来麻痹工人的革命斗志。其实他们并不愿意为革命的无产阶级的根本利益做出实质性的贡献——变革整个社会。德国的自由资产者并不比前者好多少,他们一旦掌握了政权,便立即宣布革命已经完结,反对工人阶级也就开始了。同资产阶级政党完全相反,马克思明确指出:"而我们的利益和我们的任务却是要不间断地进行革命,直到把一切大大小小的有产阶级的统治全都消灭,直到无产阶级夺得国家政权,直到无产者的联合不仅在一个国家内,而且在世界一切举足轻重的国家内都发展到使这些国家的无产者之间的竞争停止,至少是发展到使那些有决定意义的生产力集中到了无产者手中。"又说:"对我们说来,问题不在于改变私有制,而只在于消灭私有

---

① 《马克思恩格斯选集》第 4 卷,人民出版社 1995 年版,第 283 页。
② 《马克思恩格斯选集》第 1 卷,人民出版社 1995 年版,第 368 页。

制，不在于掩盖阶级对立，而在于消灭阶级，不在于改良现存社会，而在于建立新社会。"①

在当代而言，事变时移，但无产阶级政党为绝大多数人谋利益，以消灭私有制，实现共产主义为目标的本质没有变。无产阶级政党的先进性还体现在它具有广泛的代表性和群众基础。是否反映最广大人民群众的根本利益是党的先进的根本体现，是衡量政党先进性的重要标准。作为行使权力的主体（执政党、政府等）的执政绩效就是一种重要的事实性认同资源，它也是国家的政治产品满足社会需要的程度，一方面要具备把蛋糕做大的发展经济的能力，另一方面还要具有把蛋糕分得尽可能均匀的政治协调和利益整合能力。因此，执政党和政府能否缓和社会冲突并消除不安定因素，代表并整合不同社会力量，便是能否取信于民、塑造利益认同的关键。而公众评价政党或政府是否代表了自己的利益的机制和方式是多种多样的。其中，本阶级的生活水平是否稳步提高（当然，这种提高不仅包括与过去相比，而且还包括与其他阶级相比）以及大多数政策的出台是否对本阶级有益，这往往是普通公众评价政党是否代表自己利益的最直接的途径和方式。

三 政党认同的指导灵魂在于科学理论

要让全世界无产阶级和广大人民群众认同无产阶级政党，科学理论的指导也非常关键。马克思非常重视科学的理论指导在政党认同过程中的作用，认为理论是政党建设的根本，是政党认同的灵魂。"如果没有严格的科学思想和正确的学说来号召工人，那就等于玩弄空洞虚伪的传教把戏，一方面是一个慷慨激昂的预言家，另一方面只是一些张着嘴巴听他讲话的蠢材。"② 他把理论形象地比喻为"思想的闪电"，他指出："哲学把无产阶级当作自己的物质武器，同样，无产阶级也把哲学当作自己的精神武器；思想的闪电一旦彻底击中这块素朴的人民园地，德国人就

---

① 《人间的普罗米修斯》，中央编译局编译，人民出版社1983年版，第45页。
② 《马克思恩格斯选集》第1卷，人民出版社1995年版，第15页。

会解放成为人。"而如果没有科学的理论做指导,则"除了喧嚣叫嚷,有害的感情冲动和使事业遭到失败,什么事也干不出来"①。因此,他始终把理论活动作为整个革命活动的一个极为重要的组成部分,并同恩格斯一起进行了科学理论的创建。

只有以科学的世界观作为革命理论的基础,才能把握社会发展的规律,使革命理论具有正确性和彻底性。马克思在《宣言》中特别强调,共产党人的新的科学的世界观,不是凭空想出来的,而是建立在现实经济关系和阶级斗争基础上的,他指出:"共产党人的理论原理,决不是以这个或那个世界改革家所发明或发现的思想、原则为根据的","这些原理不过是现存的阶级斗争、我们眼前的历史运动的真实关系的一般表述"。②马克思主义的理论,与当时流行的各社会主义和共产主义流派根本不同。其他各社会主义和共产主义流派的指导思想是唯心主义,并由此出发,主观臆造出种种空想方案,"用以塑造无产阶级的运动"。共产党以新的科学的世界观作为理论的基础,以科学社会主义理论为指导思想。它揭示了社会发展的客观规律,为党提供了认识世界和改造世界的思想武器,使党能够科学地预见社会发展的客观进程,并在此基础上制定出革命路线方针和政策,去指导无产阶级的革命运动。

仅有科学理论的正确性和彻底性还不够,这种理论还必须能够让广大无产阶级和人民大众认同和接受,要"使欧洲无产阶级,特别是德国无产阶级相信他们的信念、理论是正确的"③。他指出:"批判的武器当然不能代替武器的批判,物质力量只能用物质力量来摧毁;但是理论一经掌握群众,也会变成物质力量。"④ 在以理论对无产阶级和人民大众进行教育时,马克思也主张大张旗鼓、理直气壮、立场鲜明的原则。他说,"共产党人不屑于隐瞒自己的观点和意图。他们公开宣布:他们的目的只有用暴力推翻全部现存的社会制度才能达到"⑤。这既是出于对科学理论

---

① 《马克思恩格斯选集》第1卷,人民出版社1995年版,第285页。
② 《马克思恩格斯全集》第21卷,人民出版社1965年版,第248页。
③ 《马克思恩格斯选集》第1卷,人民出版社1995年版,第9页。
④ 《马克思恩格斯选集》第1卷,第307页。
⑤ 《马克思恩格斯选集》第4卷,人民出版社1995年版,第528页。

的自信,也彰显了马克思"大公无私"的伟大政治品格。真理越辩越明,真金不怕火炼,马克思曾经批评梅因在剧评中偷偷地夹带一些共产主义的原则,并说,"如果真要谈论共产主义,那就要用另一种完全不同的方式,更切实地加以讨论"[1]。马克思以科学的理论为武器,通过各种不同的形式与各方势力进行不妥协的、正面的理论较量和革命斗争。也是因为如此,恩格斯对马克思如此评价:"他可能有过许多敌人,但未必有一个私敌。他的英名和事业将永垂不朽!"[2]

社会存在决定社会意识,每一时代的理论思维都是同时代历史的产物。正如恩格斯所言:"历史从哪里开始,思想进程也应当从哪里开始,而思想进程的进一步发展不过是历史过程在抽象的、理论上前后一贯的形式上的反映。"[3] 马克思主义也是需要与时俱进地发展的。陈先达曾经指出,"一个坚定的马克思主义者,不仅对反马克思主义思潮具有战斗性,还能够审查自身理论阐述的真理性和说服力。一个只能接受点赞而不接受批评的共产党,不是成熟的共产党;一个只讲蛮话,讲硬话,不准对自己观点质疑的人不是真正的马克思主义者。……乌云难以蔽日,真理不怕反驳"[4]。坚持马克思主义的中国化、大众化和时代化,是中国共产党争取群众认同的一项重要任务。所谓中国化是指其必须能够回应当前中国实践中所面临的问题,回应公众所关心的各种问题,理论和实践之间具有互动性和一致性。所谓大众化是指马克思主义必须能够用社会大众能够理解和认同的语言和方式表述、传递出来,能为广大群众所理解、所认同、所掌握、所运用。所谓时代化是指马克思主义必须与时俱进,能够在保留其本质内核不变的前提下,去发展其理论的鲜活生机,保持其对时代问题的指导性与解释力。

---

[1] 《马克思恩格斯选集》第3卷,人民出版社1995年版,第778页。
[2] 《马克思恩格斯选集》第2卷,人民出版社1995年版,第43页。
[3] 陈先达:《理论自信:作坚定的马克主义信仰者》,吉林人民出版社2016年版,第8—9页。
[4] 《马克思恩格斯选集》第4卷,人民出版社1995年版,第583页。

四 政党认同的组织框架在于民主集中

建立一个什么样的政党组织才能够赢得党员和广大无产阶级的认同，并带领他们实现共产主义的目标？马克思特别强调了无产阶级政党组织建设的民主集中原则在塑造政党认同中的重要作用。

无产阶级政党的建立要以民主性为基础。首先，政党组织的民主性是由政党的本质属性所决定的，这与封建制与宗派运动的组织形成了鲜明对比。马克思曾指出："集中制的组织不管对秘密团体和宗派运动多么有用，但是同工会的本质相矛盾。即使这种组织是可能存在的——我说它根本不可能存在——，那它也是不适宜的，至少在德国是这样。这里的工人从小就受官僚主义的行为规范的管束，相信权威，相信上级机关，所以在这里首先应当教会他们自己走路。"[①] 其次，政党组织的民主性也是培养崇尚革命与平等的党性与人性的需要。马克思认为，我们要培养的党员和群众不应该是"接受官僚主义的训诫、相信权威、相信上级机关"的奴才，而是有"独立自主精神"的无产阶级先锋战士，如果没有平等的资格、民主的协商、自由的辩论，就没有发自内心的理性认同。最后，马克思在组织和活动中都切实地贯彻了民主原则。马克思恩格斯亲自制定的《共产主义者同盟章程》，就"从盟章中删除了所有以前密谋活动和宗派活动时期遗留下来的东西，其中也删去了接受盟员的所有复杂的、半神秘主义的仪式"。共产主义者同盟"组织本身是完全民主的"，党内生活的一切"都按这样的民主制度进行"[②]。在党的代表大会的活动中，马克思与代表们也都是平等讨论，理性争论，而不是靠权威去强制他人认可。1885 年恩格斯在回忆共产主义者同盟二大时说："马克思也出席了这次代表大会，他在长时间的辩论中——大会至少开了十天——捍卫了新理论。所有的分歧和怀疑终于都消除了，一致通过了新原则，马

---

① 《马克思恩格斯选集》第 4 卷，人民出版社 1995 年版，第 200 页。
② 《马克思恩格斯选集》第 4 卷，第 200 页。

克思和我被委托起草宣言。"①

但同时，无产阶级政党也强调集中的重要性。组织的建立是按照民主原则建立的，但从组织的运转效率而言，必须一定程度地集中；讨论时可以充分发扬民主，但在执行时必须要有集中。马克思在《中央委员会告共产主义者同盟书》中强调：工人"不仅要力求建立统一而不可分割的德意志共和国，而且还要极其坚决地把这个共和国的权力集中在国家政权手中。他们不应当被民主派空谈乡镇自由、空谈自治等等的花言巧语所迷惑……革命活动只有在集中的条件下才能发挥全部力量"②。马克思在坚决批判了沙佩尔分裂活动时，特别强调了中央的集中统一，要维护中央委员会决定的权威。同时，这也是革命经验带给我们的启示。马克思在总结巴黎公社失败时，曾不无痛心地指出："巴黎公社遭到灭亡，就是由于缺乏集中和权威。"③ 因而，1872年，在海牙召开的国际代表大会做出了加强总委员会权力的决议，马克思深刻地指出："加强总委员会的权力并为了当前的斗争而把活动集中起来是适当的和必要的，因为分散会使这种活动没有成果。"④

进一步来讲，民主、集中与纪律，在无产阶级政党组织这里是相辅相成、辩证统一的。马克思在阐述党内成员享有民主权利的同时，强调每个党员都必须遵守党的纪律，他在1859年致恩格斯的一封信中指出："我们现在必须绝对保持党的纪律，否则将一事无成。"⑤ 在第一国际成立后的一段时期内，它的纪律先后受到蒲鲁东和巴枯宁无政府主义思潮的挑战，以巴枯宁为首的无政府主义极端民主派，鼓吹"自由联盟""支部自治"，反对任何权威和纪律，对这种在组织形式上把民主和纪律对立起来的错误观点，马克思进行了深刻的批判，强调了党必须实行严格的纪律。《共产主义者同盟章程》就规定了严格的纪律，对于盟员的思想、政治、组织、生活方式上的要求都做了明确的规定，凡违反章程和纪律者，

---

① 《马克思恩格斯选集》第1卷，人民出版社1995年版，第373页。
② 《马克思恩格斯选集》第4卷，人民出版社1995年版，第606页。
③ 《马克思恩格斯全集》第18卷，人民出版社1964年版，第179页。
④ 《马克思恩格斯全集》第29卷，人民出版社1972年版，第413页。
⑤ 《马克思恩格斯全集》第42卷，人民出版社1979年版，第421页。

"视情节轻重或令其离盟或开除出盟"①。

从普遍意义来讲，组织内的党员对组织的认同是政党动员群众的基础，而普通社会公众也会从政党组织如何去对待、组织其成员去判断这个组织的性质进而决定这个政党的认同度。在政治组织中，组织的民主程度、组织成员的政治参与度往往与组织认同度呈一种正相关的关系。而马克思对无产阶级政党组织的论述，对于我们当代如何处理组织内部的民主、集中与纪律的关系无疑提供了思想指导。

余论　不可忽略马克思在塑造政党认同中的作用

当我们在一般意义上去探讨政党认同的形成基础时，一般把政党意识形态、政党组织、政党领袖和政党绩效作为四个最主要的因素。② 在这里，利益的保护成为政党绩效的核心内容，科学的理论指导与政党意识形态有着密切的关联，政党组织的民主集中也是政党认同形成的组织基础。而政党领袖在政党认同中无疑也发挥着重要作用，马克思本身就是一个伟大的政党领袖，其人格魅力也是无产阶级政党认同的重要来源。恩格斯说："当二月革命暴发的时候，我们所称的德国'共产党'仅仅是一个人数不多的核心，即作为秘密宣传团体而组成的共产主义者同盟。……但是，这个不大的战斗队，却拥有一个大家都乐于服从的、第一流的领袖马克思，并且赖有他才拥有一个至今还完全适用的原则性的和策略的纲领——《共产党宣言》。"③ 但马克思却对此有非常清醒乃至谦逊的认识，他在 1877 年回忆道："恩格斯和我最初参加共产主义者秘密团体时的必要条件是：摒弃章程中一切助长迷信权威的东西。"④ 马克思"厌恶一切个人迷信"，"把声望看得一文不值"。他还说："过分赞

---

① 柴宝勇：《世界视角下政党认同形成与变迁的原因分析——基于形成基础与影响因素的探讨框架》，《国外社会科学》2016 年第 6 期。
② 《马克思恩格斯选集》第 4 卷，人民出版社 1995 年版，第 180 页。
③ 《马克思恩格斯选集》第 4 卷，第 628 页。
④ 《马克思恩格斯全集》第 32 卷，人民出版社 1974 年版，第 638 页。

扬我的活动是十分令人厌恶的。一切总归有个限度。"① 他更相信被政党组织与动员起来的人民群众的力量,他认为,"被统治阶级的普遍利益不能被异化为一个高居人民群众之上的'不朽的领袖'或者'开明的少数派'的形象"②。

  陈先达曾把马克思主义与宗教做了一个非常鲜明而深刻的对比,"马克思主义是治河换水,治水救鱼,只有水好,鱼才能活;宗教是救鱼的,水有没有污染是否适合养鱼,这不是宗教的任务"③。马克思的政党认同观与当代西方国家的政党认同观相比,从更宽阔的视野和更深刻的层次上指出了认同的本质和如何构建认同的问题,"他发现了隐藏在历史表象之下的、之前从未被发现的深层次现实"④。以利益认同为基础,以理论认同为核心,以组织认同为保障,这才是抓住了政党认同的本质。任何一个政党都需要正确处理最基本也是最重要的利益代表问题,从党内和党外都积极拓展政治参与的途径和渠道,积极发展党内民主,建立健全人民民主。马克思也告诉我们,政党认同的形成、巩固与发展必须与一个国家的历史传统和政治体制相适应。政党必须重视政党认同与政治制度的关联性,认真分析政党认同与政治认同、国家认同、制度认同、文化认同等的关系模式,并根据历史的发展审慎地思考这几种关系模式的利弊得失,把政党认同的建设与政治体制改革和政治文明发展有机地结合起来。

  (柴宝勇,中国社会科学院大学管理学院执行院长,教授、博士生导师。节选自:柴宝勇《政党认同:理论、比较与实证》,中国社会科学出版社2020年版)

---

① [法]米歇尔·罗伊:《马克思主义的政党理论》,赵超摘译,《国外理论动态》2010年第8期。
② [美]海尔布隆纳:《马克思主义:赞成与反对》,马林梅译,东方出版社2016年版,第2页。
③ 陈先达:《理论自信:做坚定的马克思主义信仰者》,吉林人民出版社2016年版,第8页。
④ 蔡尚思:《中国现代思想史简编》第2卷,浙江人民出版社1982年版。

新时代加强公民道德建设的战略思考

王维国

近日，中共中央、国务院印发了《新时代公民道德建设实施纲要》，为新时代公民道德建设提供了基本遵循。党的十八大以来，在新的历史起点上，以习近平同志为核心的党中央把公民道德建设置于中国特色社会主义伟大事业的总体格局，摆在与经济社会发展协调推进、同向同行的战略位置，出台实施了一系列重大决策、重大部署与重大举措，公民道德建设呈现出向上向好的积极态势。当前，中国特色社会主义进入新时代，人民对美好生活，特别是美好道德生活有了新期待、新要求。可以说，公民道德建设进入了历史性的新阶段，呈现出崭新的建设内涵与更高的价值追求，同时也面临着一些前所未有的新情况、新挑战，必须站在战略的高度，胸怀大局、把握大势，深入思考新时代公民道德建设问题。

一　始终坚持公民道德建设的正确政治方向

新时代始终坚持公民道德建设的正确政治方向必须坚定马克思主义的理想信念，保持在道德追求上的政治定力。一个国家、一个社会、一个民族，要同心同德、协力迈向美好明天，必须有共同的理想信念作为精神支撑。理想信念指引人生方向，引领道德追求，新时代加强公民道德建设必须把理想信念作为指路明灯。2016年11月29日，习近平总书记在纪念朱德同志诞辰130周年座谈会上的讲话中指出："对马克思主义的信仰，对社会主义和共产主义的信念，是共产党人的政治灵魂，是共产党人经受住各种考验的精神支柱。"① 从根本上讲，在新时代用理想信念指引公民道德建设就是要坚持马克思主义的指导。在从站起来到富起来再到强起来的伟大历史进程中，中国共产党依靠马克思主义的正确指导，取得了革命、建设、改革与发展的历史性成就。马克思主义在党和国家生活中的重要地位，决定了它是新时代公民道德建设的根本指导思想。在公民道德建设中坚持马克思主义就是要用马克思主义的立场观点方法，来正确认识当前的公民道德现状，看清本质、明确方向，并据此制定出正确的公民道德建设路线、方针、政策和具体的制度、措施与手段等。其着力点是用习近平新时代中国特色社会主义思想这一伟大的21世纪马克思主义、当代中国马克思主义来武装全党、教育人民、推动实践，打牢新时代公民道德建设的理想信念根基。

新时代始终坚持公民道德建设的正确政治方向必须遵循社会主义道德观的具体指导，保持公民道德建设的社会主义方向。社会主义道德是社会主义生产资料公有制这一经济基础在道德领域的反映，是代表广大人民根本利益和长远利益的先进道德体系。作为新时代道德领域的主导道德体系，社会主义道德由诸如为人民服务、集体主义、"五爱"以及社会公德、职业道德、家庭美德、个人品德等道德核心、道德原则、道德要求与道德规范构成。新时代加强公民道德建设，必须把社会主义道德作为主要内容与根本遵循，以社会主义道德观为依据，主动适应新时代道德建设的新要求，不断丰富和完善社会主义道德的实践内涵。为人民服务是社会主义道德体系的核心，它为一切社会活动确立了出发点和归宿。集体主义作为社会主义道德体系的基本原则，并没有排斥和取消人们对合理利益的追求，反而为人们对合理利益的追求提供了实现途径，必须始终坚持、一以贯之。此外，还应积极探索新时代社会公德、职业道德、家庭美德建设的新途径、新载体，切实加强个人道德修养，推进

---

① 习近平：《在纪念朱德同志诞辰130周年座谈会上的讲话》，人民出版社2016年版，第6—7页。

人们明大德、守公德、严私德。

新时代始终坚持公民道德建设的正确政治方向必须巩固加强党对公民道德建设的全面领导。在我国，中国共产党是执政党，是中国特色社会主义事业的领导核心。同样，在公民道德建设中，中国共产党也处于领导地位。只有坚持党的全面领导，才能确保公民道德建设的正确方向，有效整合各种社会资源，团结和凝聚社会各方面的力量，形成新时代公民道德建设的合力。各级党委政府要牢牢掌握公民道德建设的领导权、主导权与话语权，党政职能部门应立足自身职责承担相应责任，群团组织、新兴社会组织和公民个体应积极参与到各领域、各层次的道德建设实践中。党风引领民风，广大党员，特别是党员干部的道德操守直接影响着全社会道德风尚，新时代坚持党对公民道德建设的全面领导，尤其要发挥他们的表率作用。2016年12月12日，习近平总书记在会见第一届全国文明家庭代表时强调："各级领导干部要保持高尚道德情操和健康生活情趣，……要为全社会做表率。"[1] 党的十八大以来，党中央对新时代党的建设这一伟大工程做出了全面部署，取得卓著效果，实现了以优良党风凝聚党心民心，带动民风社风，推动了全党全社会优良风气的养成，为新时代公民道德建设营造了良好的社会氛围。

二 始终坚持社会主义核心价值观的价值指引

核心价值观是一定社会形态社会性质的集中体现，关乎社会制度、社会运行和社会发展的原则与方向。党的十八大首次在社会主义核心价值体系的基础上提出了"三个倡导"的社会主义核心价值观，党的十九大进一步强调："发挥社会主义核心价值观对国民教育、精神文明创建、精神文化产品创作生产传播的引领作用，把社会主义核心价值观融入社会发展各方面。"[2] 社会主义核心价值观是对中华优秀传统文化的创造性

---

[1] 《习近平谈治国理政》第2卷，外文出版社2017年版，第356页。
[2] 习近平：《决胜全面建成小康社会 夺取新时代中国特色社会主义伟大胜利——在中国共产党第十九次全国代表大会上的报告》，人民出版社2017年版，第42页。

转化与创新性发展，与革命文化和社会主义先进文化一脉相承，体现了中华优秀传统文化、革命文化和社会主义先进文化的根本精髓，它既是个体之德，更是一种大德，国家之德、社会之德与民族之德。因此，应高度重视培育和践行社会主义核心价值观这一体现社会价值共识的最大公约数，为新时代公民道德建设提供行动方向与价值指引。新时代公民道德建设以社会主义核心价值观为引领，应切实将"富强民主文明和谐、自由平等公正法治、爱国敬业诚信友善"的主流价值要求贯穿到公民道德建设的各领域、各方面，充分体现对公民道德建设的价值导向与实践要求，激励人们在社会生活中讲道德、尊道德、守道德，广泛形成向真向善向美的道德力量。

新时代多元价值激烈交融交锋的社会现实期待用社会主义核心价值观引领公民道德建设实践。一个社会的公民道德水平，与价值观的变迁关系密切。改革开放以来，在特定时代背景下，原本应以历史形态依次出现的农业文明、工业文明和后工业文明，转化为共时性的存在。与此相适应，以权治为核心的农业文明价值观念、以技术理性为核心的工业文明价值观念，以及以解构自我为核心的后工业文明价值观念在现代中国同时出现，如果任由这些价值观泛滥，必将造成公众价值观念的混乱，使得民众难以抉择、无所适从，从而导致社会道德的沦丧和社会行为的失据。这些现象背后所隐藏的深层问题就是由价值观念混乱与冲突所导致的价值共识危机，仅仅用价值规范的修补、大众舆论的约束，或思想政治的教化，是难以从根本上解决问题的。因此，当代中国不可避免地要经历一次深刻的价值重建过程。价值重建要求我们提出并建立起一种更加科学、更具包容性、引领性的主流价值观，进而实现对多元价值消极影响的纠正与治理。社会主义核心价值观正是在应对价值危机、实现价值重建过程中提出的一种具有强大凝聚力和引领力的价值观，其目的就是通过价值整合，重建人们的主导价值观念，不断提升社会整体的价值共识，以引领公民道德建设实践。

社会主义核心价值观具有定向导航、凝心聚力、评价判断等功能，是新时代公民道德建设的根本价值导向与实践行动指南。首先，社会主义核心价值观在理想层面积极引领新时代公民道德建设。根植于中国历史文化和社会现实的公民道德建设有其特殊性和优越性，它与西方模式相区别的一个显著标识就是有社会主义核心价值观的价值引领。社会主义核心价值观是对现实生活的价值期许，在理想层面勾画了新时代公民道德建设的美好蓝图。其次，社会主义核心价值观在现实层面为新时代公民道德建设凝聚思想共识与行动合力。与深刻而全面的社会转型相伴随，当前，各种社会思潮相互交融，多元价值观念彼此交锋。在这种情况下，人们必然面临着多种价值选择。可以说，今天我们引领社会思潮、凝聚社会共识的任务比以往更加艰巨。而社会主义核心价值观则是凝聚社会共识的最大公约数。最后，社会主义核心价值观在实践层面整体推进公民道德建设。社会主义核心价值观从国家、社会与个人三个层面，为每一个公民的道德评判、道德选择与道德践行提供了明确要求和具有操作性的行动指南，极大丰富了公民道德建设的实践体系。新时代公民道德建设要取得实效，就必须以社会主义核心价值观为引领，"把社会主义核心价值观要求融入日常生活，使之成为人们日用而不觉的道德规范和行为准则"①。

三 始终坚持公民道德建设在继承传统中创新发展

1844 年 1 月，恩格斯在《英国状况——评托马斯·卡莱尔的〈过去和现在〉》一文中指出："历史就是我们的一切，我们比其他任何一个先前的哲学学派，甚至比黑格尔，都更重视历史。"② 习近平总书记强调，"历史和现实都表明，一个抛弃了或者背叛了自己历史文化的民族，不仅不可能发展起来，而且很可能上演一场历史悲剧"③。新时代公民道德建设是在继承传统基础上开展的，其创新发展更离不开对传统的扬弃。如何理解传统的丰富内涵，2001 年 9 月 20 日，中共中央印发的《公民道德建设实施纲要》明确提出要继承中华民族几千年形成的传统美德，发扬

---

① 中共中央国务院印发《新时代公民道德建设实施纲要》，《人民日报》2019 年 10 月 28 日第 6 版。
② 《马克思恩格斯全集》第 1 卷，人民出版社 1972 年版，第 650 页。
③ 《习近平谈治国理政》第 2 卷，外文出版社 2017 年版，第 339 页。

我们党领导人民在长期革命斗争与建设实践中形成的优良传统道德。陈先达先生主张,"在道德领域中我们有两种传统,既有在长期历史发展中形成的古代道德传统,又有中国人民在近现代的民主革命、社会主义革命和社会主义建设中逐步形成的革命传统"[①]。这对于我们全面理解、科学把握中华民族道德传统,自觉传承中华传统美德,积极发扬革命道德传统,推进新时代公民道德建设在继承传统中创新发展具有重要的启示意义。

中华传统美德是中华文化精髓,是公民道德建设的不竭源泉,新时代加强公民道德建设必须继承、弘扬、提升中华传统美德。习近平总书记高度重视中华传统美德对新时代道德建设的濡化作用,要求以中华传统美德滋润道德,实现以文化人和以文育人。中国人历来崇尚气节、崇尚严谨、崇尚务实,讲良知、守信用、严和实是中华传统美德的基本内容。诸如"天下兴亡、匹夫有责"的担当意识,"国而忘家、公而忘私"的价值理念,"己所不欲、勿施于人"的东方智慧等,这些独特的价值理念与道德规范,经过千百年传承,已浸润于每个国人心中,构成中国人独特的精神世界与文化基因,是传承民族品性、倡导社会新风的重要内容,也为新时代公民道德建设提供了有益启示。因此,2016年12月12日,习近平总书记在会见第一届全国文明家庭代表时强调:"要积极传播中华民族传统美德。"[②] 不忘本来才能开辟未来,善于继承才能更好创新。积极传播中华传统美德,必须做好中华传统美德的创造性转化和创新性发展。我们要以敬畏之心对待中华传统美德,充分认识其历史地位和时代价值,充分发掘其承载的丰厚道德思想,按照新时代的新期待、新要求,赋予其时代内涵与现代表达,使之与现代化社会生活和新时代道德实践相互融通,不断增强对中华传统美德和中华优秀传统文化的归属感、认同感与荣誉感。

新时代加强公民道德建设还必须发扬光大革命道德传统。革命道德

---

① 陈先达:《革命的道德和道德的革命——读〈中国革命道德〉》,《光明日报》2000年4月11日。

② 《习近平谈治国理政》第2卷,外文出版社2017年版,第355页。

传统是指中国共产党带领中国人民，在伟大的革命与建设历史进程中所形成的优良道德传统，熔铸的革命气概、精神品质与道德情操。革命是中国近代历史发展的主线，孕育和成长于战斗岁月中的革命道德传统，是中国道路、中国理论、中国制度和中国文化发展的深厚道德土壤，是新时代公民道德建设不可或缺的优秀精神基因。党的十八大以来，习近平总书记高度重视发扬光大革命道德传统，他遍访西柏坡、井冈山、沂蒙山、古田、延安、遵义等革命圣地，要求把红色基因一代代传下去，其中的"革命主线"清晰可见。中国共产党人在长期革命和建设实践中形成的大公无私、不怕牺牲、自力更生、勤俭节约等革命道德规范，既有科学的思想理论内核，又是中华传统美德的继承和发展，为我们在新时代坚定信念、做好工作奠定了坚实基础，也成为新时代公民道德建设的精神源泉。在新的历史条件下，中国革命道德传统依旧是激励中国共产党人和中国人民矢志不渝、开拓进取的强大道德力量，我们要深入挖掘与弘扬中国革命道德传统的当代价值，以高尚的革命气概、革命精神与革命道德凝心聚力、铸魂育人，不断把中国特色社会主义伟大事业推向前进。

四 始终坚持人民群众在公民道德建设中的主体地位

新时代公民道德水平的整体向上向好有赖于每一个社会成员道德素养的提升，而提升每一个社会成员道德素养的关键环节是发挥他们的积极性、针对性，增强其道德践履的主体性。所谓主体性，是人作为实践主体的本质规定性，是人在实践中不断得以发展的自觉能动性与创造特性。人类认识世界、改造世界的实践活动与人主体性的确证与凸显是同一个过程，正是在认识世界、改造世界的各种实践中，人类的自觉意识才逐渐被唤醒，主体才逐渐生成。作为人类的特殊实践活动，道德活动的实践过程也是人类主体性逐渐凸显的过程。人的道德主体性是人主体性在道德领域的具体化，是人作为道德主体在对象性活动中表现出来的创造性与实践主导性。道德是人自我肯定、自我实现和自我发展的一种特殊方式，主体性之于道德具有重要作用，人的主体性是道德的内在依据，离开了人的主体性，道德就不是真正的道德，"忽视或无视个体生活的权利、人性的尊严与道德选择的自由，只能使个体在道德的重负下，遵从道德，伪饰道德，表现为言行不一、口是心非，而不是个体对德性的内在追求"[①]。因此，真正的道德是确证并凸显人主体性的道德。新时代加强公民道德建设，必须凸显并发展人们的道德主体性，促使人们有足够的道德勇气与道德责任去解决道德问题，创造美好的道德生活。

新时代公民道德建设凸显并发展人们的道德主体性必须"坚持人民主体地位"。人民是物质财富、精神财富的创造者，是推动历史进步的动力，也是公民道德建设的主体和依靠力量。党的十八大将"坚持人民主体地位"作为新的历史条件下夺取中国特色社会主义新胜利，必须牢牢把握的"八项基本要求"的首要要求。基于人民群众的重要地位，在公民道德建设的过程中凸显人的主体性首先就是要确立人民群众的主体地位。让人民群众做公民道德建设的主人，承认人民群众作为公民道德建设发起者、推动者和承担者的主体地位，从人民群众中吸取道德建设的智慧与力量，充分调动他们自我教育、自我提升的积极性与主动性。人民群众是公民道德建设的直接参与者，也是直接受益者。中国特色社会主义进入新时代，人民群众对美好生活的需要更加广泛、要求更高，既需要更高层次的物质文化生活，也需要道德方面的不断提升与完善。因此，新时代加强公民道德建设，必须坚持和贯彻以人民为中心的发展思想，把人民群众作为公民道德建设的共享者，通过更加平衡、更为充分的道德建设，使人民群众在参与中思想感情得到熏陶、精神生活得到充实、道德境界得到升华，以此来不断满足人民群众在新时代对美好道德生活的新期待、新需求。

坐而论道不如起而行之，道德内化于心，外显于行，可贵之处在于认同，重点在于践履。可以说，公民道德的全部意义与真正价值不仅是道德原则、道德规范的科学性、严密性，更在于个体追求道德完善与人格完美的自觉行为与实践，只有将公民道德规范内化为个体的价值追求，

[①] 冯建军：《人的道德主体性与主体道德教育》，《南京师范大学学报》（社会科学版）2002年第2期。

体现为可以进行善恶评价的道德行为，道德才具有价值。因此，新时代公民道德建设尊重人民群众的主体地位，还必须切实发挥人民群众的积极性和行动力，将正确的道德认知与积极的道德实践紧密结合，在全面提升公民道德认知、陶冶道德情操、磨炼道德意志的基础上，积极推进公民道德规范体系向实践体系的转化。积极弘扬时代新风，"广泛开展文明出行、文明交通、文明旅游、文明就餐、文明观赛等活动，引导人们自觉遵守社会交往、公共场所中的文明规范"[①]。深化群众性创建活动，将公民道德建设贯穿文明创建全过程，以扎实成效增强人民群众的道德获得感与幸福感。广泛开展学雷锋和志愿服务，进一步推动志愿服务制度化、常态化发展，引导人们把学雷锋和志愿服务作为一种生活方式与生活习惯。积极开展移风易俗，倡导科学文明生活方式，挖掘创新乡土文化，培育文明乡风、淳朴民风。积极践行绿色生产生活方式，引导人们做生态环境的保护者、建设者。

五 始终坚持公民道德建设的法律支持与制度保障

人类社会是一个由不同领域、不同层次、不同形式制度构成的复杂系统。在现实社会中，制度是人们社会关系和行为方式的规范体系，是人们社会活动能够有序进行的基本保证。从某种意义上讲，人是在各种制度中求生存、谋发展的。各种制度相互制约、相互作用，共同引导、规范、协调、整合人们的社会行为，保障着社会秩序井然有序。因此，习近平总书记指出："改革开放以来，我们党开始以全新的角度思考国家治理体系问题，强调领导制度、组织制度问题更带有根本性、全局性、稳定性和长期性。今天，摆在我们面前的一项重大历史任务，就是推动中国特色社会主义制度更加成熟更加定型，为党和国家事业发展、为人民幸福安康、为社会和谐稳定、为国家长治久安提供一整套更完备、更

---

① 中共中央国务院印发《新时代公民道德建设实施纲要》，《人民日报》2019年10月28日第6版。

稳定、更管用的制度体系。"① 就新时代公民道德建设而言，制度，特别是法律法规与行政规章是其建设发展的重要保障，发挥着不可或缺的作用。古今中外道德发展的经验也表明，德性始于教化、成于规范，借助制度力量来推进公民道德建设是现代文明社会的共识。更加注重以刚性制度规约道德实践，以法治力量鲜明道德导向、引导人们向上向善，是新时代公民道德建设的重要特色。

制度对新时代公民道德建设具有规约、支持与保障的重要作用，具体体现在如下几方面：首先，用制度规约、支持与保障社会主义道德主导地位的巩固。制度本身就是最低的道德要求，社会主义性质的主流道德原则、规范常以制度形式转化为人们的具体义务、具体要求，从而对公众行为实行约束。由于制度具有明确性、肯定性、普遍性等特点，人们通过制度可以清楚地知道社会提倡什么，反对和禁止什么，从而使少数不自觉接受社会主流道德的人，在制度约束下逐步养成良好的道德习惯，进而保障了为人民服务的伦理精神、集体主义的道德原则、社会公德、职业道德、家庭美德等社会主义道德规范在社会中处于主导地位。其次，用制度规约、支持与保障道德责任的明确落实。一般来说，善恶观念、道德原则是笼统、抽象的，而道德活动是具体、实在的。笼统、抽象的道德"应当"必须转化为能够付诸行动的具体的"是"，这样才具有实践意义。因此，必须将道德责任具体化，把伦理精神、道德原则、道德规范化为具体的制度要求，使得道德获得制度性资源的有力支持。最后，用制度规约、支持与保障失德行为的严厉制裁。任何制度规定都是以非这样不可的强制执行力作为后盾。它规定人们该做什么、该怎么做的同时也是对人们不该做什么、不该怎么做的禁止。如果违反了相关规定，法律就会对其予以严厉制裁。通过这些制裁，失德者将付出应有的代价，从而保障了人们对道德规范的共同遵守和社会公平正义的实现。

和谐的社会秩序，必须依靠规范约束人们的行为来形成。规范的种类很多，其中最主要的是法律规范、行政规范和道德规范。法律规范和行政规范都是以某种强制力为后盾的，都体现为制度。因此，始终坚持

---

① 《习近平谈治国理政》第 1 卷，外文出版社 2014 年版，第 104—105 页。

公民道德建设的制度保障，就是要发挥好法律规范和行政规范的作用。一是强化法律规范的刚性规约、支持与保障。这种刚性规约、支持与保障，体现在立法、执法、司法、守法的各个环节。在严格执法环节，要求以法治的刚性规约执法行为、维护道德秩序；在公正司法环节，要求通过司法裁判定分止争，让公众感受到法律的阳光温暖与公平正义；在全民守法环节，要求增强公众的法治意识，坚守红线与底线。二是强化行政规范的刚性规约、支持与保障。相较于法律规范，行政规范具有灵活性。相较于道德规范，行政规范具有及时性。行政规范规约、支持与保障公民道德建设的核心是提供合德的公共政策。公共政策的制定总是以一定的伦理精神为基础，道德要为其提供道义性的论证与支持。公共政策只有普遍反映公众的道德要求和伦理意愿才能发挥作用。换言之，公共政策只有被道德赋予其合德性，才能得到公众的内心认同和行动支持。因此，政府在制定公共政策时不仅要考虑其科学性、合法性，更要体现社会的主流道德要求，实现道德与制度安排的对应、衔接和贯通。

六　始终坚持道德教育与道德治理并举

公民道德规范体系最终能否被社会所接受，固然在于它能否正确反映人与人、人与集体、人与社会、人与自然等利益关系和道德关系的本质，是否符合社会发展的必然性。但是，这种道德规范体系在多大程度、多大范围上为公众所接受，首先取决于公民道德教育实施的好与坏。公民道德教育是学校教育、家庭教育、社会教育的和谐统一，只有坚持整体性、系统性原则，形成以学校教育为核心、家庭教育为基础、社会教育为保障，三者紧密结合、相互支持的道德教育体系，把立德树人贯穿学校教育全过程，用良好家教家风涵育道德品行，以正确舆论营造良好社会环境，才能切实提升公民道德教育的针对性和有效性。新时代加强公民道德教育，必须遵循育人规律、落细落小落实，大力提倡以尊老爱幼、男女平等、夫妻和睦、勤俭持家、邻里团结为核心要求的家庭美德教育，促进家庭成员之间、邻里之间的和谐；大力提倡以爱岗敬业、诚实守信、办事公道、服务群众、奉献社会为核心要求的职业道德教育，促进上下级间、同事间、服务者与被服务者间的和谐；大力提倡以文明礼貌、助人为乐、爱护公物、保护环境、遵纪守法为核心要求的社会公德教育，促进公共生活领域的和谐发展；大力提倡以爱国奉献、明礼遵规、勤劳善良、宽厚正直、自强自律为核心要求的个人品德教育，鼓励人们在日常工作、学习与生活中养成良好品行。

榜样的力量是无穷的，坚持道德教育和积极倡导，必须切实发挥榜样的示范引领作用。2015年2月28日，习近平总书记在会见第四届全国文明城市、文明村镇、文明单位和未成年人思想道德建设工作先进代表时强调："要充分发挥榜样的作用，领导干部、公众人物、先进模范都要为全社会做好表率、起好示范作用，引导和推动全体人民树立文明观念、争当文明公民、展示文明形象。"[1] 道德模范是道德实践的榜样，是群众身边看得见、摸得着的道德榜样，是可以学、能够学的道德标杆。伟大时代呼唤伟大精神，崇高事业需要榜样引领。新时代加强公民道德建设，应把发挥道德模范的引领作用作为重要内容。精心培育、大力选树时代楷模、最美人物、身边好人等各类道德模范，让社会大众学有榜样、行有示范。深入开展学习宣传活动，综合运用新闻报道、巡回宣讲、文学艺术、网络推介等形式与载体，大力宣传道德模范震撼人心、催人泪下的感人事迹。切实构建道德模范关爱关怀长效机制，政治上关心他们、工作上关注他们、生活上关怀他们，着力形成好人好报、德者有得的社会价值导向。全力推进学习榜样向道德实践的转化，在全社会形成推崇道德模范、学习道德模范、争做道德模范的浓厚氛围。

新时代公民道德建设既要靠教育倡导，也离不开有效的专项治理。在我国社会转型期，公民道德领域产生了诸如诚信问题、道德冷漠、公德缺失、耻感淡薄等一系列突出问题，一方面，以为人民服务为核心的社会主义道德观念，以及利他、仁爱、忠孝、勤俭、谦虚等传统道德观念的认同度在降低；另一方面，各种不明是非、不知荣辱、不辨善恶、不分美丑的社会现象公开登台。如果不能有效解决这些问题，就会败坏社会风气，影响社会道德秩序与社会稳定。因此，必须引起全党全社会

---

[1] 《习近平谈治国理政》第2卷，外文出版社2017年版，第324页。

的高度重视，切实加大整治力度，树立新风正气。新时代加强公民道德建设必须讲辩证法，既要始终坚持积极倡导社会新风尚，更要抓好公民道德建设领域的突出问题治理。以群众关心关切的重大道德问题为导向，以重点群体、重点领域的突出道德问题专项治理为突破口，把提倡引导与约束规制结合起来，把道德教育与依法治理结合起来，把阶段性专项治理与构建长效机制结合起来，对于背离公序良俗、突破道德底线的各类突出道德问题，综合运用经济、法律、行政、舆论监督等手段进行协同治理，以此实现道德教育和专项治理的双重突破，全面带动新时代社会道德水平的整体提升。

（王维国，中国社会科学院大学马克思主义学院副院长，副教授。源自：《思想政治教育》2019 年第 12 期）

大数据与智慧思想政治教育

向 征

习近平在全国高校思想政治教育会议上指出,要"推动思想政治工作传统优势同信息技术高度融合,增强时代感和吸引力"[①]。现今,信息技术正以迅猛之势席卷全球,大数据更是成为世界范围内的热点话题之一。联合国的一份报告中这样描述,"技术的创新已经不可避免地导致今天大数据时代的到来,这将会对社会各个领域产生深刻影响"[②]。上升为国家战略的大数据,不仅带来了人们生活方式的转变,同样引发了研究领域的变革。思想政治教育要应对信息技术特别是大数据所带来的变革、拓宽研究视野,实现智慧化。

一 思想政治教育下的数据价值

在思想政治教育研究中,数据收集与分析从来没有淡出研究者们的视线,调查问卷、访谈分析等量化数据模型被广泛地加以运用。大数据时代的到来,使得研究从原来的"数据"变为了"大数据",仅一字之差,带来的却是重要的转变。大数据(Big Data),即海量数据体,具有

[①] 《习近平在全国高校思想政治工作会议上强调 把思想政治工作贯穿教育教学全过程开创我国高等教育事业发展新局面》,《人民日报》2016年12月9日。

[②] Emmanuel Letouzé, *Senior Development Economistz*, *Big Data for Development: Challenges & Opportunities*, UN Global Pulse, http://www.unglobalpulse.org/BD4DWebcast.

海量数据（Volume）、高速处理（Velocity）、数据多样（Variety）、真实性（Veracity）的特征。[①] 当前，信息技术的高速发展使得以数据形式对人化世界中的各种活动数据化变为了可能，以往的"数据"变为了"大数据"，从而能够更加直观地状描庞杂的量化世界的某一方面。对于思想政治教育而言，传统数据分析方法对人的思想品德结构与社会外在环境的复杂性、多变性的动态把握度仍处于较低的程度，较难实现大数据背景下的高速和多样数据处理，一定程度上造成研究相对于实践滞后，降低了研究价值；并且，传统数据分析所反映结果的真实性相较大数据分析而言较低，信度问题不易解决。大数据的价值由此得以彰显。

根据目前的技术、数据的共享度和可利用程度，现今大数据至少可以在以下方面对思想政治教育研究产生有益影响。

第一，大数据对思想政治教育研究最为核心的意义在于大数据分析可以及时、真实地反映人的精神需要和思想倾向。人的思想是在不断变化的，特别是在当前社会发生深刻变革的时代，人的思想变化动态性愈加明显，这对研究的实时性提出了很高的要求。思想政治教育作为具有较强实践特性的学科，如果无法实时把握人的真实思想需要和动向，对于整个学科研究而言，无疑是不利的。过去，我们致力于研究人的思想的形成发展规律，通过找寻因果关系对其进行把握，探索教育规律，这显然是必需的。然而，对规律的研究必然需要长期的过程，特别是针对新的问题，更需要长久的观察与分析。所以，对于现时代急迫需要解决的问题、急需完成的教育任务，除把握人的思想的形成发展规律之外，还要充分、真实了解现时代人的精神需要和思想倾向，以实现思想政治教育的及时应对。由此，大数据的功能就凸显在思想政治教育研究者们面前。在大数据分析中，让"数据发声"是其重要的旨归，它致力于把现实世界中发生的相关关系展现在研究者面前，这些数据"也许不能准确地告诉我们某件事情为何发生，但是它会提醒我们这件事情正在发

[①] *What is Big Data*? Villanova University, http://www.villanovau.com/university-online-programs/what-is-big-data/.

生"。① 这样，大数据为思想政治教育研究及时、真实地了解当前现实世界铺垫了基础，从而使思想政治教育在应对现实问题和未来世界的不确定性上迈出了重要的一步。

第二，大数据可以为高校思想政治理论课革新提供依据。习近平在全国高校思想政治工作会议上指出，"高校思想政治工作，要因事而化、因时而进，因势而新"，"思想政治理论课要坚持在改进中加强，提升思想政治教育亲和力和针对性，满足学生成长发展需求和期待"。无疑，因事施教、因材施教是改进高校思想政治理论课、提升大学生思想政治教育有效性的重要理念，而要落实这一理念，就要充分了解教育对象的"需求和期待"。大学生网络频率使用度高，网络终端接入互联网途径较为单一，一般是通过校园网络接口连接互联网的，所以，大学生关注的热点和数据较易采集，对其网络数据收集的途径也较为便捷。也就是说，在技术层面通过区分网络使用者的 IP 地址，就能采集到相关区域网络用户的数据，它可以确切到某一地区或者某一具体高校人群网络使用所产生的数据。在这一前提下，挖掘数据和进行数据分析，就能较为清晰地描绘出某一区域、某一高校大学生关注的热点问题、思想需求等信息，为思想政治教育者提供参考。依据大数据所反映的教育对象的不同特点，高校思想政治教育者可以适时调整思想政治理论课的教育方法、优化教学内容、改革教育教学方案，契合教育对象的需求、兴趣和思维习惯，更好地抓住教育对象的视线，使高校思想政治理论课"活"起来，从而提升高校思想政治理论课的亲和力和针对性，促进教学目标的实现。比如，近年来 MOOC（大型开放网络课程）② 等课程在数据的应用方面已取得了一些经验，研究开发了一系列多样化思想政治教育课程，依据人们

---

① ［英］维克托·迈尔－舍恩伯格、肯尼思·库克耶：《大数据时代：生活、工作与思维的大变革》，盛杨燕、周涛译，浙江人民出版社 2013 年版，第 19 页。
② "MOOC"（也称慕课），是一种在线课程开发模式。"M" 代表 Massive（大规模），第一个 "O" 代表 Open（开放），第二个 "O" 代表 Online（在线），"C" 代表 Course（课程）。与传统课不同，一门 MOOC 课程动辄上万人，最多达 16 万人，它以兴趣导向，凡是想学习的，都可以注册学习。参见《什么是"慕课"》，2013 年 7 月 9 日，新浪网（http://news.sina.com.cn/o/2013－07－09/131927618337.shtml）。

参与课程的倾向和学习习惯数据整理分析，不断进行课程调整和改进，受到了较好的评价。

第三，大数据可以为思想政治教育效果评估提供数据支撑。思想政治教育效果评估是思想政治教育研究的难点。这首先是由于人的思想变化有着复杂性的特点，有时因为某件事而突然转变，而有时则是循序渐进，存在思想变化的潜伏期；同时，"四个多样化"带来了大量的新情况、新问题，对思想政治教育对象产生多重影响，传统方式难以确定思想政治教育对象思想变化的主因和干扰因子，从而使得思想政治教育效果评估结构复杂难控。大数据思维强调，"不关注精确，而强调混杂"，其分析所使用的关键数据恰恰来源于混杂数据间的关联，这对于思想政治教育效果评估而言，是传统的样本分析所不可企及的。例如，对于同一思想的反映，人们可能用不同的语言和行为方式进行表述，其格式不可能是固定的，如针对"扶不扶"现象的网络评论上万条甚至上百万条，作为一个庞杂的数据系统，我们所需要研究的关键因子"诚信"一词，可以被表述为"信任""诚实""守诺"等多种方式，同时也包括许多具有现代风格的网络语言范式和口语，所以，对其进行数据收集与整理不可能是固定的模式。这正是大数据的优势所在。通过网络评论大数据挖掘，结合网络终端Cookies[①]所得出的群体区分，既能得出社会人群的整体价值观倾向，又能具体显现某一地区社会成员的思想观点。基于此分析，对相似的热点事件数据进行对比分析，便可得出相应的社会成员思想变化趋势，从而为思想政治教育效果的综合评估提供数据支撑。如针对近期发生的"老虎伤人"事件，从北京到宁波，两个相似事件的大数据分析对比；显现出社会成员态度观点的变化，一面是社会成员规则意识的强化，另一面则是一些社会成员人文关怀的缺失，从而对由此事件引发的思想政治教育效果的评估提供了一定的参考。

当然，以上仅是当前思想政治教育研究大数据思维的部分价值，其实际意义还不仅如此，许多新的研究应用有待进一步挖掘。

[①] Cookies，简单来说，是某些网站为了辨别用户身份、进行跟踪而储存在用户本地终端上的数据。

二 思想政治教育研究中大数据应用的案例探讨

在明晰了大数据对思想政治教育研究的意义之后，有另外一个问题摆在了我们面前，那就是——大数据分析如何真正应用到思想政治教育研究之中？这是许多理论研究者和实践工作者们共同面临的一个难题。一般来说，在步骤上，大数据应用到具体研究之中通常需要经过三个程序：一是数据采集（Data Acquisition），即收集研究需要的信息，在技术层面，可以通过海量数据分割、任务分解与结果汇总，完成海量数据的并行处理。二是数据挖掘（Data Mining），即基于大数据收集，挖掘到我们所需要的数据信息，从而对需要研究的课题有较为全面的把握。三是数据分析（Data Analytics），顾名思义，即对挖掘到的信息进行系统分析，得出结论，以指导理论研究和实践。

目前，思想政治教育研究可以利用的开放的大数据平台主要有"百度指数""360指数""清博指数"等。我们依据这些平台，对思想政治教育研究中大数据应用进行简单的案例探讨。

这里选择通过大数据平台分析关于"老赖"现象所反映的社会成员价值观特点和变化，以及其在思想政治教育研究中的应用。"老赖"是社会诚信体系建设的蛀虫，其"失信得利"的逻辑对思想道德教育产生较大的干扰。依据大数据平台进行数据采集，以"老赖"为关键词，挖掘大数据平台中社会成员对相关问题的关注，可以显现出几方面内容。

一是在关注趋势上。多个大数据平台均显示，近年来，对"老赖"问题关注的高峰集中于2019年1月、2019年6月和2019年11月等几个时间段，对这几个时间段的相关事件进行回顾，可以看出，这几个关注的高峰时间段大多与相关政策制度的出台密切相关。从关注趋势上可以反映制度的制定与社会成员关注度关联关系明显，对社会成员诚信思想的确立和行为的选择具有影响。所以思想政治教育应及时抓住相关制度出台后的"黄金期"，展开相应的教育，既要从制度的角度展开制度教育，发挥政策制度硬约束的预测规约作用，约束社会成员行为，使其"不敢失信"，又要适时地进行道德教育，使其"不想失信"。

二是在关注的相关问题上。大数据平台显示，社会成员对"老赖"相关问题的关注主要集中在"失信被执行人查询系统"以及"老赖惩治"等方面，来源检索词和去向检索词均显示"老赖名单查询"和"老赖治理"都是高相关性词汇，得到了大量的关注，在一定程度上反映了当前社会中失信现象的发生频率。此外，"买车""贷款""乘机"成为衍生关键词，说明了制度的约束作用正在显现，影响着社会成员思考相关问题的方式。需要指出的是，在社会成员近年来关注的相关问题中，对一些公众人物的失信关注度具有很高的表现。这告诉我们，思想政治教育要特别注意公众人物的榜样引导，使其成为教育的正能量，对失信的公众人物，在教育过程中需要正确评价，及时纠偏，通过正向榜样教育，引导形成社会向善的价值观氛围。

三是在关注的人群上。25岁到34岁是该问题的主要关注人群，占比大于50%，也就是说，社会中青年成员对该问题的网络关注度高，这其中自然包括大学生等社会群体。据此，对于"老赖"问题的治理，可以成为高校思想政治理论课的教学资源，挖掘其教育价值，以案例为依据，创设情景，通过正反两方面评述，引导大学生树立诚信的核心价值观。

四是在网络意见发表上。透过相关新闻的网络评论进行大数据挖掘，可以得出，社会成员普遍认为，社会需要诚信，"老赖"必须惩治。如2016年底"某法院对老赖的强制执行"的新闻，仅一家门户网站的网络评论就达11万多条，其中80%以上表达了支持的观点。这直接反映了我国的诚信文化传统在当代社会价值观中的延续，当前社会对诚信价值观的普遍认可，彰显出思想政治教育的价值观基石，是开展教育活动的有效支撑。但在治理方法上，有部分社会成员透过一些过激言论，表现出对某些失信行为者的愤恨，舆论规范演变为网络世界的人身攻击，这与制度设立的本意相反，也与社会核心价值观的培育相背离，在思想政治教育中，应特别注意这种倾向，既要对失信行为进行分析纠偏，又要引导教育对象理性看待问题。

三 大数据与智慧思想政治教育研究路径

以上可见，大数据在思想政治教育研究中大有可为，结合大数据分析，思想政治教育拥有了更广阔的研究视野。思想政治教育研究应积极回应大数据时代提出的新课题，为新时代思想政治教育研究的转向提供优质的资源。

一是思想政治教育研究应强化与各学科研究间的协同意识。思想政治教育需要协同，大数据时代下的思想政治教育研究更需要协同。大数据分析的庞大数据处理量仅靠思想政治教育研究者的研究力量显然是不够的，大数据时代下思想政治教育研究与以往的数据样本研究不同，不再是简单的统计分析，而是一个从数据挖掘到数据分析的复杂过程，纵然思想政治教育研究者综合研究能力的培养不可忽视，但术业有专攻，思想政治教育要真正地应用大数据开展研究工作，就要广泛吸纳统计学、计算机信息学、情报学的学者们加入其中。通过建立思想政治教育研究的多学科协同机制，强化协同意识，整合社会科学和自然科学研究资源，补齐现有思想政治教育研究中存在的短板。这既需要加强思想政治教育研究者与其他学科学者间的交流，将研究中所需要的数据方向明确告知相关学科领域的学者，使其了解研究所需要收集、挖掘、分析的数据内容，打造多学科研究团队，从而使各学科学者参与到思想政治教育研究中来；同时还要发挥本学科研究优势，在数据挖掘的基础上，结合专业知识进行充分分析，将哲学、教育学、社会学等协同研究成果为我所用，多角度反映研究对象，达成研究目标。

二是思想政治教育研究应引入市场化机制。前已述及，近年来一系列开放使用的大数据平台涌现，为思想政治教育研究提供了可利用的数据资源，但开放数据平台的使用仅限于初步的分析，要使研究更加专业、更加具体，仍需与大数据公司展开合作。毋庸置疑，当前，数据已然具备了价值的属性，数据间交换市场活跃，大数据交易中心已经建立。掌握不同大数据源的机构是不同的，思想政治教育研究要掌握大数据，就要走出原有的象牙塔，在研究中引入市场化机制，使研究更加深化。这首先需要的便是投入的加大，因为市场本身具有利益性质诉求，市场是利益交换的载体，通过投入，思想政治教育研究能更便捷地获取到所需要的数据源，还可以与专业的数据分析公司洽谈，外包数据收集和挖掘任务，降低研究所需要的时间成本，提高研究的实效性。此外，思想政治教育研究还需要在市场化机制中寻求合作。如对于高校数据信息的收集，部分企业有在高校或者针对大学生、青年群体进行产品推广、产品开发的需求，他们与思想政治教育研究一样，同样需要了解高校大学生通过网络生活所产生的数据，作为掌握高校数据信息资源的学校思想政治教育管理部门而言，可以通过合作，从有需求的企业那里获得资金和技术支持，在保证数据隐私和高校意识形态安全的基础上，共同收集、挖掘有效数据，从庞杂的数据体中找到思想政治教育研究所需要的信息。

需要指出的是，思想政治教育研究在大数据时代转向的过程中，要避免技术至上主义的倾向。必须在研究中明确，"大数据为我们提供的不是最终答案，只是参考答案"[1]。完全数据化的指标并不能在全部意义上完成对研究问题最为系统、最为全面的反映，即便在数据化程度大幅提升、数据分析处理技术高度发达的今天，社会科学语境下的数据仍然不可与自然科学视野中的数据同日而语。其缘由在于，人的思想的研究"存在无法穷尽的解释残余以及经验世界本身所存在的流变性"[2]，大数据作为参考，仅提供了对现有表象的状描，数据的分析仍须从人的角度出发，加以理解和诠释，因此，见"数"而不见"人"的人学空场只能逼迫思想政治教育研究沦为数据的婢女。在大数据时代，思想政治教育研究要保持应有的理性，以审慎的态度融入其中，从而避免被数据洪流淹没的境遇，张扬大数据的价值，让数据发出生动而鲜活的声音。

（向征，中国社会科学院大学马克思主义学院副教授。源自：《大数据时代：思想政治教育研究的机遇与挑战》载《中国高等教育》2017年第3/4期。）

---

[1] ［英］维克托·迈尔－舍恩伯格、肯尼思·库克耶：《大数据时代：生活、工作与思维的大变革》，盛杨燕、周涛译，浙江人民出版社2013年版，第233页。

[2] 阎光才：《教育及社会科学研究中的数据——兼议当前的大数据热潮》，《北京大学教育评论》2013年第4期。

历史的选择
——马克思主义信仰

倪丽洁

中国人的信仰问题一直被西方人怀疑着，当西方人高谈着自己的信仰，他们喜欢反问，中国人为什么没有自己的信仰呢？中国人的确喜欢把自己的内心世界表露无遗，在历史的长河中，中国独特的社会环境和文化传统使中国人的信仰没有和理论理性联系起来，而是与重视人生修养的实践理性联系在一起。

一 中国人的信仰历程

从今天的视角，我们可以清晰地看到中国人的信仰发展的趋势，可以用相对理论的话语进行概括和总结。

同其他国度一样，中国人的最初信仰是一种万物有灵、多神崇拜的原始信仰，包括自然宗教、图腾崇拜、祖先崇拜等。经过漫长的原始社会，这种原始宗教开始向具有民族、地域特色的古代宗教发展。

原始社会末期形成了以天神崇拜和祖先崇拜为核心、以自然崇拜为补充的相对固定的郊社、宗庙等祭祀制度，成为维系古代社会秩序和宗法家族体制根本力量的古代宗法性宗教。经过夏、商两代的发展，古代宗法性宗教在西周时代达到鼎盛时期。

随着周王室的衰败，古代宗法性宗教在春秋战国时期逐渐瓦解，形成了百家争鸣的局面。从春秋战国到唐朝后期，是中国传统信仰体系逐渐形成、发展的重要时期。到了西汉武帝时期，初步形成了以儒家信仰为核心、道家拥有重要地位的传统信仰体系。东汉后期佛教传入中国，经过东晋南北朝的发展，隋唐的繁荣，成为中国传统信仰中的重要组成部分。儒、道、释三家信仰之间的相互冲突，相互融合，促进了中国传统信仰的发展。到北宋时期，一种融合儒家、道家、佛家的理学成为中国传统信仰的主导形态。中国传统信仰体系走向了一个相对成熟时期。

伴随着社会制度的变更和朝代的更替，中国人的信仰也在走着与之相应的轨迹。当我们把目光定位到某一历史时刻，我们就会发现属于那个时代的主流的信仰。在漫长的封建统治时期，儒家信仰一直占据信仰体系的核心位置，正是因为儒家基于仁、义、礼、智、信的道德人格信仰能够为封建统治阶级所引导从而为维护封建统治、维护社会安定做出应有的贡献。再比如说佛家，康熙帝在承德修建避暑山庄的同时，修建了堪称小布达拉宫的寺庙，他的目的正是出于政治的考虑，利用佛教巩固自己的统治。在人类社会发展的过程中，信仰为统治阶级有效利用，便是维护政治统治的有力工具。

正是由于社会秩序的价值大于个体自由的价值，因而在历史发展中，任何社会都没有对个人信仰问题放任自流而是尽力地加以教化。尽管不同历史时期和不同阶级国家信仰教育的内容、载体、模式有所不同，但有一点是共同的，即都是为了实现或维护统治阶级的利益和促进社会的稳定和发展。这充分体现了信仰教育的社会价值。

19世纪中叶，西方国家先后两次发动鸦片战争，打败和侵入中国，中国内部又发生了历时14年最终归于失败的太平天国农民革命，才使中国社会开始出现前所未有的新变化。当中国走过了漫长的封建社会，当封建统治日渐退出历史的舞台，原本稳固的封建信仰也变得黯然失色。清末封建制度的没落，中国人也逐渐远离了自己的传统的信仰体系，寻找新的方向。

先是封建统治阶级内部一部分人推动洋务运动，企图在不可能根本改变封建制度的条件下，通过学习西方的先进科技，以摆脱落后挨打的局面，结果在中日甲午战争的炮火中破灭。后来又有康有为、梁启超等发起维新变法冀求在中国实行君主立宪，通过自上而下的改良以实行资本主义化的政治和经济纲领，结果只维持100多天，就遭到保守派的残酷镇压而彻底失败。然后又是孙中山、黄兴等领导的辛亥革命，通过革命的手段，推翻帝制、建立民国，冀求实行西方式的资本主义制度，但最终的成果却被袁世凯窃取。历史表明，无论是旧式农民起义，封建统治阶级自强，还是资产阶级改良派和资产阶级革命派的努力都没有改变中国半殖民地半封建的社会性质和中国人民的悲惨命运，都没有在中国建立起资本主义制度。梁启超先生说："信仰是神圣，信仰在一个人为一个人的元气，在一个社会为一个社会的元气。"他认为当时中国社会最大的病根是没有信仰，因而，改革"最要紧的是确立信仰"[①]。

中国人探索着救国救民的真理。十月革命震撼了全世界，也惊醒了向西方寻找真理的中国先进分子。他们由此看到了中国未来的希望。近代以来，中华民族面临两大历史任务：一个是求得民族独立和人民解放；一个是实现国家富强和人民富裕。哪种理论能够对这两个历史课题做出正确回答，它就会成为中国人民的信仰；哪条道路能够引导中国人民完成这两大任务，它就能够成为中国人民的历史选择；哪种政治力量能够带领人民实现这两大任务，它就能够成为掌握中国历史发展前进方向的领导力量。中国选择了马克思主义信仰是历史的选择、人民的选择。马克思主义信仰与中国革命和建设的实际相结合，形成了中国化的马克思主义，从此引领中国人民翻山越岭，日新月异。

二　马克思主义信仰在中国革命中的重要作用

一个政党、一个国家、一个民族或是一个时代，只有确立了共同的信仰，才会有强大的凝聚力和向心力。从人类社会发展史看，信仰具有极强的凝聚人心和鼓舞人心的作用，使人的内心世界与外界环境结合起来产生强大的社会推动力，从而变革历史。马克思主义信仰是一种崭新的信仰，它的产生是人类信仰史上的伟大变革。中国共产党是用马克思

[①]《邓小平文选》第三卷，人民出版社1993年版。

主义科学理论武装起来的政党，坚定的马克思主义信仰是我们党的一大优势。邓小平指出："对马克思主义的信仰，是中国革命胜利的一种精神力量。"① 中国革命和建设的实践也充分证明，我们党的各项事业之所以能够不断取得胜利，是因为我们有马克思主义的科学理论。正因为如此，我们党从来没有忽视对广大党员、干部和群众进行马克思主义信仰教育。

马克思主义信仰的巨大魅力在中国革命中得到了充分体现，无数革命英烈之所以不怕牺牲，前仆后继，就是因为心中有马克思主义信仰。马克思主义信仰作为中国共产党思想政治教育的主要内容，贯穿了中国共产党的建立、发展和壮大，也伴随着中国共产党思想政治工作的初创和成熟，挫折和发展。中国共产党思想政治工作的发展史就是马克思主义信仰在中国的传播史。马克思主义理论指导着中国的革命和建设工作，并不断同中国的革命和建设实践相结合，形成了毛泽东思想、邓小平理论、"三个代表"和科学发展观的重要思想。

在俄国十月革命和中国五四运动以后，以李大钊、陈独秀、毛泽东、周恩来等为代表的一批具有初步共产主义觉悟的知识分子，深入劳苦群众中开办工人夜校和劳动补习学校，教工农学习文化，宣传马克思主义，组织工会和发动农民抗税反霸，促进马克思主义与工农运动的结合，这是中国共产党思想政治工作的萌芽，也是马克思主义信仰在中国传播的开始。

北伐战争时期，党开创了革命军队的思想政治工作，让马克思主义信仰在军队生根、发芽。对此，毛泽东在抗战初期就曾给予高度评价，1937年10月25日毛泽东和英国记者贝特兰的谈话中，在回顾我军发展的历史时说，他指出："那是军队设立了党支部和政治部，这种制度是中国历史上没有的，靠了这种制度使军队一新其面目。一九二七年以后的红军以至今日的八路军，是继承了这种制度而加以发展的。"

土地革命时期，思想政治工作发展为党的各项工作的一条重要战线，并作为军队工作中的一项专门制度而确定下来。三湾改编第一次提出

---

① 联合国教科文组织：《二十一世纪的高等教育：展望与行动世界宣言》，《教育参与资料》1999年第3期。

"支部建在连上"；1929 年的《古田会议决议》，标志着党的思想政治工作开始走向制度化、正规化；1934 年瑞金召开的红军第一次全国政治工作会议，提出了"政治工作是红军生命线"的科学命题；第五次反围剿失败后，红军发扬"长征精神"，克服了人类历史上罕见的艰难险阻，胜利地到达了陕北。在马克思主义信仰的正确指引下，党的思想政治工作走向成熟。

1935 年 1 月召开的遵义会议，中国共产党运用马克思主义基本原理独立自主地解决中国革命问题，挽救了党和红军，标志着党在政治上开始走向成熟，党的思想政治工作也开始走向了成熟时期。

1937 年暴发的抗日战争是中国革命的新阶段，抗日战争时期的思想政治工作，是土地革命战争转变为民族解放战争、党的总路线由土地革命和武装推翻国民党政权转变为实行国共合作，建立和发展抗日民族统一战线的背景下展开的。在马克思主义理论的指导下正确地处理了民族斗争和阶级斗争的关系、抗日战争和新民主主义革命的关系，为抗日战争的顺利进行并取得胜利做出了贡献。

毛泽东的《实践论》《矛盾论》奠定了思想政治工作及其理论的哲学基础。党的"七大"正式确立毛泽东思想是我们党的指导思想，在马克思主义基本原理与中国实际相结合上实现了第一次历史性的飞跃。

抗日战争胜利后，国内阶级矛盾再次成为主要矛盾，粉碎国民党反动派的内战、独裁、卖国政策，夺取新民主主义革命的胜利，变半殖民地半封建的旧中国为独立、民主、自由、统一、富强的新中国成为党和全国人民的战略任务。中国不仅在革命时期需要马克思主义信仰，在中国特色社会主义建设时期同样需要。

三 马克思主义信仰与中国建设

从中华人民共和国成立到 1957 年初，党风廉洁，党政军民各行各业兢兢业业，党的威信很高，在民主革命收尾工作和社会主义改造中，思想政治工作继续发扬了革命战争年代形成的优良传统，宣传鼓动工作声势浩大，党的路线方针政策深入人心，家喻户晓。1957 年，毛泽东在最高国务会议上所做的《关于正确处理人民内部矛盾的问题》的演讲,是社会主义的纲领性文献,也是社会主义建设时期思想政治工作的伟大纲领。

从1957年反右派斗争严重扩大化开始,到1976年粉碎江青反革命集团,思想政治工作和整个社会建设一样,经历了长达20年曲折前进和严重挫折时期。前十年全面进行社会主义建设时期,伴随着党内出现的日益严重的"左"倾错误,包括1958年的总路线、大跃进、人民公社化运动,1959年反对所谓右倾机会主义斗争,背离了思想政治工作的优良传统。"文化大革命"的十年,在"无产阶级专政下继续革命理论"的误导下,思想政治工作遭受严重挫折,教训十分惨重,值得深刻总结和汲取。

1978年12月,党的十一届三中全会决定把全党全国的工作重心转移到社会主义现代化建设上来,果断停止使用"以阶级斗争为纲"这个口号。会后开始全面纠正"文化大革命"以及以前的"左"倾错误,审查和解决了党的历史上一批重大冤假错案和一些领导人的功过是非问题,结束了1976年10月以来党的工作的徘徊局面,实现了党的工作重点的战略转移,从而也拨正了思想政治工作的前进方向,党的思想政治工作进入了新的历史发展时期。

在改革开放和社会主义现代化建设的伟大实践中,邓小平理论逐步形成。党的十二大提出了"建设有中国特色的社会主义"的主题。党的十三大系统论述了社会主义初级阶段的理论,党的十四大标志着邓小平理论走向成熟,而且确立了这一理论在全党的指导地位。党的十五大邓小平建设由中国特色社会主义理论第一次正式鲜明表述为邓小平理论,并载入大会修订过的党章,确定为党的指导思想。邓小平理论既是指引我们各项工作前进的旗帜,也是我们思想政治工作的根本方针。

马克思主义理论不断与中国建设的具体实践相结合,中国共产党带领全国人民积极探索,勇于实践,进行理论创新。伴随着党的十六大"三个代表"写进党章,党的十七大科学发展观写进党章,标志着马克思主义理论中国化不断走向成熟和完善。几代中国共产党人始终以实现中华民族伟大复兴为己任,坚持把马克思主义基本原理同中国具体实际相结合,团结带领全国各族人民不懈奋斗,战胜各种艰难险阻,不断取得革命、建设、改革的伟大胜利。实践证明，没有中国共产党就没有新中国，就没有中国特色社会主义。办好中国的事情，关键在党。坚持中国特色社会主义道路，推进社会主义现代化，实现中华民族伟大复兴，必须毫不动摇地坚持中国共产党的领导，毫不动摇地坚持马克思主义信仰。

党的十八大报告提出，九十多年来，我们党紧紧依靠人民，把马克思主义基本原理同中国实际和时代特征结合起来，独立自主走自己的路，历经千辛万苦，付出各种代价，取得革命建设改革伟大胜利，开创和发展了中国特色社会主义，从根本上改变了中国人民和中华民族的前途命运。我们要推进马克思主义中国化时代化大众化，坚持不懈用中国特色社会主义理论体系武装全党、教育人民，深入实施马克思主义理论研究和建设工程，建设哲学社会科学创新体系，推动中国特色社会主义理论体系进教材进课堂进头脑。要抓好思想理论建设这个根本，学习马克思列宁主义、毛泽东思想、中国特色社会主义理论体系，深入学习实践科学发展观，推进学习型党组织创建，教育引导党员、干部矢志不渝为中国特色社会主义共同理想而奋斗。中国特色社会主义事业是面向未来的事业，需要一代又一代有志青年接续奋斗。

参考文献

［1］《中国现代思想史简编》第 2 卷，浙江人民出版社 1982 年版。

［2］邓小平：《邓小平文选》第三卷，人民出版社 1993 年版。

［3］张耀灿：《中国共产党思想政治工作史论》，高等教育出版社 1999 年版。

［4］陈立思：《当代世界的思想政治教育》，中国人民大学出版社 1998 年版。

［5］谷生然：《社会信仰论》，中国社会科学出版社 2009 年版。

［6］刘建军：《马克思主义信仰论》，中国人民大学出版社 1998 年版。

（倪丽洁，中国社会科学院大学国际教育学院。源自：《延边党校学报》2014 年第 2 期）

以习近平关于青年工作的重要论述为指导做好新时代青年意识形态工作

吕泽华

一 习近平关于青年工作的重要论述的思想继承

马克思和恩格斯是马克思主义青年思想的创始人，列宁、斯大林以及历代中国共产党人将马克思主义基本原理同具体的青年工作实践结合起来，做了具有时代价值的论述，继承和发展了马克思主义青年思想。中国特色社会主义进入新时代，习近平同志立足马克思主义的基本观点和方法，深刻总结了马克思主义经典作家以及历代中国共产党领导人关于青年工作的论述，阐发了新形势下青年工作的重大理论和实践问题，形成了新时代青年观。

（一）地位论：青年是社会主义事业的未来

马克思主义经典作家都着眼于时代青年在革命、建设中的地位，总结青年在时代发展中的特殊作用。马克思和恩格斯就重视青年在无产阶级革命中的作用。马克思时常说："我应该训练好在我死后继续共产主义宣传的人。"[①] 青年是革命事业的未来和希望，是继承革命事业的中坚力

[①] 苏共中央马克思列宁主义研究院编：《回忆马克思恩格斯》，人民出版社1957年版，第68页。

量，是进行革命斗争最庞大、最坚定的人群。恩格斯注意到了广大青年在革命和理论斗争中往往具有压倒性的力量，"人数空前众多的年轻人汇集在我们的旗帜之下，那些支配着我们的思想目前比以往任何时候都得到更广泛的发展"，通过教育和宣传将一批先进的青年紧紧围绕在党的周围，就能够"英勇无畏地奋起反对新的敌人"。① 同样地，列宁、斯大林也相信青年们能够在社会主义的革命和建设中得到锻炼，"到未来的世界革命成熟的时候就能够完全胜任自己的任务"②，青年的作用在于"是建设未来的极良好基础"③。青年在革命战争时期发挥着坚强的堡垒和"突击队"的作用，在社会主义建设和改革时期也是积极奋进的先行者。毛泽东、邓小平、江泽民等中共领导人都曾指出，"中国的前途是属于你们（青年）的"，青年是社会中最富活力的部分，"是我们的希望和我们的将来"。社会主义的革命成果需要青年去继承和发扬，社会主义的美好未来需要青年去创造。

习近平同志强调，"历史和现实都告诉我们，青年一代有理想、有担当，国家就有前途，民族就有希望，实现中华民族伟大复兴就有源源不断的强大力量"。只有代表青年，才能聚集起庞大的力量；只有赢得青年，才能赢得革命战争、理论交锋和改革竞争的胜利；只有依靠青年，才能确保革命理论源源不断地传承下去，只有这样，社会主义到共产主义的事业才能从胜利走向胜利。

（二）特征论：充分认识青年的优点和不足

充分认识青年是引导教育青年的前提。马克思主义经典作家都通过分析青年群体在社会生活中的特殊性，总结青年群体的一般特征，进而形成具有针对性的青年工作理论。马克思和恩格斯在《革命的西班牙》《德国的革命与反革命》等文章中分析各国革命时提出青年最革命、最刚烈、朝气蓬勃，但往往在政治上幼稚无知，比较草率。列宁也曾指出：

---

① 《马克思恩格斯全集》第 2 卷，人民出版社 2005 年版，第 331 页。
② 《列宁全集》第 33 卷，人民出版社 1957 年版，第 336 页。
③ 《斯大林全集》第 6 卷，人民出版社 1956 年版，第 219 页。

"我们有各种各样的青年。有垂头丧气的，疲惫懈怠的，悲观失望的。也有朝气蓬勃的，活泼愉快的，意志坚强和不达目的不罢休的。"① 毛泽东提出在处理青年问题时要注意青年人"缺少政治经验和社会生活经验"②的不足。青年人缺乏对革命历史的切身感悟，容易受到守旧和反动思想的误导，对建设社会主义缺乏长期性和艰巨性的认识。

习近平同志指出，知识分子有思想、有主见、有责任，愿意对一些问题发表自己的见解。各级党委和政府要充分了解青年的特点，尊重青年提出的问题，既不排斥，又不能回避，既要明白是非，又不能把人一棍子打死，要多一些包容，不抓辫子、不扣帽子。青年工作者要做青年友，不做青年官，要深入到青年当中，用青年喜闻乐见的内容教育青年，以青年感同身受的方式感染青年。同时，习近平同志也告诫青年："面对外部诱惑，要保持定力、严守规矩，用勤劳的双手和诚实的劳动创造美好生活，拒绝投机取巧、远离自作聪明。"③ 因此，青年工作者要牢牢抓住当代青年的特点，结合当代青年的成长环境、教育背景以及理想前景，用既坚持原则又与时俱进的方式教育青年，帮助青年区分社会思潮，增强抵制诱惑的能力，一步一个脚印，踏踏实实做事，堂堂正正做人。

（三）教育论：用生动的历史和实践教育青年

马克思主义经典作家非常注重对青年的培养，教育青年运用历史唯物主义的观点分析问题，引导青年将理论知识的学习与生产劳动相结合，教育青年知识分子与广大工人阶级一同参与到为社会主义事业建设奉献力量的行列之中。

马克思早在《哥达纲领批判》中就提出了"生产劳动和教育结合是改造现代社会的最强有力的手段"④。毛泽东强调，"教育与劳动结合的原

---

① 《斯大林全集》第12卷，人民出版社1955年版，第152页。

② 中国共产主义青年团中央团校：《革命领袖论青年和青年工作》，中国青年出版社1984年版，第88页。

③ 习近平：《在纪念五四运动100周年大会上的讲话》，人民出版社2019年版，第11页。

④ 中国共产主义青年团中央团校：《革命领袖论青年和青年工作》，中国青年出版社1984年版，第283页。

则是不可移易的"。让青年人接近工人、体会劳动，有助于青年感受社会主义的优越性和无产阶级在革命、建设和改革中的巨大力量，有助于纠正青年思想幼稚、脱离实际的缺点。习近平同志十分重视让青年在基层实践中锻炼成长，强调："要教育引导学生崇尚劳动、尊重劳动，懂得劳动最光荣、劳动最崇高、劳动最伟大、劳动最美丽的道理，长大后能辛勤劳动、诚实劳动、创造性劳动。"① 天上不会掉馅饼，努力奋斗才能梦想成真，美好生活要靠辛勤劳动来创造，新时代青年要坚持向广大劳动者学习，坚持攻坚克难、勇于创新、甘于奉献的精神。

邓小平在会见加蓬总统邦戈时指出要"用中国的历史教育青年"②。习近平强调："同人民一道拼搏、同祖国一道前进，服务人民、奉献祖国，是当代中国青年的正确方向。"③ 近百年来，中国共产党从领导人民为夺取全国政权而奋斗的党，成为领导人民掌握全国政权并长期执政的党，党的革命、建设和改革波澜壮阔的历程中，涌现出了无数革命英烈，留下了五四精神、井冈山精神、长征精神、改革开放精神等优秀精神财富。只有让青年在真实可感的历史中了解中国革命的光辉历程，在中国特色社会主义的生动实践中感悟马克思主义，才能教育青年同广大人民群众一道，在为中华民族伟大复兴的梦想不懈奋斗中书写无愧于时代的人生华章。

二 习近平关于青年工作的重要论述的创新价值

（一）开创了青年使命精神新境界

"为实现中华民族伟大复兴的中国梦而奋斗，是中国青年运动的时代

---

① 习近平：《培养德智体美劳全面发展的社会主义建设者和接班人》，2018年9月10日，中华人民共和国教育部（http：//www.moe.gov.cn/jyb_xwfb/s6052/moe_838/201809/t20180910_348145.html）。
② 《邓小平文选》第3卷，人民出版社1993年版，第204页。
③ 《习近平给河北保定学院西部支教毕业生群体代表回信》，《人民日报》2014年5月4日。

主题。"① 新时代的青年运动，就是广大青年团结在以习近平同志为核心的党中央的周围，听党话、跟党走，不忘初心，努力书写时代新篇章的实践行动。新时代的青年精神就是广大青年在党的带领下，以青春之我、奋斗之我，与广大人民一起矢志不渝为实现中华民族伟大复兴而不懈努力的奋斗精神。

传承马克思主义信仰是新时代青年的天然使命。习近平同志强调，青年是祖国的未来、民族的希望，未来社会的主要建设者。树立马克思主义坚定信念，练就马克思主义深厚本领，是中国特色社会主义进入新时代对青年人提出的要求。青年时期是一个人思想最活跃，精力最旺盛的时期，要抓紧时间、抓住机遇，努力学习理论知识，参加学习实践活动，练就真本领。我们党必须培养一代又一代坚定信仰马克思主义并具有精湛理论水平的有为人才，培养拥护中国共产党领导和我国社会主义制度的优秀青年，确保马克思主义理论继承发展，确保中国特色社会主义事业后继有人。新时代青年必须认识到热爱马克思主义，拥护中国共产党的领导与自身发展是根本一致的。

为社会主义发展建功立业是新时代青年的历史使命。习近平同志对青年给予了高度的期望："全国广大青年要深刻了解近代以来中国人民和中华民族不懈奋斗的光荣历史和伟大历程，坚定不移跟着中国共产党走，勇做走在时代前列的奋进者、开拓者、奉献者，让青春在为祖国、为人民、为民族的奉献中焕发出绚丽光彩！"历史和现实证明，青年运动必须与工农运动结合起来，青年必须和广大劳动人民一道一同为社会主义建设事业奋斗。只有和广大劳动人民一起，才能充分认识到建设社会主义是历史赋予青年的光荣而艰巨的任务。中国特色社会主义进入新时代，广大青年生逢其时，正处在大展身手、努力拼搏，扎根基层，在社会主义事业的生动实践中磨砺自我，贡献力量的人生机遇期。当代青年是同新时代共同前进的一代，新时代的青年在聚焦发展的年代出生，在全面建设的时代成长，在伟大复兴的新时代成材，有着更高远的平台、更宽广的视野，有着实现中华民族伟大复兴的热情，也有屹立在世界舞台中

---

① 《习近平谈治国理政》第1卷，外文出版社2014年版，第53页。

央的信心。

构建人类命运共同体是新时代青年的战略使命。构建人类命运共同体是实现中华民族伟大复兴中国梦的重要战略举措，是中国走近世界舞台中央贡献智慧与力量的大国担当。新时代青年成长在全球化迅速发展的时期，是全球战略和全球治理中的重要因素，为构建人类命运共同体贡献力量是青年的时代使命，是关乎青年成长环境、发展机遇的重要一关。习近平在联合国教科文组织第九届青年论坛开幕式上强调，全球青年有理想、有担当，人类就有希望，推进人类和平与发展的崇高事业就有源源不断的强大力量。希望各国青年积极为构建人类命运共同体添砖献瓦。中国的未来属于青年，世界的未来属于青年，国与国之间的交往，关键在于青年之间的交往。我国青年应该积极了解国际大事，站在国内国际两个角度，运用辩证唯物主义和历史唯物主义的方法分析国内国际形势，把握党和国家的战略要求，为人类命运共同体的构建和中华民族伟大复兴中国梦的实现添砖加瓦。

（二）指明了青年价值实现新道路

践行社会主义核心价值观是青年价值实现的前提。党的十八大以来提出的社会主义核心价值观作为全社会的主导价值对青年成长成才起着重要的规范性作用，但是，个人价值与社会价值的统一和有机结合一直以来是一个重大的理论和实践问题。习近平总书记强调："核心价值观是一个民族赖以维系的精神纽带，是一个国家共同的思想道德基础。"[①] 社会主义核心价值观是对当代党和人民价值观的集中表达，凝聚着全社会的先进价值共识及党和国家对社会价值的要求和期望。中国特色社会主义迈进新时代就要追求全社会的价值向党的主导价值的高度聚合，青年作为党和国家未来的建设者和接班人，青年的价值不仅反映着社会总体价值，更影响着未来社会的价值取向。因此，必须使青年认识到社会主义核心价值观的理论意义和现实价值，认识到践行社会主义核心价值观的必要性和重要性，使得青年在价值观形成的初期就朝着正确的方向发

---

① 习近平：《在文艺工作座谈会上的讲话》，人民出版社2015年版，第22页。

展,能够尽早地辨识各种错误价值,自觉地抵制错误价值并在理论学习和实践感知的基础上不断更正和完善自己的价值体系。

实现社会主义核心价值观与个体价值的理论互释是青年价值实现的桥梁。习近平同志指出:"社会主义核心价值观有深厚的历史底蕴和坚实的现实基础,它所倡导的价值理念具有强大的道义力量,它所昭示的前进方向契合中国人民的美好愿景。"[1] 理论工作者要充分挖掘社会主义核心价值观的历史底蕴,用历史的方法和历史的观点增强青年对社会主义核心价值观的科学认识和理论认同,挖掘一批践行社会主义核心价值观的模范典例,用鲜活的案例教育青年。社会主义核心价值观之所以被人们认同并提倡,是因为它代表着人民群众的根本利益,也代表着青年一代的理想和情感,认可并激发着青年为个人价值的实现而努力。因此,要进一步加强理论探索和实践创新,使得青年实实在在地感受到践行社会主义核心价值观与实现个人价值理想是一致的,感受到践行社会主义核心价值观的过程就是实现个人价值理想的过程。要让青年在为社会主义建设事业不懈奋斗的同时拥有更高的获得感,获得切实的利益,而这一利益又同时促进了青年个体和国家事业的共同进步。

实现主体的自由全面发展是青年价值实现的归宿。共产主义的根本目的是实现人的自由而全面的发展,新时代青年精神致力于引导青年将自我价值与社会价值相融合,实现个人目标与民族复兴的伟大目标有机统一。新时代青年精神要反映广大青年的根本利益,有利于广大青年在为实现中华民族伟大复兴的中国梦不懈奋斗的同时实现自己的人生价值,有利于确保广大青年在建设社会主义现代化强国的征程上收获能力精湛、全面发展的自我。

(三) 形成了党对青年工作领导新高度

习近平总书记在中央党的群团工作会议上讲话时指出,党的群团工作做得好不好,关键在党的领导。党的十八大之前较长的一个时期,社

---

[1] 中共中央文献研究室编:《习近平关于青少年和共青团工作论述摘编》,中央文献出版社 2017 年版,第 39 页。

会一部分领域对意识形态工作重视不足,尤其是一些面向青年的宣传机关、媒体以及一些高校对意识形态和青年工作的重视程度不够,甚至漠视了资本主义的错误思潮渗入青年群体之中,部分青年学生思想西化、堕落,导致错误思潮肆意蔓延,马克思主义科学思想在青年群体中被曲解甚至诋毁。党的十八大以来,西方敌对势力进一步加强了对中国的意识形态渗透,各种新形式、新特点的问题在青年群体中不断暴露出来,这些问题往往具有隐蔽性和多变性,价值观不牢固的青年极易受到蛊惑,甚至一些党和国家机关干部也经常犯下意识形态错误。习近平强调:"新形势下,党的群团工作只能加强、不能削弱,只能改进提高、不能停滞不前。"[①] 有人认为,意识形态领域难管,青年意识形态工作更是一抓就乱,借口"维持稳定"反对加强意识形态领域的监管,事实证明,党中央高度重视青年意识形态工作,严抓落实高校思想政治工作建设,明显遏制了错误思潮泛滥的情况,青年群体对马克思主义和中国特色社会主义的直观感受由抵制、回避、焦虑转向树立信仰、信心增强。以习近平同志为核心的党中央在意识形态斗争的关键时刻抓住了青年,抓住了党和国家的未来,抓住了中国特色社会主义的前进方向。

青年运动的历史告诉我们,只有以先进的思想为指导,只有依靠先进阶级的力量,青年运动才能成功。自五四运动以来,只有以马克思主义为指导,只有以中国共产党为领导核心的青年运动才能够胜利。广大青年要在历史的进程中认识青年运动的正确方向,认识到党的领导是历史和人民的选择,坚定理想信念,坚持习近平新时代中国特色社会主义思想的方向指引。

三 新时代青年意识形态工作的提升路径

(一) 新时代青年意识形态工作的现状和问题

党的十八大之前较长的一个时期,社会一部分领域对意识形态工作重视不足,尤其是一些面向青年的宣传机关、媒体以及一些高校对意识形态

[①] 《习近平谈治国理政》第 2 卷,外文出版社 2017 年版,第 307 页。

和青年工作的重视程度不够，甚至漠视了资本主义的错误思潮渗入青年群体之中，部分青年学生思想西化、堕落，导致错误思潮肆意蔓延，马克思主义科学思想在青年群体中被曲解甚至诋毁。党的十八大以来，党中央高度重视青年意识形态工作，严抓落实高校思想政治工作建设，错误思潮泛滥的情况得到了明显遏制，青年群体对马克思主义和中国特色社会主义的直观感受由抵制、回避、焦虑转向树立信仰、信心增强。

1. 理论斗争取得阶段性胜利，但仍存在精英化和形式化现象

近年来，许多马克思主义理论专家学者对西方新自由主义、历史虚无主义、"普世价值"等错误思潮进行了全面的、系统的批判和清算，揭示了各种错误思潮的本质，大讲特讲错误思想的现象一去不返，给青年营造了风清气正的成长环境。但同时，对马克思主义理论的探讨和对错误思潮的批判多数情况下存在于论坛、会议之中，多以期刊、报纸的形式呈现出来，并且很容易出现泛而不精、多而不全的现象，一些论坛流于形式，只注重参加论坛人员的身份、知名度等，忽视了理论创新与问题导向。此外，大多数青年学者、高校普通教师在意识形态领域缺少话语权，容易造成部分具有创新性和实践性的观点被忽视，打击了基层青年工作者的热情。

2. 青年工作受到高度重视，但思想政治工作者素质有待提升

党的十八大以来，以习近平同志为核心的党中央高度关注青年的教育和培养，习近平关于青年工作的重要论述给了青年工作者极大的信心和实践指导。青年工作逐渐摒弃行政化、贵族化和娱乐化的弊病，大部分地区的基层青年工作从无到有，从文件走进了生活，从办公室走入了校园。需要注意的是，部分基层团干部对马克思主义科学理论和党的政策的理解不足，对青年进行教育宣传时存在内容教条、深度不足的问题，反而导致了青年对正确思想的排斥。一部分学校思想政治工作者在面对青年中存在的思想和行为问题时，仍然存在"不敢管""不想管"的问题，放任一些青年学生的错误思想随意发展。尤其是一些中学教师，由于缺乏对党的意识形态政策的深入理解和对错误思潮危害的深刻认识，仍然不明不白地打着"价值中立"的口号向学生推销西方"普世价值"，甚至有少数教师以"思想幼稚""扰乱教学"为由制止学生对错误思潮的

质疑。在一些高校的政治、经济等部分学科的教学中，不注重思想政治教育和中国化的讲解，使得西方价值观趁机渗透，这些学科成为意识形态领域的沦陷区。构建中国特色社会主义的政治话语，完善中国特色社会主义市场经济理论体系显得尤为重要。习近平同志强调，办好思想政治理论课关键在教师。加强对青年工作者的培训，建设一支"讲政治、情怀深、人格正"的教师队伍是一项急迫而艰巨的政治任务。

3. 思想政治理论课建设有力，但课程实效性需要增强

习近平同志在学校思想政治理论课教师座谈会上指出，我们对思想政治工作高度重视，始终坚持马克思主义指导地位，大力推进中国特色社会主义学科体系建设，为思政课建设提供了根本保证。近年来，高校高度重视思想政治理论课的建设，在课程体系、授课内容、教师聘任上做了大刀阔斧的改进，注重从实践层面上对马克思主义基本原理进行解读，用理论的渊源和真理性说服学生，用中国共产党的光辉历史和中国特色社会主义的生动实践教育和感召青年。调查显示，2017年大学生对社会主义核心价值观的认同度较2016年提高了5.9个百分点。随着高校思想政治教育工作的加强，青年对社会主义核心价值观的认同和理解不断增强。但是，长期以来，思想政治理论课在高校中"不受欢迎"，这种氛围依然产生着不良影响。笔者通过简单随机抽样的方法对102名大学生就思政课的开展进行了问卷调查。55%的学生每次都出席思政课，然而只有36%的学生经常落座前排，分别有52%和30%的人"偶尔"和"从不"参与课堂讨论或回答问题。在对课堂体验和教学效果的回答中，大多数学生认为较好，但需要进一步改进。诚然，由于一些高校中师资力量的薄弱，教师理论功底不足以及大班教学的粗放模式，思政课实效性的提高仍是一项长期任务。

（二）新时代青年意识形态工作的理论对策

1. 领会习近平青年意识形态工作论述思想

习近平强调："意识形态工作是党的一项极端重要的工作。"[①] 意识形

---

① 人民出版社编：《学习习近平总书记"8·19"重要讲话》，人民出版社2013年版，第14页。

态决定了国家在国内国际上的工作动向，事关党的执政地位和民族的前途命运。习近平关于青年和意识形态工作的论述立足于新时代中国特色社会主义的实践要求，具有及时的问题倒逼意识。当今中国正不断走近世界舞台的中央，青年发挥着举足轻重的作用，讲好中国故事、传播中国声音、贡献中国智慧，成为中国在意识形态战场上取胜的切入点。同时，世界依然呈现着西方主导的局面，国际范围内的矛盾长期存在，必须首先做好意识形态工作，守好青年思想领域的高地，才能确保中国特色社会主义事业一代接着一代干。此外，打铁必须自身硬，加强党在新时代自身意识形态的建设格外重要。党在新时代必须为青年树立正确的模范，用实事求是的典例说服青年，在脚踏实地的实践中塑造青年，为青年营造风清气正的成长氛围。在新时代中国特色社会主义事业的建设中，坚定"四个自信"，牢固树立"四个意识"，是实践和历史证明的正确理念。新时代呈现出各种各样的新事物、新思潮，社会主义建设面临新的严峻的挑战，进行多形式、新特点的斗争，是对社会新局势的正确判断，针对西方国家经济、文化、思想等多领域的进攻，必须开展意识形态领域的斗争，坚定马克思主义的指导地位，坚持中国特色社会主义的文化主旋律；必须开展党内思想革新，着力解决党内精神懈怠、信仰缺失、消极腐败的严重问题；必须发扬伟大斗争精神，敢于"拔钉子"，争夺思想舆论高地，巩固中国特色社会主义建设的思想长城。

2. 促进社会主义主导价值向主流价值转化

在我国处于社会主义初级阶段的情况下，国内的阶级斗争依然存在，意识形态领域成为没有硝烟的战场，青年群体还不能完全自觉地用主导价值观武装自己，不能完全达到个人意志与国家意志的高度统一。市场经济中青年自发的价值观必然将会在特定条件下与国家主导价值发生碰撞，主导价值如果不能及时转化为青年的主流价值，必将对中国特色社会主义的意识形态建设和人民生活产生极大危害。价值观多元的青年群体，在接受以马克思主义为指导的主导价值的过程中，存在选择性接受、片面性理解、庸俗化运用的现象，易产生对马克思主义和社会主义核心价值观的抵触心理，从而受到错误理论的诱导，形成错误的价值观。因此，必须让青年在中国特色社会主义的伟大实践中感受文化自信，感受中国特色社会主义文化的雄伟姿态与中国人民高昂的精神风貌。新时代社会主义文化建设要坚持党性与人民性的统一、坚持科学性与批判性的统一、传统性与先进性的统一，构建出风清气正、气宇轩昂的文化环境，通过文化自信达到价值自信。

3. 旗帜鲜明反对西方错误思潮侵害青年

毛泽东在 1964 年 6 月 16 日的讲话中说到，帝国主义说，对于我们的第一代、第二代没有希望，第三代、第四代怎么样，有希望。以美国为首的西方资本主义国家从未放弃过对中国的和平演变和"颜色革命"，随着全球化的不断深入和我国改革开放的不断深入，西方错误思潮借助国际国内的一些矛盾，通过网络大肆渗透，网络的原住民青年群体首当其冲。反对和抵御西方错误思潮，各级管理部门要首先把好关，加强意识形态管理，对一些境外非政府组织、宣传机构和平台严加监管，扼杀"颜色革命"举动的苗头。其次，高校要发挥好青年工作的意识形态阵地，牢固落实党委领导，加强领导班子和教师队伍的建设，把"讲政治"摆在用人的第一位。高校青年工作决不能停留在口号上、形式上，要走出"放任自流"和"自娱自乐"的圈子，摒弃"不敢管""不想管"的思想。同时，必须加强对学生的思想政治教育，带动学生参与到马克思主义理论的建设中来，发动学生加入反对西方错误思潮的队列中来。

（三）新时代青年意识形态工作的实践对策

1. 优化育人资源，强化工作话语

目前，我国高等教育中对大学生的思想政治教育依然面临着资源相对不足的问题，需要提升高校思想政治教育塑造青年的责任意识，进一步优化师资建设，强化青年工作者在教育活动中的自信心和话语权。思政课教师和辅导员是高校学生工作的主要力量，同时也应当协同专业课教师共同担负青年思想政治教育工作的责任，高校应当进一步整合和优化青年工作队伍。在有能力的高校中，提倡马克思主义理论专业课教师面向全校开设公共课，将党史国史、马克思主义发展史、国际共产主义运动史等较为基础的课程纳入到全专业学生的培养体系中，有利于增强学生对马克思主义理论从源头上把握、从理论上理解，避免学生因枯燥的说教而产生逆反心理。此外，要进一步提高思政课教师和辅导员的工作能力，树立是非分明、敢于"亮剑"的意识，杜绝打着"明哲保身""洁身自好"的旗号，采取息事宁人的态度逃避青年工作中的矛盾的行为，同时打造专门的意识形态管控机制和反馈平台，让高校青年工作者"敢做""愿做""能做"。

2. 增强课程实效，改善考核方式

学生对思政课重视不足，课程内容难以进入头脑化作实践，导致思政课实际效果中性。目前，大部分高校思想政治理论课都采取闭卷方式考核，如此一来学生只要在考前记住考点，就能顺利通过考试，往往造成上课不听、考前背书的现象，在考后便将课本知识抛在脑后。另外，一些高校为了增加学生考试通过率，降低考试难度，试题达不到考核要求。因此，建议在合理范围内实行思政课开卷考试，将试卷内容与现实热点和生活实践相结合，增加材料分析的比重，引导学生理解相关知识，增强学生对所学内容的信服与忠实度。

3. 创新实践活动，促进知行合一

习近平同志强调："要注重发挥共青团、学校社团、学生自治组织的作用，调动学生参与的积极性，开展形式多样、健康向上、格调高雅的校园文化活动。"[①] 积极性问题一直以来是困扰高校思政工作的一大难题，因此创新文化活动的形式和内容成为解决问题的切入口。加强第二课堂建设、增加实践活动、开展座谈交流会等都是创新思政工作的重要途径。高校要转变培养思维，鼓励学生从书本走近实践。建立社会实践基地，组织学生走出校园，到革命旧址、英烈纪念馆、博物馆等地切身感受社会主义革命、建设、改革的壮阔历程。此外，将青年意识形态工作渗透到志愿服务、植树劳动等活动中，将知识学习与生产劳动结合起来，让学生在参与过程中认识自我、在潜移默化中领会思想，达到自我教育、自我发展的目的。

（吕泽华，中国社会科学院大学马克思主义学院本科生）

[①]《在全国高校思想政治工作会议上的讲话》，《人民日报》2016年12月7日。

三全育人与就业创业

大学新生入学教育研究与实践综述

黄建云

一 研究的缘起

习近平总书记在全国高校思政工作会上明确要求:"实现全程育人、全方位育人,努力开创我国高等教育事业发展新局面。"构建一个科学的全程育人体系就显得尤为重要。而作为全程育人的起点——大学第一年尤其是大学新生入学阶段是大学生社会生活和学术生活的重要转折期。从高中到大学的转变是一个艰难的社会化过程,大一学生在学习、生活、心理、人际、环境等诸多方面都会或长或短地面临一系列的不适应。[1] 并且,随着我国高等教育正快速进入由大众化阶段向普及化阶段迈进、"双一流大学"如火如荼推进的关键时期,高等教育形势发生了重大变化,包括招生数量的扩大与生源的急骤减少所带来的新生社会背景的异质性、生源选择的多样性,教育目标的冲突与模糊,大学生价值目标的多元,毕业与就业的不同步等,一方面会给大一学生带来冲击和迷惘,另一方面也要求高等教育提升其服务性功能,对包括新生入学教育等人才培养的各个环节提出了更高的质量要求。

研究发现,大学成功在很大程度上取决于新生第一年的经历。假如

---

[1] Milem, "Berger, Influence of First-year 'Success' Course on Student Learning & Democratic outcomes", *Journal of College Student Development*, Vol. 48, No. 3, 2007.

第一年适应不良，可能导致新生学业兴趣淡漠、学习参与度降低、学习成绩不佳、人际关系出现障碍、精神和健康状态不良，甚至中断学业。据美国学者 Milem 和 Berger 的研究发现，大学新生第一学期的 6 至 7 个星期，如果学生不介入并融入大学环境，他们倾向于保持漠不关心，甚至游离于大学生活之外。① 而根据笔者这些年的观察和与部分学生的交流也发现，一些大学生活不太顺利（如延期毕业、挂科、自我封闭等）的同学，往往是因为在大一一开始就表现得很不适应。而且现有的入学教育往往又不能满足学生的要求，据第三方教育咨询机构麦可思最新调查发现，在被调查的 2899 名大学新生中，仅有 40% 对学校的入学教育表示满意。② 根据笔者的调查，大学生都有希望进一步重视新生入学教育并使之科学化，提高针对性和实效性的呼声。③

因此，对国内外新生入学教育的理论与实践进行梳理，以期对新生入学教育乃至全程育人体系建设有所启示，就显得有必要。

二 相关概念的界定和研究的重点

第一，新生入学教育是大学教育的一个重要环节。是指大一新生被录取后，高校依据培养目标和大学的特点，针对大一学生在人生成长过程中思想、学习、生活、心理等方面的变化和要求所开展的一系列工作。④

第二，本文研究重点。新生入学教育的目标、内容、方式，存在的问题及对策。

---

① 《大学新生入学教育满意度不高　自动退学率近 3%》，《北京日报》2011 年 10 月 12 日。
② 2016—2019 年间对部分大一新生和大二学生的访谈。
③ 彭海滨等：《高校新生入学教育应重视的几个问题》，《河北农业大学学报》1999 年第 3 期。
④ 陈正学：《大学新生入学教育研究》，华南理工大学出版社 2010 年版；王斌：《大学新生入学教育》，北京工业大学出版社 2010 年版；中科院：《大学生入学教育教程》，等等。

三 研究方法

第一，文献研究法。通过文献检索，对国内外新生入学教育的理论与实践进行梳理，并进行分析比较。

第二，访谈和问卷调查。通过对大学生特别是大一、大二学生以及班主任、辅导员等相关人员的访谈和问卷调查，了解他们对目前大学新生入学教育的态度、效果评价以及期待。

四 相关理论研究与实践综述

通过文献检索发现，国内外关于大学新生入学教育的理论研究和实践非常多。笔者通过用 Google 学术搜索以"高校新生入学教育"为主题进行搜索，共有 5890 条之多。笔者又通过中国学术期刊网（CNKI）以"新生入学教育"为主题进行检索，有 939 篇，其中优秀硕士论文有 23 篇，重要会议论文 6 篇。另外还有《大学新生入学教育教程》若干。[①] 笔者重点对几本教材、23 篇优秀硕士论文和 20 篇核心期刊上的相关文章进行了研读。

（一）相关理论文献研究综述

有的文献从理论上对大学新生入学教育的必要性进行了论证。美国心理学者 Kierkegaid 将新生入学称为"审美过渡"，Erikson 将其称为"心理延缓"，即大学新生入学是"辨明相关冲突，达到心理解决方案的过程"。美国教育学学者 Astin 则提出"学生参与理论"（1996）：通过学者、教师和学生同辈团体共同参与，携手合作增加学生的接触，提高学生的满意度和巩固率；Tinto 则提出"学生离境理论"（1993），即如果学生在刚入校期间没有成功纳入"高校环境"，学生"离境"可能性更容易

[①] 彭海滨等：《高校新生入学教育应重视的几个问题》，《河北农业大学学报》1999 年第 3 期。

发生。①

有的文献提出要以"以人为本"的理念来看待和设计大学新生入学教育。魏铜铃的硕士论文《"以人为本"视阈下的大学新生入学教育研究》和王莲花的硕士论文《以人为本理念下的高校新生入学教育研究》②中明确提出，随着高等教育从精英化教育向大众化教育的转变，要以学生的发展、成长为主线来设计整个育人过程，从而把握好人才培养的首个环节——大学新生入学教育。

更多的文献是论证新生入学面临的主要困境、入学教育的目标、内容和实施路径。

贾咏梅、彭海滨、张德军、王建跃等提出，大学新生易出现的主要问题包括：一是环境不适应。告别了原先熟悉的环境，远离父母，开始集体住校生活，要独立处理生活中一切事务，面对的是全新的老师、同学和环境。在这样陌生的环境里，如果缺少关爱和温暖，自然会使学生产生孤独感。这是因为经过紧张高考的学生进入大学后一下子松弛下来，学习任务和压力相对减轻，很容易使他们放松要求，不能科学安排时间，每天变得无所事事，把大量时间浪费在休闲娱乐上，有的学生通宵上网、看电影，有的学生整天沉迷于舞厅、游戏厅等，乃至荒废了学业。能否迅速了解和熟悉校园环境，树立大学生活目标，决定着新生能否在这个环境中自如地学习和生活。二是心理不适应。第一，有的同学因环境不适应反映出心理不适应问题。如有的新生失落感、失宠感强烈，一经挫折和轻微的打击就会较长时间处在焦虑、自责的心境中不能自拔。第二，由一名中学生向大学生的角色转换，在心理上需要一个调适过程。第三是每年的新生中都会有在高考中发挥失常的学生，他们看着昔日与自己不相上下的同学纷纷进入较好的院校或较好的专业，心理上易产生严重的不平衡甚至会产生弃学念头。这些学生的情绪会导致学生群体中出现

---

① 详见相关硕士论文。
② 贾咏梅：《大学新生入学教育模式探析》，http://www.gaokao.com/z2011/2011rxzn/index.shtml；彭海滨等：《高校新生入学教育应重视的几个问题》，《河北农业大学学报》1999年第3期；张德军：《大学新生入学教育对策分析》，《沈阳工程学院学报》（社会科学版）2005年第3期；王建跃：《高校入学教育浅论》，《首都师范大学学报》（社会科学版）2002年第2期。

更多的不安定因素。更多的学生可能会有自卑心理。第四是城乡中学素质教育发展的不均衡，使得相当一部分农村生源在琴棋书画样样精通的城市学生面前觉得自己见识浅薄，没有特长，从而心理失衡。三是学习的不适应。大学里多是上大课，没有固定教室，教学模式由高中时的以教师为主导变成了以学生为主导的自学模式。有相当一部分学生在选择专业时，由于对专业课程设置的不了解，或在选择学校和专业时服从了父母或师长的意见，进入大学后，却发现现实与自己的理想状态有较大出入，学习兴趣骤降，便产生了厌学、惧学甚至学习心理障碍。因此新生必须学会主动地学习。四是生活和人际交往上的不适应。每年新生入学时，由家长护送报到的现象越来越普遍。经常是家长代学生办理入学手续，而学生无所适从。使学生从小形成的万事依赖家长的心理得到延续。但是当真正离开父母的庇护开始独立生活时，许多新生出现了自理能力差、自我中心主义、人际交往障碍等问题。特别是随着独生子女上大学的比重逐年增加，这些问题越来越突出。有的同学在学校不会理财，出现铺张浪费或者借钱度日情况；有的同学丢失贵重物品，产生报复心理盗窃别人财物，触犯了法律法规。[①]

关于入学教育的目标，曲云进等学者认为，总体目标就是尽快适应大学生活，实现角色转换，为顺利完成大学教育奠定基础。为此，还有具体目标：第一层次的目标是在较短时间内消除新生的不适应、不习惯和不熟悉的心理和行为表现，保证新生能够顺利开始大学的学习和生活，包括"两个基本适应"：基本适应以饮食起居、出行办事、人际交往等为内容的大学生活；基本适应与中学完全不同的教学模式和学习方式。以此为基础，形成第二个层次的目标，包括"两个逐步了解"：逐步了解大学，融入大学，初步了解大学职能和理解大学精神，了解大学历史传统，修正以前对大学过于理想化的期望；逐步了解所学专业的发展前景及人才需求，明确大学生应当承担的责任和义务，重新认识和评价自己，基

---

① 曲云进、姜松：《大学新生入学教育的实效性问题研究》，《高校教育管理》2009 年第 11 期。

本确立学业目标和职业目标。①邱荣斌等则认为就是引导新生实现"四个转换":一是角色转换,从"以我为中心"到"融入大家庭";二是目标转换,从"考取大学"到"专业成才,精神成长";三是学习方法转换,从"再现型"到"探索型、融通型";四是思维方式转换,从"单向型"向"多向型、立体型、开放型、创新型"。②

关于入学教育的内容和方式,刘杰、胡双美等认为,主要校园文化认同教育、专业思想教育、心理健康与安全教育、诚信与感恩教育等,可采取学校、院系、班级和社团多个层面相结合的办法进行,以专题讲座、座谈交流、参观实习、主题班会、团队训练、团队竞赛等形式开展。

学校层面,组织新生参观校史展、播放宣传片,学习大学校史、校训、大学精神,使其了解学校的专业设置和学科优势,加深对学校人才培养理念和培养目标的理解,增强新同学对大学的归属感、认同感和自豪感。针对新生的实际情况,组织举办心理健康教育、健康知识教育、网络安全教育、安全教育、党团的基本知识教育等专题讲座。组织开展军训活动,加强校纪校规教育。

各院系层面的新生入学教育除继续强化学校层面有关内容外,重点是专业思想教育、职业生涯规划教育、学业发展规划教育和学习方法教育,帮助学生树立自主学习观念、终身学习观念和创新学习的观念。班级层面入学教育以建设学习的标兵、团结的集体、生活的家园为班集体建设目标,重点是帮助学生树立具体明确的奋斗目标,养成良好的学习、生活、纪律习惯,使新生感受到新集体的温暖,建立新的良好的人际关系,为四年发展打下良好的基础。③

相关文献介绍了国外一些高校新生入学教育方面比较成功的做法。如美国高校的"新生头年计划"(FYE)、Freshman Orientation 计划,澳大

---

① 邱荣斌、彭华:《大学新生入学教育特点及其对策探讨》,《高教研究》(西南科技大学)2006 年第 1 期。

② 刘杰:《高校新生入学教育现状及改革策略》,硕士学位论文,华东师范大学,2007 年;胡双美:《大学新生教育体系研究》,硕士学位论文,长安大学,2010 年。

③ 崔蜜蜜:《美国高等院校新生入学教育的研究与启示》,《中国电力教育》2011 年第 7 期;庆承松、陈发祥:《澳大利亚高校新生入学教育研究》,《中国地质教育》2007 年第 3 期。

利亚高校的 Orientation Plan 等，并从积极的角度认为这些国家的入学教育安排具有时间跨度长、实施主体多元、注重学生参与、内容丰富（如甚至后勤部门也会派出厨师代表向新生及家长推介美食与专长）、形式活泼（如由学生社团组织展示大学生活的舞台剧）等优点。[1]

相关文献对我国目前高校新生入学教育存在的问题进行了分析并提出了一些对策。认为还存在内容针对性不强、缺乏系统性，主要的内容就是新生入学集中教育周加上军训，普遍的形式采取集中开大会、听讲座，新生在整个过程中只是被动、机械地参与，这种暴风骤雨式的教育效果不佳。[2] 有的学者提出要创新入学教育模式，构建有校内外各种教育资源特别是邀请受学生欢迎的学术带头人、杰出校友、社会成功人士以及学生家长参加的全员育人格局。适当延长入学教育时间，分为三个阶段：一是寄发通知书到新生入校报到。可对新生及家长提一些注意事项和要求。二是学生报到后的 20 天左右。主要是集中教育和军训。三是正式上课到学期结束。主要是开展与大学生活和课程学习同步进行的一系列教育。[3] 也有学者提出，可以充分利用现代网络技术平台，在寄发通知书起就可告知学校、院系的有关情况，并留有专人联系方式，提前进行"一对一""一对多"等交流与沟通。[4]

（二）国内外高校典型的入学教育实践介绍

1. 美国大学的"新生头年计划"（The First - Year Experience，FYE）

美国大学认为，新生入学第一年，尤其是最初的几个月，是学生形成对高等教育态度和价值以及能否适应的关键时期。20 世纪 90 年代，FYE 发展成为一项以促进大学新生顺利过渡到大学生活为目的的综合性学术活动和课外活动计划。21 世纪以来，明确阐述了它的使命："领导和

---

[1] 方锐等：《高等教育大众化背景下大学新生始业教育模式研究》，《浙江海洋学院学报》（社科版）2010 年第 6 期。
[2] 黄维秋：《大学入学教育体系的构建及实践》，《华工高等教育》2005 年第 3 期。
[3] 王永兴：《前移新生入学教育，优化辅导员工作开局》，《高校辅导员》2011 年第 2 期。
[4] 夏坤、沈鹏：《新生头年计划：美国高校入学教育的有效途径——新泽西大学的个案分析》，《贵州教育学院学报》（社会科学版）2008 年第 11 期。

支持努力创造一个安全健康的生活学习型住宅社区，促进学生学术的成功和个人发展。有针对性地帮助一年级学生从高中到大学乃至更大的社会过渡，培养学生为大二和以后做好充分准备。"

FYE 包括三个部分：新生研讨会和跨学科的核心课程（The First Year Seminar & Interdisciplinary Core Course）、服务学习计划（Service Learning Program）和居住生活计划（Residence Life Program）。

新生研讨会和跨学科的核心课程（The First Year Seminar & Interdisciplinary Core Course）。新生研讨会是专门为新生开设的研讨班课程，意在引导新生认识大学和熟悉学校资源，了解大学的组织与管理，了解大学的课程和大学学习方法。研讨会由全职导师负责，题目由导师选定，让学生们根据自己的兴趣选择。主题内容丰富，并且一般从身边的问题着手，容易激发学生的好奇心，如"首先的冲突：科技与伦理""生活在虚拟世界"等。为实现学生的个性化发展，研讨会采用小班研讨，每个导师不超过 15 个学生，强调师生互动，也会引导新生思考如何完成大学学业，以为将来生活做准备。而跨学科核心是学生完成头年计划学术部分的另一种方式，老师和学生事务工作者共同授课，课程主要围绕 4 个核心问题来设计：这对一个人意味着什么？这对一个社会成员意味着什么？对于道德、伦理、公平意味着什么？面对民族、阶层、种族、性别的差异，个人与社会如何反馈？课程还通过不定期的讲座、实地考察等得到加强。这个活动对于引导学生认识社会，培养学生的社会角色意识，形成自己的价值观具有重要作用。

服务学习计划（Service Learning Program）。是新生头年计划的关键组成部分。从 1995 年起就作为新生头年计划的一部分。学生可以选择 30 多个社区机构完成 10 个小时的服务项目。通过参与社区服务，帮助学生更好地了解社会问题，促进其对慈善、社会正义和公民责任的理解。

居住生活计划（Residence Life Program）。这个计划的重点是向大一新生传授生活所需的基本技能，以应对过渡到一个更高的教育环境，并建设强有力的住宿社区。老师主要向学生提供咨询，和同学交谈，指导学生做计划等，如时间管理、学习技巧、决策、与人沟通相处、宿舍成员关系协调等，让新生很快融入新的生活环境。为培养学生对社区的归属感和责任感，还经常组织新生集体看电影、会餐、看校园表演等活动，增强学生对自己为社区一员的身份认同。①

2. 美国哈佛大学的 Freshman Orientation 计划

这个活动相当于上述"头年计划"的前期安排和必要补充，总共 4 周左右。学校以新生入学会遇到的各种问题与困难为导向，设计了完整的新生适应性训练课程体系，包括"怎样进行团队合作学习与活动""如何听课""如何提问""如何参与教学实践""如何管理自己的时间""如何完成大学作业"等内容。在具体安排上，学校会在正式开学之前组织新生提前参加一些迎新活动。这些活动名字都有自己的简称，比如 FIP 是国际新生项目，FUP 是一年级城市项目，FOP 是一年级户外项目，FAP 是新生艺术项目。这些项目意在让新生们共同参与多种活动，比如徒步（FOP），艺术创作（FAP），社区活动（FUP）。这样新生们就能在学习正式开始之前，在一个有趣、轻松的环境下探索自己的兴趣，认识新同学。这些活动主要会讲一些如何克服想家，如何适应新的文化环境，对于学业的期待，如何和室友相处等。

当这些提前的迎新活动结束之后，就是正式的迎新活动了，又被称为"哈佛营"。一般安排在开学的第一周，老生志愿者们纷纷前来欢迎新生和新生的家长们。整整一周，哈佛都会举办活动帮助新生设定学业计划，了解学生守则，学生服务，以及有关校园生活的各种信息。同时，也有很多社交活动，比如冰激凌聚会，第一场舞会。同样，也有为新生家长准备的活动。在这期间，学生们陆续搬进宿舍。哈佛要求每一个新生都完成一个综合宿舍申请表，包括他们的生活、学习以及私人的喜好。然后新生主任们就会亲自把互补的学生分配到一个宿舍，而不是将对立或者相似的学生放进一个房间。每个人都会加入一个联系紧密的小组，每个小组由 20—30 个住在同一个宿舍楼的学生组成，由一个楼长统一监管。楼长是居住在同一个宿舍楼的哈佛研究生或者工作人员，负责管理学生的学习以及平时的表现。此外，除了楼长，还有一些高年级的本科生，会与新生结成同伴，给新生的学习生活提供帮助和指导。最后，每

---

① http://blog.sina.com.cn/s/blog_ 5fc8cfa80100eyct.html.

个新生都会被委派一个学业辅导员,通常是研究生或者是系里的工作人员。

除了专门的 Freshman Orientation 计划,哈佛会在第一年为新生举办很多活动。学生可以从楼长、辅导员、同伴、Woodbridge Society 以及接待家庭处得到帮助和支持。①

在澳大利亚、英国一些高校也有类似活动。

3. 国内高校的入学教育实践

近些年来,随着高等教育国际化、大众化和信息化步伐的加快,国内高校对新生入学教育的重视程度不断提高,在理念、目标、内容、方法上做了很多探索和创新,也形成了有特色、有实效的"亮点"。

清华大学的"新生导引项目"(Freshman Orientation Program),与国外高校的相关项目基本一致。该项目是在2006年开展的"新生团队训练营"基础上,(该项目主要是通过团队素质拓展等形式,培养大一学生的团队意识、集体主义精神)于2008年推出的。其实施目标是:给予新生适应大学学习生活的技术性指导、挫折及自信心教育、进一步推动建立密切的师生联系。希望通过师生间的互动,在学习、生活、工作、心理、情感、思想等各个方面为新生成长提供亲切、细致、及时、个性化的帮助,达到解惑、自助、互助和沟通的良好效果。项目通过选聘一批有思想教育工作经验和热情的教师,包括离退休教师和中青年学术骨干等组成项目指导教师团队,每人指导约10名的新生,并选拔优秀的高年级学生担任项目助理协助开展工作。通过一定持续时间、一定环节和内容的工作,指导新生尽快适应大学学习生活,奠定思想、行为和心理积极变化的良好开局,从而养成良好的学风和学习习惯,继承和发扬清华大学的优良传统和精神。该项目也是进一步促进全员育人和全程育人的一种有益探索。②

浙江大学的"入学教育月"和"一年级学生特别教育计划"。从2005年起,浙江大学一方面将入学教育时间延长——由原来的一周变

---

① 2008年10月8日,http://news.tsinghua.edu.cn。
② 2005年8月31日,http://www.zjol.com.cn。

为一个月，既有学校层面的开学典礼、校长报告、院士学者专题报告、选课辅导、入学适应团体辅导、心理健康教育、参观校史展、知名学者长廊、学生创新成果展示等，也有院系层面的学科带头人报告、院系主任报告、师生见面会、班级讲座会（其中包括一次暑期读书感受交流）、学科专业介绍、学业规划与评价、奖学金与资助工作、防灾自救教育、校园生活与学生安全教育等系列活动。另一方面，围绕着大一新生一年中可能会遇到的各种问题，推出"一年级学生特别教育计划"，持续提供辅导帮助。在该计划中，特别重视这高年级优秀学生对新生的"朋辈辅导"作用，有"学长辅导"项目，遴选优秀热情的高年级学生组成学长组，开展"一对多"（一般1∶6—8）的专门辅导和帮助服务。①

南开大学的"三封信家校合作"机制和"扬帆起航"系列辅导。从2006年起，南开大学将新生入学教育前移，即在给新生发通知书时还附上给家长的信，给新生的信，介绍学校情况和基本要求，并要求每个新生在开学报到时交一份参加义工志愿服务的实践报告或调研报告，作为"美好大学生活的第一份生涯规划档案"。还利用现代网络信息技术，建立了一个新生公共电子邮箱，所有新生都可以随时上网登录查看、咨询。② 该校还根据新生在大一阶段会遇到的各种问题开展"扬帆起航"系列辅导。由院系负责人、教学名师、资深教师、高年级优秀学生和校友等，以系列讲座、座谈、辅导等形式，介绍学校历史传统、本科阶段的教学计划和培养目标，各学科发展状况及科研情况、大学阶段的学习方法和经验、大学职业生涯规划、心理健康辅导等，从第一学期的10月份开始，两周一次，持续一年。③

此外，北京大学还有针对新生党员进行的"新生党员提前到校培训"项目和"新生工作坊"心理健康教育项目等。④

有意思的是，国内外大学现在都喜欢用当下比较流行的语言和形式

---

① 《天津日报》2006年8月1日。
② 南开大学校园网。
③ 2007年8月27日，搜狐新闻网。
④ 2011年8月18日，http://www.newssc.org。

来吸引新生。如清华大学利用微博,用"淘宝体"来表述:"亲,别忘了 17 号要报到啊!亲,报到的时候别忘记带通知书啊……亲,欢迎你。"让新生大呼"可爱"。北大为了让新生提前了解北大,在录取通知书中,每位同学都收到了一张"北大英雄"的游戏光盘。"楼下买饭楼上坐,火爆餐厅常没座""博雅塔下真知地,未名湖畔好读书"……耶鲁大学则制作了一个名为"我为什么选择耶鲁"的视频,时长 16 分钟,用青春歌舞剧的形式生动地介绍了耶鲁大学的公寓管理、住宿、餐饮、社团活动等学校基本情况,迷醉了好多看客,有人甚至在视频后感慨留言:"夜半三更,感慨万千,联想自己,百感'焦急',思可惜处,热泪盈眶!"①

小结:通过对相关文献的理论和实践梳理,能得到以下几点共识。

第一,新生入学教育得到各高校越来越多的重视,"以人为本",即以学生发展成长为主线来设计教育路径的理念已经在各高校基本形成共识。

第二,围绕大一新生"适应大学生活,实现角色转换"这一基本目标,应注重大学入学教育的体系化建设。

第三,在新生入学教育的内容设计上,注重问题导向,即从大一新生在入学过程中经常会遇到的学习、生活、人际关系、环境、心理等诸多方面普遍存在着的不适应入手,动员校内外各种资源来解决新生入学存在的这些问题。

第四,入学教育的时间需要前移和延伸。不少高校的入学时间从原来的进校报到开始前移到寄发通知书开始。而且除了刚进校后的一两周集中教育,还应根据新生在一年级阶段会遇到的各种问题,持续性地进行教育辅导。

第五,入学教育的形式日趋活泼多样,契合当代大学生的需求。

---

① 部分大一新生的建议。

五 关于新生入学教育的路径选择

通过对相关文献和相关高校的实践分析,结合目前实际,笔者认为,新生入学教育可先在以下方面做出改进。

第一,适当前移和延伸入学教育时间。可以从寄发通知书开始,到大一学期末为止。分为三个阶段:一是寄发通知书到新生入校报到。可对新生及家长提一些注意事项和要求,也可以像南开大学一样,给新生布置一些作业,作为入校报到的"见面礼"。二是学生报到后的 20 天左右。主要是集中教育和军训。三是正式上课到学期结束。主要是开展与大学生活和课程学习同步进行的一系列教育。可以充分利用现代网络技术平台,在寄发通知书起就可告知学校、院系的有关情况,并留有专人联系方式,提前进行"一对一""一对多"等交流与沟通。"其实当得知我们被录取到大学,我们就已经开始了解学校信息,并打听其他同学,有的还联系上了,我们已经有自己的 QQ 群、微信群了。如果班主任或者辅导员这个时候就能介入,那会更加亲切,效果会更好。"①

第二,加强入学教育的体系化建设,做好顶层设计和各相关人群的信息沟通与共享。这方面,国内外高校都有一些成熟的经验可资借鉴。对于学院一级,特别是加强班主任、辅导员和导师、学生辅导员之间的信息沟通,彼此互相交流,实现信息共享和问题快速解决。

第三,加大新生入学教育的学术含量,特别是步入正式教学环节的及时跟进。"大学新生角色转换实质上是大学新生对大学文化尤其是大学精神文化的认知、理解和内化的过程。"毕竟,大学生来到大学,除了生活的基本适应以外,更重要的是来进行专业化训练和素质的全面提升的,这方面内容应当及早告知和提醒。可以通过班主任和辅导员的有针对性的了解,及时给予指导,或者及时反映有关情况,调动有关资源对大一新生提供帮助。

---

① 王勇:《适应与超越:大学新生角色转换研究》,硕士学位论文,南京航空航天大学 2008 年。

第四，动员各种资源特别是校外资源，创新当代大学生入学教育方式，提高入学教育效果。除了校内资源，还可动员校外资源，特别是用人单位和已毕业系友，通过他们的现身说法，使得大一学生对大学、自己的大学目标以及大学与社会的关系有更深的理解。

（黄建云，中国社会科学院大学本科生工作处处长，思想政治工作高等研究院研究员）

试论高校治理中的学生参与

——欧美国家高校治理中学生参与状况对我国的启示

黄建云

联合国教科文组织在《二十一世纪高等教育：展示行动世界宣言》中指出："国家和高等院校的决策者应将学生视为高等教育改革的主要的和负责任的参与者。"[1] 的确，学生是高校群体中的重要成员，参与大学治理，是作为权利主体行使权利的需要，是培养现代公民的需要，是高校民主办学的体现，也是建立现代大学制度的基础。而且，对于"实是镜鉴于西方及日本的大学，是横向的移植，而非纵向的继承"[2] 是真正意义上的中国大学，对研究西方发达国家高校治理中学生参与的实际状况，有着十分重要的借鉴和现实意义。

有学者研究，学生参与高校管理最早可以追溯到中世纪的"学生大学"——博洛尼亚大学[3]，这是所学生雇用老师的学校，由学生构成一个委员会，他们雇用教师，支付薪俸，有权对教师进行解雇、罚款。但真正使学生大规模参与高校管理活动，还在于"二战"以后，特别是20世

---

[1] 金耀基：《大学的理念》，生活・读书・新知三联书店2001年版。
[2] 李宁：《西方大学参与高校管理探析》，《北京科技大学学报》（社会科学版）2002年第2期。
[3] 申素平：《教育法学：原理、规范与应用》，教育科学出版社2009年版。

纪60年代学生运动的兴起。由于高等教育大众化快速推进，学生人数增多，导致了教学质量下降，教学条件不足，学生普遍对大学的发展不满，认为大学应当进行改革。以美国加州大学伯克利分校自由言论运动为起始，在全美乃至整个西方暴发了规模巨大的学生权利运动，最终导致美国联邦最高法院在"廷克案"中宣布，学生并没有"在学校的大门口丧失其宪法规定的言论或者表达自由的权利"，学生的权利主体地位被正式确认。① 自此，学生参与高校事务决策和管理逐渐成为西方欧美大学内部管理的重要原则和制度。

一 一些欧美发达国家高校治理中学生参与状况

（一）德国大学生参与高校治理的有关情况

在相当一段时期，德国的大学采取的是"教授治校"方式，只有教授才能参与校务会议，大学的管理一直掌握在教授手中。而由于1967年的学生抗议运动提出的"三者同权论"，即学生、教授和行政人员三方共同参与大学的管理与运作，分享大学1/3的决定权。而包括教授在内的专家治校论者则表示不反对扩大参与范围，但坚持参与程度应根据不同组织的作用和专长以及特定机构的任务而有所不同。为顺应学生运动的要求，德国大学校长会议做出决议称："作为教学者与学习者所共组之团体，大学之事项原则上应由其所有之成员共同讨论与决定。"大学组织由四大人群构成：教授、学术型科学助手、大学生、其他大学辅助人员。大学管理由"教授治校"变为"团体治校"。这种做法进一步推进了德国高等教育的民主化进程，并在1969年颁布的联邦德国第一部《高等教育总法》中得以确认。

如今德国大学组织形态已普遍采取"团体大学"的模式，大学生为大学必要的成员之一，对于学校的学术以及其他自治事项享有有限的参与权。根据德国《高等教育总法》第36、37条规定，学生注册的学生是大学的成员，具有在学术评议会等机构中参与学校管理的权利和义务。

---

① 李维安、王世权：《大学治理》，机械工业出版社2013年版。

以柏林工业大学某次学术评议会为例，委员会组成是 12 名教授（1 名缺席）、4 名在校学生、4 名学术助理、4 名教辅人员。[①] 根据北威州法律规定，大学评议会由 13 名教授代表、4 名学生代表、4 名科学工作人员代表和 2 名非科学工作人员代表组成。除了学生代表外，学生联合委员会主席也是大学评议会的列席成员，但没有投票权。可见学生在德国高校的最高治理机构是有一席之地的，正如德国联邦宪法法院在 1969 年的一个承认团体大学的判决中所认为的那样："大学生在大学之学习乃以积极参与学术过程为目标。大学生终究非中小学生，亦非单纯为学术传播的客体，相反地，大学生就应该是共同参与学术讨论的独立的大学成员。"[②]

德国大学生参与学校管理、深入到管理的各个层次和领域，是学校决策的重要力量。"他们广泛地参与管理，不但可以有效地推进学校管理理念的改革，而且可以大大地提高学校的教学质量。"[③]

（二）法国大学生参与高校治理的有关情况

法国现行《教育法典》法律篇第 711—1 条规定，高等教育机构以教职人员、学生和外部人员协作的方式进行民主管理。无论是在国家层面，还是在高校内部，学生代表都要占有一定的席位，这些学生代表不仅可以直接反映学生的要求和愿望，而且在学校的各项重大决策中都拥有表决权。[④]

在各个高等学校层级，法国高校实行校长和三个委员会（管理委员会、科研委员会、大学生活和学习委员会）共同管理的模式。而且设立的三个委员会中都有学生代表参加。法国现行《教育法典》法律篇第 712—3 条规定：大学管理委员会包括 30—60 名成员，其中 40%—45% 为教师科研人员代表；20%—30% 的外部人员；10%—15% 的管理人员、技术人员等。学术委员会包括 20—40 名成员，60%—80% 的教职员代表，

[①] 董保城：《教育法与学术自由》，台湾：元照出版有限公司 1997 年版。
[②] 宋丽慧：《德国大学生参与高校管理给予的启示》，《中国大学教学》2007 年第 4 期。
[③] 王敬波：《高等教育领域里的行政法问题研究》，中国法制出版社 2007 年版。
[④] 于文明：《中国公立高校多元利益主体生成与协调研究》，高等教育出版社 2007 年版。

至少一半是教授和其他研究人员。7.5%—12.5%的第三阶段的学生代表，10%—30%的在外校担任研究职位的人员代表。大学生活和学习委员会由2名0—40名成员组成。其中75%—80%教师研究人员代表和学生代表（两类人数大体相等），10%—15%的外部人员，10%—15%的行政人员、技术人员、工人等。

法国大学生参与高校管理比较广泛，而且跟自身利益密切相关的组织拥有更多的席位。

（三）英国大学生参与高校治理的有关情况

20世纪60年代中期以来，英国学生要求参与治校的呼声日益高涨。英国公立高校的大学制度切实保障学生权利，学生作为利益主体可以通过决议、发表备忘录等形式参与学校治理，向学校甚至拨款委员会提出建议。

学生代表是校务委员会和学术委员会的成员，广泛参与课程规划、学校管理、学校发展模式的定位以及阶段性目标的确定，参与学校学术建设，甚至可以参与学校的财务预算。学生代表可以对学校管理的各项事务发表意见，委员会都将予以考虑。

英国每所公立高校均有一套具有特色的教学质量保证评价体系，定期开展教育质量评估，报告必须对学生公开，实现学生的"知情权"。1922年，成立了全国范围内的学生联合会，致力于为高校学生争取权益。在英国国内有500多万学生会员，该组织的工作内容非常广泛，主要是为学生服务。

（四）日本大学生参与高校治理的有关情况

经历过1968年东京大学学潮的日本当局意识到"大学当局应当舍弃教授会自治之威权主义，而有必要树立能充分反映学生意见的机制，并应思考设置能够沟通教授与学生间意见的机构"。"学生为大学不可或缺的成员，在大学学习学问、受教育，则其对于校园的环境与条件的维持及其改变，具有重大利害关系。因此，关于大学自治的运作，学生享有提出要求、批评或者反对的当然权利，教师团也负有诚恳倾听学生声音的义务。""学生自治乃大学从教育观点,而承认学生之自治组织,并就与学生有关之事项承认学生本身得自治性处理。"

(五) 美国大学生参与高校治理的有关情况

美国公立高校治理中学生是不可忽视的一个利益群体,其参与学校治理的权限比较突出。学校给予学生充分空间让学生表达自己的利益诉求,并将学生参与治校的权利制度化,以实现学生的自治权。20世纪60年代开始的国内反战思想和国际反帝斗争激发了高校学生参与治理的积极性,公立高校开始吸纳学生进入董事会参与学校管理。学生代表一般在学生事务委员会、学术事务委员会、基建和土地管理委员会中拥有表决权。尤其美国很多公立高校需要学生自己缴纳学费,作为高等教育消费者的学生有权争取自己的正当权益。

在美国公立高校中,学生参议院和学生参议员的参与作用比较大。学生参议院是美国高校学生参与管理的重要形式,它对学生事务拥有一定的管理权力,为学生提供了自我管理的平台和机会。很多公立高校设立学生参议院,负责调查、听取学生们各方面的意见,与学校商量解决办法。学生代表每学期对校长进行一次访谈,探讨学生们最关心的问题。而学生参议员分为两类,一类是经过全体学生选举产生的;另一类是从各种学生群体和团体中选出。学生参议院的主要活动是:召开参议院以及有关委员会的工作会、讨论会、情况通报会;审查各个学生组织的经费申请;调查、听取和收集学生的各种反映,并与学校磋商解决办法;等等。[1]

学校对学生参与大学治理有清晰的制度安排,学生能够通过各种委员会对学校的各种决策、措施进行讨论、审议、提出建议甚至进行决定,学生与学校的利益紧密联系在一起,凸显了学生的主体作用,促进了学校发展。

---

[1] 于文明:《中国公立高校多元利益主体生成与协调研究》,高等教育出版社2007年版。

二 对几个发达国家高校治理中学生参与状况的分析评述及对我国的启示

通过对德、法、英、日、美等几个高等教育比较发达、高校治理比较成熟的国家关于学生参与治理的比较，我们会发现——

在参与意识上，这些国家普遍对学生参与高校治理比较重视。突出了高校学生作为高校中的重要主体地位，并对学生参与权利的行使和保护给予了合适的制度安排与保障。

在参与内容上，基于大学主要就是因为学生而存在，除了纯粹的学术评判外，其他事项基本上学生都有权参与。

在参与方式上，根据事项与学生利益的关联度，做出不同的制度安排，特别是在大学学术事务与非学术事务治理方面做了不同的区分，有的是让一定比例的学生代表参与，有的是让学生代表发挥重要作用，有的是交由学生自己来决定。这样才能确保学生参与的有效性，而不会"矫枉过正"。

在参与机制上，一般都根据参与的事项建立有专门的参与机构，对参与的人数比例、参与的程度等有更为详尽的规定。比如法国，学术委员会由于主要讨论学术事务，60%—80%的教职员代表，至少一半是教授和其他研究人员，只有7.5%—12.5%的第三阶段的学生代表。而大学生活和学习委员会主要是讨论决定跟学生学习、生活关系更加密切的事务，因此其中75%—80%由教师研究人员代表和学生代表（两类人数大体相等）组成，学生代表比例比前者显然要高，这样才能发挥学生更大的作用，维护学生的合法权益。

伴随着社会主义市场经济的不断深入发展，我国也逐步意识到学生参与高校治理的意义和作用。我国2017年新修订的《普通高校学生管理规定》第41条明文规定："学校应当建立和完善学生参与民主管理的组织形式，支持和保障学生依法参与学校民主管理。"这就使得高校学生参与学校治理变得"有章可循"。但我们必须清醒地看到，《普通高校学生管理规定》只是教育部的一个规章，从法律效力讲，它并不能像《教育法》《高等教育法》等法律法规一样具有更高的法律效力,而且还停留在倡导性条款上,遑论关于学生参与高校治理的内容、方式、机制保障等颇具可操作性的具体内容了。相反,通过笔者的调查发现,在一些大学管理者和学生身上,都面临着观念的转变。长期以来,中国大学与学生之间早已形成的"管理与被管理,教育与被教育"范式,使得一些大学的管理者和老师都认为管理学生、让学生服从几乎是"天经地义的事情"。虽然权利意识也在不断觉醒,但一部分学生面对强大的高校行政权力,也会产生一种"身为弱势群体的无力感",甚至认为无所谓高校治理的参与,或者认为"参与治理是骗人的把戏,没有什么用",对高校治理参与表现出一种漠然乃至排斥感。

从深层次根源来看,学生参与治理既有学术上的需要,也有社会地位及提高精神生活的需要。① 易言之,参与高校治理,是大学生实现自己学习权利的重要保障,也是培养现代公民的必要之举。在当下全国已提出"促进国家治理体系和治理能力现代化建设"的全面深化改革总目标,各高校正着眼于建立现代大学制度而紧锣密鼓地进行着大学章程的制定时,对高校中的重要主体——学生参与权进行关注并进而从参与内容、参与方式、参与机制的保障、参与权利的救济等诸多方面进行有效设计,立足自身实际,充分借鉴发达国家高校治理的成熟经验,无疑是我国高校重要而紧迫的选择。

参考文献

[1] 顾明远、石中英主编:《国家中长期教育改革和发展规划纲要(2010—2020年)解读》,北京师范大学出版社2011年版。

[2] 李维安、王世权:《大学治理》,机械工业出版社2013年版。

[3] 联合国教科文组织:《二十一世纪的高等教育:展望与行动世界宣言》,《教育参考资料》1999年第3期。

[4] 申素平:《教育法学:原理、规范与应用》,教育科学出版社

---

① 大一学生经常会说,高中时像是在黑暗中寻找光明,目标明确而清晰;大学阶段像在光明中寻找方向,茫然而不知所向。

2009年版。

［5］王敬波：《高等教育领域里的行政法问题研究》，中国法制出版社2007年版。

［6］于文明：《中国公立高校多元利益主体生成与协调研究》，高等教育出版社2007年版。

（黄建云，中国社会科学院大学本科生工作处处长，思想政治工作高等研究院研究员）

大学新生适应问题深度辅导探析

徐宇雷

一 大学新生适应问题

大学新生是一个相对特殊的群体，他们身份上虽然已经是大学生，但刚从中学校园走出来，难免还保留有高中学生的稚气与懵懂，面对崭新的学习、生活环境，有很多问题需要他们尽快地去适应。本人担任大学《思想道德修养与法律基础》课程有十余年时间，该课程绪论的第一节就讲大学新生适应的问题，并将此问题进行了重点阐述。本人结合课程教学与日常管理，收集了大量一手资料，对大学生新生入校后的适应问题做了相关调查、统计和研究，下面主要从学习、生活、人际关系、管理方式、自我评价等几个方面来阐述。

（一）学习方面
1. 学习目标

首先，主要表现为学习目标的缺失。很多学生认为自己高中阶段目标非常明确，那就是考上大学，考上重点大学，考上自己心仪的理想大学，而且全班同学几乎目标一致，全班同学在老师、家长的督促下"拼命"地学，几乎没有半点"杂念"。而到大学以后，随着考上大学这个目标的实现，高中时期为之奋斗的那个明确目标消失了，而刚入大学校门的大学新生还处于摸索阶段，还没有来得及确立新的目标或不知道下一步应该树立什么样的目标,所以会造成一段目标缺失的"真空期"。部分学生没有主动给自己树立目标的自觉,在没有外界压力的情况下,放任自己随心所欲,从而也导致了目标的缺失。

其次是在目标多样化的情况下无从选择。大学生活丰富多彩,部分新生能够意识到必须注重自己能力的培养,为自己制定种种目标:考研、奖学金、英语四六级、口语、计算机、资格证书、人际交往、语言表达、组织管理等,总之希望自己各方面都有所提高。当然,有树立目标的意识是好的,但很多新生面对这么多的目标,如何做出轻、重、缓、急的选择又成为困惑他们的一个新问题。

2. 学习态度

从"高压"的高中时期过渡到氛围相对"轻松"的大学,学习的迫切性被隐形化、长远化,导致很多新生在入学后出现懈怠现象。加之大学生之间竞争的内容不再仅仅是学习成绩,眼界学识、文体特长、社交能力、组织才干等都成了比较的内容。而且,大学新生进入大学后,父母"鞭长莫及",老师的直接监督作用较中学时代也有所减弱,很多学生误认为大学的学习成绩不再那么重要,能应付过去就行,主要精力不再放在学习上,使得很多学生理所当然地把学习松懈了下来。

3. 学习方法

部分新生进入大学后,继续承袭过去在高中阶段的学习方法,但他们很快会发现即使自己"勤奋用功"了,也不一定能获得理想的学习效果,这种挫折可能会造成自信心的丧失。同时,老师的讲课方式也有所改变,不再详细讲述教材中的全部内容,有时只是做一个引导,更多的学习内容留给学生课下自主进行。学生可以自由支配的课余时间大大增多。基于这三个因素,自主学习意识不强的学生会无所适从,不知道学习该从哪里下手;自控能力不强的学生很难培养出适应大学学习情况的良好的学习方式及合理的学习计划,从而导致学业成绩下降。

(二)生活方面

对于大学新生来说,大学是一个崭新的环境,不但学习上有许多需要适应的地方,生活方面同样存在着不小的改变和挑战。进入大学后,意味着要开始真正的集体生活,生活中的衣食住行等很多事情需要自己合理安排并独立解决。可以说,大学生活是对一个大学生独立生活能力考验的开始,独立生活能力差,不善于自我管理的学生会遇到更多的困难。

对于异地求学的学生来说,生活上的困难可能还在于:(1)对环境、气候不适应,就是通常说的"水土不服",南、北方的差异,小城镇与繁华都市的差异,从风和日丽到气候干燥或阴雨连绵都有可能带来适应问题;(2)饮食不适应,如对面食和米饭的选择,口味偏咸或偏甜,吃不惯大锅饭等;(3)对于有些刚入学的大学新生来说,语言也是一个不小的障碍,普通话不标准,与他人交流出现问题,造成语言不适应。

对于经济困难家庭的学生来说,经济压力也是主要困难之一。不同的学生可能困难情况不尽相同,特别是国家贷款还没有放款到位之前,确实有困难到伙食费都成问题的学生。有的学生会主动寻找兼职来缓解经济上的压力,但并不是所有的学生都能找到合适的兼职机会。经济压力大多不是学生自身的原因造成的,对于这部分学生,学校、老师都应当给予更多的关注和关怀,帮他们渡过难关。

生活不适应还有一个很重要的方面就是时间管理问题。部分大学新生依赖之前父母、老师已经安排好的、自己只要去执行的生活。而到大学后,学生会发现有很多课余时间需要自己去安排,在时间管理上往往会出现不会计划时间、时间效率差、严重浪费时间等问题。甚至有学生拿所有的课余时间睡觉或玩电子游戏。当然,时间管理对于每一个人来说永远都是一个难题,只是对于大学新生来说问题更加突出。

(三)人际关系方面

对于刚入学的大学新生来说,是从一个"熟人"社会来到另一个"陌生人"社会,离开父母,离开熟悉的同学、老师,要遭受到一定的"人际关系丧失"。虽然有建立新的人际关系的需要和愿望,但由于彼此陌生,相互不了解,加上本能的自我保护意识,使得入校之初新生间交往会出现一些障碍。

高中生活相对简单,交往对象也相对简单,来到大学后,大学新生会接触到不同地域、不同生活背景、不同知识背景的同学，交往圈子扩大了很多，出现新老生之间、师生之间、老乡之间、恋人之间等多种形式的人际关系，如何正确处理这些关系，更好更快地融入新的集体，成为大学新生能否很好地适应大学学习生活的关键因素之一。

对于大学新生来说，人际关系很重要的一环是宿舍同学关系。很多大学新生是第一次过集体生活，第一次与同学共用一个狭小的空间，第一次跟父母以外的陌生人共处一室。而每一个新生又与宿舍同学的关系那么紧密，日常生活中每时每刻都要打交道。每个新生之前可能都有自己的生活方式、习惯，有的习惯早睡、早起，有的还要午睡，有的特别爱整洁卫生，有的不那么在意清洁等，宿舍同学之间如果不能很好地互相适应和包容，这些差异在交往中容易产生矛盾和摩擦，进而影响到宿舍同学的感情和关系。宿舍同学关系的好坏，一定程度上决定着大学生大学期间的生活质量高低。所以，怎样与室友友好相处，怎样在与同学的交往中既尊重他人的习惯又不至于伤害到自己的正当利益，怎样与比较难相处的同学保持一个良性健康的关系等，都可能成为大学新生的困惑。

（四）管理方式方面

大学与中学的管理方式有很大的不同。中学主要采取老师"说"，学生"听"的方式，老师、父母把从早到晚、从学习到生活、从思想到行为的方方面面几乎都能安排得很具体，操作性很强。而大学的管理方式相对"宽松"，以学生自主安排为主，老师或辅导员主要给予引导和辅助，强调自我管理，是一种更为开放的管理模式。大学新生适应这样的管理方式需要一个过程。曾经有一个需要新生参加的活动，学生处把通知发布在校园网上，活动的具体内容、时间、地点、要求都说得非常明确具体，结果很多新生没有参加，当问及为什么不参加时，很多学生迷茫地说"没有听到老师通知"。活动的通知方式只是大学管理模式的一个很小的缩影，但已经反映出大学新生一定程度的"等靠"思想。大学新生需要尽快并较好地适应"自我管理"式的大学教育管理模式。

（五）自我评价方面

大学生群体是一个各方面相对较为优秀的学生群体，这个群体之中不乏各方面的人才，相对高中阶段，大学的竞争更加激烈，更加多元化。部分大学新生入学后发现，自己的"优势"地位不复存在，进而开始对自己能力的不满意，并降低对自己的评价，甚至产生自卑情绪。

主要表现为：首先，很多学生表示进入大学后，会突然失去自信，感到自己一无是处。这种"失落"从根本上体现了学生对于进入大学后自己各方面相对平庸化的生活非常不适应。有些学生会因为看到自己的弱点而自卑甚至封闭自己；也有些学生在看到自己的弱点后加剧了进取的决心，但他们有时会给自己定很多不切实际的要求和目标，希望自己在尽快的时间里缩短和别人的差距，在发现短时间内通过努力也赶不上别人后，情绪开始低落，从而对自己更加失去信心，陷入一个自我设置的恶性循环。其次，大学新生正是意气风发、充满抱负和期望的年纪，但同时也是心智还没有完全发育成熟的年龄，他们很容易感情用事，容易从片面的角度考虑问题，容易极端、偏执地相信某个观念。所以，有些大学新生习惯了高中时期老师的关注和同学的敬仰，觉得自己很有才，一旦自我实现受阻，就会认为自己是屈才了，认为自己是千里马，只是没有伯乐相中自己，进入孤芳自赏、自我崇拜的怪圈。大学新生要正确地对自己进行评价，较好地在新的集体中给自己重新定位。

二 针对适应问题开展深度辅导

鉴于大学新生在适应方面容易出现以上几类问题，那么有针对性地给予大学新生深度辅导，帮助他们正确地看待问题、解决问题，顺利地度过适应期就显得尤为重要。深度辅导首先应解决的是针对不同学生的不同问题，采取不同的个性化的辅导方式。主要应从以下几个方面着手：

（一）学习目标

引导学生树立适合自身发展的学习目标，给自己找到一个方向，只有有了这个方向,才知道自己应该朝哪方面努力,怎样去努力。英国著名的哲学家怀特海先生这样说过:"在中学阶段,学生伏案学习;在大学里,他需要站起来,四面观望。"只有放开自己的视野,才能把握住恰当的目标,促进自己全面发展。当然,在树立具体目标时不宜过高过大,一个短期的、相对容易实现的目标有时更能给人以激励,在实现这个目标的基础上再确立一个更高、更远大的目标,让学生体会到目标是可及的,通过自己的努力能够实现或阶段性实现。这样的目标是良性的,有利于学生找到"成就感",进而激发学习兴趣,取得更大的成绩,从而进入良性循环的学习状态。目标的确立也要适合自身的特点。不同的学生有不同的特点,这种特点表现在性格、兴趣、特长等方面。要将目标建立在你的最优性格上、最大兴趣上、最佳特长上,增加目标实现的可能性。同时,要提醒学生目标树立不宜过多,如果树立过多的目标就好比一个猎人要同时去追三只、四只甚至更多的兔子,几乎是很难或不可能实现的,所以与其树立过多的目标不能实现,还不如集中精力把目标集中在一个焦点上。

(二) 自主学习

大学的学习需要更多的自主性,有更多的内容需要学生自主学习。大学需要学生从"要我学"转变到"我要学",课堂教学也由"灌输式"变为"启发式"。大学的学习主要是老师指导下的自主学习,需要学习上有相当的自觉自愿性。除了课堂学习外,大量的学习任务需要学生利用课余时间在图书馆、自习室完成。所以,应当及时地帮助大学新生尽快认识到大学与高中在学习方法上的不同,了解大学学习的特点、老师的授课方式等,及时调整学习方法,在老师的指导下培养自主学习、主动学习的习惯。

(三) 生活方面

对新生生活上要主动关心,要对家庭经济困难的学生给予更多的关注和支持,帮助其解决实际问题,寻求各种渠道帮助其减轻经济压力和心理压力。对于生活的不适应,应当让学生懂得如何主动去适应环境,适应周边的人和物。因为，如果你不适应，那你就把你自己的人生道路限制住了，一个人只有积极地调整自己去适应周围的环境，才会有更大的发展空间。引导新生养成良好的学习生活习惯，作息要规律，要有固定的学习时间以及体育锻炼时间，要有选择性地参加社会活动，明确学习的主体地位，合理分配时间。大一学年正是这种习惯养成的关键时期，只有在大一打好了基础，才能更好地去适应学习任务更重、压力更大的高年级学习生活。

（四）人际关系

大学新生刚入校都会有陌生感，而班级的团结，老师的关心，以及同学的温情都能很好地消除或减弱这种陌生感。同学的温情首先体现在高年级同学身上，甚至从入学迎新就开始了。除了老师关心外，要引导高年级同学主动关心新生，主动帮助他们解决学习生活中遇到的问题，让高、低年级学生间形成良好的传统，使大学新生更快地找到归属感。比如，有院系已经形成一个传统，在新生军训的时候，让高年级同学派代表去看望他们，给他们带去师哥师姐写的贴心小卡片，卡片上都是高年级同学结合自己的体会写给新生的一些提醒和鼓励，让新生倍感温暖。正是这样一种传统，促成高、低年级学生之间形成了良性互动关系。加强新生班级建设，特别是班级凝聚力建设，让新生以班为"家"，强化他们的归属感。及时了解新生之间特别是同宿舍同学之间有没有发生矛盾和摩擦，在必要的时候适当地介入和调解，把问题消灭在萌芽状态。要使学生认识到人与人之间是存在差距和差别的，这是一种客观存在，必须面对和接受，与人交往切忌以自我为中心，要学会学习别人的长处，包容别人的缺点，这样才会让自己找到真的朋友，才会建立起健康的同学关系。

（五）自我管理

引导新生尽早树立自我管理意识。自我管理涉及学习生活的方方面面，既是一种独立思考的能力，也是一种选择能力，更是一种执行能力。培养大学新生自我管理意识，可以要求新生每天必须至少上一次校园网，浏览网上信息,看是否有跟自己相关的信息,如讲座、社团活动等,然后自主决定是否参加或参加哪一项,让学生养成自觉查看网上通知的习惯,并学会合理安排自己的时间。这一点在学生毕业时也显得尤为重要,有毕业班学生一方面抱怨学校不提供就业机会,一方面从不上校园网查看相关信息,这是典型"等""靠""要"的依赖思想,要避免这种现象,就必须让学生在刚入学校时就开始培养自我管理的习惯和意识。

(六)自我评价

帮助新生找准自身的定位,虚心向他人学习。要把大学看成是一个新的起点,不要留念以前的光环或荣誉,要有一种"归零"的心态,一切都需要自己重新努力去争取。引导新生认识到大学是一个人才辈出的地方,当看到身边比自己强的同学,应该理性地寻找差距,虚心学习,既不要妄自菲薄,也不要心高气傲,使学生在正当、健康的竞争环境中得到成长。

(徐宇雷,中国社会科学院大学人文学院党总支副书记)

高校学生社会实践工作评价
体系构建初探

漆光鸿

大学生社会实践是大学生的学习性实践、成长性实践和社会化实践,[1] 是我国高校人才培养的重要方式,在大学生理想信念教育、人格塑造、能力培养等方面具有不可替代的作用。我国向来有着重视青年学生参加社会实践活动的优良传统,[2] 在 2018 年召开的全国教育大会上,中央再次强调了社会实践教育在立德树人教育环节的作用,强调突出创新意识和实践能力培养。[3] 2017 年 2 月 27 日,中共中央、国务院印发了《关于加强和改进新形势下高校思想政治工作的意见》,2018 年 6 月,共青团中央和教育部联合印发了《关于在高校实施共青团"第二课堂成绩单"制度的意见》,把社会实践育人放到了与文化育人、理论教育同等重要的位置上。

近年来,全国高校的社会实践呈现出如火如荼的整体形势,但同时

---

[1] 胡树祥、吴满意:《关于大学生社会实践活动内涵的新界定》,《中国高等教育》2009 年第 2 期。

[2] 曹银忠、胡树祥:《新中国成立以来大学生社会实践活动的回顾与展望》,《思想理论教育导刊》2010 年第 5 期。

[3] 习近平:《坚持中国特色社会主义教育发展道路培养德智体美劳全面发展的社会主义建设者和接班人》,2018 年 9 月 10 日,新华网(http://www.xinhuanet.com/politics/leaders/2018-09/10/c_1123408400.htm)。

也有研究发现，当前大学生社会实践活动存在形式单一、内容单调，以及实施效果不明显、体系不健全等缺陷，[①] 流于形式，效果不明显的问题尤其突出。这与高校社会实践机会急速增加，而学校对社会实践的管理体系无法跟上相关。虽然几乎所有的高校都在以各种形式组织实施学生社会实践，但国家教育行政主管部门或相关机构没有就该项工作针对高校的监督、评价手段和措施，这与社会实践在高校人才培养中的地位是不相称的。

事实上，近些年，相关学者关于社会实践评价的研究不在少数，但这些研究大多集中在具体的社会实践本身，评价社会实践具体项目的好与坏。如陈立力从实践主题、实践计划、实践态度与能力、实践成果四个一级指标出发，提出了大学生社会实践评价指标体系与评价方法研究。[②] 曹雪亚、葛雪益侧重从前期准备、中期开展、后期总结三个一级指标出发，搭建大学生暑期社会实践评价体系。[③] 这些指标，均是对具体社会实践项目评价的体系。目前，学术界缺乏对高校组织实施学生社会实践的评价体系，本文试图在这方面做些尝试。

本文所谈到的学生社会实践，是指学生利用寒暑假或课余时间组织开展的社区服务、科普宣传、政策宣讲、文化传播、帮残助困、支农支教、社会调查、专题调研、法律援助、课题合作、科研攻关、文化科技卫生"三下乡"、创业实践、科研创新实践、岗位体验等各种校内外社会实践和志愿服务活动。

一 社会实践组织工作的评价目的、原则

高校学生社会实践工作评价定位为高校人才培养的专门评估，可由

[①] 周彩姣、林寒：《大学生社会实践活动现状调查与完善策略》，《高等教育研究》2012 年第 33 卷第 9 期。

[②] 陈立力：《大学生社会实践评价指标体系与评价方法研究》，《中国青年政治学院学报》2010 年第 29 卷第 2 期。

[③] 曹雪亚、葛雪益：《大学生暑期社会实践评价体系的现状分析及构建研究》，科教文汇（下旬刊）2011 年第 3 期。

共青团与教育行政管理部门联合组织实施，也可委托第三方机构实施。其目的在于评估社会实践组织实施工作的情况，监测高校学生认识国情、服务社会的整体情况。因此，构建高校学生社会实践组织工作评价体系，应该着眼于该项工作有没有助于学生更好地参与和实施社会实践，是否促进了学生成长成才，是否推动了学校教育教学改革，是否为社会带来了一定的效益。

构建该项评价指标，应坚持以下原则：

一是导向性原则。突出指标设计的导向性作用，强化社会实践育人的作用，高校需要重点加强的部分，应该在指标体系中有明确体现。

二是系统性原则。大学生社会实践组织工作环环相扣，影响因素多，指标设计中要坚持系统论的观点，考虑到各个环节、各个部分的相互作用。

三是主体性原则。大学生是高校社会实践的主体，指标体系设计和实施中要能突出大学生在组织参与社会实践中主体地位，重视大学生的获得感和满意度。

四是简易可行原则。该项评估应不过多增加高校负责，简便可行。指标体系尽量量化，突出客观性，评估方法尽量采取简单方式进行。

二 高校学生社会实践工作评价的指标及其内涵

对高校学生社会实践工作评价应突出高校在领导、组织和保障方面的工作，体现高校学生社会实践的特点。根据我国高校管理工作的实际情况和学生社会实践工作评价指标体系构建的基准，拟设立组织领导、开展实施和保障措施3个一级指标。

（一）组织领导

组织领导是高校推进全校性重点工作的领导体制、工作机制和工作定位，是工作推进的重要保障措施。可以设立"工作定位与思路""领导体制与工作机制"2个二级指标。

"工作定位与思路"可以从是否纳入学校整体工作、在人才培养方案中是否有体现、是否有学分、学分占比、学校是否有社会实践品牌项目等维度来考察。"领导体制与工作机制"可以从是否成立了校院两级领导小组、是否有校级管理制度，学校党/政会议是否每年听取社会实践工作汇报、研究相关工作，学校是否有专人负责学生社会实践工作等方面考察。

（二）开展实施

开展实施部分是高校学生社会实践的组织工作的主要部分，直接反映在该校学生社会实践的参与和成果上。可以设立"培训情况""学生参与情况""教师参与情况"和"社会实践效果"4个二级指标。

"培训情况"是指学校面向报名参加各类社会实践的学生所实施的前期辅导和培训，以帮助学生提高实施社会实践的能力。可以从是否开展了相关培训，是否设置了相关课程等角度考察。

"学生参与情况"是反映高校学生社会实践是否获得学生认可，是否组织良好的重要指标。可以从学生整体参与率和全年人均参与次数两个指标来考察。

"教师参与情况"是指教师参与指导或带队指导学生开展社会实践的情况。它体现学校教师参与实践育人环节的程度，是考察学校对该项重视程度和动员能力的重要指标。可以从教师整体参与率、全年人均参与率、是否计算工作量、学生外出期间是否有跟踪联系等方面来考察。

"社会实践效果"是反映该校在学生社会实践组织工作方面成果的重要体现。可以从获得国家和省级荣誉的比例、公开媒体报道的情况和报告递送相关部门的反馈等指标来考察。同时，基于主体性原则，参与社会实践的学生的整体满意度、对组织工作的满意度也是反映社会实践效果的重要指标。

（三）保障措施

作为全校性的重要工作，组织开展学生社会实践离不开各方面的支持和保障，只有保障措施到位了，才能开展好该项工作。可以设置"经费"和"基地"两个二级指标。

"经费"是指任意一项活动开展的前提，是保障措施中最重要的部分。可以从生均社会实践专门经费、生均获得社会捐助资金、贫困生社会实践补助情况、购买保险的情况等方面考察。考虑到各校规模不同，均采用"生均"计算。

"基地"是指学校为支持和鼓励学生开展社会实践，为学生开拓的各级各类社会实践场所。

三 高校学生社会实践组织工作评价指标体系的权重

高校学生社会实践组织工作评价指标的权重可以采取专家评定法、Delphi 咨询法和层次分析法。[①] 考虑到主题和现实的可行性，笔者采取了层次分析法来确定各个指标的权重。

通过选取多所相关高校多年负责学生社会实践的教师和相关研究专家，利用1—9 相对重要性对各个层级的各个指标进行重要性判断，取平均值后，形成 n 阶倒数矩阵（n 为指标总数），并对矩阵进行相容性检验，随后计算各指标权重系数，构建权集。

按照上述步骤，各级指标权重如表1 所示，为方便计算，所有权重均就近取5 的倍数。

表1　　　　高校学生社会实践工作评价指标权集

一级指标及权重	二级指标及权重	三级指标及权重	三级指标说明
组织领导 20%	工作定位与思路 40%	纳入学校整体工作的情况 40%	是否将社会实践工作纳入学校整体工作，是否在学校年度计划、总结中有体现
		列入人才培养方案的情况 40%	是否列入各专业的人才培养方案，是否有学分，以及学分分值
		社会实践品牌项目的情况 20%	学校是否有社会实践品牌项目，校级社会实践主题

---

① 王战军编著：《学位与研究生教育评估技术与实践》，高等教育出版社2000 年版，第67—70 页。

续表

一级指标及权重	二级指标及权重	三级指标及权重	三级指标说明
组织领导 20%	领导体制与工作机制 60%	校院两级领导小组的情况 20%	学校和院系是否设置有学生社会实践工作的领导机构
		校级管理制度的情况 25%	学校是否出台学生社会实践的管理办法
		学校党/政会议研究社会实践工作的情况 25%	学校党/政会议是否每年听取社会实践育人工作的情况汇报，研究工作开展情况
		专人负责学生社会实践工作的情况 30%	学校相关部门是否设有专门老师负责学生社会实践工作
开展实施 50%	培训情况 15%	社会实践培训的情况 60%	针对参加社会实践的学生开展的培训情况，包括但不限于次数、内容参与人数覆盖面等
		社会实践课程的情况 40%	学校是否开设社会实践类课程，供学生选修
	学生参与情况 35%	学生整体参与率 60%	每年参加社会实践的学生人数占学生总人数的比例
		全年人均参与次数 40%	每年全校人均参与社会实践的次数

续表

一级指标及权重	二级指标及权重	三级指标及权重	三级指标说明
开展实施 50%	教师参与情况 30%	教师整体参与率 35%	教师参与指导或带队指导学生社会实践的人数占教师总人数的比例
		全年人均参与率 20%	全年全校教师人均参与指导学生社会实践的次数
		计入工作量的情况 20%	学校是否将教师指导或带队学生社会实践通过一定方式折合成教师工作量，以及折合比例
		学生外出期间是否有跟踪联系 25%	学校专门老师是否对外出开展社会实践的学生进行跟踪联系，了解学生社会实践情况
	社会实践效果 20%	获得国家和省级荣誉的比例 15%	社会实践工作获得国家或省级荣誉、奖励的
		社会媒体公开报道的情况 15%	中央和地方媒体公开报道的
		相关部门对调研报告的反馈情况 20%	社会实践相关调研报告递送相关领导或部门后的反馈情况。突出调研报告服务地方经济社会发展的要素
		参与社会实践的学生的整体满意度 25%	学生对参加社会实践的满意度
		对组织工作的满意度 25%	学生对学校和学院组织工作的满意度

续表

一级指标及权重	二级指标及权重	三级指标及权重	三级指标说明
保障措施 30%	经费情况 70%	生均社会实践专门经费 30%	学校是否安排专门经费支持学生开展社会实践，生均专门经费数量
		生均获得社会捐助资金 25%	学校或学生是否争取到社会捐助，支持学生开展社会实践，生均社会捐助资金数量
		贫困生社会实践补助情况 25%	学校是否有对贫困生开展社会实践活动予以补助，以及补助的比例
		购买保险的情况 20%	为社会实践学生购买保险的人员覆盖率和活动整体覆盖率
	基地情况 30%	社会实践基地的情况 100%	学校每年为学生争取的社会实践基地的情况，以及对基地的利用率

四 高校学生社会实践工作评价方法

对高校学生社会实践工作评价采取自我评估和官方（或第三方）评估相结合的方式。各校可结合上述指标积累整理佐证材料，并如实进行记载，形成自评报告。官方（一般为中央或省级的共青团与教育行政管理部门）收到自评报告后，组成专家组，或委托第三方机构对相应高校实施评估。

评估尽量采用报表的方式，用客观数据。信息采集的具体方式如表2所示。每项三级指标可按照百分制计分，然后根据权重折合计算后，计算总分。每一轮参与评价的高校中，按地域每个指标里完成最好的为100分，其余的依次按照5分等差递减，相同情况的得分相同，最低不低于30分。

表2　　高校学生社会实践工作评价指标信息采集方式

一级指标及权重	二级指标及权重	三级指标及权重	信息采集方式
组织领导 20%	工作定位与思路 40%	纳入学校整体工作的情况 40%	报表，查看学校资料
		列入人才培养方案的情况 40%	报表，查看学校资料
		社会实践品牌项目的情况 20%	报表，查看学校资料
	领导体制与工作机制 60%	校院两级领导小组的情况 20%	报表，查看学校资料
		校级管理制度的情况 25%	报表，查看学校资料
		学校党/政会议研究社会实践工作的情况 25%	报表，查看学校资料
		专人负责学生社会实践工作的情况 30%	报表，查看学校资料
开展实施 50%	培训情况 15%	社会实践培训的情况 60%	报表，学校+学生问卷
		社会实践课程的情况 40%	报表，学校问卷+查看资料
	学生参与情况 35%	学生整体参与率 60%	报表，学生问卷+查看资料
		全年人均参与次数 40%	报表，学生问卷+查看资料
	教师参与情况 30%	教师整体参与率 35%	报表，学生问卷+查看资料
		全年人均参与率 20%	报表，学生问卷+查看资料
		计入工作量的情况 20%	报表，学校问卷+查看资料
		学生外出期间是否有跟踪联系 25%	报表，学生问卷
	社会实践效果 20%	获得国家和省级荣誉的比例 15%	报表，查看资料
		社会媒体公开报道的情况 15%	报表，查看资料
		相关部门对调研报告的反馈情况 20%	报表，查看资料
		参与社会实践的学生的整体满意度 25%	报表，学生问卷+访谈
		对组织工作的满意度 25%	报表，学生问卷+访谈

续表

一级指标及权重	二级指标及权重	三级指标及权重	信息采集方式
保障措施 30%	经费情况 70%	生均社会实践专门经费 30%	报表，查看资料
		生均获得社会捐助资金 25%	报表，查看资料
		贫困生社会实践补助情况 25%	报表，查看资料
		购买保险的情况 20%	报表，查看资料
	基地情况 30%	社会实践基地的情况 100%	报表，查看资料

为了更好地说明高校学生社会实践组织工作评价指标体系的使用方法，笔者以"学生整体参与率"和"参与社会实践的学生的整体满意度"这两个三级指标为例，在中国社会科学院大学就 2018 年暑期社会实践做过一次试用，用学院模拟不同高校，加以说明。

"学生整体参与率"如表 3 所示，"参与社会实践的学生的整体满意度"如表 4 所示。从表格中我们能看到，学生整体的参与率不同单位之间的差异较大，但对学院组织工作的整体满意度差别不大。为了更好地区分，还需根据排序，依次给出得分。在 1—5 分的满意度中，有 3 个单位的平均分都是 4.38，所以它们的指标得分是相同的。

表 3　　　　　　　　社会实践学生整体参与率得分计算

单位	参加社会实践人数	学院总人数	参加社会实践比例	指标得分
管理学院	121	504	24.01%	100
经济学院	147	715	20.56%	95
马克思主义学院	51	311	16.40%	90
国际关系学院	17	141	12.06%	85
人文学院	34	332	10.24%	80
政法学院	62	619	10.02%	75
媒体学院	32	347	9.22%	70

表 4　　参与社会实践的学生对学院组织工作的整体满意度

单位	满意度均值（1—5 分）	指标得分
媒体学院	4.61	100
国际关系学院	4.59	95
经济学院	4.38	90
人文学院	4.38	90
管理学院	4.38	90
政法学院	4.31	85
马克思主义学院	4.27	80

讨论和结语

笔者在兄弟高校的一些工作伙伴和相关领域的专家支持下，初步搭建出了一套体系。它是在教育评估理念和技术的指导下做的一次尝试，其有效性还有待时间和实践进一步检验，在实际工作中不断完善。

关于如何建立起宏观的高校学生社会实践工作评价和微观的学生社会实践项目评价，或者说如何将微观的学生社会实践项目评价结果运用到宏观的高校学生社会实践工作评价之中，一直是笔者思考的问题，这有待进一步研究时继续跟进。

高校学生社会实践工作评价体系，基于社会实践在高校人才培养中的特殊地位而生，它的重要意义在于它重申了社会实践的价值，并为高校组织学生社会实践工作提供了一个可供参考的标准，有助于推动高校的教学改革，促进学校对学生的"全人培养"和学生的全面发展。但高校学生社会实践是一个系统工程，它的参与方众多，涉及与高校教学、管理、科研和服务等多方面的关系，关于它的评价体系，还有很多值得继续研究的地方。

（漆光鸿，中国社会科学院大学团委副书记）

家庭背景、人力资本对高校毕业生自主创业行为的影响关系研究

——基于2017年高校毕业生就业状况调查的实证分析

祝 军 岳昌君

据教育部高等教育司2017年的统计数据表明，我国高校毕业生的创业率已经达到了3%，这一数据固然令人振奋，但与国内每年800万左右的高校毕业生规模相比，高校毕业生在自主创业方面具有较大的提升空间。

哪些因素会对高校毕业生的自主创业行为产生影响？不同的家庭背景对于高校毕业生开展自主创业活动是否存在影响？大学生个体的人力资本水平又会对高校毕业生的自主创业行为产生什么样的影响？特别是在传统就业观念下，在家庭背景和人力资本方面拥有优势的高校毕业生是否会因为在传统就业岗位上所拥有的入职优势而对自主创业行为造成"挤出效应"？对于这些问题进行探讨都非常有意义。在本文中，笔者以北京大学教育学院"2017年全国高校毕业生就业状况抽样调查"数据为基础，主要从家庭背景和人力资本两方面对高校毕业生自主创业行为的影响进行了分析。

一 理论基础和研究述评

(一) 社会资本理论

科尔曼（Coleman）把社会资本定义为个人所拥有的社会资源，他认为个人只有通过会员资格和网络的联系，并在此基础上利用网络关系才能得到社会资本的回报[1]。由于社会资本可以通过制度化的社会网络关系直接或间接地为使用者获取利益，因此社会资本能够在高校毕业生就业过程中起到重要作用[2]。

由于高校毕业生基本上都是初次进入劳动力市场，家庭背景不仅是他们最主要的社会关系网络，也是他们最重要的社会资源，因此大多数关于大学生社会资本的研究都将家庭背景作为高校毕业生所拥有的最主要的社会资本因素进行分析。比如文东茅[3]、周宇、尤一[4]、陈江生、王彩绒[5]、宁光杰[6]、张丽玉等人的研究都从不同角度证明了家庭背景会对高校毕业生就业产生显著影响[7]。

近年来，关于家庭背景与大学生自主创业之间的关系研究逐渐吸引了学者的关注。不同的研究者采用不同的研究设计对家庭资本和大学生自主创业之间的关系进行了调查研究，但截至目前，这些研究还未取得完全一致的结论。比如霍夫曼（Hoffmann）等人运用丹麦注册数据进行

---

[1] Coleman J S. Social Capital in the Creation of Human Capital, American Journal of Sociology, 2009, 94 (Volume 94 Number): 95 – 120.

[2] 岳昌君、张恺：《城乡背景高校毕业生就业差异的实证研究》，《高等教育研究》2015年第5期。

[3] 文东茅：《家庭背景对我国高等教育机会及毕业生就业的影响》，《北京大学教育评论》2005年第3期。

[4] 周宇、尤一：《大学生就业与家庭背景关系的调查与分析》，《中小企业管理与科技》（上旬刊）2008年第9期。

[5] 陈江生、王彩绒：《家庭背景因素对我国大学毕业生就业影响的实证分析——基于2009年的调查数据》，《西北师大学报》（社会科学版）2011年第2期。

[6] 宁光杰：《教育体制、家庭背景与大学生就业选择——大学生就业意愿的实证研究》，《劳动经济评论》2012年第1期。

[7] 张丽玉：《大学生就业与家庭背景关系研究——基于一个毕业生群体样本的调查分析》，《中国大学生就业》2013年第4期。

分析，发现父母职业对于大学生的创业倾向具有影响。他指出，父母职业为个体经营者，其子女通常有较强的创业倾向，更不喜欢受雇于人[1]。与此恰恰相反，博兰尼（Brenner）对美国商学院学生进行调查研究后发现，父母对子女的创业行为的影响几乎可以忽略不计[2]。

同样，从国内现在的研究来看，虽然众多研究者都发现家庭背景对于大学生自主创业的行为具有一定程度的影响，但对于具体的影响关系还莫衷一是。陈劲、贺丹的研究发现大学生的家庭背景与其自主创业之间呈现出负相关关系，越是家境贫寒、出身贫困的大学生，越希望通过创业来出人头地[3]。然而，丁铎、初春兴等人的研究却得出了相反观点，他们认为家庭经济条件越优越的大学生参与创业的热情反而越高。谢西金的研究也证实了家庭经济状况更好的大学生会对自主创业表现出更浓厚的兴趣，也更容易产生创业想法，所计划投入的自主创业资金也更多[4]。不过也有研究者认为，大学生的家庭背景与自主创业之间的关系并非是简单的正相关或者负相关。孙俊华的调查显示，大学生的家庭背景与自主创业之间是"U"形关系，家庭条件最好和最差的大学生群体往往是创业意愿最强的。黄敬宝的研究发现，大学生的地区生源、城乡生源和家庭收入对大学生的创业意愿都具有一定程度的影响，所在家庭位于城镇、有经商经历、收入高的男性大学生往往具有比其他群体更强烈的创业意愿[5]。关于父母的职业对大学生自主创业行为的影响关系方面，张品茹的调查发现父母的职业类型会对大学生的创业想法和职业目标产生重要影响；向春和雷家骕的研究则进一步发现，创业行动倾向由强到弱的大学生，其父母的职业类型依次为混商（父母一方经商，另一方为其他职业）、

---

[1] Hoffmann A, Junge M, Malchow - M? ller N. Running in the family: parental role models in entrepreneurship. Small Business Economics, 2015, 44 (1): 79 - 104.

[2] Brenner O C, Pringle C D, Greenhaus J H, et al. Perceived fulfillment of organizational employment versus entrepreneurship: Work values and career intentions of business college graduates. Journal of Small Business Management, 1991, 29 (July).

[3] 陈劲、贺丹、邱嘉铭：《背景差异对学生创业态度和倾向的影响——以浙江大学在校学生为研究对象》，《中国青年科技》2007年第3期。

[4] 谢西金：《家庭背景对大学生创业影响的实证研究》，《重庆高教研究》2018年第2期。

[5] 黄敬宝：《北京高校大学生就业与创业调查研究》，知识产权出版社2015年版。

科教、商业、政府、企业和农业；不过邴浩、杜涵和罗婧的调查却发现家庭中父亲的学历越高，子女的创业意愿反而越受到抑制①。

（二）人力资本理论

舒尔茨（Schultz）认为，教育是人力资本投资的主要形式，因此可以提高受教育者的劳动生产率，进而提高个人的货币收益和非货币收益②。高等教育投资的数量和质量将直接影响人力资本水平的高低，较高的人力资本水平可以带来更高的劳动生产率，因此人力资本水平较高的高校毕业生更容易得到劳动力市场的青睐，也有机会得到更高的薪水[15]。

目前，关于人力资本对大学生自主创业行为的研究还相对较少。范巍和王重鸣通过对杭州各高校大学生创业意愿的调查分析指出，在背景因素层面，学历层次和学科会影响创业意愿③。黄敬宝的研究发现，学习成绩、学科专业、学校层次对大学生的创业意愿存在影响。具体而言，在综合素质方面，成绩优秀、英语较好、具有学生干部和实习经历、获得过奖学金的大学生在创业意愿方面倾向更为显著④。邴浩、杜涵和罗婧对清华大学校友进行的创业调查发现，在教育背景方面，个人学习成绩、学科背景及获得最高学历的年份对个人创业有显著影响。其中，学习成绩与创业行为之间存在负相关关系，说明在校期间学习成绩优异的学生实际创业的比例会更低⑤。与学习成绩这一现象相呼应的是，蒋承、刘彦林在研究中对大学生的创业意愿进行了主动型创业和被动型创业的区分，研究发现高校毕业生创业意愿多为别无选择或者对当前就业不满意而被动产生的被动型创业意愿，而且社会资本和人力资本水平较低的学生更

---

① 岳昌君、张恺：《城乡背景高校毕业生就业差异的实证研究》，《高等教育研究》2015 年第 5 期。
② 岳昌君、张恺：《城乡背景高校毕业生就业差异的实证研究》，《高等教育研究》2015 年第 5 期。
③ 范巍、王重鸣：《创业倾向影响因素研究》，《心理科学》2004 年第 5 期。
④ 黄敬宝：《北京高校大学生就业与创业调查研究》，知识产权出版社 2015 年版。
⑤ 邴浩、杜涵、罗婧：《创业行为与创业意愿影响因素实证研究》，《科技进步与对策》2015 年第 1 期。

可能被迫产生被动型创业意愿[①]。王桂荣、黄君玲在研究中将创业者分为生存型、变现型和主动型三种类型，其中，刚刚毕业找不到工作的大学生多属于生存型创业者[②]。

通过梳理家庭背景、人力资本和大学生自主创业的现有研究，笔者认为，现有研究在以下三个方面尚显薄弱：一是关于高校毕业生就业和创业的研究不平衡。关于家庭背景、人力资本对高校毕业生就业的影响研究较多，对自主创业的影响研究较少。二是用创业倾向或创业意愿代替大学生实际的创业行为。目前，绝大多数关于大学生自主创业的调查研究都是针对在校大学生群体，通过询问大学生的自主创业意愿来替代实际的创业行为，由此得出的研究结果很难代表家庭背景、人力资本与大学生真实创业行为之间的关系。三是研究受样本的局限性影响较大。目前大多数调查，特别是对高校毕业生的调查样本量较小，经常局限在一所学校、一个地区，样本缺乏足够的代表性，严重影响了调查结果的代表性。针对上述问题，本文结合北京大学教育学院2017年的全国高校毕业生就业状况调查数据，对毕业去向已确定为自主创业的高校毕业生群体进行分析，探讨高校毕业生家庭背景和人力资本对大学生自主创业行为之间的影响关系，不仅有利于厘清大学生自主创业的影响因素，同时也有利于弥补现有研究存在的薄弱之处，为大学生自主创业研究提供大样本的实证支持。

二　研究设计

（一）研究对象和研究方法

本研究采用的是北京大学教育学院、北京大学教育经济研究所2017年对全国高校毕业生就业状况进行的大规模问卷调查数据。本次调查包括我国东、中、西部地区20个省份的33所高校，其中"原985"重点高

---

① 蒋承、刘彦林：《大学生是被动创业吗？基于起薪视角的讨论》，《教育与经济》2015年第5期。
② 王桂荣、黄君玲：《高校对主动型创业研究生培养机制的研究》，《石油教育》2011年第2期。

校 5 所、"原 211"重点高校 5 所、一般本科院校 11 所、高职院校 9 所、民办高校 2 所、独立学院 1 所。调查共回收有效问卷 18076 份。

研究采用 SPSS22.0 作为分析工具,首先对选择自主创业的大学生状况进行描述统计分析。在被调查大学生中,开展自主创业的大学生在性别、民族、学科门类、创业所属行业等不同变量上的分布状况如何,是本研究关注的第一个问题。高校毕业生的家庭背景、人力资本对于他们进行自主创业活动是否存在影响,影响关系如何,是本文关注的第二个问题。在具体分析过程中,本研究关注高校毕业生的家庭背景和人力资本是如何影响其自主创业的概率。由于被解释变量属于二分虚拟变量,因此采用 Logit 回归方法进行计量回归检验。

(二) 变量说明和研究设计

研究以人口统计学特征、学校背景、工作特征、社会资本变量、人力资本变量五类变量来分析高校毕业生自主创业的影响因素(见表 1)。

表 1　　　　　　　　　　　分析变量描述

因素	具体变量	说明
人口统计学特征	性别	女(对照组)和男
	民族	少数民族和汉族(对照组)
学校背景	学校所在地区	东部、中部、西部(对照组)
工作特征	就业地区	京津沪、东部(不含京津沪)、中部、西部地区(对照组)
家庭背景	家庭人均收入	低收入(对照组:10000 元及以下)、中等收入(10001—50000 元)、高收入(50001 元以上)
	父母职业	非管理技术类职业(对照组)和管理技术类职业
	父母受教育年限	受教育年限(按学历推算,连续变量)
	父母政治面貌	群众(对照组)和中共党员
	家庭所在地	地级市以上、县乡及以下(对照组)
	户口	农村户口(对照组)和城镇户口
	家庭社会关系广泛性	广泛(非常广泛、广泛)、不广泛(对照组)

续表

因素	具体变量	说明
人力资本	政治面貌	非党员（对照组）和中共党员
	学生干部	非学生干部（对照组）和学生干部
	学历层次	专科、本科（对照组）、硕士、博士
	学习成绩	班内排名前25%、中间25%—50%、后50%（对照组）
	奖学金	没有获得（对照组）和获得
	英语资格证书	没有获得（对照组）和获得
	计算机证书	没有获得（对照组）和获得
	职业证书	没有获得（对照组）和获得
	实习经历	没有实习经历（对照组）和有实习经历
	辅修经历	没有辅修经历（对照组）和有辅修经历
	学科门类	人文（对照组）、社科、理科、工科
	学校类型	211高校、普通高校（对照组）、高职高专、独立和民办学院

三 数据与分析

（一）自主创业高校毕业生基本情况

在本次接受调查的18076名高校毕业生中，毕业去向为自主创业的有854人，占受调查毕业生总数的4.72%。在开展自主创业的高校毕业生群体中，相关样本情况如下（以下统计不含缺失值）：男性570人，女性282人；少数民族98人，汉族741人；学校所在地为东部地区228人，中部地区351人，西部地区273人；创业地区在京津沪地区16人，东部地区（不含京津沪）144人，中部地区140人，西部地区131人。从毕业生其他情况来看，家庭所在地为地级市以上465人，县乡以下342人；入学前为农村户口毕业生447人，城镇户口369人；学历为专科毕业生360人，本科毕业生461人，硕士和博士研究生27人；人文学科类毕业生

159人，社科类毕业生210人，理科类毕业生173人，工科类毕业生271人；来自"211工程"以上类型高校毕业生175人，普通高校毕业生267人，高职高专类毕业生325人，独立和民办学院毕业生85人。从高校自主创业毕业生的描述性统计情况来看，本研究与丁小浩、翁怡秋对2004年至2010年高校毕业生就业调查数据进行分析所取得的研究发现基本一致[①]。

从高校毕业生自主创业的行业类型来看，在选择开展自主创业的高校毕业生群体中，排在前三位的行业依次是：教育类行业（11.6%），金融业行业（10.4%），信息传输、计算机服务和软件业（8.4%）。

之所以在教育类行业进行创业的毕业生比例最高，有三方面的原因：一是因为教育类行业的覆盖面较广，涵盖了从幼儿教育到研究生教育等各个阶段，市场需求较大，创业机会较多。二是因为教育类行业是大学生最熟悉的行业领域，高校毕业生在接受高等教育的同时也积累了一定的校园教育资源，与其他类人群相比具有相对优势。三是教育类的创业，尤其是教育培训类创业活动更多是一种知识型、轻资产的微创业和轻创业，对于设备资产的要求相较其他行业低，大学生更容易在该领域进行创业。

之所以在金融行业创业的高校毕业生比例较高，一方面因为金融领域的创业比较方便对接资本，在帮助高校毕业生解决创业资金方面相对容易，为他们在该领域开展创业提供了便利；另一方面则是因为近年来互联网金融作为新兴行业在国内发展迅猛，对于高等教育人才的需求剧增，为高校毕业生提供了更多的创业机会。

之所以在信息传输、计算机服务和软件业方面创业的人数比例也较高，一方面原因是互联网技术的兴起，导致信息壁垒消除，使得这些信息技术行业的创业准入门槛变低了；另一方面则是因为在"互联网＋"大背景下，大学生群体凭借思维活跃、对新事物接受程度快、敢于挑战等特点，充分抓住了共享经济的红利，登上了创业的风口。

---

① 闵维方、岳昌君、丁小浩：《高校毕业生就业问题与对策研究》，北京大学出版社2017年版，第290页。

（二）高校毕业生自主创业行为影响因素的实证分析

根据研究设计，本文以人口学特征、学校背景、工作特征作为控制变量，以家庭背景和人力资本作为自变量，大学生自主创业行为作为因变量进行二元回归分析，回归结果如表2所示。模型系数的综合检验结果表明，模型的显著性为0.000，模型在整体上是显著的，NagelkerkeR0.105，模型拟合程度较好，可信度较高。

1. 人口学特征、学校背景和工作特征对毕业生自主创业行为的回归结果

人口统计学特征。性别对于高校毕业生开展自主创业有显著性影响，相比女性毕业生而言，男性毕业生从事自主创业的概率更高。民族因素对于高校毕业生开展自主创业不具有显著性影响。

工作特征和学校背景。从就业的地区来看，毕业生的就业区域对于大学生开展自主创业有显著性影响。与西部地区相比，毕业生选择在京津沪地区和东部地区开展自主创业的概率更小。学校所在地域对于高校毕业生开展自主创业不具有显著性影响。

2. 家庭背景对毕业生自主创业行为的回归结果

户口情况和家庭社会关系广泛性对于高校毕业生开展自主创业具有显著性影响。相比入学前户口在农村的高校毕业生，城镇户口的高校毕业生开展自主创业的概率更小。与家庭社会关系不广泛的高校毕业生相比，家庭社会关系广泛的高校毕业生开展自主创业的概率更大。家庭经济收入、家庭所在地、父母是否为管理技术类职业、父母受教育年限和父母政治面貌对于高校毕业生开展自主创业不具有显著性影响。

3. 人力资本对毕业生自主创业行为的回归结果

拥有学生干部经历，获得过计算机证书、职业类资格证书的高校毕业生，开展自主创业行为的概率显著高于没有相关经历或证书的高校毕业生。获得过奖学金的高校毕业生开展自主创业的概率显著低于没有获得过奖学金的高校毕业生。从学科类别来看，社科类和理科类的高校毕业生开展自主创业的概率显著低于人文学科的毕业生。从学校类型来看，高职高专类学校的高校毕业生开展自主创业的概率显著高于普通本科学

校的毕业生。而政治面貌、学历层次、学习成绩、外语证书、实习经历、辅修或双学位经历等因素则对高校毕业生开展自主创业不具有显著性影响。

表 2　　高校毕业生自主创业行为影响因素的 Logit 回归结果

	具体变量	系数	标准误	显著性	优势比
人口统计学特征	男性	0.907***	0.148	0.000	2.476
	少数民族	-0.137	0.240	0.567	0.872
学校背景	东部地区	-0.406	0.309	0.190	0.667
	中部地区	-0.127	0.280	0.650	0.880
工作特征	京津沪地区	-1.271***	0.438	0.004	0.281
	东部地区	-0.474	0.284	0.096	0.623
	中部地区	-0.268	0.282	0.342	0.765
家庭背景	父亲为管理类职业	0.109	0.186	0.558	1.115
	母亲为管理类职业	0.265	0.195	0.173	1.304
	父亲受教育年限	-0.065	0.075	0.384	0.937
	母亲受教育年限	0.068	0.073	0.351	1.070
	中等家庭人均收入	-0.219	0.152	0.151	0.803
	高家庭人均收入	0.205	0.182	0.260	1.227
	父亲政治面貌为中共党员	-0.011	0.184	0.952	0.989
	母亲政治面貌为中共党员	-0.130	0.230	0.573	0.878
	家庭所在地为县级以上城市	0.015	0.146	0.918	1.015
	城镇户口	-0.298*	0.155	0.054	0.742
	家庭社会关系广泛	0.399**	0.154	0.010	1.491

续表

	具体变量	系数	标准误	显著性	优势比
人力资本	政治面貌为中共党员	0.158	0.138	0.252	1.171
	学生干部经历	0.401***	0.143	0.005	1.493
	专科学历	0.068	0.259	0.794	1.070
	硕士研究生学历	-0.234	0.381	0.540	0.792
	博士研究生学历	0.873	0.659	0.185	2.394
	学习成绩班内排名前25%	-0.101	0.185	0.585	0.904
	学习成绩班内排名25%—50%	-0.047	0.163	0.772	0.954
	获得过奖学金	-0.270*	0.149	0.069	0.763
	获得过外语证书	-0.214	0.148	0.149	0.808
	获得过计算机证书	0.349**	0.137	0.011	1.417
	获得过职业类证书	0.280**	0.128	0.029	1.323
	实习经历	0.029	0.156	0.852	1.030
	辅修或双学位	0.082	0.162	0.615	1.085
	学科专业为社科类	-0.329*	0.194	0.090	0.720
	学科专业为理科类	-0.466**	0.196	0.017	0.628
	学科专业为工科类	-0.279	0.184	0.129	0.757
	原"985""211"高校	0.073	0.213	0.731	10.076
	高职高专类学校	0.692**	0.302	0.022	1.999
	独立和民办学校	0.108	0.247	0.662	1.114
	截距项	-3.651	0.404	0.000	0.026

注：*** 表示 $P<0.01$，** 表示 $P<0.05$，* 表示 $P<0.1$。

结果与讨论

通过分析，本文发现性别、就业区域、家庭背景和人力资本都会对高校毕业生自主创业行为产生显著影响，具体影响关系如下：

第一，性别对于高校毕业生开展自主创业行为具有显著影响，男性高校毕业生自主创业的概率显著高于女性。究其原因，一方面，可能是社会角色分工导致,受中国"男主外女主内"传统观念的影响,男性毕业生更愿意尝试传统就业岗位之外的就业机会,而女性毕业生相对追求稳定。另一方面,创业是有一定风险性的行为,男女的性别特点也决定了男性毕业生在风险承担性和风险偏好方面强于女性毕业生,更具有冒险精神。

第二,就业地区对高校毕业生自主创业行为具有显著影响,毕业生选择在京津沪和东部地区创业的概率明显低于西部地区。这一研究发现与丁小浩、翁秋怡之前的研究发现得到了相互印证。导致这种情况的可能原因在于,一方面京津沪和东部地区的生活成本较高导致了大学生的创业成本高,同时这些地区的市场经济较为成熟,创业竞争也相对其他地区更加激烈。另一方面,由于经济发展的原因,西部地区的商业市场成长空间较大、创业机会较多,同时这些地区的创业准入门槛又相对较低、生活成本小,所以大学毕业生更倾向于选择到这些地区自主创业。一位选择回成都进行创业的高校毕业生谈道:"我做的是传媒设计和广告宣传方面的创业。大学期间在北京进行过一些创业尝试,赚过一些钱。但是,北京同类型的公司太多了,不仅竞争激烈,而且公司人力、租房各方面的开支都比较大。大四上学期我回四川老家考察了一下,发现那边的市场需求也很大,但各方面开支成本比北京要小多了,生活也相对安逸,所以我最后选择把公司开在了成都。"

第三,从家庭背景来看,入学前户口为农村的大学生毕业自主创业的概率要显著大于城镇户口的高校毕业生。结合闵维方、岳昌君等人关于城市出身的学生就业落实率高于农村出身的学生这一研究发现,笔者认为导致这种现象的可能原因在于,户籍为农村的高校毕业生,由于社会资本和社会关系相对薄弱,在传统就业领域不具备优势,所以更倾向于选择自主创业。而且由于生活经历和家庭条件的不同,高校毕业生对于创业的期望值也是不同的。一般而言,农村户口的高校毕业生对于创业目标和收入的预期相对于城镇户口的高校毕业生会略低一些,更容易通过创业活动得以实现。家庭社会关系广泛的高校毕业生开展自主创业的概率显著更大,可能是因为这些毕业生拥有更多的社会资源(所谓的人脉），为他们在创业指导、资金准备、市场开拓方面都提供了便利，所以他们在自主创业方面比那些弱社会关系的高校毕业生表现更为积极、主动。

第四，从人力资本来看，拥有学生干部经历，获得过计算机类证书、职业资格类证书的大学毕业生自主创业的概率显著高于没有相关经历和证书的高校毕业生。导致这种现象的原因在于，拥有学生干部经历的高校毕业生在个人素质、组织协调能力和社会适应方面具有优势，所以更有自主创业的勇气和信心。同时，拥有学生干部经历的毕业生，客观上也较其他毕业生拥有更广的社会资源网络，为自主创业提供了更多的社会关系支持。而拥有计算机类和职业类证书的高校毕业生创业概率更大，可能原因在于，他们所拥有的技术技能类资格证书，不仅为他们进入相关行业领域开展自主创业提供了"敲门砖"，而且还为他们从事创业活动节省了技术性的人力成本支出，在组建创业团队方面更具有竞争优势。

没有获得过奖学金的高校毕业生自主创业的概率要大于获得过奖学金的毕业生群体。究其原因，可能是因为获得奖学金的高校毕业生一般都是学习成绩和综合素质比较优秀的好学生，他们不仅在升学深造方面占尽头筹，在目前"逢进必考"的传统人事招聘考试中也往往更加获得用人单位的青睐。受"挤压效应"的影响，那些没有获得过奖学金、学习成绩普通的高校毕业生则更倾向于寻求改变，到传统就业领域之外努力证明自己，也更愿意通过自主创业去实现自我价值。

与社科类和理科类的高校毕业生相比，人文学科的高校毕业生自主创业倾向更为明显。这可能是因为社科类和理科类的高校毕业生专业覆盖面比较宽泛，且多为应用性学科，与市场的联系程度较高，为相关学科毕业生提供了更多的就业机会。而人文学科的毕业生，一部分因为学科就业面比较窄，在体制内就业的机会比较少，所以更愿意通过自己创业来减轻就业压力；一部分学习音乐、舞蹈和美术等艺术类的毕业生则更倾向于通过开办工作室，依靠个人创作、出售个人产品等行为来进行微创业和轻创业。

高职高专学校毕业的高校毕业生选择自主创业的概率显著大于普通

本科高校。一方面，可能因为高职高专院校比较重视对大学生应用技能的培养，这些学校的毕业生在自主创业方面相比其他群体毕业生更具有技术优势，更容易将技术转化为商业资源。另一方面，也可能是因为高职高专的学历在传统就业和升学竞争中不具有优势，他们对于创业的期望值较低，一般以"生存型"创业为主，能养家糊口就行，从而促成了更多的创业行为。

通过本次调查研究发现，高校毕业生的自主创业行为虽然表现为大学生个体的一种自愿自觉行为，但同时受到家庭背景和人力资本的显著性影响，说明创业活动受外部因素的影响较大。从影响关系来看，与社会大众的传统理解略有不同，在家庭背景和人力资本方面具有优势的高校毕业生直接选择自主创业的比例反而较少，恰恰是那些社会资本和人力资本水平略低、在升学和传统就业领域不占据优势的高校毕业生，实际进行自主创业的概率反而更大，这也再次印证了被动型创业（或生存型创业）现象确实普遍存在于高校毕业生群体之中。最后，需要说明的是，对于高校毕业生而言，创业最佳的选择时间点并不一定是毕业当时，由于本次调查的时间为当年5月，调查所面向的高校毕业生群体均为应届未离校的高校毕业生，所以在研究发现的推论性方面还需要进一步加强。

（祝军，中国社会科学院大学本科生工作处原副处长，北京外国语大学教育学院教师，社科大思想政治工作高等研究院研究员；岳昌君，北京大学教育学院副院长，教授、博士生导师。源自：《中国青年研究》2019年第1期）

新形势下高校创新创业教育工作模式探析

——基于对北京地区 28 所示范性创业中心高校的调查研究

祝 军 曾庆松

2018 年 3 月，李克强总理在《政府工作报告》中提出："要进一步'促进大众创业、万众创新上水平'的要求，提供全方位创新创业服务，推进'双创'示范基地建设，鼓励大企业、高校和科研院所等开放创新资源，发展平台经济、共享经济，形成线上线下结合、产学研用协同、大中小企业融合的创新创业格局。"创新创业已日益成为社会发展的新动力，新形势下如何进一步加强高校创新创业教育，着力提升大学生创新创业能力，不仅是经济社会发展的必然要求，也是高等教育人才培养的必然需求。

一 高校创新创业工作管理体制分析

2016 年，首批获评"北京地区示范性创业中心"的高校囊括了清华大学、北京大学、中国人民大学、中国传媒大学、北京航空航天大学、北京外国语大学、中国社会科学院大学（中国青年政治学院）等 28 所知名院校。本研究采取实证研究的方式，通过选取首批获评"北京地区示范性创业中心"的 28 所高校作为分析对象，以各高校就业创业工作网站、公开新闻报道和相关研究文献作为资料来源，结合对相关高校就业创业部门工作人员的访谈，对相关高校的创新创业管理体制、工作机制和工作特色开展调查研究，希望通过对比各高校的不同做法、总结经验并分析不足，进而提出促进高校创新创业教育工作的相关建议。

从这28所高校的创新创业管理体制上来看，各高校均设立了专门的工作机构、配置了工作人员，并且提供了必要的活动场地支持，为学校创新创业活动的开展提供了保障。

（一）健全创新创业工作机构，统筹发挥教育指导功能

调研发现：为开展创新创业工作，各高校都成立了专门负责创新创业工作的指导部门。从机构设置来看，主要分为独立设置和非独立设置两种，其中独立设置的高校有15所，非独立设置的高校有13所。独立设置创新创业指导部门的高校多采用成立创新创业学院或创新创业指导中心的方式，也有个别高校是通过成立创新创业教育协调委员会或创新创业教育中心（均为独立部门）的方式来开展学校的创新创业指导工作。非独立设置创新创业指导部门的高校则多采取由学生处或者招生就业处牵头协调负责的方式开展创新创业教育工作。

（二）配置工作专职人员，打造双创导师团队

调研发现：为了更好地开展创新创业教育工作，各高校基本上都为创新创业工作配置了专职工作人员，人数根据学校情况不等。例如，北京邮电大学专门在就业与创业指导中心增加了1个编制，专职负责创业工作；中国传媒大学专门成立了创业指导科，安排4名校级创业工作专职人员负责双创工作；而清华大学创新创业教育的专职人员为34人，高居所有高校榜首。

同时，考虑到创新创业导师对于大学生创业活动的开展具有重要的指导作用，可以帮助大学生在创新创业过程中少走弯路，提升质量。大部分高校均积极重视打造一支优秀的校内外创新创业导师队伍为学生提供指导，其中，中国传媒大学以177名校内导师、清华大学以600名校外导师分别位列校内、校外创业导师人数最多的学校之首。而与之相比，

个别学校则存在导师资源不足的现象。

(三) 投入双创经费支持，匹配双创活动场地

经费是创新创业活动的重要资源，各高校在年度预算中，投入经费支持双创工作。调研发现：每年创业经费投入在300万元以上的高校有10所，合计9015万元；每年创业经费投入在300万元以下的高校有18所，合计1799万；普遍看来，理工类高校创业经费普遍高于文科类高校。调研发现：大部分高校能整合资源为创新创业工作匹配合适的活动场地，满足师生创新创业活动需要。例如，北京大学配置了约7430平方米，人均面积181平方米的场地服务双创活动；而北京科技大学活动场地则约1630平方米，人均面积2.84平方米。部分高校配置有科技创新创业园，为学生创新创业提供实践和孵化场所，但部分高校暂时未能配置校外创业场地，存在较大差异。

总体而言，各高校在创新创业工作中总体发展情况良好，但各校之间存在资源投入不均衡、经费投入差别较大、校内外创业导师人数配比失衡、创业场地面积差别大、创新创业机构设置不统一、创新创业工作推动进程不一致等问题需要进一步关注和改善。

二 高校创新创业工作机制情况分析

工作机制是各高校在进行创新创业工作的具体实践过程中，根据实际情况为更好地提高工作绩效而设立的工作模式。通过对28所高校的调查分析，笔者将这些高校的创新创业教育工作机制归纳为课堂教学和课外实训相结合、模拟活动和实战竞赛相结合、校内与校外相结合三种工作模式。

(一) 课上与课下结合，教育与实训相辅相成

调研发现：大部分高校在课堂上对学生开展创新创业教育，培养学生的创新创业意识和思维，使其能够了解和认识到创新创业各个关键点，在课余时间组织学生开展各种创新创业项目，实际应用课上所学知识。

例如，首都师范大学创业实验室下设创业教育与研究中心与学生创业实训孵化基地，前者主要负责创业课程教学与创业研究工作，后者负责各级各类项目实训。中国社会科学院大学由专业教师团队负责开设"创业基础"和"创新创业导学"等课程，同时由创业实训基地负责开展大学生各类创业实训工作，将课程教育和课外实践有机衔接。

（二）社团活动和双创竞赛相结合，以竞赛推动学生实践

调研发现：大多数高校将创新创业工作融入学生社团活动，通过挖掘具有创业意向或对创业活动感兴趣的同学，帮助其发展创新创业类型的社团组织，指导他们举办各类创新创业活动，营造良好的创新创业校园氛围。同时，积极组织学生参与"互联网＋""挑战杯"等创新创业大赛，以赛带训，不仅可以巩固和检验创业教育知识的学习效果，而且可以进一步提升大学生的创新意识，点燃学生的创新创业热情。例如，北京城市学院设立专项经费支持学生创立就业创业协会、北城德鲁克管理学会、KAB创业俱乐部、企业竞争模拟协会等10余个职业创业类社团，将全校学生力量整合参与到大型创新创业类学生活动当中。北京联合大学以"启明星""创青春"等全国创新创业大赛为依托，常态化地组织举办各类创新创业实践活动。

（三）校内与校外相结合，搭建创新创业多平台

调研发现：部分高校采用校内外相结合方式尽可能满足学生创新创业的需要，对内全面利用创新创业资源，对外积极开发链接各项资源，搭建创新创业多平台。例如，中国传媒大学在校内举办科技创新、创意设计、创业计划等专题竞赛；组织开展咨询会、路演活动，帮助创业师生对接社会资源；对外依托创业孵化基地和大学生创业科技园，组织校友创业公司双选会，为有创业意向的学生提供全程指导和一站式服务，工作效果良好。

三　高校创新创业工作特色分析

通过对 28 所示范性创业中心高校在创新创业工作中所形成的工作亮点进行分析，笔者归纳出相关高校创新创业工作特色如下：

（一）因地制宜建立多元化的创新创业教育工作模式

调研发现：不同高校在进行创新创业工作中采用不同方法链接创新创业工作相关部门进行资源的调配和使用，笔者将之归纳为委员会工作制、学院工作制、部门工作制三种模式：一是委员会工作制模式。该模式特征是成立专门协调创新创业工作的委员会，统领和协调各个与创新创业工作相关的部门。创新创业工作委员会多由校领导担任组长，教务处、团委、学生工作部、就业指导中心、各院系学生工作办公室等相关部门参与，特点是能够方便快捷地得到相关部门的支持和协调。例如，清华大学设立了清华大学创新创业教育协调委员会作为学校的创新创业工作统筹协调和决策机构，该协调委员会包括管理层、平台层、院系层 3 个层级 15 个校内单位，教务处作为创新创业工作的牵头单位。二是学院工作模式。该模式特征是成立专门负责创新创业工作的学院，全面负责与创新创业相关的活动，并且带动和影响到其他部门，由各个院系和教务处进行创新创业教育、就业指导中心进行创业实践指导和支持、团委组织参与创新创业竞赛等。例如，北京建筑大学成立了创新创业教育学院，学院下设就业指导服务中心、创业创新指导中心、工程实践创新中心、创新创业教学研究中心和创新创业孵化中心五个职能部门，带动创新创业发展。三是传统部门工作模式。该模式特征是不严格区分创业和就业工作，对创业工作和就业工作进行一体化指导，将创业和创新有机结合。传统型模式通常由各高校就业创业中心负责双创工作，进而链接各院系、教务处、团委等部门。

（二）结合专业特色构建各具特色的创新创业教育课程体系

课程是教学活动的基本载体，建立和推行系统化的创新创业教育课程是开展创新创业教育的基础。调研发现：大多数高校结合学校专业课程体系，开设了多种创新创业类教育课程，这些课程大概可以分为三种：一是以创新教育为主的课程。创新类课程作为启发学生思维增强学生创造力的有效途径，受到了各高校的高度重视。2015年，中国人民大学特别组织开设了16门示范性创新课程、10门创业类课程；清华大学建设了"跨学科系统集成设计挑战"等15门挑战性学习课程，围绕全球性挑战问题对学生进行创新意识和能力的培养。二是以创业教育为主的课程。例如：北京财贸职业学院开设"创业计划训练"选修课，各专业也围绕"专业群"开设市场营销管理、项目管理等创业技能、企业经营类课程；中央美术学院面向全体本科生开设"大学生就业创业指导课"必修课，并且开发了"'央美创客'案例集""央美创客微电影"等创业教材，结合创业课程进行系统讲授。三是将创新创业结合开设的课程。例如，中国地质大学（北京）为研究生开设核心课程"创新与创业管理"，为学生创业打下坚实的理论基础；中国农业大学开设"创新创业执行能力""新生研讨课"等课程，培养了学生的创新创业意识。

（三）挖掘校内外各类人才，打造创新创业教育高水平导师队伍

为了建立内容丰富、形式活跃的创新创业教育师资队伍，大部分高校采取了邀请校内专业教师指导、聘请专家学者和校外企业家指导相结合的方式，整合校内外师资资源，挖掘创新创业方面的专门人才，打造创新创业工作高水平的导师队伍。中国人民大学、中国传媒大学和中国社会科学院大学等绝大部分高校均通过积极聘请企业家、创业成功人士、专家学者等作为学校创业指导高级教师、兼职教师，建立了一支专兼结合的高素质创新创业教育师资队伍。

（四）以服务学生成长成才为目的，打造创新创业育人体系

创新创业教育的本质应该是激发全体学生的创新精神和创业意识，其功能应该是分层分类地培养不同类型学生的创业知识与创业能力。调研发现：大部分高校从本校实际情况出发，将专业教育和创新创业教育融合，打造双创育人体系，服务学生成长成才。例如，清华大学建立价

值塑造、能力培养、知识传授"三位一体"的教育模式，推进创意、创新、创业"三创融合"的高层次创新创业教育，激发和培养学生的首创精神、企业家精神和创新创业能力。中国林业大学整合各方资源，为创新创业教育工作提供基础保障，全面落实创业指导服务"机构、场地、人员、经费"四到位，全方面服务学生成长成才。

总结与建议

通过对北京地区 28 所示范性创业中心高校的创新创业工作进行调研，可以发现，作为示范性创业中心，这些高校在创新创业工作方面基本形成了有效投入、体系健全、运转良好、特色鲜明的工作体制机制，但通过对比也发现不同高校之间在资源投入、校内统筹、校际合作、创业实训等方面还存在发展不充分、不平衡等问题。针对调研中发现的问题，提出高校创新创业教育工作优化建议如下：

（一）进一步加大资源投入，把双创教育融入人才培养体系

一所大学部门的设置、条件的保障、政策的支持和支撑条件的建设，都要围绕人才培养，都要为师生服务，都要为教育教学工作起支撑保障作用。针对各高校在创新创业教育资源投入方面的不同情况，在今后工作中，高校要高度重视创新创业工作，进一步加大资源投入，科学合理地匹配各项资源，尤其要将双创教育融入人才培养体系当中，加强大学生综合素质教育，给予学生更好的资源扶持和教育指导，促进学生成长成才。

（二）围绕学生素质提升为核心，推进专业教育与创新创业教育深度融合

创新型人才需要具备扎实的专业性知识和必备的创新创业知识，这就需要高校必须以学生创新创业综合素质提升为核心，构建广谱式、专业式、融入式"三位一体"的课程体系。在今后的工作中，各高校应该将专业教育和创新创业教育深度融合，开设专业教育和双创教育协同课

程，加强对学生的引导，以所学专业知识为起点，进行创新创业实践，鼓励学生将创业工作和本专业本校特色结合起来。推动学校创新创业部门开展特色教育，和学生一起结合本校本专业的特点进行创新创业实践的发展。

（三）充分挖掘资源，推进校内统筹与校外资源深度融合

针对部分高校统筹校内资源不充足、利用校外创新创业资源不充分的情况，各高校应该在今后工作中加强各高校、各地区之间的交流与合作，充分发挥校内资源优势特色，充分发掘校际资源和校外资源，在跨领域合作中取长补短，实现共赢，通过交流学习其他高校的先进工作经验、积极开展创意交流会等方式深化合作，推进校内资源与校外资源深度融合。

（四）推进理论教学与实践训练深度融合

针对部分高校创新创业教育和实践联系不紧密甚至存在脱节的现象，在新形势下要实现创新创业工作双轮驱动，各高校要推进理论教学与实践训练深度融合。通过教学开设相关课程，普及创业知识和大学生创业政策，尽可能调动学生的创业积极性；通过扶持相关协会和社团，营造学习实践氛围；通过举办创新创业竞赛，邀请导师指导学生制定创新创业计划和职业规划；通过建立创新创业基地，让学生把创新创业知识转化为实际成果，将教学和实践结合起来；通过理论教学与实践训练深度融合促使创新创业工作发展。

参考文献

［1］黄兆信：《推动我国高校创新创业教育转型发展》，《中国高等教育》2017年第7期。

［2］王洪才、刘隽颖：《大学创新创业教育核心·难点·突破点》，《中国高等教育》2017年第13期。

［3］谢和平：《以创新创业教育为引导　全面深化教育教学改革》，《中国高教研究》2017年第3期。

[4] 杨晓慧：《我国高校创业教育与创新型人才培养研究》，《中国高教研究》2015 年第 1 期。

[祝军，中国社会科学院大学本科生工作处原副处长，北京外国语大学教育学院教师，社科大思想政治工作高等研究院研究员；曾庆松，中国青年政治学院社会工作系学生。源自：《北京教育》（高教版）2018 年第 5 期]

新时代下大学生"慢就业"的辩证分析

杨书超

新时代下,我国的经济社会发展出现了新的阶段性特征,进入了强调提质增效、优化升级的新常态,就业作为国家全面发展格局中的重要组成部分,也出现了一定的新特征、新现象,越来越多的大学生"慢就业"就是对当前就业新形势的一种反映。就业事关经济发展和民生改善大局,国家"把高校毕业生就业摆在就业工作首要位置"[①],客观分析大学生的"慢就业"现象,合理对待大学生"慢就业",对大学生的就业及就业指导工作有一定的现实意义。

一 何为大学生"慢就业"?

代际更迭中的"90 后"甚至"95 后"大学生从象牙塔步入社会,成为求职市场主力军,但与以往不同的是,他们中越来越多的人不再毕业即就业,而是选择"慢就业"。所谓"慢就业"是指,一些大学生毕业后既不打算马上就业也不打算继续深造,而是暂时选择游学、支教、在家陪父母或者创业考察等,过一段时间再就业的现象。麦克思研究院调查显示,2016 届未就业本科毕业生(6.9%)中,有 23% 不求职不求学;

---

① 国务院:《国务院关于做好当前和今后一段时期就业创业工作的意见》,2017 年 4 月 19 日,http://www.gov.cn/zhengce/content/2017-04/19/content_5187179.htm。

高职高专院校未就业毕业生（8.1%）中，有38%不求职不求学。① 国外和"慢就业"相像的有间隔年"gap year"②，指高中生毕业之后，脱离一般的学业或就业轨道，利用一年左右的时间参加旅游、志愿服务或者留学等活动的现象。我国的"慢就业"指涉的对象是大学生以及大学生就业，作为伴随社会发展而出现的一种新的就业观念，"慢就业"并不为社会上大多数人知晓，对大学生"慢就业"的探讨有着不同的声音。有的认为"慢就业"是遮蔽问题麻痹大众的浪漫造词③，不宜盲目效仿④；有的认为大学生"慢就业"没什么不好⑤，应为大学生就业观念松绑，温和看待"慢就业"⑥。

"慢就业"是对大学生毕业后暂缓就业的一种反映，是客观的状态，需要理性辩证看待。"慢就业"既然是对大学生毕业后职业决策的一种客观描述，就可以分为积极"慢就业"和消极"慢就业"。如果大学生在毕业后不立即选择就业，而是在为时不长的时间里选择游学、支教或者创业考察等方式体验生活，思考职业道路，结合自己的兴趣、特长和价值观规划人生方向，这种主动的"慢就业"就可以称为积极"慢就业"。"磨刀不误砍柴工"，积极"慢就业"立足当前，着眼长远。如果大学生毕业后借着游学、陪伴父母、思考人生等幌子逃避竞争、贪图安逸，并且迟迟不肯进入职业市场，可以称为消极"慢就业"。还有一部分学生是面对严峻的就业压力，暂时没有找到合适的工作，不能立即就业，也可以称为消极"慢就业"，这是一种被动的延缓就业状态。

---

① 麦可思研究院：《2017年中国本科生就业报告》，社会科学文献出版社2017年版，第29页。

② Martin A. J., "Should Students Have a Gap Year? Motivation and Performance Factors Relevant to Time Out after Completing School", *Journal of Educational Psychology*, 2010, (102): pp. 561–576.

③ 白靖利：《别用"浪漫造词"遮蔽真问题》，2016年10月14日，http://news.xinhuanet.com/comments/2016-10/14/c_1119714678.htm。

④ 刘鹏：《"慢就业"不宜盲目效仿》，《中国就业》2016年第4期。

⑤ 熊丙奇：《大学毕业生"慢就业"没什么不好》，《第一财经日报》2016年10月21日第11版。

⑥ 白龙：《大学生就业，观念须"松绑"》，《人民日报》2016年10月13日第5版。

二 大学生"慢就业"的原因分析

当前关于大学生"慢就业"原因的研究主要是分析消极"慢就业"的原因,[1][2]而不同类型的"慢就业"有着不同的原因,应具体对待,区别分析。"慢就业"的出现,有其客观方面的原因,也受大学生及其家长主观因素的影响。

(一) 积极"慢就业"的原因分析

积极"慢就业"更像间隔年,这种最初发源于英美等发达国家的现象,一般在经济高速增长、社会步入现代化进程以后出现,有研究指出间隔年能提高学生的学习动机、独立性,培养学生的理性思考和社会参与能力,增加学生的未来就业能力。[3] 随着城乡居民收入水平的不断提高,部分家庭可以为大学生在校以及离校后生活提供一定的经济支持,保证孩子毕业离校后有基本或者丰裕的物质基础,为孩子选择"慢就业"提供经济保障。经济发展不仅体现在家庭收入的增长上,也体现在产业结构和就业形势的变迁上,我国的产业布局日渐完善,除了传统的产业之外,信息、生物、互联网等新业态发展迅速,新型职业不断涌现,这为大学生提供了丰富的职业选择,面对多样化的职业,应届毕业大学生有了更多的选择,也需要一定的选择时间。根据职业搜索理论,劳动者进入劳动力市场时掌握的劳动力市场信息是不完全的,劳动者为了找到满意的工作需要花费时间搜集有关报酬和工作岗位的信息,需要一定的职业搜索时间,当职业搜索时间的边际收益大于边际成本

---

[1] 武蕾:《"慢就业"现状分析及解决措施》,《企业技术开发》2016 年第 12 期。
[2] 陈树根:《高校毕业生"慢就业"现象成因探析与对策》,《高校辅导员学刊》2017 年第 1 期。
[3] Lumsden, Marilyn Stanwick, John, "Who Takes a Gap Year and Why? Longitudinal Surveys of Australian Youth", *Briefing Paper*, Vol. 28, National Centre for Vocational Education Research, 2012, pp. 7 – 10.

时,劳动者应继续搜罗,直至收益和成本相等时停止。[①] 经济条件较好的大学生毕业后面对众多的职业选项,不立即就业,在合适的时间进行职业搜索也是一种理性。与经济社会发展相伴随的是人们观念的变化,大学生在就业时更加个性化,更加注重个人兴趣和价值,在毕业之后不是立即就业,而是希望在一段时间的社会体验过程中提高领悟社会的能力,寻找自我价值与社会需求的结合点,支教、创业考察或者游学的过程本身也是一种实践和发掘自我的过程。在大众创业、万众创新的背景下,有余力的家长尊重孩子的选择,为孩子提供择业或者创业考察的便利,而不是敦促孩子毕业后立即就业,这本身也是一种观念的嬗变。

(二) 消极"慢就业"的原因分析

人们观念的变迁往往与经济发展和社会转型的节奏并不同步,家庭经济收入水平的提高也可以是一把双刃剑。对于部分学生来说,毕业后可能倚仗家庭衣食无忧而不思就业,以游学的名义贪玩,以陪伴父母的幌子啃老,逃避就业,逃避竞争,"躲进小楼成一统"。如有学生所说,"3000多元工资,每天朝九晚五,太累,不如回家做房东"。经济新常态下,经济结构面临着转型升级的压力,部分落后的产业和产能需要淘汰,产业升级对人才的需求提出了新的要求,对大学的教育带来了挑战,部分大学的专业设置不能根据时代的要求进行及时调整,这会影响大学生就业,导致一些大学生不得不被动"慢就业"。传统的教学方法不能适应新业态对大学生素质技能的新要求,外加部分大学的就业指导教育脱离实际,引导不足,这都会造成大学生毕业后面对严峻的就业市场无所适从。据有关调查,本科毕业生认为母校的教学最需要改进的地方为"实习和实践环节不够"(68%)、"无法调动学生学习兴趣"(46%)、"课程内容不实用或陈旧"(41%)。[②]

20世纪90年代开始高等教育改革之后,许多大学开始扩招,高校每

[①] 吴克明、赖德胜:《大学生自愿性失业的经济学分析》,《高等教育研究》2004年第2期。

[②] 麦可思研究院:《2016年中国本科生就业报告》,社会科学文献出版社2016年版,第175—175页。

年毕业的人数逐年增加,"最难就业季"一词从 2013 年提出以来,年年再提,2017 年高校毕业生人数高达 795 万[①],为数众多的大学生本身对我国的劳动力就业市场就是一种挑战,而部分大学生毕业之后目光锁定公务员、国企、银行、外企等稳定、声望高的职业,"钱多事少离家近,位高权重责任轻"的单位门庭若市。与此同时,部分中小企业、新兴产业和创业公司却门可罗雀,招聘不到人,这种结构性问题造成的大学生消极"慢就业"说明了当前部分大学生就业观念和职业认知存在一定的问题,对自我和就业市场认知有所偏差。而职业认知能力越差,就越不能客观地评价自己,以至于要么自卑、沮丧,对找到满意工作失去信心,要么自高自大,确定过高的就业期望,这些都不利于实现就业。另外,当前选择"慢就业"的大学生多是"90 后"乃至"95 后",这些人中许多是独生子女,在家父母关怀备至,进入大学之后独立性比较差,外加个性突出、生活随性,对大学生活缺乏明确的规划,大学毕业之后盲目被动,走上消极"慢就业"之路。

三 辩证对待大学生"慢就业"

(一)鼓励大学生积极"慢就业"

"慢就业"不是长期不就业,有条件、有思想、有勇气的大学生选择参加支教、游学、旅行、调研等"慢就业"形式,可以积累生活阅历,磨炼意志,提高能力,最终通过探索世界,认识自己,并更好地履行自己对社会的责任。毕业后参与中国间隔年计划,只身骑行北美的李同学说:"在下加利福尼亚的沙漠里渴得产生幻觉的时候,多么深刻地体会到阳光雨露、柴米油盐以及自己所拥有的一切都不是理所当然,要感激,发自内心地去感激。"在"慢就业"阶段,大学生可能会去尝试"自媒体""主播""网红"、网店等新鲜时尚的职业,也可能会准备考证或创业等。毕业于知名大学广告学专业的莫同学,没有选择像其他的同学一

---

① 李克强:《2017 年中央政府工作报告》,2017 年 3 月 16 日,http://news.xinhuanet.com/politics/2017lh/2017-03/16/c_1120638890_2.htm。

样参加校招拿offer，而是参加了妆容造型技术的学习，他说："现阶段想先学习一段时间，等学习结束后找一份相关的工作积攒一些工作经验，等未来有能力后，会选择出国深造，也有开工作室的打算，或者希望能参加国际团队到国外的时装周后台做秀场造型。"这些体验与审视，有益于大学生积极思考人生发展的无限可能，从而谋求自身与社会的最佳契合点，更加理性地求得最符合自身特点的长远发展之路，改善自身及社会的整体就业质量。

对这些积极"慢就业"的同学，应该进行鼓励，给他们更加宽容的环境，不能以毕业即就业、先就业后择业要求他们。相关行政部门应抛弃就业GDP思维，改变以初次就业率衡量就业的方式，给高校和高校大学生更多空间。对于选择创业的同学，应该积极响应国家的号召，给予休学或者创业补贴等支持。媒体也应当客观地报道"慢就业"，尊重大学生的选择。

（二）帮助大学生脱离消极"慢就业"

面对严峻的就业形势，大学生选择消极"慢就业"，会致使国家和家庭花费大量投入的人力资源不能转化为产出优势，这无疑会对经济发展及社会稳定和谐产生消极影响。解决大学生消极"慢就业"是一项系统工程，需要国家、社会、高校、家庭和大学生自身的共同努力。

就业是最大的民生，面对庞大的大学生就业群体，国家花了大力气，但仍有需要完善之处。腾讯QQ浏览器最新发布的一份毕业季大数据报告显示，选择"不就业"的"95后"大多集中在一线城市，其中北京比例最高，上海其次，随后是杭州、广州和重庆等。大学生的就业区域差异大，推进城乡、区域协调发展，在城乡基本公共服务均等化等方面继续发力，给大学生提供自愿自由流动的政策和激励，可以有效地解决人才扎堆、地区配置不合理的问题，促进大学生做更多的选择。同时，人社以及教育等管理部门也可借助互联网发展的大势，通过线上线下的形式宣传就业政策，提供就业市场讯息，减少应届毕业大学生的择业搜索时间成本。

信息化时代，传统媒体和新兴媒体给广大受众提供了铺天盖地的信息，同时也通过大数据等数据筛选给人们的信息选择造成了局限，客观地反映大学生的就业形势，不单单爆料"富二代""官二代"，聚焦造富神话，而是将镜头和话题面向各行各业的人才和故事，这无疑有助于营造良心舆论氛围，促进大学生理性择业就业。观念当因势而变，在鼓励自由自主市场经济的今天，"金饭碗""铁饭碗""没有编制你啥也不是"不应该成为大学生观念环境的常态，社会应该鼓励多元发展，家长理应尊重孩子的自由选择。

高校作为立德树人的场所，培养的应该是立体化有独立人格的人才，而不是流水线上千篇一律的产品。面对经济社会发展新常态，高校理应推进教育供给侧改革，着力内涵式发展，及时更新教育教学方法，因时施教、因材施教，培养各类有特点的人才。高校的职业规划和就业指导教育不能只做书面文章，可吸收校内外的优秀就业典型参与课堂，现身说法，实例教学。要善于从精神上启发学生，引导学生树立积极的心态和理性的就业观念，"钱多事少离家近，位高权重责任轻"不应成为学生择业的圭臬。

作为就业的主体，大学生面临的就业形势不同往日，2016 年我国的高等教育毛入学率已达 42.7%，[①] 临近高等教育普及化阶段，要想顺利择业，大学生在校要苦练内功，内外兼修，在大学除了学习专业课知识外，还要结合兴趣特长多参加社会实践，提高个人的综合能力，以便在未来的就业市场中立于不败之地。择业时要衡量个人的实力，保持合理的待遇预期，不好高骛远、不妄自菲薄，积极地参与就业市场，寻找合适的工作，避免成为消极"慢就业"一族。大学生就职于中小用人单位的比例从 2012 届的 48% 到 2016 届的 55%，就职于民营企业的比例从 2012 届的 53% 到 2016 届的 60%，民企、中小微企业、地级市及以下地区等成为大学毕业生主要就业去向，2017 届大学生需要不断调整就业心态，不能一味追求大城市、大企业、高工资等所谓的好职业选择，而应当自我合理定位、全面了解市场，及时就业，减轻家庭负担，早日为社会做贡献。

[①] 教育部：《2016 年全国教育事业发展统计公报》，2017 年 7 月 10 日，http://www.moe.edu.cn/jyb_sjzl/sjzl_fztjgb/201707/t20170710_309042.html。

结 论

  作为对应届大学生毕业后一段时间内暂时延缓就业状态的客观描述，"慢就业"可以分为积极"慢就业"和消极"慢就业"，"慢就业"的出现是主客观因素综合影响的结果。随着经济发展水平的提高，居民家庭经济收入不断增长，一方面为积极"慢就业"的大学生提供了经济支撑，也为消极"慢就业"的大学生提供了逃避就业的温床。新常态下，经济发展速度和动力变化，产业结构调整，这为应届毕业大学生就业提供了机遇，也提出了挑战，直接或间接地影响了大学生"慢就业"。高等教育大众化趋势下，高校专业设置和教育教学方法若不能因时因势而调整，也会影响大学生的就业能力，进而导致部分学生消极"慢就业"。结构性问题导致的"慢就业"反映了部分大学生以及家长的择业观念和职业预期需要理性。部分大学生关注个人兴趣和自身价值，选择游学、志愿服务等积极"慢就业"，在实践中思考人生，放眼长远，这是另一种择业理性，反映了就业观念的积极嬗变，是我国就业市场的一股新风。对待积极"慢就业"应当给予观念和政策支持，鼓励这种新型的就业形式发展。同时，政府、高校、新闻媒体和家庭等各类主体也要协力营造良好的就业氛围，提供有利的条件，帮助大学生脱离消极"慢就业"。大学生要树立理性的择业就业观，理性衡量自我能力与社会需求，积极面对就业市场，在脚踏实地的奋斗中成为新时代的新青年。

  （杨书超，中国社会科学院大学社会学专业博士，广东财经大学公共管理学院教师。源自：《中国大学生就业》2017 年第 12 期）

网络思政与文化育人

大学生志愿文化对大学文化建设的作用探析

张树辉

随着1993年共青团中央正式启动中国青年志愿者行动，高校逐渐成为开展志愿服务的重要阵地，大学生日益成为青年志愿者的主力军。大学生志愿者队伍不断壮大、志愿服务活动全面开展、志愿服务意识深入人心，孕育产生出当代中国大学生志愿文化。大学生志愿文化与大学文化同为社会主义先进文化的组成部分，在起源上具有共生性，在特征上具有相通性，在功能上具有一致性，二者相融共生、相互促进，发挥出价值导向、精神凝聚、以文化人、文化传承的积极作用。

一 当代中国大学生志愿文化发源与内涵探究

志愿服务事业于20世纪80年代中期进入中国，与学雷锋活动有机融合，在民政、共青团系统的大力推动下，经由基层群众，特别是青年学生的实践创造，在全国范围广泛开展起来。从2001年开始，党和国家逐渐把志愿服务事业确定为社会主义精神文明建设的重要抓手、提升公民思想道德素质的有效载体、促进社会和谐的积极力量、推动社会治理的重要手段，并做出总体部署，加强组织推动，志愿服务事业实现长足发展，融入经济社会成员共同参与转变，志愿服务活动由以阶段性为主向常态化、多元化、品牌化转变，志愿服务管理由松散型向规范化、制度化、法制化转变，志愿文化也初步孕育生成。

志愿服务事业在中国的蓬勃发展，离不开高校党团组织的强力推动，也离不开大学生志愿者的积极参与。社会发展的广泛需求，高校党团组织的强大动员能力和健全的组织体系，校园人文环境的开放、自由，大学生实现自我价值的主体倾向、社会参与的主动意识、对道德意识和公民精神的自觉反思，都推动了青年志愿者工作成为新时期共青团的重要品牌，使得参与志愿服务成为当代大学生喜爱和接受的精神时尚。团组织主导建立的青年志愿者协会，以及各类学生自发成立的大学生志愿者组织在高校蓬勃发展，一大批高素质、专业化的志愿者人才资源在高校培育成长，一系列丰富多彩的志愿服务活动有序开展，从学校向社会延伸，从关注弱势人群向关注社会、关注自然拓展，覆盖社区服务、扶贫济困、助老助残、西部开发、大型活动、环境保护、抢险救灾、社会管理、文化建设、海外服务等诸多领域。

在大学生志愿服务深入发展的进程中，经过对中国传统文化的吸收，对雷锋精神的传承，对西方志愿文化的解构与扬弃，对大学精神的融通与互动，逐渐形成了当代中国大学生志愿文化。大学生志愿文化以大学生志愿者为主体，以志愿服务活动为载体，以"奉献、友爱、互助、进步"的志愿精神为内核，以利他、自愿、无偿为基本特征，是具有高校和青年学生显著特征的志愿服务文化。

大学生志愿服务的历史发展轨迹表明，当代中国大学生志愿文化具有其鲜明特征：一是建立在深入开展学雷锋活动的基础上。雷锋精神的核心是全心全意为人民服务，与志愿服务具有"利他"的共同特征。学雷锋活动是我国最具有志愿服务特征的行动，为以后志愿服务事业在中国的发展打下了良好基础。二是对西方志愿文化的整合扬弃。一方面吸收西方志愿文化中的先进因素，如重视志愿者与被服务群体双方需求的满足，将志愿服务视为公民意识的具体体现，将"责任"作为坚持参与志愿服务的主要动力；另一方面改变西方以宗教作为志愿服务精神支撑的做法，把社会主义核心价值观所倡导的精神价值作为充分发挥学生党团组织在志愿服务中的带头作用。三是把思想引领、实践育人作为大学生志愿服务的重要导向。把大学生志愿服务与大学生思想政治教育、学生专业能力培养、实现自我发展有机结合，与大学精神中共有和凸显的人文情怀以及社会责任有机融通，使大学生志愿服务从个体的自发走向群体的自觉。四是与大学生群体在思想观念、思维方式、精神需求、兴趣爱好、行为选择上呈现出的许多新特点、新变化有机互动，使大学生志愿文化成为青年文化的一部分。

二 大学生志愿文化与大学文化的互动关系分析

文化是大学之魂。同为社会文化形态，大学生志愿文化与大学文化具有文化属性上的一些共同点，都是文化主体与客体在人类已有的文化基础上长期作用的过程和结果，是环境文化、行为文化、制度文化和精神文化的有机统一。同时，二者又共同存在于大学这片土壤之上，且存在着密切的互动关系。

从起源上看，大学生志愿文化与大学文化具有共生性。大学是人类文化发展到一定阶段的产物，从本质意义上讲是一种文化的存在。现代大学起源于欧洲，最初发轫于教会附设的各种文法学校。后来由文法学校的教师组成行会，逐步从教会中独立出来，自主办学，就形成了现代大学的雏形。而现代志愿服务是现代社会文明进步的重要标志，是经济社会文化发展到一定阶段的产物。现代志愿服务发端于西方，起源于18世纪初"工业革命"时期宗教性的慈善服务。此后，志愿服务逐渐得到欧美国家政府的重视和鼓励，并于第二次世界大战后扩大成为由政府和志愿服务社团所举办的广泛性的社会服务工作。在志愿服务发展过程中，大学为其提供了有力的专业指导和人力资源，而志愿服务的专业化发展又带动了大学社会工作等学科专业的发展。由此可见，大学和志愿服务之间有深厚的历史渊源。

大学在长期办学实践的基础上，经过历史的积淀、自身的努力和外部环境的影响，逐步形成大学文化。大学文化以学校领导、教师、学生和管理人员为主体，以知识和学科专业为基础是大学环境文化、行为文化、制度文化和精神文化的总和。大学生志愿文化与大学文化在主体上有一定的交叉性，直接带来二者的共育共生。

从特征上看，大学生志愿文化与大学文化具有相通性。大学文化具有综合性、多元性、批判性和前沿性的基本特征，"是追求真理的文化，是严谨求实的文化，是追求理想和人生抱负的文化，是崇尚学术自由的文化，是提倡理论联系实际的文化，是崇尚道德的文化，是大度包容的文化，是具有强烈批判精神的文化"。大学生志愿文化以"奉献、友爱、互助、进步"的志愿精神为价值取向，倡导"我为人人，人人为我"，强调对社会、对国家的个体责任感，注重在志愿服务中实现自我价值和社会价值，重视用专业知识和技能服务有需要的群体。从一定意义上讲，大学生志愿文化的培育和发展，丰富了大学文化的内容；而大学文化所具有的丰富内涵、深厚底蕴和系统体系，又为大学生志愿文化的发展提供了营养。

从功能上看，大学生志愿文化与大学文化具有一致性。文化功能论认为，每一种文化都有其特定的功能，文化是为了满足人类社会的需求而产生的。大学文化和大学生志愿文化在功能上具有一致性，以大学为依托，共同作用于文化主体，进而影响社会存在。第一，大学生志愿文化与大学文化都具有价值导向功能。二者所建立起的自身价值观念系统、行为标准规范、运行体制机制等，对整个社会都具有价值引领作用，能带动整个社会和公众的价值取向和行为选择。可以看到，大学对一个地区、一座城市的文化养育与市民修养有着越来越重要的作用，成为城市发展的重要支撑。大学生志愿服务也从单纯的公益事业逐渐成为服务社会治理、融洽人际关系、培育公民精神、促进社会和谐的重要手段。第二，大学生志愿文化与大学文化都具有精神凝聚功能。大学生志愿文化与大学文化都具有精神凝聚功能。大学文化承载着学校的办学历史和学术传统，凝聚着大学师生的思想观念和价值追求，映射着大学的精神气质和文化风格，具有强大的精神凝聚作用。大学生志愿文化包含的价值观念、志愿者精神、行为方式等能够激发大学生对志愿者身份、志愿服务活动的认同感和归属感，从而形成群体的向心力和内聚力，为大学生志愿者活动可持续发展提供精神支柱。第三，大学生志愿文化与大学文化都具有文化人的功能。大学文化的育人功能是全方位的、全过程的，而大学生志愿文化融理想信念教育、社会价值观教育、道德品质教育、心理健康教育、专业技能教育等于一体，全方位地渗透到大学生成长过程中，具有综合性的育人功能。第四，大学生志愿文化与大学文化都具有文化整合与传承功能。中国大学文化整合了古代高等教育文化传统和西方现代大学文化传统，推进民族文化与外来文化的交流、融合中塑造着现代中国文化的形态。而大学生志愿文化的发展过程伴随着对中国传统文化、雷锋精神、西方志愿文化、青年文化的传承、借鉴、吸收和整合。

虽然两者具有较为广泛的共生、相通和一致性，但从文化建构角度看，大学生志愿文化有其自身的发展逻辑，它不是大学文化的附庸，与大学文化建设之间存在相互促进的互动关系。一方面，大学生志愿文化的发展，有力推动了大学文化建设。大学生志愿者自愿贡献个人的时间、精力、热情和专长，在不为物质报酬的前提下，通过参与社会活动，服务社会、公众生产生活和促进社会发展进步的志愿服务行为，体现公民积极向上的精神追求，反映社会文明进步的良好形象，既是中华传统美德的时代发展，也是社会主义价值观的具体体现。在参与志愿服务的过程中，大学生的思想境界、实践能力得到全面提升，公民意识、公共精神也得到充分培养，这大大提升了师生文明素质、升华了校园文明形象，为推动大学行为文化、精神文化的建设起着重要作用。大学生志愿组织的成熟壮大、志愿服务活动的创新拓展，也带来志愿者招募选拔、培训管理体系、志愿服务活动激励机制、管理制度的不断健全完善，这既是大学制度文化建设的内在要求，也是大学制度文化的有机组成部分。品牌化、常态化的志愿服务活动，不仅成为大学与社会有机互动的重要渠道，而且也成为大学发挥文明高地的辐射带动作用、知识殿堂的文化引领作用的重要载体。志愿文化所倡导的"奉献、友爱、互助、进步"志愿精神，既与"仁者爱人""老吾老以及人之老，幼吾幼以及人之幼"等中华传统一脉相承，又与雷锋精神等时代精神相同步，这为大学精神文化的培育提供了丰富营养。另一方面，大学的物质文化、行为文化、制度文化和精神文化，为大学生志愿文化建设提供了重要支撑。大学文化是在多元文化的相互交融中不断向前发展旳，具有求同存异、兼容并包的特质，具有坚持科学精神与人文精神并举的传统。大学的教学科研资源、校园文化阵地是大学生志愿服务的重要物质依托。师生所具有的人文精神、责任意识、公民素养、专业技能，是志愿服务活动蓬勃发展的沃土。大学的制度文化和精神文化，也为大学生志愿服务提供了重要的激励机制，注入了精神动力。

三 以大学生志愿文化推动大学文化建设的实践探索

建校以来，中国青年政治学院按照党中央提出"培养年轻的马克思主义者和合格的青年思想政治工作干部"的要求确立了"育人为本，德育为先"的理念，提出了"政治素质高，理论基础扎实，实践能力强，富有社会责任感"的人才培养目标。随着志愿服务在中国的发展，学校深入挖掘志愿服务精神与人才培养目标的内在关系积极培育蕴含志愿服务精神和人文公益情怀的特色大学文化，大力开展大学生志愿服务活动，在实践中逐渐形成了大学生志愿服务工作的"345"模式：

"3"，即三个原动力。一是从大学立德树人的根本使命出发，把志愿服务活动作为大学生思想政治教育的重要内容，作为实践育人的重要载体。二是从培育和践行社会主义核心价值观的战略要求出发，把志愿服务活动作为培养大学生公民意识、价值准则和社会责任感的有效途径。三是从办好人民满意大学的宏大目标出发，把志愿服务活动作为学校教育与社会教育相结合、培养人才与服务社会相统一的重要抓手。

"4"，即四个支柱。一是以立德树人为价值导向。探索建立以学生思想政治教育为基础、以志愿服务活动为载体、以学生成长成才为目标的志愿工作机制。二是以"服务学习"为理论指导，吸收、引进"服务学习"教育思想，用"服务学习"的课程取向和理论体系指导志愿服务，推动志愿服务与专业学习的相融相通。"服务学习"是将服务与学习融合的体验式教学模式。它基于学生的知识和技能透过计划性服务与结构化反思过程，使服务者获得更好的学习效果，同时满足被服务者需求，达成互惠的结果。三是以社会工作专业为学科支撑，把"助人自助"的社工理念与志愿服务精神有机融合，发挥学校社会工作学院在师资、专业知识、实务经验、服务能力、合作渠道等方面的优势。四是以学术研究为发展驱动，深入开展志愿服务领域理论研究，成立中国志愿服务信息资料研究中心，推出了《北京志愿服务模式研究》《中国志愿服务辞典》《中国志愿服务研究》《与世界同行：全球化下的志愿服务》等研究成果，用研究成果提升志愿服务的专业化水平。

"5"，即五个方面的举措。一是课程化设计，纳入教育教学环节。在人才培养方案设计中，将志愿服务活动作为实践教学环节纳入本科教学计划。自2012年开始，面向全校开设"服务学习"通识类课程，通过服务体验、课堂授课、小组讨论等学习方式，让学生"在服务中学习，在学习中服务"，促进学生对社会问题的关心和对服务群体的关怀，全面提升学生参与志愿服务的意愿和能力。二是组织化管理，有效整合志愿服务力量。充分发挥团学组织优势，把志愿服务与党建团建相结合，先后在社会实践志愿服务类团队成立临时党支部和临时团支部，探索把参与志愿服务情况作为学生党员发展的考察指标之一。团委成立志愿者工作中心，规范志愿者管理体系，围绕"志愿者、项目、资源"等要素有机整合校内外公益组织资源和志愿服务力量。以北京市志愿者管理平台"志愿北京"为依托，建立《中国青年政治学院志愿者数据库》，加强志愿者动员方式、服务内容、服务网络和工作资源整合的社会化，形成强大合力，确保志愿服务深入、持久地开展。学校进一步加强志愿服务管理制度建设，出台《中国青年政治学院志愿者注册管理条例（试行）》《中国青年政治学院志愿者工作管理办法（试行）》等文件，分层分类做好志愿者的招募注册、教育培训、评价激励以及项目管理、活动策划等工作。三是社团化运行，发挥志愿服务类社团的骨干作用。以青年志愿者协会、西部之窗协会、绿色青春环保协会、红十字协会、雷锋协会等志愿服务学生社团为骨干，开展各类志愿服务活动。经过多年的发展与积淀，学校学生社团工作基本形成推动学术理论类社团实践化、兴趣类社团公益化、社团活动志愿化、志愿服务常态化的发展思路，带领并引导大学生在"公益成长"的道路上不断远行。四是项目化整合，加强志愿服务活动专业化、品牌化建设。目前，学校培育形成了一系列志愿服务品牌：培育大学生暑期社会实践品牌的"青年志愿者协会的临终关怀"项目、西部之窗协会的"大学生支教助学行动"项目、青少系的"中学讲团课"项目、团友会的"中小学挂职团委书记"项目等都成为其中的代表项目,学校连续多年荣获"首都高校社会实践工作先进单位"称号;培育"大学生志愿西部计划"志愿服务品牌,年不断线选拔输送优秀大学生志愿者,从中涌现出全国道德模范提名奖获得者陈允广;以组建北京首个关心校园安全的志愿服务队伍——平安校园志愿者总队为契机,打造校园安全志愿服务品牌;依托青年志愿者协会、雷锋协会等社团组织和社会工作学院,常年坚持到北京市第五福利院、松堂临终关怀医院、福寿轩敬老院、海淀区精神康复中心等机构开展敬老爱老专业志愿服务活动,打造敬老志愿服务品牌。五是多元化合作,与国际组织、政府机构、社会力量开展广泛的项目合作。2008年至今,学校与香港理工大学、香港青年发展基金会合作举办"成长向导"志愿服务计划,服务北京市所打工子弟学校。从2009年起,连续3年承办北京市社会建设专项资金购买社会组织服务项目——"学习伙伴"志愿服务项目,并于2013年获得"第二届中国公益慈善(实施)项目大赛"金奖。自2011年起,连续3年举办中国志愿服务发展论坛、中国高校专业志愿服务发展论坛。与民政部、香港李嘉诚基金会合作,举办"重生行动"社会心理支持服务计划,并获评为"2011年十佳高校专业志愿服务项目"。与粤港青年交流促进会合作,组织香港青少年开展北京农民工子女志愿服务学习和实践。

[张树辉,中国社会科学院大学副校长。源自:《北京教育》(高教版)2014年第6期]

大学生自办媒体现状与发展研究

——基于北京 11 所高校的调查

张树辉　毛赟美　王　娟

高校媒体是高校加强思想政治教育、开展新闻宣传工作的重要载体，是传播先进文化、传承精神文明的重要阵地，是加强校内外联系、塑造学校形象的重要窗口，发挥着信息传播、思想宣传、舆论引导、文化传承等重要作用。高校媒体根据主办方身份的不同，一般可分为校办媒体和学生自办媒体。前者是指由学校、院系或相关职能部门主办，从业者以专职工作人员为主体的大众传播媒介，即所谓学校官方媒体，主要有报纸、新闻网、校电视台、广播台以及微博、微信等新媒体；后者是指由学生组织、个人主办或由院系、职能部门委托并指导在校学生主办、从内容采编到媒体运营均由学生运作的大众传播媒介。[1]

目前已有的对高校媒体的研究多集中在校办媒体上，对学生自办媒体的研究非常少。以"高校校报""高校新闻网""高校学生自办媒体"在 CNKI 上进行主题搜索，得到的结果依次是 1682、80、0。其实，作为高校媒体组成中不可或缺的一支力量，学生自办媒体拥有众多的学生受众，其内容更能反映青年学生的关注点，一定意义上是校园舆论的风向标。它们是校园文化建设的重要组成部分，也是大学生思想道德建设的

---

[1] 丁力：《组织传播语境中的育人新阵地———论学生媒体在高校思想政治教育中的独特作用》，《兰州学刊》2008 年第 11 期。

有效载体。因此,加强对大学生自办媒体的研究,有着重要的现实意义。

本研究以北京高校为例,通过问卷调研、个别访谈等方式,分析了高校学生自办媒体的现状,探寻了其在校园文化建设中发挥的作用和存在的问题,有针对性地提出了学校对其加强管理、科学指导和完善服务的策略。考虑到各高校性质、规模差异性较大,为使研究更具科学性,我们选择了11所具有代表性的高校学生自办媒体作为研究对象,具体情况如下:综合类院校3所(中国人民大学、中央民族大学、中国农业大学);理工类院校4所(北京理工大学、北京航空航天大学、北京邮电大学、中国石油大学);文科类院校4所(中国青年政治学院、北京外国语大学、中国政法大学、国际关系学院)。共回收有效问卷56份。此外,还对中国青年政治学院的5个学生自办媒体进行了个别访谈(文中数据皆来自本次调查)。

一 学生自办媒体的作用

高校学生自办媒体属于广义上的媒体范畴,其作用不仅包含普通媒体具有的信息传播、舆论引导等,在高校环境下还具有一些特殊作用,尤其是在思想政治教育、校园文化建设、人才培养等方面发挥着重要作用。

(一)繁荣校园文化

在实现社会主义文化大繁荣的背景下,校园文化建设逐渐成为高校建设的重要组成部分。学生自办媒体通过刊登丰富多彩的校园信息,发表敏锐多思的个人言论,报道校园中的各种人物,极大地丰富了学生的学习和生活,传播了积极健康的价值观。可以说,学生自办媒体既是高校校园文化的一种表现形式,又是校园文化建设的一个重要载体,是反映校园文化建设情况的一项重要指标。调查显示,大多数的学生自办媒体把繁荣校园文化作为与生俱来的目的和使命,有32%的自办媒体创办的首要目的是"繁荣校园文化",位于其后的分别为"新闻传播与信息传递""表达观点与评论""出于兴趣爱好""学生实践平台"等。

(二)传播校园信息

在信息时代,无论是传统媒体、新媒体还是自媒体,都可以成为信息传播方。从学生自办媒体的内容看，其主要内容为校园内人物采访（79%）、校园新闻事件（74%）、校园文学类稿件（68%）。之后依次是学生活动、时事评论、学术成果，还有一些立足于校园的服务性信息等。由此可见，学生自办媒体是校园信息传播的重要载体之一，其内容覆盖了学生关注校园生活的方方面面。

（三）引导校园舆论

舆论引导是媒体的重要功能之一，坚持正确的舆论导向是高校新闻宣传工作的重中之重，是高校平稳健康发展的必要保障。随着民主法制建设的发展，高校学生的公民意识逐渐增强，正以更加积极主动的姿态参与到社会、校园热点问题的讨论中。由学生占主导地位的学生自办媒体刊发的新闻多为学生关注的焦点、热点问题，刊登的言论多为学生的所思所想，在学生中具有较大的影响力。因此，一些较为成功的学生自办媒体，已经成为学生关注热点问题的发声平台，发挥着高校学生意见领袖的作用。对于学生自办媒体的舆论引导功能，高校要密切关注，及时把握，正确引导，促使其发挥正效应。

（四）促进大学生自我教育和自我培养

学生自办媒体是大学生进行自我教育的一个有效平台和载体。一方面，学生可以通过对校园典型人物的采访报道，受到感同身受的思想教育，文章发表后，在学生中起到示范作用，传播了正能量；另一方面，学生通过对校园热点问题的关注，积极发表自己的观点，可以引导学生在思辨中明是非、懂道理、知大局，有利于他们形成正确的人生观、价值观。因此，学校要将学生自办媒体纳入大学生思想政治教育的领域中，发挥它们的正面作用。

此外，学生自办媒体也是高校学生社会实践的平台之一，是学生自我管理、自我提升的重要领域。首先，培养了学生的团队精神和人际交往能力。一个学生自办媒体就是一个团队，如何处理好与团队其他成员的关系、如何与他人合作完成一次新闻采写任务，对个性色彩鲜明的"90后"来说，这样的实践正是让他们逐渐融入团队的过程。其次，培养了学生的组织和协调能力。从团队的招新到日常管理，从每个记者的任务分配到与其他校媒记者的联系，学生在自我管理过程中，会碰到很多以前没有碰到的问题，在不断解决问题的过程中，自己的组织和协调能力也得到了提高。最后，提高了学生的新闻业务水平。很多学生自办媒体成员是非新闻专业的学生，在办报办刊的过程中，他们边学边干，在实践中提升了专业素养。

综上所述，高校学生自办媒体具有繁荣校园文化、传播校园信息、引导校园舆论、促进大学生自我教育和自我培养等四个方面的作用。如果高校对学生自办媒体的引导处于缺位状态，不仅上述作用得不到发挥，而且会产生校园舆论混乱、学生思想情绪不稳等不利影响。

二　学生自办媒体的特征

对问卷数据进行统计分析可以发现，高校学生自办媒体呈现出以下特点。

（一）历史短、规模小，受众范围以校内为主

高校学生自办媒体创办的繁荣期从 2000 年开始，高峰期在 2005—2010 年，可见，学生自办媒体的历史普遍较短。从纸质自办媒体的发行量和从业人员数量来看，绝大多数学生自办媒体的规模比较小。50% 的学生自办媒体发行量在 1000 份以下，34% 的发行量在 1000—3000 份，发行量在 3000 份以上的仅为 18%，近 60% 学生自办媒体人员在 30 人以下。

从其发行方式和主要受众群体来看，只有 4% 的学生自办媒体会面向校外发行，5% 的学生自办媒体受众会波及校外。可见，学生自办媒体的影响面主要局限在本校师生，32% 的学生自办媒体受众为特定院系、社团的学生。

（二）自行采编、自行推广，规范性差

调查显示，有 75% 的学生自办媒体稿件来源主要由学生专业团队采写完成，偶尔会向老师和同学约稿；有 88% 的学生自办媒体由学生自主

完成媒体内容的编辑工作；有81%的学生自办媒体由学生自己推广。由此可见，学生自办媒体在内容、编排、发行等流程中，学生处于绝对主导地位。由于学生的主业是学习，除了办媒体，还有很多其他牵扯精力的事情，因此，由学生占主导地位的自办媒体不可避免地存在规范性差的问题。90%以上学生自办媒体的微博、微信公众号没有认证；只有32%的纸质媒体出版周期较短并且能做到定期出版，20%的每月出版1期，16%的每学期出版1期，32%的不定期出版；44%的媒体每期版面数量并不固定；绝大多数微博、微信公众号为不定期更新。

(三) 依托上级组织，并非无序状态

在管理方式上，占61%的学生自办媒体由专门团队负责管理运营，且注重人员的能力素养。有94%的媒体依托学校各级党团组织，其中，近70%的媒体依托各级团委。有84%的学生自办媒体有相应的指导老师，且占59%的指导老师能够指导到位，指导方式主要为传达政策和上级要求（56%）、审查稿件（53%）等。在媒体自我把关方面，有73%的媒体会"注意"或"比较注意"报道中的"高压线"。在媒体内容的审核方面，有83%的学生自办媒体表示，需要依托党团组织进行审核。有37%的调查对象表示，在过去的一年中，本媒体发生过因稿件未通过审核而未发表的情况。可见，虽然学生自办媒体的规范性较差，但并非处于无序、无人管的状态。

(四) 新媒体技术运用广泛

调查显示，学生自办媒体非常重视新媒体技术的运用，在微博、微信被广泛使用之前，他们通常在人人网上拥有媒体公共主页，在校内BBS、博客上发布本媒体的图文链接。在微博、微信成为大学生主要的信息获取方式后，他们开通了本校媒体的微博、微信公众号，及时发布本媒体所刊载的内容、所举行的活动，有些纸质媒体无法刊登的内容，也会通过微博、微信公众号推送。甚至有的媒体摒弃了纸质版的形式，直接以微信公众号作为媒介形式，抓住了移动端的发展机遇，用更为新颖的全媒体内容，将信息更为及时地传播给受众。可见，学生自办媒体对

于新媒体技术十分敏感，熟悉受众信息接收方式的变化，乐于紧跟时代和媒体发展的变化趋势，第一时间做出新的尝试。

三 学生自办媒体存在的问题

目前，多数高校学生自办媒体的发展处于正常状态，但也有30%的调查对象表示媒体发展比较萧条，有11%的调查对象表示媒体正在整改转型中。目前，高校学生自办媒体面临着资金、人员、制度等多方面的困难，具体可分为学生自办媒体自身的问题和对学生自办媒体的管理问题。

（一）学生自办媒体自身的问题

第一，受众少，影响力有待提升。调查显示，"受众少""媒体宣传不够"是当前学生自办媒体面临的最严重问题。与社会媒体相比，高校学生自办媒体的受众绝大多数为在校师生，数量相对较少，再加上不少自办媒体每期的发行量仅几百份，一些微博、微信公众号的粉丝才数百人，因此受众范围极小。在高校，除了少数几家创办时间较长、发行量相对较大的媒体外，多数学生自办媒体处于"默默无闻"的状态，在师生中没有产生足够的影响力。由于缺乏推介手段，没有广告营销，学生自办媒体很难在短时间内提升知名度，扩大影响力。媒体的影响力不强，导致学生对自办媒体的热情逐渐减弱，创新力慢慢下降，容易造成恶性循环，不利于媒体的健康发展，甚至导致自办媒体的关闭。

第二，内容荒，采编设备落后。即便是在具有专业记者编辑的社会媒体中，选题荒、内容荒也是较为普遍的问题。高校学生自办媒体的多数内容来自学生群体，数量和质量更是无法得到保证。在访谈中，有的学生自办媒体表示，在团队中，真正"能采、能写、能拍"的人不是很多，选题敲定之后，经常遇到"难产"的情况。不仅如此，学生自办媒体的采编设备也相对落后，硬件设施得不到充足保障。在高校学生自办媒体硬件设施调查中，拥有固定办公室的比例为62%，拥有电脑的为59%，拥有照相机的为47%，拥有固定电话、打印机的皆为18%，很少有学生自办媒体拥有扫描仪、传真机等设备。访谈显示，多数学生自办媒体的硬件设备属于学生个人所有，随着学生的换届或退出，随时面临设备"流失"的困境。

第三，平台小，呈现两极分化。调查显示，60%的学生自办媒体偶尔会与同类媒体交流，29%的根本就没有交流；68%的学生自办媒体和校园媒体组织无任何联系。也就是说，目前学生自办媒体基本上是"各自为政"，相互之间交流甚少，资源利用率低。绝大多数学生自办媒体囿于自己的小圈子，发展平台和空间较小。但也有少数学生自办媒体的发展势头很强劲。调查显示，发行量最高的报纸达到每期5500份，不少学生自办媒体已经在中国高校传媒联盟中占有一席之地。比如，中国青年政治学院的《青春报》，发行量大，开发了手机客户端，开通了自己的微信公众号，是高校传媒联盟的星级会员，在校园中的影响力甚至超过了校办媒体。可见，学生自办媒体呈现两极分化的状况。

第四，人员散，亟待制度化建设。高校学生自办媒体本质上是学生组织，存在学生组织固有的一些问题，比如约束力小、人员流动性大、制度管理不强等。[①] 学生是否参加自办媒体，参加后的表现如何，通常与学业成绩、升学机会毫无关系，并且自办媒体的管理者和普通人员多为同学，他们之间没有严格的上下级关系，管理的有效性大大降低。调查显示，47%的学生自办媒体管理"一般"或"比较松散"。当然，有的学生自办媒体也制定了严格的章程，以规范媒体的日常管理和运行。但是，仍然存在无视组织纪律的情况，例如，开例会迟到、不按时交稿、工作不认真等。此外，高校学生自办媒体一般都是一年进行一次换届（94%），主要管理人员的频繁更替，给学生自办媒体的内容质量以及内部管理的持续性、稳定性造成影响，这些都需要严格的制度化管理。

（二）对学生自办媒体的管理问题

第一，业务指导有待加强。在学生自办媒体的成员中，很多都是非新闻专业的学生，没有接受过专业知识训练，业务能力不强，需要通过培训和实践来提高自身水平。此外，虽然多数高校学生自办媒体都有指

[①] 邓喆：《学校选择型学生媒体管理的问题与对策》，《现代教育科学》2012年第5期。

导老师，但指导老师多承担的是传达政策和上级指示的职能，对具体采编业务的指导很少。在访谈中，不少学生自办媒体表示，指导老师对媒体内容的把关工作比较重视，但是对如何采访、如何写作、如何编排、如何编辑新媒体内容等具体业务的指导相对较少，而这些指导正是他们更希望获得的。缺乏专业的业务指导是学生自办媒体业务能力不强、出现内容荒的重要原因之一。

第二，资金支持力度不够。调查显示，80%的学生自办媒体经费来自于依托组织的支持。一方面，上级组织的经费支持十分有限，如果遇到特殊经费开支，就必须提交申请报告，而审批结果往往不理想；另一方面，由于学生自办媒体的影响力有限，拉广告比较困难（62%的媒体没有广告），因此资金来源十分有限。这些都导致了学生自办媒体资金短缺的情况。

四 加强对学生自办媒体有效引导和管理的对策

为了更好地发挥高校学生自办媒体的各项功能，解决他们在发展中遇到的各种困难，高校必须采取一些措施，加强对学生自办媒体的管理、指导和服务。高校要充分了解学生自办媒体自身的需求，推出有针对性的办法，才能真正起到加强管理、科学指导和完善服务的作用。调查显示，学生自办媒体希望在资金、专业指导等方面得到支持。

（一）规范管理，树立为学生自办媒体服务的理念

目前，不少高校学生自办媒体对高校的管理持不配合态度，认为校方的管理，特别是对内容的审查，会过多地干预媒体，影响他们的自由表达。其实，这是由于学生自办媒体乃至学生组织对学校的"刻板印象"所致，将高校主观臆想成"家长"，认为高校的管理是多余的、无用的，甚至是阻碍的。学校在管理学生自办媒体时，要更新管理理念，转变管理方式，规范管理制度，逐渐建立规范、稳定的长效管理机制。理念要从"管理"转变为"服务"，本着为学生自办媒体服务的态度，推行真正有利于学生自办媒体发展的措施。比如，让学生自办媒体参与到校办媒

体的运作中。管理方式要注重沟通，多从学生自办媒体的角度考虑问题，多听听他们的想法，多了解他们面临的实际问题。管理制度要逐步建立、严格遵守，并不断探索尝试新的管理方法，提高管理效率。

（二）注重引导，提升学生自办媒体的全局意识

高校学生自办媒体虽然是一个学生组织，但是也需要有一定的大局观，任何时候都要与党和国家的方针政策、与学校的规章制度保持一致。当前，一些学生媒体对此重视程度不高，用所谓的"揭黑报道"，在学生乃至社会上造成不利于学校发展的负面影响。对此，高校职能部门要加强引导，让学生自办媒体的编辑、记者们关注了解国家和学校的政策，在办报、办刊过程中增强大局意识、全局观念。此外，有一些学生自办媒体定位不清晰、受众范围不明确，在办报、办刊和办新媒体的过程中具有盲目性。高校需要引导学生自办媒体以先进理念为指导，进一步提升其专业性和可读性。

（三）提供资金，建立激励机制

充足的资金保障是高校学生自办媒体长期稳定发展的重要基础条件之一。调查显示，学生自办媒体呼声最高的是要求"提供资金支持"。提供资金支持，一方面要增加稳定、固定的资金投入，另一方面要加大专项资金、活动资金的支持力度。同时要制定资金管理制度，规范资金申请流程，加强资金审查力度，发挥资金使用的最大效益。同时，建立相应的激励机制，通过评优表彰，对于在学生自办媒体中表现突出的学生进行表扬，给予证书、奖品、奖金等奖励，增强学生的荣誉感，进一步激发工作热情；探索将学生在自办媒体的工作进行量化的机制，通过一定的制度和方法，与学生的学分挂钩，将工作量直接转化为学分，或者通过一定加权，使之成为学生评奖学金、评优秀的加分条件之一，进一步提高学生投身自办媒体的自主性和积极性。

（四）强化培训，为学生自办媒体提供专业指导

目前，高校学生自办媒体的培训多为内部培训，即由前任和现任媒

体负责人通过分享的方式对成员进行培训，较少有机会邀请到学校教师、校外业界从业人员来校培训。高校职能部门要积极承担起提升学生自办媒体业务水平的责任，给他们创造学习机会。一方面，要明确指导老师的职责，对指导老师进行考核，进一步增强学生与指导老师之间的联系，使"指导"切实有效；另一方面，高校可以定期邀请本校教师、外校教师、业界人士来校对校园媒体进行培训，讲解有关新闻采写、媒体管理等各方面的知识，分享媒体实践中的成功经验，并不断开拓培训资源，进一步提升学生自办媒体的专业水准。

（五）加强沟通，营造和谐的校园媒体环境

为了进一步增强校办媒体和学生自办媒体之间的联系，加强学生自办媒体之间的合作，高校职能部门要积极搭建平台，营造和谐的校园媒体环境。一是尝试建立高校学生自办媒体服务平台，可以在学校宣传部或团委设置一个学生自办媒体服务机构，负责登记管理学校所有的学生自办媒体，进一步加强对学生自办媒体的服务引导；备案人员变动情况，制定学生自办媒体运行准则；颁发相关聘书和学生记者证，组织集体学习和培训，了解并着力解决学生自办媒体面临的困难，切实做好服务。二是积极搭建校园媒体资源共享平台，促进各种介质媒体之间的合作共享，特别是针对校内重大新闻事件，要跨越媒体之间的界限，组团报道，实现校办媒体和自办媒体的融合。三是建立学生自办媒体展示平台，增强他们的荣誉感和归属感。充分利用学校资源，搭建线上线下平台，让优秀学生自办媒体同台展示、同台"竞技"，既能扩大宣传，又能激发他们办好媒体的积极性，增强他们的归属感。

（张树辉，中国社会科学院大学副校长；毛赟美，中央团校培训部；王娟，中央团校党委宣传部。源自：《中国青年社会科学》2016年第3期）

齐抓共管，预防学生沉迷网络

张树辉

网络是一把双刃剑，用得好，可以让我们更快捷地获取知识；用得不好，则会让人沉迷、无法自拔。对于尚不具备完全分辨是非能力的未成年人而言，一些成瘾性网络游戏、邪恶动漫、不良小说、互联网赌博等，更容易给他们造成负面影响。

第四十一次《中国互联网络发展状况统计报告》显示，截至2017年12月，我国网民规模达7.72亿，其中学生群体规模最大，占比为25.4%。更引人注意的是，孩子们的"触网"年龄越来越小。笔者所在课题组也曾在2010年和2017年、2018年分别进行两次采样调查，结果显示，我国青少年对网络游戏等成瘾行为有加剧趋势。

前不久，教育部办公厅印发《关于做好预防中小学生沉迷网络教育引导工作的紧急通知》，要求各方面尽心尽责、密切配合、齐抓共管，维护中小学生身心健康和生命安全。切实做好预防中小学生沉迷网络，在当下极端重要，也极为紧迫。

从中小学生个体层面讲，沉迷网络容易导致生物钟紊乱、精力不足、思维迟缓、学习兴趣丧失、社会活动减少、人际交往技能退化等。而精神性成瘾行为本身就很可能连带出厌学、暴力、侵害、盗窃等社会问题。防止沉迷网络，内因是关键，中小学生必须增强自律和自控能力，提高自身信息素养，养成健康上网的好习惯。

从互联网生态层面讲，面对商业利益驱动、网络诱惑、中小学生好奇心等复杂因素，只有有效控制有害信息，孩子才能不暴露于"网霾"之下。比如网络游戏，投资者的出发点必然是吸引更多的人来玩，因此要营造出良好的网络游戏环境，开发者和运营商就要自觉把未成年人网络保护摆在重要位置，不能为一己私利传播不良内容。而对于排查中发现的涉及中小学生的网络违法违规行为，更要及时采取针对性措施予以整治。

从教育引导层面讲，我们既要合理疏解孩子的上网情绪，又要严肃认真对待孩子沉迷网络的问题。家长要以身作则，有意识地放下手机、电脑，与孩子多一些面对面的交流。教育工作者要保持清醒、敢于亮剑，在教育的过程中提升孩子对于网络的认识能力，让网络成为学生健康成长的助推器。

网络世界既光鲜亮丽，也陷阱丛生。沉迷网络，会让孩子忽略现实中更重要的东西，会让孩子丧失前行奋进的动力。让我们携手努力、共同治理，为未成年人营造一个健康向上的网络环境和成长氛围，让每一个孩子都能身心健康地快乐成长。

（张树辉，中国社会科学院大学副校长。源自：《人民日报》2018年5月31日第18版）

传承发展优秀传统文化
需拿出工匠精神

张树辉

中华优秀传统文化，是社会主义文化强国的血脉和筋骨，是国家文化软实力的根基和起源，是中华民族文化自信的初心、底气和定力。实施中华优秀传统文化传承发展工程，对于传承中华文脉、全面提升人民群众文化素养、维护国家文化安全、增强国家文化软实力、推进国家治理体系和治理能力现代化，具有重要意义，这是一项重大的战略任务，更是一项精密、庞大、系统、伟大的战略工程。时代呼唤工匠精神。中华民族伟大复兴，要靠匠心圆梦，传承发展优秀传统文化，更需要拿出工匠精神。

工匠精神蕴含了执着专注、精益求精、严谨求真、敬业守信、不畏困难、勇于挑战、敢于担当、超越自我、推陈出新等源远流长的人文精神，本身就是非常珍贵的精神财富和中华优秀传统文化的重要基因，历史上有众多令人景仰、为人熟知的能工巧匠，当代也涌现出更多或经天纬地，或默默无闻的时代大国工匠。他们身上也凝聚着中国智慧，弘扬着中国精神，传播着中国价值。

中华优秀传统文化积淀着中华民族最深沉的精神追求，代表着中华民族独特的精神标识，是中华民族生生不息、发展壮大的丰厚滋养，是中国特色社会主义植根的文化沃土，是当代中国发展的突出优势，对延续和发展中华文明、促进人类文明进步，发挥着重要作用。新的历史时期，中华优秀传统文化被赋予新的使命，我们党作为中华优秀传统文化的忠诚继承者、弘扬者和建设者，必须肩负历史责任。广大教育工作者在建设新时期宏伟工程、打造精神世界"大国重器"的实践中，更应该发挥工匠精神，精雕细琢，追求卓越，成为传承和发展中华优秀传统文化的精工巧匠和大国工匠。

一 要弘扬执着专注，精益求精的品质精神

五千多年悠久历史文明浩如烟海，精华并非取之不尽用之不竭。时代的发展，思想的变迁，既产生新的文明，更需要有根有魂的文明来滋养。精神文明滞后于物质文明的发展，导致和诱发的社会问题乃至政治问题才更加复杂。思想多元化，信息碎片化，科技经济发展迅猛，社会浮躁，追求即时利益，往往忽略精神追求和品质灵魂。在培育现代文明的同时，加大对传统文化的发掘和整理力度，显得尤为重要。另一方面，既有的传统文化的精髓，并未得到有效吸收，一些看似传统文化的变形、戏说，甚至歪说、胡说，在市场大行其道，国人心中的英雄和榜样被恣意丑化的现象充填青少年的视界。为此，拿出精益求精，精雕细琢的工匠精神，拿出对那份"文化产品"真挚的情怀，发掘、整理、生产符合社会主义核心价值观的优秀传统文化，提炼、打磨、强化最突出的亮点，显得尤为重要。

对于教育工作者来讲，比发掘整理更重要的是深入阐发文化精髓，这也是传承发展工程一系列重点任务的首要。深入研究阐释中华文化的历史渊源、发展脉络、基本走向，深刻阐明中华优秀传统文化是发展当代中国马克思主义的丰厚滋养和建设中国特色社会主义事业的实践之需，深刻阐明丰富多彩的多民族文化是中华文化的基本构成，深刻阐明中华文明在与其他文明不断交流互鉴中丰富发展，构建有中国底蕴、中国特色的思想体系、学术体系和话语体系，是广大教育工作者的优势，更是责任，要和广大理论工作者、文化工作者共同发力。

二 要强化严谨敬业，使命担当的奋斗精神

传统文化需要通过教育和传播释放营养成分，国民教育的各个环节各个领域是青少年接受、吸收传统文化精髓的主渠道。要以立德树人的根本任务引领施教并贯穿全程，施教者需以严谨敬业的精神，明确使命担当，不懈发力，不懈奋斗。教育是一门艺术，传播更是一门艺术。要遵循学生认知规律和教育教学规律，要尊重青少年获得新知的习惯，摸透他们的生理特点、心理特点和思想特点。工匠精神的目标是打造本行业最优质的产品，到达其他同行无法企及的至臻化境。品质和卓越，最关键的评价体系是用户体验。要能触动人内心深处柔软的神经，要能唤醒人审美、求真、向善的内在冲动，要能满足人的情感需求。教育工作者既要研究文化的内容，也要研究传播的方式。注重文化熏陶和实践养成，把跨越时空的思想理念、价值标准、审美风范转化为人们的精神追求和行为习惯，不断增强人民群众的文化参与感、获得感和认同感，形成向上向善的社会风尚。

三 要激发推陈出新，追求卓越的创造精神

优秀传统文化的内容和形式也是动态和发展的，在推动文明进程的过程中也在实现自身的涅槃。工匠精神之所以伟大，在于它不停留于成，不满足于有，不止步于强，而是一直在向着一个终极目标不断地创造创新。高校是文化传承创新的园地。要秉持客观、科学、礼敬的态度，扬弃继承、转化创新，不复古泥古，不简单否定，不断赋予新的时代内涵和现代表达形式，不断补充、拓展、完善，使中华民族最基本的文化基因与当代文化相适应、与现代社会相协调、与优秀的世界文化相借鉴、与互联网文化有效地接轨融合。

要通过创造性地设计开展诵读工程等文化精品，使中华优秀传统文化成为我们民族特别是青少年的语言习惯、话语体系、思维方式、价值判断，让他们从被动知道到主动运用，从自觉内化到引以为荣，真正从

血液里渗透中华民族独有的理念、智慧、气度、神韵,真正实现内心深处的文化自信。

(张树辉,中国社会科学院大学副校长。源自:《中国高等教育》2017年第5期)

校园微信公众号四喻

张树辉

大学生是新媒体的忠实拥趸，更是新媒体的重要推手。据《南方周末》数据实验室出品的《中国高校微信排行榜》显示，全国高校学校官方微信以及团委、学生会、校务机构等高校内部组织官方微信数量超过5200个，这还不包括无法统计的学生自创的微信公众号。校园官方微信的能量巨大，但运营官方微信号却不是什么艰深的任务，只要秉持内容重要、贴近师生、策划独到、新鲜有趣这四个原则，想不做好都难。这四个原则就如同以下这四个比喻。

做官方微信如同办新闻联播，权威性是第一生命力。新闻联播之所以不可替代，首要原因在于其权威性。校方官方微信已经是与官方传统媒体共生的重要载体，而对于学生组织和自组织，微信已经是不可替代的第一传播渠道，所以要选取最重要、最权威的内容进行发布。对于特别重大和突发事件，要有临时口播"本台刚刚收到的消息"和发布"号外"的意识，利用移动互联网的传播优势及时发布，以确保和培育新媒体的权威性和首发权。与之相匹配的，就是要把握负责、真实、深刻的原则，把握方向，把控流程，把好出口，增加新媒体的信度和美誉度，增强粉丝的黏度和关注度。

做官方微信如同开餐馆，食材要精良，更要贴近师生的口味。媒体送出的是精神食粮，在注重选材和精工细作的同时，更要研究受众的需求，就如同分析食客的口味，并且选择好风味。既要符合本地大众的需求，也要时不时拿出几样当地人没有品过的时鲜；要有自己的几道拿手菜，也少不了定期不定期更新几样新菜品，唯其如此，才能有真正的回头客和新客源。以武汉大学官微为例，在近60期"排行榜"中，该校多达30次位列前50，细读其微信内容，策划独到、配图精美、文辞达雅，既有重磅新闻，又有鸡汤小品，可读性很强。

做官方微信如同拍电影，策划独到，制作精良，才是票房的保证，也是被点赞的前提。有了小说的基础或故事梗概，有美剧一样的剧本团队捉刀，是成功的前提；一个熟悉大众口味、有着独到见地的导演，更是必不可少的。但有了这些，我们仍然看到很多影片不尽如人意。原因不外有二。其一，团队不接地气，缺少诚意，完全在按照自己的意图堆砌一个作品；其二，低估了观众的水平，忽略了与观众的互动，把观众当傻子，自以为我能拿出的，就是你最需要的。此外，中国电影市场现今还有一个明显的现象值得关注，那就是模仿成风，跟风、模仿、借鉴是由稚嫩走向成熟的必经之路，但一开始就放弃创新，终究还是会失了品质。

做官方微信如同开旅行社，要能带大家去看见不一样的风景。校园官方微信不能包打天下，周游世界的国际旅行，更多要交给实力强大的国家级媒体和财力雄厚的社会媒体。我们的制作团队，如同地方旅行社开发线路一般，要能够开辟近郊的线路，要善于发现身边的美好，善于把身边的人物、事件、景观，描画得更加别致、鲜活、有趣儿。就如同近期产生刷屏效应的各大学隔空对唱《南山南》，一时间，各山以及南山北的大学纷纷挤到南山南麓。据不完全统计，全国共有超过60所高校官微推出本校版《南山南》，绝大部分点击量破万，仅北京就有3所高校的点击量破10万。

四喻之外，必须补充一点，那就是要做好标题。在如今这个海量信息和速读时代，好标题是文章被打开的前提。精心策划标题绝不意味着做标题党。故弄玄虚甚至无良低俗的标题，代价只能是自降品位，高校更不能自甘庸俗；策划标题可以在借鉴中创新，但如果满屏都是"主要看气质"，自然也就丢了气质。

是谓校园微信公众号四喻。

（张树辉，中国社会科学院大学副校长。源自：《光明日报》2016年3月17日第11版）

新发展理念引领新时代网信事业

张 跣

习近平总书记多次强调，中国网信事业要在践行创新、协调、绿色、开放、共享发展理念上先行一步，推进网络强国建设，让互联网更好造福国家和人民。

《政府工作报告》关于网信工作的重要论述，是在中国特色社会主义事业"五位一体"总体布局中，依照新发展理念，对中国网信事业的全面检阅和战略部署。《政府工作报告》反映各方期待、凝聚各方共识、汇集各方智慧，客观总结过去五年国家网信事业所取得的非凡成就，科学规划2018年网络安全和信息化建设的基本任务。

坚持以人民为中心的发展思想，让创新成为第一动力，让协调成为内生特点，让绿色成为普遍形态，让开放成为必由之路，让共享成为根本目的——以新发展理念引领新时代网信事业，更好满足人民群众日益增长的美好生活需要，是我们深入学习领会《政府工作报告》精神的基本着眼点。深入理解和全面落实政府工作报告在网信领域的战略部署，必须牢牢抓住新发展理念这个核心。

一 坚持以人民为中心的发展思想

习近平同志在网络安全和信息化工作座谈会上强调指出："网信事业要发展，必须贯彻以人民为中心的发展思想。"这一重要论述是坚持人民主体地位这一根本原则在发展理论上的创造性运用，是对中国特色社会主义网信事业的根本目的、动力、趋向等问题的科学回答。网络安全和信息化是事关国家安全和社会发展、事关广大人民群众工作生活的重大战略问题。坚持以人民为中心的发展思想，为推动网信事业提供了指导思想和价值导向，是网信事业发展的基本遵循。

《政府工作报告》明确指出："我们所做的一切工作，都是为了人民。要坚持以人民为中心的发展思想，从我国基本国情出发，尽力而为、量力而行，把群众最关切最烦心的事一件一件解决好，促进社会公平正义和人的全面发展，使人民生活随着国家发展一年比一年更好。"在总结过去五年我国在网络安全与信息化建设领域的成果时，报告指出，"坚持以人民为中心的发展思想，着力保障和改善民生，人民群众获得感不断增强"。在部署2018年网信工作的基本任务时，报告更是在政府服务、经济转型、产业集群、民生保障、社会治理、文化发展以及新就业形态等多个方面体现出"让互联网更好地造福人民"的理念。甚至，基于互联网在稳增长、促就业、惠民生方面发挥的重要作用，报告具体而又关键性地指出："加大网络提速降费力度，实现高速宽带城乡全覆盖，扩大公共场所免费上网范围，明显降低家庭宽带、企业宽带和专线使用费，取消流量'漫游'费，移动网络流量资费年内至少降低30%，让群众和企业切实受益，为数字中国、网络强国建设加油助力。"

坚持以人民为中心的发展思想，是中国特色社会主义事业的根本政治立场和价值取向。创新、协调、绿色、开放、共享发展理念则是从不同角度对以人民为中心的发展思想的具体描述。创新发展激发人民积极参与，协调发展维护人民整体利益，绿色发展创造人与自然和谐共生的美好局面，开放发展联络中国与世界，共享发展着力解决社会公平正义。网信发展为了人民，网信发展依靠人民，网信发展成果由人民共享，网信事业服务于中国特色社会主义事业的总体布局。以新发展理念引领新时代网信事业，首要的前提就是要坚持以人民为中心的发展思想。新发展理念能不能促进经济社会健康发展，最终要以人民有没有、有多大、有多强的获得感为评判标准。

二 充分认识网信事业的特殊重要地位

在中国特色社会主义事业"五位一体"总体布局中，网信事业具有特殊重要的地位。一方面，网信事业为经济建设、政治建设、文化建设、社会建设和生态文明建设提供必要的基础和保障；另一方面，网信事业本身就是经济建设、政治建设、文化建设、社会建设和生态文明建设的重要组成部分。

互联网正在连接万事万物，信息化正在融合各行各业，网信事业与经济、政治、社会、文化等各领域的交融互渗日益紧密。在信息革命的新浪潮中，互联网与各领域的融合发展已成为不可阻挡的时代潮流，具有广阔前景和无限潜力，对全球经济社会发展正产生着战略性和全局性的影响。在经济领域，互联网和信息化促进产业结构转型，提升产业发展质量，并不断催生新的经济形态；在政治领域，互联网和信息化改变传统政治生态，挑战传统权力格局，促进民主法治建设；在社会领域，互联网和信息化促进社会结构变革，变革社会组织方式，深刻影响社会成员基本生活方式；在文化领域，互联网和信息化引领传播革命，推动文化发展，挑战传统价值观念。从中国经济"新常态"的发展阶段来看，网信事业的发展是中国未来经济和社会全面发展的新动力，对推动中国经济转型升级具有深远影响和革命性意义；从世界范围来看，互联网和信息化的全面发展正在成为中国综合国力的新支柱，正在成为中国参与国际竞争，实现"弯道超车"的新机遇。正因为如此，习近平同志在中央网络安全和信息化领导小组第一次会议上强调："网络安全和信息化对一个国家很多领域都是牵一发而动全身的，要认清我们面临的形势和任务，充分认识做好工作的重要性和紧迫性，因势而谋，应势而动，顺势而为。"

从发展理念上看，网信事业与五大发展理念高度契合。创新是互联网的基因，互联网的交互性、开放性使得它在生产要素配置中具有主导作用、优化作用和集成作用，这将极大地推进传统行业以及互联网自身的机制创新、理念创新、技术创新和应用创新。协调是网信事业发展的内在要求，互联网的虚拟性和超时空性，使得数字鸿沟在消除同城乡差异、地区差异不仅在理念上一致，而且在过程上同步。绿色是网信事业的鲜明特色，绿色发展、低碳发展、循环发展正是信息化、网络化的题中之义。开放是网信事业的本质特征，推动网络空间和各领域的开放合作、互利共赢，这是网络和经济社会发展的共同目标。共享是网信事业发展的根本宗旨，服务百姓、惠及民生是我国互联网发展的根本出发点和落脚点，也是全面建设小康社会的基本思路。因此，必须充分认识到，在践行新发展理念的伟大实践中，网信事业有优势、有能力也有责任先行一步，率先垂范。

三　全面推进网络强国建设

党的十八大以来，习近平总书记站在历史和时代的高度，以宏阔视野和战略思维提出了网络强国战略思想，对未来我国信息化建设提出了明确目标和路径。在中华民族迈向伟大复兴的关键历史时刻，要牢牢把握信息革命的历史机遇和战略窗口，通过建设网络强国，全面支撑社会主义现代化强国建设目标。全面推进网络强国建设，要与"两个一百年"奋斗目标同步推进，向着网络基础设施基本普及、自主创新能力显著增强、信息经济全面发展、网络安全保障有力的目标不断前进。

《政府工作报告》全面部署了2018年网信工作的具体任务：发展壮大新动能，加大网络提速降费力度，加快制造强国建设，深入推进"互联网＋政务服务"，强化金融监管统筹协调，发展"互联网＋农业"，运用"互联网＋"发展新就业业态，发展互联网教育，创新食品药品监管方式，整治网络犯罪，加强互联网内容建设。这是习近平总书记网络强国战略思想在现阶段的细化和落实，也是这一时期网络强国战略的具体任务。

网络强国建设是一项长期、复杂的系统性战略工程，涉及经济社会的方方面面，必须以新发展理念为引领，统筹兼顾，重点发力。第一，构建高速、移动、安全、泛在的新一代信息基础设施。信息基础设施是网络强国的"基石"，只有加强信息基础设施建设，铺就信息畅通之路，才能让信息资源充分涌流。第二，抢占事关长远和全局的科技竞争制高点。在基础技术、通用技术、非对称技术、前沿技术、颠覆性技术等领域，必须突破核心技术这个难题，努力实现从跟跑并跑到并跑领跑的转变，牢牢掌握我国互联网发展的主动权，保障网络安全和国家安全。第三，打造网络化、智能化、服务化、协同化的数字经济新形态。加快发展数字经济，做大做强融合应用产业，推进技术融合、业务融合、数据融合，实现跨层级、跨地域、跨系统、跨部门、跨业务的协同管理和服务，以信息化培育新动能，用新动能推动新发展。第四，提升网络空间安全防护能力。健全网络安全治理体系，探索多方协同治理模式，形成政府、行业、企业、社会协同共治新格局，完善网络安全法律法规，持续提升依法治网水平，弘扬主旋律，激发正能量，营造风清气正的网络空间，共建网络空间命运共同体。第五，建设一支规模宏大、结构优化、素质优良的网络安全和信息化人才队伍。要从国家人才战略的整体要求着手，依托国家重大人才工程，加大对网络信息化人才支持和培养力度，全方位培养网络科技领军人才、卓越工程师、高水平创新团队和信息化管理人才。新理念引领新发展，新时代孕育新机遇。坚持以人民为中心的发展理念，以创新、协调、绿色、开放、共享的新发展理念引领新时代网信事业，是当前和今后一个时期的总要求和大趋势，也是网信事业健康发展的必由之路。

（张跣，中国社会科学院大学人文学院执行院长、教授。源自：《网络传播》2019年第4期）

当前社会主义核心价值观宣传教育的主要困境

王维国

党的十八大报告首次在社会主义核心价值观的基础之上提出了社会主义核心价值观这一命题，并从"倡导富强、民主、文明、和谐，倡导自由、平等、公正、法治，倡导爱国、敬业、诚信、友善"三方面对其进行了科学论述，同时要求"积极培育社会主义核心价值观"。积极培育社会主义核心价值观，使其化为形影不离、无所不用的兴国之魂是一个长期过程。在这个过程中，核心价值观的宣传教育具有十分重要的作用，因此，持续开展行之有效的宣传教育活动，使社会主义核心价值观入耳、入脑、入心，已经成为当前党的宣传教育工作的头等大事。时至今日，我国已进入全面建成小康社会的关键时期，经济体制深刻变革、社会结构深刻变动、利益格局深刻调整。人们受各种社会思潮影响的渠道明显增多、程度明显加深，使得个体思想活动的独立性、多变性、差异性逐渐增强，价值观念越来越呈现出多元化、复杂化、个性化的发展趋向。在这样的时代背景下进行社会主义核心价值观的宣传与教育，既有许多得天独厚的优势，也存在着诸多不利因素。对于这些不利因素，我们必须认真对待、因势利导，从而不断增强社会主义核心价值观宣传教育的渗透性、针对性、实效性，提高其吸引力、感染力和说服力。

一 社会转型面临价值标准瓶颈

当代中国的社会转型不是单纯的经济转型,而是一种涉及政治、经济、文化等各领域的综合转型,即社会形态从传统社会向现代社会、从封闭社会向开放社会、从农业文明社会向工业文明社会的转型;经济体制从计划经济向市场经济的转型;经济关系从单一公有制向公有制与非公有制共同发展的转型,从平均主义"大锅饭"向先富带动后富,最终实现共同富裕的转型;发展模式实现从粗放发展向科学发展的转型;如此等等。与这场深刻而全面的社会转型相伴随,各种文化思想相互交流,各种价值观念相互交织,中国民众的价值世界也正在经历着前所未有的震荡。

在人类社会的常规发展阶段,人们的价值观念较为稳定,个体的价值标准也比较统一与可靠,凭借这个统一、可靠的价值标准,人们在评判是与非、善与恶、美与丑时可以达成较为一致的意见,形成较为一致的舆论环境,从而有利于社会的和谐发展。但在社会转型期,由于社会的分化,不同个体的价值标准日益多样化、复杂化。这种多样化与复杂化主要表现在以下几方面:一是社会主导价值标准失落,集体主义、爱国主义、清正廉洁、勤俭节约等主导价值标准受到部分群体的怀疑与否定。二是多种价值标准共存。传统与现代、计划经济与市场经济、本土与外来的内容不同、性质相异的价值标准以共时形式出现于同一评价情景,面对同一事件,不同的人会有不同的评价,即使是同一个人也会因为不同价值标准的影响,而难以做出正确的判断。三是个体本位价值标准与社会本位价值对立。个体本位价值标准在判断价值时强调个体需要的满足,社会本位价值标准则强调社会需要的满足。虽然在社会主义制度下,两种标准有着根本的一致性,但由于社会生产力的不发达、利益协调价值的不健全,二者难免会发生对立与冲突。四是个体价值标准互异。由于占有各种资源的不同,导致不同个体的经济收入、社会地位、利益关切相异,这反映在价值领域,也就存在着不同的价值标准,导致了主导价值标准与多元价值标准之间、社会价值标准与个体价值标准之间、不同个体价值标准之间的共存与竞争。

社会转型期的各种价值标准中,一方面包含着值得我们可以借鉴的合理内容:如对效率的追求、对平等崇尚、对竞争的认同等。与此同时,社会多元价值标准的并存也造成了人们价值观念的模糊与迷失,势必造成人们行为选择的无所适从或者随心所欲,从而在社会上不同程度地产生了理想信念模糊、价值取向扭曲、诚实守信淡薄、恶意竞争加剧、社会责任缺失等消极现象。要解决上述问题,正确引导人们的言行,造就积极向上、风清气正的良好社会氛围,就必须形成科学的、统一的、稳定的价值评价标准。社会主义核心价值观的确立就为我们提供了这样一个可以遵循的价值判断"标杆",用以评量好与坏、得与失,权衡善与恶、正与邪,不断促使社会主义核心价值观念转化为人民群众的普遍共识。

二 市场经济带来价值多元现实

随着社会主义市场经济的建立,生产资料所有制和分配方式的巨大变化使得生产的组织形式、就业形式、利益关系等日趋多元化,人们的生活方式、价值观念也呈现不断复杂化的趋势。同时,市场经济引入的效益原则、竞争原则使得人们的主体意识得到空前的提升,这就造成两种结果:一方面,市场经济肯定竞争和效益,从而形成了重视效率与创新的现代价值观,造成了传统价值观与现代价值观的冲突;另一方面,由于市场经济对主体性的肯定容易诱发个人主义思想的产生,造成个人价值取向与集体价值取向的冲突。市场经济所引发的两种价值倾向进一步加深了价值观的多元化。

当代中国主要存在着如下几种价值观:一是涵盖马克思主义、爱国主义、社会主义、集体主义、为人民服务等价值观念的社会主义价值观。二是以天人合一为基础,以整体主义为核心的传统价值观。传统价值观包含了追求理想人格、倡导人与自然协调、重视伦理价值等"合理内核",但也存在官本位、家庭本位、崇尚权威等问题,造成个体缺乏自我意识,依附观念严重,进取与创造意识不足。三是包括实用主义、人本主义、个人主义和拜金主义等的西方价值观，受西方文化的影响，人们既注重自我价值的实现又把这种观念推向极端。四是人们在实际生活中奉行的价值观念。这样一来，传统的、现代的、后现代的、本土的、外来的、计划的、市场的等各种价值观相互碰撞、激荡、混杂交织在一起。在这种情况下，人们必然面临着多种价值的选择。

当前市场经济带来的多元价值并存造成了人们价值观念上的多元性，与此相伴生的问题是：我们的价值领域出现了价值观混乱的现象，使得价值观的庸俗化、物欲化、相对化、虚无化状况日益严重。如果我们国家和民族的价值观长期处于这种多元混杂状态而无法形成核心价值导向，那么，人们就会因为失去共同的价值理想与价值追求而感到困惑、迷茫，从而失去继续前进的精神动力与方向，中国特色社会主义也会失去应有的向心力和凝聚力。因此，多元价值并存和人们价值取向的多样化，使得社会主义核心价值观的确立成为必要。

三 信息技术颠覆价值传播秩序

进入21世纪，随着信息技术的快速进步和互联网技术的广泛采用，网络已经渗入到经济、政治、文化、社会生活的方方面面，成为人们的重要活动领域。根据《中国互联网络信息中心》的最新统计，到2012年6月底，中国网民的数量已经达到5.38亿，互联网普及率接近40%。[①]网络的兴起在改变了人们的生产方式、生活方式、交往方式和娱乐方式的同时，也对社会主义核心价值观的传播秩序产生了巨大影响。通过网络这个平台，可以有效扩大社会主义核心价值观宣传教育的覆盖面。但是，网络是一把双刃剑，它在增强社会主义核心价值观宣传教育针对性、实效性的同时，也颠覆了传统的价值传播秩序。

首先，网络冲击了价值传播的权威性。传统的价值传播主体往往以教育者的身份出现，他们一般具有较高的道德水平和较为丰富的知识储

---

① 中国互联网络信息中心：《第30次中国互联网络发展状况统计报告》，2012年7月19日，网易科技（http://tech.163.com）。

备,相对于普通民众而言具有明显的权威性。而随着互联网的普及,目前我国互联网用户群体的职业分布、年龄分布、学历分别、经济收入分布、地区分布等越来越广,参与网络活动的主体逐渐平等化、大众化、多元化。从而使得网络上的价值宣传教育主体与受众之间的信息落差日益消除,在道德水准、知识储备方面难以具有明显的权威性。同时,网络具有虚拟性的特点,从目前的情况看,网络上的一些论坛、贴吧等,尽管要求进行注册,但并非都要求实名注册,网络的非实名制使得网民可以不负责任地传播一些腐朽的非马克思主义价值观,从而大大降低了网络价值传播的权威性。

其次,网络削弱了价值传播的可控性。传统价值传播主要在家庭、学校、机关、企事业单位、大众传媒等领域,它们都是一种有形的客观物质存在,其范围也是有限的,因此,我们可以对价值传播的过程进行较为直接的控制。由于网络具有传播速度快、覆盖领域广、受众群体大等特点,集人际传播、大众传播、组织传播的优势于一身,具有明显的传播合力,网络上的价值传播不再受到地区、时间的限制,特别是即时聊天工具的出现,使得瞬间传播成为可能。手机上网的普及更让人们可以随时随地地获取海量信息,并通过发帖、围观等方进行广泛参与。当某一社会事件发生后,网民可以在网络上及时发布信息,而关于该信息的评论和意见也会迅速跟进,进而将事件引向更深层次和更广范围。这种影响并不仅仅属于本地,它可以瞬间突破本地区域,甚至国界的限制,传播到世界各个角落,从而大大削弱了价值传播的可控性。

最后,网络加剧了价值传播的国际性。互联网的出现消除了国界的限制,使得国家与国家、地区与地区之间的联系变得更加紧密。但是,由于缺乏有效的管控和限制,使得互联网极易突破政府控制,不同国界与地域的组织或个人都可以利用这个虚拟空间发挥影响力,这就为西方价值观的国际传播提供了可以利用的工具。从世界范围看,由于信息占有和传播的不对等性,国际间的价值传播呈现出较为典型的单向性,即西方发达国家在价值传播中占据主导地位,而发展中国家则处于被动和不利的境地。互联网已经成为西方大国推行所谓"普世价值"的有效手段之一。自2010年年底以来,在北非和西亚的一些阿拉伯国家发生了一系列的"阿拉伯之春"行动,其影响之深、范围之广、暴发之突然、来势之迅猛吸引了全世界的高度关注,这些活动大多有西方国家利用网络进行推波助澜的背景。从国内情况看,随着互联网的快速发展,境内外敌对势力更加积极地争夺信息资源和舆论阵地,利用互联网这个平台,以"民主、人权"为幌子,推销他们的价值观念,消解人们对社会主义价值理想的认同。

四 利益失衡消解核心价值影响

马克思讲过:"人们奋斗所争取的一切,都同他们的利益有关。"现阶段,随着社会的不断分化与重组,在人民根本利益一致的基础上,出现了不同的社会利益群体。每个利益群体都会有自己特殊的利益诉求,不同利益群体之间又不可避免地存在着利益竞争与利益摩擦,从而使得利益失衡现象逐渐凸显。"利益失衡是指一定社会的利益结构违反社会发展规律,违背大多数社会成员的利益愿望,不适应社会构造的要求,不利于社会稳定和社会发展的变化状态。"[①] 利益失衡存在于社会的经济、政治、文化等诸多领域,主要有如下表现:一是经济利益失衡。当前,新的利益协调机制尚需进一步的完善与健全,各个利益群体的劳动付出与利益所得间并不完全具有对应关系,造成不同群体间的经济利益差距逐渐扩大,从而引发了经济利益失衡。二是政治利益失衡。由于参与机会和政治素养的差异,个体的政治参与意愿无法得到有效满足,妇女儿童、农民工、失业人员等弱势群体的政治权益处于相对容易被忽视的地位,缺少相应的保障。三是文化利益失衡。在经济发达的东部地区与欠发达的中西部地区,在城市地区和农村地区,在沿海地区与内陆地区,文化资源的配置存在不平衡性,从而导致各个地区间文化利益的失衡。四是环境利益失衡。当今环境危机的普遍化、深度化,一个重要成因就在于地区间、群体间、代际间环境利益关系的失衡,某些经济发达地区,

---

[①] 叶富春:《利益结构、行政发展及其相互关系》,社会科学文献出版社2004年版,第90页。

居然仿效发达国家的方式向落后地区转移生态污染项目，落后地区竟然乐于接受，甚至主动招揽，使得落后地区居民的环境利益难以得到有效的保护。

不同地区、不同行业、不同群体间政治利益、经济利益、文化利益、环境利益的失衡严重消解了社会主义核心价值在社会上的影响。社会主义核心价值是社会主义制度在人们价值观念上的集中表现与反映，它要想具有说服力与感召力，就必须使人们获得实实在在的利益。随着我国的改革开放和现代化建设进入深水区，人们在政治、经济、文化、环境等方面的利益失衡存在着进一步加剧的可能，贫富差距扩大、房屋价格高涨、就医难、入学难、就业难等社会问题相对突出，人们的正当权利与合理要求难以得到有效满足。这些社会问题的存在，严重损害了改革开放政策和社会主义市场经济的信誉，人民对马克思主义、社会主义的价值理想表现出某种程度的怀疑与漠视，在部分群体中出现了"端起碗吃肉，放下碗骂娘"的现象，甚至妖魔化常态，给社会主义核心价值观的宣传教育带来很大困扰。

五 权力失控动摇核心价值认同

权力作为一种力量，它可以给人类带来安乐，但权力一旦失控又可以给人类带来灾难。所谓权力失控，也就是掌握权力的人突破法律和相关规定的界限，完全按照自己的意志行事，从而滋生出集权专断、官僚主义、失职渎职、贪污腐败等"权力病"。在社会急剧转型的背景下，由于我国政治体制改革相对滞后，改革不配套、政策不完善，这为权力寻租留下了大量的制度与政策性空间，加之传统封建主义思想与西方个人主义、拜金主义社会思潮的影响，导致出现了不同程度的权力失控现象。这严重败坏了党和国家的声誉，危及人民群众对马克思主义、社会主义的理想信念，动摇了人们对社会主义核心价值的认同。

我国公共部门的权力失控主要表现在如下几个方面：一是失职渎职。这是一种隐蔽的权力失控，它影响着政府效能的提高，也极大损害了公众的合法权益，其危害性不容轻视。二是好大喜功。为了谋取政治资本或经济上的好处，某些政府官员脱离实际、脱离群众，大搞"形象工程""政绩工程"，不仅造成大量国家资产的流失，同时也扰乱了社会正常的经济秩序。三是贪污腐败。当前，贪污腐败的手段越来越多样，主体越来越广泛，串案窝案越来越严重，贪污腐败的肆虐使得人民群众对党和政府产生了严重的不信任感。四是违法行政。部分官员忽视政府权力的法律边界，认为只要目的正确，手段是否合法无关紧要。这些错误观念与做法，极大削弱了政府的行政能力，严重影响到公众的法律信仰。五是缺乏诚信。部分官员面对群众时信誓旦旦，背后信义全无。这些行为既严重损害了党和政府的信誉，也对社会的信用体系建设造成伤害。六是生活腐化。生活上的享乐主义使得一些人把个人利益的追求放在至高无上的地位，沉溺于纸醉金迷、过着灯红酒绿的腐朽生活。以上权力失控现象，尽管表现形式各异，但其本质是一致的，即都是置"权为民所用、利为民所谋、情为民所系"的宗旨意识于不顾，把应尽的职责当作谋取自身私利的手段，最终导致了权力的失控。

权力失控，特别是贪污腐败现象在人民群众中造成了很大的消极影响，它侵犯了群众的正当权益，破坏了党和政府的光辉形象，涣散了党心、民心，最终动摇了人民对马克思主义、对社会主义、对共产党的价值认同。同时，公民个体的价值认同具有传染性，个体价值观念通过一定的关系互动传递给对方，被接受者一旦目睹个别权力失控现象的存在，就很容易滋生出对党和政府的不信任和对社会主义价值的认同危机。当这种消极心态与认同危机扩展为一种群体心理时，很容易导致社会整体对国家政策乃至社会制度的不满与曲解。这种不满与曲解，如果得不到有效疏导，将会使人民群众对社会主义价值理想产生疑问，甚至抵触，从而最终动摇人们对社会主义核心价值的认同。

六　西方攻势意在核心价值征服

全球化是一个包括经济、政治、文化等多方面相互影响、相互渗透的复杂过程，正如英国学者 J. 米特尔曼在《全球化的挑战：在边际上生存》一文中所言："全球化的概念是相互渗透的，包括经济、政治、文化、意识形态等。"① 由于全球化超出了经济范围，这就不可避免地使得各种不同的价值观念冲破国家界限、民族藩篱、地域限制，走向世界。本来在全球化进程中，不同价值观之间的交流、融合是十分自然和普遍的现象，但是，以美国为首的西方国家从未放弃按照自己的价值取向去建构和统治世界的企图。他们凭借政治、经济、科技、文化等方面的优势，推行文化霸权与文化殖民，大力输出本国的价值观念，形成对其他国家价值观念的侵蚀、破坏，这就在很大程度上把全球化异化为一种核心价值的征服运动。正如美国前总统老布什说的那样："我们可以按照我们自己的价值观和理想建立一种新的国际体系。"②

改革开放以来，伴随着国门的洞开，我国同西方国家的政治、经济、文化交流日益频繁。由于中西方"信息鸿沟"的存在，西方掌握着价值理念的话语霸权，这使得西方价值观在我国的传播占据十分有利的地位。他们利用各种途径手段，竭力宣传所谓"人类共同利益"的价值观，推销"西方文化中心主义"，利用个别人对西方文化的迷恋、崇拜，使他们逐渐接受其价值观。西方价值观在我国业已形成多元化传播的格局，这种多元化格局主要由以下途径构成：一是经济交流途径。西方国家在与我国发展经贸关系时，时刻没有忘记传播其价值观念。克林顿曾于2000年5月24日在美国众议院通过一项议案后说："我们向中国出口的不仅仅是产品，还有我们真实的价值观念。"二是社会交往途径。通过探亲访友、旅游休假、民间交流等多种形式，不断进行西方价值观念的传播与渗透。三是文化交流途径。丰富多彩的文学、音乐、戏剧等文化交流，既有利于我们吸收西方先进的科学文化，同时也为西方价值观的传播提供了便利。四是学术交流途径。西方国家通过学术著作在我国的翻译出版以及专题讲座、报告会、论坛、学术研讨会等国际学术交流活动，不断兜售他们的意识形态与价值观念。五是大众传媒途径。西方的大众传媒往往具有很强的政治色彩，他们整合网络、电视、报纸、电台等多种

---

① ［英］J. 米特尔曼：《全球化的挑战：在边际上的生存》，《第三世界季刊》1994年第3期。
② 梅孜编译：《美国国家安全战略汇编》，时事出版社1996年版，第188、190页。

媒体资源，形成了价值传播的合力，对国人的价值观念带来巨大冲击。六是重要节日途径。情人节、愚人节、圣诞节、感恩节等洋节在我国日益盛行，西方的价值观念也随着这些所谓的新潮生活方式而进入人们的头脑。

西方价值观带有明显的阶级属性和意识形态偏见，这些价值观或者反马克思主义、反社会主义，或者传播消极、腐朽、颓废的思想观念，具有强烈的反主导价值取向。如果任由西方价值观的肆意渗透，就会严重冲击马克思主义的指导地位，腐蚀我国多年培植的价值观念和信仰体系，引起人们价值观混乱，其后果不堪设想。因此，面对全球化进程中西方国家愈演愈烈的价值传播，如何加强社会主义核心价值观的宣传与教育，强化国人对马克思主义、社会主义的价值认同，从而避免被西方价值所征服，成为我们亟待解决的重要问题。

（王维国，中国社会科学院大学马克思主义学院副院长，副教授，社科大教育部思政创新发展中心研究员。源自：《理论导刊》2013 年第 3 期）

以事件为中心的青年网络虚拟社群研究

——以"微笑局长"事件为例

漆光鸿　高　峰

伴随着计算机和互联网技术的高速发展，网民人数的不断增多以及网络行为的日益频繁，网络虚拟社区日渐成熟起来，民众可以通过这个交流平台和交往环境快捷而自由地参与政治生活。在网络政治参与过程中，由相同的政治观点、利益表达、思维方式、兴趣爱好聚集在一起的网络虚拟社群日益成为推动行政决策民主化、科学化的一支重要力量。而青年作为网络使用的主要人群，也是网络虚拟社区的主力军。因此，研究网络政治参与过程中青年虚拟群体的形成过程及其影响因素，对于科学引导青年群体的网络政治参与，积极发挥青年群体的主力军和生力军作用，促进政治民主和社会稳定有着重要的意义。

网络政治参与一般是指公民以网络为媒介，关注时事新闻，政府活动、民生问题、社会热点事务，并发表网上评论、讨论，表达政治主张和政治意愿，或通过网上选举、网上民意调查以期影响政治决策和政治活动等公共政治生活的体制外的参与行为。而虚拟社群则是指以互联网为沟通媒介，以信息联系为纽带，因网络热点事件聚集起来，主动在网络空间进行相对稳定、持续互动的、数字化的交流的符号化、数字化、信息化的人的集合体，是一种伴随着互联网发展起来的新型群体，按照持续时间的长短及人员流动程度分为长期虚拟社群和短期虚拟社群。青年虚拟社群就是以 18—40 岁的青年人为主要构成成员的网络虚拟社群。

本研究研究的是以一个网络事件为中心所形成的短期网络青年虚拟社群。我们选择天涯社区作为资料收集平台，选取了陕西"微笑局长"事件，运用网络观察法和文本分析法，对 2013 年 9—10 月期间天涯社区中"天涯杂谈"① 板块关于"微笑局长"事件的全部发帖，包括主帖议题、主帖作者 ID、回帖人 ID、点击量、回帖量、回帖频率、回帖的意见走势、ID 间互动情况等进行收集，筛选掉重复帖及无关帖后，对文本以及发帖频率、回帖频率、意见走势等内容进行统计分析，以了解分析青年网络虚拟社群的形成过程、阶段特征以及对青年网络政治参与的影响。

一 青年网络虚拟社群发展阶段分析

青年网络虚拟社群的形成是一个动态的发展过程，有自身的生命周期。"生命周期是指生物体的形态或功能在生命演化进程中所经历的一连串阶段或改变"，即每种生命形态，包括社会事务都会经历出现、发展、成熟、衰退的过程，这个过程就是一个完整的生命周期。通过网络观测并对所选取事件的论坛发帖进行分析与统计后，我们发现，在一个网络事件中，青年网络虚拟社群的周期可以划分为萌芽期、成长期、成熟期、消退期四个阶段。

研究发现，网络青年虚拟社群的第一个时期是萌芽期。萌芽期是某一事件发生后在网络中迅速传播形成热点话题并引起网民关注并发表意见的阶段。为数众多的没能得到关注的帖子会迅速被新出现的话题新帖淹没，当一个事件在短时间内引起论坛网民的关注并通过发帖和回帖的形式进行互动交流时，一个小范围的虚拟社群也相应产生了。以"微笑

---

① 天涯杂谈是天涯社区社会板块的一部分，天涯社区的社会板块，被誉为最直率的话语场。包含天涯杂谈、百姓声音、天涯时空、国际观察、关天茶舍几个分论坛，也是天涯社区中人气较旺的几个论坛，天涯杂谈是其中最重要的论坛之一。网友在这里主要进行时事评论、关注社会民生、探讨社会问题、观察国际局势。通过网友互动交流体现人文关怀、社会责任和自由精神。

局长"事件的发展过程为例,2012年8月26日凌晨,陕西延安境内发生的双层卧铺大客车与甲醇罐车追尾致36人死亡的特大交通事故,有网友在浏览事故报道发现了杨达才清晰的笑脸后发布微博。该微博在短时间被转发数千条,民众开始进行人肉搜索,当晚又有网友在微博及其他论坛发布了杨达才佩戴手表的照片,又引起了轩然大波。在天涯杂谈板块,8月27日,ID为"俺是SUPERMEN"的网友转载了一条《陕西延安车祸现场嬉笑满面的陕西省安监局局长杨达才原来是个名表控》的帖子,引发了网友们的关注与讨论,帖子内容也逐渐由对杨达才手表的评论发展到揭露历次民众人肉搜索各级官员名表的事件,两个小时内"深山之巫""夜反思"等网民的回复量达几十条,这个板块上的虚拟社群开始逐渐聚集。萌芽期的网络虚拟社群具有两个特点。一是群体的互动话题能够反映现实社会突出的矛盾和问题,具有焦点性。网络上每天各种各样的新闻和信息像潮水般汹涌而来,并不是所有的事件和议题都能在短时间内引起网民的高度关注。一般而言,只有反映社会突出矛盾的少量刺激性议题才能成为网民,特别是青年网民互动讨论的对象。微笑局长事件的起因原本是一起特大交通事故,后因"笑脸微博""表叔"等引发网上极大关注,并迅速扩展到全社会。帖子海量发布,情绪性、鼓动性极强,光看题目就有"延安车祸现场嬉笑满面""名表控""在死亡特大交通事故现场爽朗一笑震惊国人""延安特大交通事故36人遇难!!!""微笑帝杨达才简直要逆天!!"等刺激性字眼,帖子内容多附带视频、照片等利于网民群体进行图像思维的证据。通过信息发布者的议程设置,网民关注的焦点从"杨达才"这个个体转移到"官员""腐败"等共性矛盾的批判中去,从而在短时间引起论坛内其他网民的关注。此后,更多的网民开始表达对该事件的观点并观察其他网民的意见,一个虚拟社群酝酿形成。二是群体成员互动交流较少、发帖量不多。大多数成员更多的是持一种观望的态度,希望了解更多更全面的事件信息。从整体上看,帖子的点击量很大,但发帖量和回帖量很少,大多数帖子持续时间较短,说明这一阶段的群体成员基本上属于"旁观"状态。从单个帖子来看,成员间的互动主要是围绕着主帖中的中心话题,与"楼主"即主帖发布者进行单中心互动,帖子的参与者之间的相互回复及互动较少。回帖中也多为"？""！""看看"等态度较为缓和的内容。

青年网络虚拟社群发展的第二个时期是成长期。成长期是随着事件的发展，相关网络话题促使虚拟社群成员间观点不断传播并开始集结的阶段。由于虚拟社群成员在思想上的开放性以及各自地域来源不同的差异性，通过成员之间自由平等的说服与讨论，不仅实现了信息共享，而且也呈现"百家争鸣、百花齐放"景象。由于群体成员在知识结构、兴趣爱好、文化价值、年龄地域等诸多方面都存在着较大的差异，在话题的讨论上很难达到一致与平衡，表现为话语主题的丰富多彩、千差万别，以天涯杂谈板块短时间的33个网帖为例，10个是记录事件发展的；8个是发表看法的；7个是表达情感的；还有8个倡导呼吁的，内容也从"悲催的表哥，你死定了"这样单纯表达愤怒，直到"微笑局长的尴尬来自官员财产申报制度缺位"这样的理性思考。在这种状况下，成员间思想的交织与碰撞变得更为活跃，在你来他往的跟帖互动过程中讨论方向逐渐"分岔"，一部分人的观点和看法在短时间内迅速吸引了一批跟随者进行频繁跟帖回帖，一个讨论互动的虚拟群体开始悄然发展。网络虚拟青年社群成长期有三个特点。一是群体成员互动增多。随着事件的发展，更多的青年网民特别是在虚拟社群萌芽期处于"旁观"状态的网民参与进来，他们用发帖、跟帖、转帖等各种形式表达自己的情绪和意见，陈述自己的观点和立场，发帖量和关注度急剧上升。但此时发表的观点和见解多是从自我角度出发，将自己的主观想法与客观现实相联系而发表一些情绪性和主观臆断性的极端言论。二是"意见领袖"出现。将有效的话题信息迅速汇集并进行信息的深层解读，使其他成员能够在杂乱的信息中抓到重点并获得意见支点，影响整个社群的意见走势。我们观测分析，在天涯杂谈板块，在事件发展的20多天里，"曾兵2010""痴山"等8个人逐渐成为社区的中心，他们发帖的点击量最少是1245，最多达到38282，其中对"levyemail"一个帖子的回复量就达到1630。显然，随着事件的发展，一个有影响力的网络虚拟社群的核心正在慢慢形成。三是成员意见开始逐渐集中，态度逐渐明朗，形成意见的凝结点。在天涯杂谈板块，渐渐形成了"坚信杨达才贪污""不相信杨达才清白""呼吁对杨达才进行彻查""对官员贪污腐败的痛恨""对中国反腐的失望"等几个主要观点。一些观点逐渐集结,在支持率较高的某一主要观点下,形成了若干"观点集",后进的成员在表达自己的看法时,大多也是选择自己所赞同观点的"阵营"。随着观点的集中和凝结,前期围绕话题的"纷繁复杂"的现象逐渐消失。可见,虚拟社群凝结起来的观点是同质吸引并自然发展的,异质观点的同质化和同质观点的自然发展体现了虚拟社群的自调节与自适应性。随着话题讨论的不断深入,因意见领袖引导而形成的不同观点群,加上群体活跃成员充满激情的力挺,以及后进成员惯有的从众心理,由此所引发的群体聚合效应使得这一网络虚拟社群逐步发展强大起来。

虚拟社群发展的第三个阶段是成熟期。在这一阶段,媒体对事件的大量报道和网络虚拟社群的积极动员使事件得到了极大的关注。网络意见迅速传感至现实社会,现实事件的发展变化又对网络意见以及虚拟社群成员间的互动产生新一轮的影响。对于青年网络虚拟社群来说,新的刺激信息加入,如媒体对事件的大量报道,管理部门或事件相关方的回应等,都会使群体成员的参与量大幅度提升;而此时群体内的观点交锋、互动回应,也愈加激烈,帖子的数量在短时间内大大增加,群体成员的参与度和活跃度都直线上升并达到一个峰值。作为网络虚拟群体,成员相互间的密切程度和互动关系都达到了最高水平,这时虚拟社群进入了相对成熟的时期。成熟期的青年网络虚拟社群有两个表现特征。一是群体话题及意见走势逐渐明朗,出现"一边倒"的网络舆论。随着观点的集中凝结和舆论双方长期的观点博弈,观点逐渐类型化,出现同类的"意见群体",话题意见的走势逐渐明朗化。在"微笑局长"事件中,最终观点主要分为两派:严惩派和维护派。从社群中帖子态度倾向上看,可以分为主流意见与少数意见,一旦出现少数不同于主流的意见便会招致群体成员一致的攻击和谩骂。持不同意见者或中立态度者往往在群体压力和沉默的螺旋作用下保持沉默或转而支持多数人的意见,而原来支持群体意见的网民更加确认自己观点的正确性。随着观点的集中与分裂,青年网络虚拟社群的人员范围走向固定、相互之间逐渐熟悉、意见中心基本形成,群体基本成熟。二是群体成员互动加强,群体行为呈现现实与虚拟的交互性。互动是一个群体的基本条件,也是群体生命力的集中表现。与萌芽期的单中心互动相比，此阶段的虚拟社群成员间的互动更为丰富且深入，成员不再只是围绕主帖发表自己的看法，而是对自己感兴趣的非主帖ID也进行回复互动，主帖对其他ID也发表回复并做进一步讨论，从而形成了群体内较为复杂的网状互动模式。

虚拟社群发展的第四个阶段是消退期。随着热点事件的结束，网民的注意力逐渐被其他话题所转移或替代，虚拟社群里事件相关的发帖量、帖子点击量、回复量急剧减少，互动更是几乎降到零。随着利益相关者、意见领袖、活跃分子等参与主体渐渐淡出，青年网络虚拟社群逐渐消亡。

通过分析这四个阶段可以看出，事件聚焦性形成的互动话题是青年网络虚拟社群形成的关键，随着活跃分子和意见领袖的出现而形成的观点凝结是青年网络虚拟社群成长的重要因素，而成员的参与程度是青年网络虚拟社群成熟的标志。

二 青年网络虚拟社群的特征分析

从对青年网络虚拟社群形成过程及影响因素的分析研究可知，这类因为一件事而聚集起来的短期青年网络虚拟社群除了具有社会群体所共有的一般特征之外，在网络虚拟社会开放性和匿名性的影响下，在群体的形成、结构、互动、管理等方面还具有一些不同于社会群体的新特征。

第一，青年网络虚拟社群的形成具有自由性和自发性。现实世界中社会群体的形成大都依赖地缘、血缘、业缘等关系建立，群体成员经常需要在固定的时间及空间进行持续的相互交流活动。而青年网络虚拟社群的形成主要依赖的是"网缘"，是由于群体成员间对于某一反映社会基本矛盾的热点事件或现象的出现表现出相同兴趣及关注而自发汇聚在一起的团体。同时，由于作为虚拟社群存在载体的互联网本身具有很强的开放性，群体活动打破了时间空间的局限，虚拟社群成员根据自己的兴趣喜好以及价值观，自由决定是否参与群体活动。社群对于参与的约束也相对宽松，参加哪个网络社群，在什么时间以什么形式参与群体活动，又在什么时间退出群体活动，都具有极大的自由。因此，与一般社会的组织相比，青年网络虚拟社群具有强烈的自发性和自由性。

第二，青年网络虚拟社群结构是松散的，具有开放性。与传统的社会群体不同，网络虚拟社群是由虚拟化的个人组成，在社群里每个个体都可以突破自身在现实生活中地域、背景、年龄、教育、职业、收入等因素的约束和限制，而就共同的关注点聚集在一起，并且由于网络虚拟社群组织形成的自由性，社群成员的加入或是退出不会受到自身条件的制约和地域的限制。与现实社群相比，虚拟社群缺乏对成员的约束力，因此群体成员的流动性较高，群体结构松散，一旦离开网络，成员就会与社群失去联系，社群也会随着热点事件的结束而消散。但从另一个方面来看，与现实世界中的社会群体组成因素的复杂相比，虚拟社群虽然结构松散，却在一定时期内因为事件的高度社会影响力和话题的聚焦性，反而使得成员对于社群的依附性更强，社群对成员的吸引力更强，这就能有效地避免一般社会群体常有的，因存在长期不参与群体互动的成员而影响成员与群体依附关系的弊病。网络虚拟社群的群体结构具有开放性。这不仅表现在虚拟社群成员可以完全自由进出群体，还表现在虚拟社群始终与现实社会保持着畅通的信息流动和交换。同时，网络虚拟社群成员在参与群体交流互动的过程中，不仅个体身份明显呈现出强烈的流动性，而且会自发与自己观点一致的其他成员形成组合，并随着事件的发展以及群体讨论的加深不断进行分化和重组，青年虚拟社群的氛围也自发地、随时随地地走向平等、自由和开放。

第三，青年网络虚拟社群的群体互动具有非平衡性。群体互动在社群发展中具有重要意义。在传统社会的群体里，沟通与互动是面对面的，语言、肢体动作及表情是交流的主要手段；而在网络虚拟社群中，表达自己的情绪及观点，来进行群体成员间的交流互动的是文字以及符号化的表情。这种方式摆脱了传统互动在时空上的限制，让社群成员可以在任意时间、地点，在任何话题下和自己想要交流的成员进行一对一、一对多、多对一、多对多的互动。这种互动减弱了面对面交流带来的各种压力，使群体成员能够更方便快捷地建立彼此的互动关系，提高了参与者的主动性，也提高了互动的频率。但也正因为此，话题的随机，主题的丰富，观点意见的对立，不同阶段发帖量、点击量及回复量的差异等都可能造成群体意见趋势及话题走向的无法预测，群体互动呈现出非平衡性。紧密联系一个社群的一些基本元素，如价值文化的一致性、群体内部情感的凝聚力、严密的制度规则制约等，在网络虚拟社群中就很难形成，群体发展的平衡很难把握。

第四，青年网络虚拟社群管理具有明显的自律性与他律性。青年网络虚拟社群在组织层面管理松散，群体管理主要依靠成员自觉的道德意识。在虚拟社群内部，对于不同思想和观点的评判，发表自己的观点，表达自己的情绪，主要取决于成员自身的水平和素养，特别是道德水准。道德作为一种内控性的规范手段，能够促使群体成员对群体禁止行为与可行行为达成共识，并进行自我约束与自我治理。当某些成员违反了这些潜规则的时候，就会受到群体压力，表现为关闭话题、群起而攻之、话语权的短暂剥夺等。同时，虽然是网络上的虚拟社群，互联网的匿名性使群体活动可以脱离现实社会的规范约束而呈现出随意性，但社群及社群成员仍然要受到外界因素的制约，包括政治制度和论坛管理。政治制度是社会政治领域中的各类准则或规范，包括政党制度、政策制度、法律法规等；同时，虚拟社群所在的论坛管理情况也要对群体管理产生影响，管理高效且规范化的论坛，会有管理人员定时对违反论坛板块管理规定的行为进行删帖封号等处理。

三　网络虚拟社群对青年网络政治参与的影响

第一，青年网络虚拟社群对青年网络政治参与具有正面舆论牵引作用。青年虚拟社群对群体成员的思想和心理有着重要的影响，这种影响主要是通过群体和群体成员之间两方面发挥的。一个是在对话和讨论过程中，尽管虚拟群体每一个成员都是一个独立的个体，但通过信息的交流与互动，群体内信息不断接收与整合，会逐步汇集成一种群体的共同认识，每个个体都会受到群体认识及心理的影响，并逐渐把自己的思想和情绪转到同一个方向。此时群体成员会普遍反映出一种相似的群体意识、价值观念以及情绪倾向。同时，一旦有不同于主流声音的少数意见出现，群体成员也会呈现出一种积极维护主流思想的强烈姿态，以发帖、回帖的方式扮演着说服者、评论家以及监督者的角色，维护着群体思想意识和文化价值取向。

另外，由于网络信息传播的高速性，在虚拟社群的话题讨论过程中一些思想和言论获得了较多群体成员的支持，这些人逐渐成为社群中的意见领袖，其言论会对群体成员意见倾向性产生重要影响，他们根据自身的立场和观点对网络上事件相关信息进行有针对性的处理，并进一步丰富和拓展信息，吸引更多的成员参与其中，促使群体意见逐渐集中，助推社会事件的发展。大多数情况下，尽管在互动和讨论中会有很多不冷静或者不正确的情绪和观点出现，但大多数意见领袖还是积极的，网络虚拟社群的总体趋向也还是主流的。这对于社会经验比较少，政治参与能力不太强的青年来说，无疑具有特别重要的积极作用。

第二，青年网络虚拟社群的对青年网络政治参与也具有负面影响，特别是在情绪的聚集和强化方面。虚拟社群对青年网络政治参与具有制约性和心理强化作用，这种制约性体现在虚拟社群成员在心理上的盲目从众性，处于激烈互动中的群体成员，极易受群体和其他成员的心理暗示，极端性的情绪也很容易通过互联网的快速传播而迅速蔓延。在共同的心理影响下，群体成员的言语和行为极易相互感染，并且在特定情境中忘记自我，最终导致群体无意识以及网民狂欢心理的出现。这种影响力还突出地表现在虚拟群体的聚合行为上，群体聚合行为是虚拟社群的成员在进行话题互动与讨论的过程中自发产生的，成员自由倾泻自己的感情，人际互动频繁，情绪行为感染强烈，并伴有明显的去个性化倾向。"人肉搜索"就是一种群体聚合行为，是引起一些社会事件发生的直接原因。群体成员因为一种英雄主义及正义感，用"人肉搜索"的办法来惩罚社会事件当事人。但"人肉搜索"也是一种侵犯公民隐私权的不道德行为，滥用"人肉搜索"，会影响他人的正常生活，甚至会转为网络舆论暴力的工具。在网络虚拟社群里，一些活跃分子和意见领袖常常依靠"人肉搜索"出的当事人信息，以此赢得群体其他成员关注，这往往也会引领其他成员的观点和情绪。

（漆光鸿，中国社会科学院大学团委副书记；高峰，北京市顺义区马坡镇庙卷村党支部书记助理。源自：《中国青年社会科学》2015年第1期）

疫情防控与思政建设

打赢疫情防控和经济社会发展"双线战役"

张政文

近日,习近平总书记在统筹推进新冠肺炎疫情防控和经济社会发展工作部署会议上指出:"中华民族历史上经历过很多磨难,但从来没有被压垮过,而是愈挫愈勇,不断在磨难中成长、从磨难中奋起。"这对于我们打赢疫情防控和经济社会发展"双线战役",在挑战与应战中赢得胜利、实现复兴具有重要的指导性意义。

中华民族上下五千多年,在挑战与应战的激荡中,历经磨难而巍然屹立。今天,在新时代接力奔跑的新征程上,突如其来的新冠肺炎疫情给我们民族、国家带来重大挑战。在这个重大挑战面前,我们正朝着积极向好的方向前进,最终的胜利在不久的将来必然到来。

"欲事立,须心立。"中国共产党的领导是我们国家、民族能够成功应对这场疫情的根本政治保障。疫情发生后,以习近平同志为核心的党中央带领全国各族人民,统筹推进疫情防控和经济社会发展,一步步走向全面胜利。这次疫情,中共中央印发《关于加强党的领导、为打赢疫情防控阻击战提供坚强政治保证的通知》,多措并举,将党的政治优势、组织优势转化为疫情防控的制胜优势。

"经国序民,正其制度。"中国特色社会主义制度是我们国家、民族能够成功应战这场疫情的根本制度优势。我们之所以能够打人民战争、打总体战、阻击战,和中国特色社会主义制度分不开。正是有这样一种优越的制度，我们才能够集中力量、调度全国，在各个战场上实行全面的、总体性的、完整的阻击战。实现这次"战疫"的最终胜利，更要放眼长远，以强化公共卫生法治保障、改革完善疾病预防控制体系与重大疫情防控救治体系、健全重大疾病医疗保险和救助制度以及应急物资保障体系等为重点，补短板、堵漏洞、强弱项，促进重大疫情防控体制机制的持续优化完善，让"中国之制"的优势更好地转变为疫情防控效能，为最大限度保护人民群众生命安全和身体健康筑牢制度防线。

"人无精神则不立，国无精神则不强。"当前疫情防控到了最吃劲的关键阶段，伟大的创造精神激励着全国科技工作者，把论文写在抗击疫情的第一线。伟大的奋斗精神激励着"最美逆行者"，以战士的姿态冲上前线；伟大的团结精神激励着我们的民族、国家和人民空前凝聚、团结、有力，每一个人，无论地位高低、文化背景，无论老幼妇孺、男女老少，"心往一处想，力往一处使"，很多令人终生难忘的时刻、事迹、人物将永留青史；伟大的梦想精神激励着我们保持战略定力，积极推进疫情防控的全面胜利转化为国家公共卫生应急管理体系的完善动力，国家治理能力与治理体系现代化的提升契机和全面建成小康社会、实现第一个百年奋斗目标的有力保障。

在这场没有硝烟的战场上，我们始终被一些"最美90后"感动着，他们是护士、公安干警、货车司机、快递小哥。一代青年有一代青年的历史际遇，战疫总有一天会结束，但是我们的挑战总会有，我们的应战永远不会完。在挑战与应战中防范化解重大风险，赢得最终胜利，从根本上要依靠青年。教育兴则国家兴，教育强则国家强。应扎根中国大地办教育，努力构建起德智体美劳全面培养的教育体系，以学科体系、教材体系、教学体系与管理体系为重点，形成更高水平的人才培养体系，持续培养与大国地位相匹配、与时代发展和事业要求相适应、具有大局意识和担当精神的人才，为我们的民族复兴赢得时间，使我们党的事业薪火相传。

（张政文，中国社会科学院大学党委常务副书记、校长，教授、博士生导师，社科大教育部思政创新发展中心执行主任。源自：《光明日报》2020年2月28日第2版）

统筹做好疫情防控和教育改革发展工作

张政文　王维国

疫情防控期间，高校作为这场"战疫"的重要战场，必须深入学习贯彻落实习近平总书记重要讲话精神，把疫情防控作为当前最重要的政治任务，增强"四个意识"、坚定"四个自信"、做到"两个维护"，统筹做好疫情防控和教育改革发展工作，两手抓、两促进，以最强决心、最大努力、最实举措，坚决夺取两大战役的全面胜利、最终胜利。

一　积极平稳有效应对疫情防控大考

提高站位、全面部署，全力构建战疫大格局。疫情发生后，中国社会科学院（以下简称"社科院"）党组高度重视大学疫情防控工作，并将其纳入全院疫情防控整体部署。谢伏瞻院长明确指示中国社会科学院大学（以下简称"社科大"）要全力做好疫情防控工作，王京清副院长、高培勇副院长多次听取大学疫情防控工作汇报。在社科院党组的坚强领导与统一指挥下，社科大党委第一时间进入战时状态，成立疫情防控工作领导小组和指挥部，在前指挥、总揽全局、协调各方。第一时间建立战时机制，成立10个工作组，明确排查管控、医学观察、校园管理、舆情引导、物资保障、学业就业指导、学生管理、执纪监察等工作任务。第一时间构建联防联控体系，制定疫情防控工作方案，建立信息报送和公开、应急值守、联系各院系各部门、无情况零报告等工作制度，严格关于校园、留校人员、返校人员和医学隔离观察区的管理措施。第一时间进入战斗岗位，各工作组、各部门从假期模式迅速切换至战疫模式，闻令而动、积极响应。全校师生思想统一、相互支持配合，从校党委到广大师生，每个人都以不同方式全力投入到这次疫情防控的人民战争中。

精准施力、坚固防线，全力守好战疫主阵地。守好前沿防线，实行全封闭管理，严格校门、楼门、办公区、食堂、宿舍等重点部位管控，严格进校人员出入证查看、体温检测与佩戴口罩检查，严防死守、紧盯到人，努力将疫情阻击在校外。守好重点群体防线，全面摸排师生流动及健康状况，重点做好留校师生、疫情严重地区师生、隔离观察学生、外包后勤保障人员以及留学生、外籍教师等重点群体的疫情防控。守好保障防线，确保食堂餐饮安全，确保留校学生宿舍防控底线，确保安保、保洁、消毒及校园运行平稳有序，确保防疫物资充足供应，确保发热门诊、隔离观察场所建设。守好智慧防线，通过远程办公、视频会议、微信工作群等建立在线办公机制，实现线上肩并肩、工作实打实，有力保证疫情防控工作的高效运转，守护师生健康、维护校园稳定。

勇于担当、服务师生，全力筑牢战疫防护墙。始终把师生生命安全和身体健康放在第一位，关爱学校一线防控人员，为其提供充分的防护、工作条件及必要的补助支持。创新密切联系基层、联系师生形式，通过倡议书、一封信、打电话、发短信等，向全体教职员工、本硕博学生及家长、离退休老干部、海内外校友等致以最有温度、最有力的问候和心贴心、实打实的关怀。实施精准帮扶，做好面向重点群体的人文关怀与心理支持，设立"新冠肺炎疫情"专项临时资助项目，资助学生254人。创新疫情期间思想政治工作，构建"思想引导、学业指导、心理疏导、就业辅导、困难帮导"一体化在线思政工作体系。积极回应延期开学、复试考博、毕业就业等师生重大关切的问题，通过流量费用补助、在线开学授课、网络双选会、线上家访等有机联动、务实高效的举措，强信心、暖人心、聚民心。发挥一方有难八方支援的光荣传统，为疫情防控捐款81082.52元，选拔50余名志愿者为华中科技大学同济医学院附属中学学生进行线上"一对一"辅导。

发挥优势、有效覆盖，全力打赢战疫宣传战。精准把握舆论引导"时度效"，第一时间上线抗击疫情专题网站，截至3月3日，推出《每日简讯》38期，密集发布各类稿件482篇，同时刊发系列战疫海报、诗歌、短视频等。学校各部门、学院官网、官微也及时推出文章，表达出师生决胜战疫最强音。在深入宣传中央决策部署、及时发布权威信息、充分报道学校防控举措、热情讴歌师生典型的同时，学校增设疫情防控专项课题，组织专家在大报大刊撰写理论文章10余篇，切实发挥社科人的智慧与力量，凝聚起众志成城、全力抗疫的强大正能量。

疫情防控工作，必须以习近平总书记关于统筹推进新冠肺炎疫情防控和经济社会发展的重要讲话精神为根本遵循，在社科院党组和谢伏瞻院长的领导下，积极落实王京清副院长、高培勇副院长的工作要求，强化底线思维、责任意识，抓紧抓实抓细各项措施，在做好疫情防控的同时，把建成中国特色社会主义一流文科大学的使命担当扛在肩上、抓在手上，变压力为动力、化危机为契机，发挥优势、补齐短板、抓好重点，统筹推动学校各项事业改革发展行稳致远、进而有为。

二 统筹推动学校各项事业改革发展

停课不停学，扎实做好在线教育组织管理。积极做好疫情防控期间的教学工作方案，按照"整体部署，一课一策"的思路，以在线教学为手段，灵活组织开展教学活动。本学期376门次本科课程中，线上指导166门次，慕课指导103门次，平台直播31门次，自建校内线上平台教学方式41门次，综合使用直播、录播、慕课课程教学方式22门次。充分依托社科院的科研实力、学术资源，加强优质教学内容供给。采用校领导在线听课、督导组进群督查、学院随机抽查等方式，开展精准指导与教学督导。以此为契机，推动本硕博课程教育教学改革，系统规划和建设线上教育资源。社科大与学部工作局共建、马克思主义学院主责的"形势与政策"思政慕课第二季在疫情期间如期上线，开课一周以来，近4万名来自全国各地、不同高校的大学生在云端同上一堂思政课。

探索大院制，稳步推进管理体制机制改革。按照谢伏瞻院长提出的"不追求规模和数量、重在质量、起点要高、水平要高、办出特色、办成一流名校"的目标要求，落实高培勇副院长"入主流、入体系、一家人、一盘棋"的发展思路，以大院制改革为抓手，通过卓有成效的守正创新，推动大学进入改革发展的快车道。积极探索建立符合国民教育体系要求和社科院特色的科教体系与培养体系，改变研究所原先作为单一主体参与的研究生培养模式，使研究生教育能够在统一规范的要求下得到更好的发展。适时开展学院设置调整，进一步明确学校、学院、研究所的责任与权利，构建"学校、学院、系"三级管理体系，实现学校与研究所优势互补，本硕博资源有效打通，形成充满活力、富有效率、更加开放、动态竞争的现代大学管理体制机制，为大学健康快速发展保驾护航。

开启新征程，全面加快一流文科大学建设。积极推进将疫情防控的全面胜利转化为中国特色社会主义一流文科大学的发展契机，有力有序有效地推进"双一流"建设、研究生培养管理体制改革、二级学院设置调整、教育教学改革、科研工作提档升级、本科评估、办学条件改善等年度重点工作落实。着力推进"四个回归"，进一步提升人才培养质量；着力争创一流学科，进一步提升学科整体水平；着力深化科研创新，进一步提升重大成果产出；着力加强队伍建设，进一步提升铸魂育人能力；着力深化国际合作，进一步提升开放办学格局；着力拓展服务空间，进一步提升社会服务水平。以学校各项事业的高质量发展，赢得疫情防控和教育改革发展的双胜利。

三　为赢得战役胜利提供政治保证

加强党的领导，是打赢两大战役的政治保证。关键时刻，关键在党。疫情发生后，在社科院副院长、校党委书记王京清同志领导下，社科大党委带领全校党员干部、师生员工全面落实党中央决策部署和社科院党组各项工作安排，坚定信心、沉着应战，取得疫情防控的阶段性胜利。当前"双线"合并、"两战"叠加，迫切需要提升党委的"弹钢琴"能力，既要有使命担当之勇，又要有科学应战之智；既要有统筹协调之谋，又要有落细落实之能；既要突出战疫这个重点，更应整体考虑学校改革发展；既要取得抗疫阻击战的最终胜利，更要在学校内涵发展、稳中求进的主战场打胜仗，实现"双线作战"的"两个胜利"。

加强党的建设，是打赢两大战役的制胜法宝。党的建设始终是我们党克敌制胜的重要法宝。学校全体党员干部以必胜之心、责任之心、仁爱之心、谨慎之心，第一时间投入疫情防控，战斗在前、引领在前，充分体现了关键时刻"拉得出、用得上、干得好"的优良作风。中国的事情要办好，首先要把党建设好。校党委全面落实中共中央印发的《关于加强党的领导、为打赢疫情防控阻击战提供坚强政治保证的通知》精神，积极推动党的政治建设与增强疫情防控政治领导力、思想建设与增强疫情防控思想引领力、组织建设与在疫情防控一线锻炼发现干部及增强基层组织力、作风建设与破除疫情防控中的形式主义官僚主义、纪律建设与疫情防控严肃问责、制度建设与构建疫情防控制度体系的深度融合，在高高飘扬的党旗引领下，努力把党的政治优势、组织优势转化为打赢两大战役的制胜优势。

加强思政工作，是打赢两大战役的"生命线"。习近平总书记在全国教育大会上提出"思想政治工作是学校各项工作的生命线"，打赢两大战役必须发挥思政工作的"生命线"作用。这次新冠肺炎疫情给包括高校在内的整个社会带来巨大风险，应着眼于培养具有忧患意识、勇于直面风险、善于在斗争中推动发展的时代新人，构建基于防范化解重大风险的"大思政"工作体系，把立德树人融入思想道德教育、文化知识教育、社会实践教育各环节，贯穿学科体系、教学体系、教材体系、管理体系各领域，以全领域关注、全过程防控、全工具运用、全主体参与为重点，实现思政工作合力，有效应对疫情挑战、防范化解重大风险，切实维护校园稳定与政治安全。

（张政文，中国社会科学院大学党委常务副书记、校长，教授、博士生导师，社科大教育部思政创新发展中心执行主任；王维国，中国社会科学院大学马克思主义学院副院长，副教授。源自：《中国社会科学报》2020年3月19日）

思政大课,从"云端"渗入学生"心里"

张政文　王维国

思政大课的重要意义不仅停留在当下,更应具有长远效应。面对突发疫情,思政大课按照"停课不停教、停课不停学"的工作要求,以润物无声、直指人心的特殊方式,成为疫情防控的重要精神力量。一方面,直面广大师生最关心的思想认识问题,讲好疫情防控的制度优势、制度自信,讲好习近平总书记的重要指示与中央决策部署,加强人文关怀与心理疏导,起到了鼓舞士气、凝神聚力的正向作用。另一方面,积极反驳"中国道歉论"等别有用心的错误论调,对武汉"封城"是否侵犯民众人权、以巨大经济损失为代价阻断病毒传播是否值得等问题进行解疑释惑,挤压谣言空间,着力化解涉疫舆情焦点。浇花浇根、育人育心,思政大课的重大意义不仅在当下,更在长远,要放在世界百年未有之大变局、党和国家事业发展全局中来看待。其作用不仅体现在疫情防控的一事一时,更是着眼大学生理想信念、价值理念和道德观念的根本提升,把爱国主义、风险意识、社会责任、公共安全、健康生活方式等内容有机融入思政课教学,塑造学生勇于直面重大风险,敢于在斗争中推动发展的精神风貌、意志品质与思想境界,为他们一生的成长奠定科学的思想基础。

思政大课的重要意义不仅在学校,更具有社会效应。高校是打赢疫情防控战的"特殊战场",思政课教学是高校疫情防控的"重要战线",

思政大课之于高校具有育人、防控和智库研究的三重意义：作为育人主渠道，能切实增强学生对疫情防控的政治认同、家国情怀、道德修养、法治意识与文化素养，引导他们胸有大志、心有大我、肩有大任、行有大德。作为防疫战斗员，思政课教师政治强、情怀深、思维新、视野广、自律严、人格正，承担着特殊的云端战疫任务，是维护师生生命安全、守护校园一方净土的重要力量。作为智库生力军，发挥着从马克思主义理论学科角度开展理论创新、舆论交锋、咨政建言、信息交流与对外传播的重要智库功能。疫情下的思政大课，对象是大学生，其产生的影响却在全社会。思政大课教育引导广大学生强化责任意识、纪律意识，遵守属地和学校各项管理规定，居家学习、居家抗疫，本身就是为支持配合国家整体疫情防控大局做贡献。思政大课将火热战疫转化为传播速度快、覆盖群体广的云端课堂，受众不再局限于高校师生，而是拓展到大中小学，面向全社会。有助于消除公众的麻痹思想、厌战情绪、侥幸心理和松劲心态，增强必胜之心、责任之心、仁爱之心、谨慎之心，起到了强信心、暖人心、聚民心的良好社会效应。

思政大课的重要意义不仅在现实，更具有网络效应。2020年是全面建成小康社会的收官之年，党的十九大把防范化解重大风险摆在全面建成小康社会三大攻坚战之首。突发的新冠肺炎疫情给包括高校在内的整个现实社会带来巨大风险，我们应站在战略高位、价值高点、发展高度思考思政大课的重大现实意义，在强化"显政"、加强正面教育的基础上，切实增强广大师生的风险意识、底线意识和忧患意识，把防范化解高校重大风险作为保障性目标。思政课是做人的工作，人在哪儿重点就在哪儿。当前网络已成为思政课教学的最大变量，有人将网络比作信息丛林，其中既有予人甘甜、沁人心扉的山泉珍果，也有惑人眼球、乱人心智的毒花杂草。办好思政课不仅需要及时"清除"网络毒花杂草，更需要大力"补位"网络正能量。思政大课以网络为载体，在线"云"开讲。据统计，当日共有5027.8万人次观看在线直播，相关网站、客户端、社交媒体访问量达1.25亿人次。"全国大学生同时在线""思政大课"等多个词条冲上热搜榜，产生了巨大的网络正向效应，为扩大思政课育人覆盖面，唱响网上思想文化主旋律起到了典型示范作用。

深刻把握思政大课的内在规定性，建好新时代思政金课。思政大课之大，非谓有大场面、大明星、大制作之谓也，而在于其有大师，有大格局、大情怀、大影响，成为统筹做好疫情防控与思政课教学，推进新时代思政课改革发展的"示范课"。大课之大，在于其理论彻底性，应坚持用学术研究思想政治理论，深入阐释中国特色社会主义的重大理论和实践问题，为增强思政课思想性、理论性提供多角度学术支持；大课之大，在于其思想严密性，应坚持用逻辑讲授思想政治理论，积极推动宣传体系向育人体系、文件语言体系向教学语言体系转化；大课之大，在于其表达艺术性，应坚持用艺术呈现思想政治理论，加强教学方法创新，形成第一课堂与第二课堂、理论教学与实践教学相互支撑、综合融通的教学体系；大课之大，在于其影响广泛性，应坚持用网络传播思想政治理论，借助"新文科"建设东风，大力推动互联网、大数据、人工智能、虚拟现实等现代技术与思政课教学深度结合，积极发展"互联网+思政课"，更大范围、更宽领域为党育人、为国育才，引导广大学生坚定信心跟党走。

（张政文，全国政协委员、中国社会科学院大学党委常务副书记、校长，社科大教育部思政创新发展中心执行主任；王维国，中国社会科学院大学马克思主义学院副院长，副教授。源自：《人民政协报》2020年3月25日）

在携手抗疫中践行人类命运共同体理念

张政文

突如其来的新冠肺炎疫情，让世界对人类命运共同体理念有了更深刻的认识、更真切的体会。当前，新冠肺炎疫情在全球范围内加速蔓延，确诊病例不断飙升，波及200多个国家和地区，给人类生命安全和身体健康带来巨大威胁，给全球公共卫生安全带来巨大挑战。习近平主席在二十国集团领导人应对新冠肺炎特别峰会上呼吁，国际社会最需要的是坚定信心、齐心协力、团结应对，全面加强国际合作，凝聚起战胜疫情的强大合力。疫情当前，构建人类命运共同体的时代价值和现实意义愈加凸显。中国经过艰苦努力，取得了国内抗疫斗争的阶段性胜利，在继续做好自身疫情防控工作的同时，积极推动国际抗疫合作，生动践行人类命运共同体理念，彰显了中国担当、贡献了中国智慧。病毒不分国界，疫情不分种族。国际社会只有通力协作、携手努力，不断扩大和深化合作，才能最终战胜疫情，建设一个更加美好的世界。

一 人类是休戚与共的命运共同体

人类只有一个地球，各国共处一个世界。习近平主席指出："这个世界，各国相互联系、相互依存的程度空前加深，人类生活在同一个地球村里，生活在历史和现实交汇的同一个时空里，越来越成为你中有我、我中有你的命运共同体。"面对全球性危机和挑战，人类是一荣俱荣、一损俱损。

重大传染性疾病是全人类的敌人。在经济全球化时代，恐怖主义、难民危机、生态问题、金融危机等传统安全威胁和非传统安全威胁相互交织，全球性问题日益增多。任何一个地方出现问题，都有可能快速传导到其他国家和地区，形成多米诺骨牌效应。从SARA疫情到甲型HINI流感，再到新冠肺炎疫情，在全球性重大公共卫生事件面前，任何一个国家都无法独善其身。这次来势汹汹的新冠肺炎疫情严重威胁人类生命安全并给世界各国的经济社会发展造成极大冲击，没有哪个国家能幸免。疫情是人类面临的共同威胁和挑战。

战胜疫情需要世界各国携手合作。人心齐，泰山移。习近平主席指出，在应对这场全球公共卫生危机的过程中，构建人类命运共同体的迫切性和重要性更加凸显。病毒不分国界、不分种族，唯有团结协作、携手应对，国际社会才能战胜疫情，维护人类共同家园。面对人类的共同敌人，某些西方国家却傲慢自大、隔岸观火、作壁上观，少数政客和媒体到处煽风点火，甚至希望他国彻底失控，对他国落井下石和进行污名化攻击，既不道德，也不负责任。当今世界，各国相互联系和彼此依存的程度空前加深，在疫情面前最需要的是团结。各国在疫情防控、医疗设备、技术等方面各有优势，应摒弃疫情政治化的错误做法，克服分歧，团结协作，以合作促互信、以互信促合作，做到同呼吸共命运，争取早日共同战胜疫情。

二 全球疫情防控中的中国担当

大道之行，天下为公。疫情在全球蔓延后，习近平主席指出，中方秉持人类命运共同体理念，愿同各国分享防控疫情的有益做法，开展药物和疫苗联合研发，并向出现疫情扩散的国家提供力所能及的援助，将加大力度向国际市场供应原料药、生活必需品、防疫物资等产品。中国抗击疫情所做的巨大努力，彰显了负责任大国的担当，为世界抗击疫情赢得了时间、注入了信心和力量。

全力阻止疫情蔓延。面对疫情，中国及时制定疫情防控战略策略，全面贯彻坚定信心、同舟共济、科学防治、精准施策的总要求，迅速采取一系列最严格、最全面、最彻底的防控措施，筑牢阻击疫情蔓延的坚固防线。加强全国疫情防控的统一指挥、统一领导，充分发挥集中力量办大事的制度优势，调派330多支医疗队和4万多名医护人员驰援湖北，迅速开设火神山、雷神山等集中收治医院和方舱医院，19个省份对口支援湖北省除武汉市外的16个市州及县级市……举国上下万众一心、众志成城，全力投入疫情防控阻击战，做出了巨大牺牲，控制了疫情发展。

及时分享抗疫经验。疫情发生后，中国本着公开、透明、负责任的态度，及时发布疫情信息，在短时间内甄别出病原体，主动同世界卫生组织和其他国家分享有关新冠病毒基因序列。建立新冠肺炎疫情防控网上知识中心，并向所有国家开放，介绍中国防控疫情的技术指南、诊疗规范和防控信息等。及时更新发布新冠肺炎诊疗方案、防控方案，并翻译成多国语言同世界各国分享。和世界卫生组织共同举办"分享防治新冠肺炎中国经验国际通报会"，通过远程视频方式同全球多个国家以及国际和地区组织举办技术交流会议，从新冠肺炎疫情的流行病学特征、防控策略、临床诊治、密接追踪等各个方面分享中方的经验做法，为外国同行提供有参考价值的意见建议。

积极提供物资援助。新冠肺炎疫情在全球多点暴发并呈持续蔓延态势，中国积极向出现疫情扩散的国家和地区提供力所能及的援助：向巴基斯坦、老挝、泰国、伊朗、韩国、日本等国和非盟交付了医疗防护物资援助；向100多个国家和国际组织提供了包括普通医用口罩、N95口罩、防护服、核酸检测试剂、呼吸机等物资援助。截至目前，中国已向世卫组织捐赠5000万美元现汇。中国用实际行动同世界卫生组织和有关国家一道，全力以赴抗击新冠肺炎疫情。

派遣专家队伍支援。为帮助有关国家抗击疫情，中国选择勇敢"逆行"，先后向意大利、塞尔维亚、柬埔寨、巴基斯坦、伊朗、伊拉克、老挝、委内瑞拉、菲律宾、缅甸等国家派出了医疗专家组，不仅带去抗击疫情的中国智慧、中国方案，也送去了中国人民的深情厚谊，协助有关国家提高疫情防控和诊疗能力，提振战胜疫情的信心。

全方位加强防疫合作。中国在做好本国疫情防控工作的同时，全面加强国际抗疫合作。从疫情初期主动公开并通报疫情、分享病毒信息、治疗方案和抗疫经验，再到后来的技术交流、物资援助、派遣医疗专家团队等，中国毫无保留地同世界卫生组织和国际社会分享疫情防控经验成果。同时，地方政府和民间机构也纷纷向有关国家伸出援手，积极提供物资捐赠。这是构建人类命运共同体的生动实践，彰显了中国的大国担当和天下情怀。

三　携手应对挑战是战胜疫情的必由之路

独行快，众行远。面对疫情向全球蔓延的严峻形势，世界各国唯有团结协作、携手应对，积极践行人类命运共同体理念，才能汇聚起解决全球性问题的磅礴力量，共同建设一个更加美好的世界。

加强疫情防控信息共享。各国应加强信息沟通分享，通过远程电话会议或视频会议等形式，及时公开、分享疫情防控和治疗等有关经验和技术，推广全面系统有效的防控指南，特别是要做好应对公共卫生突发事件方面的经验分享，齐心协力做好疫情防控工作。

建立区域公共卫生应急联络机制。各国应健全公共卫生突发应急机制，增加国际公共卫生领域合作资源，特别是加强公共卫生能力薄弱国家核心监测和应对资源的能力建设，提高突发公共卫生事件应急响应水平。同时，准确研判疫情在世界范围扩散的态势，有针对性地开展国际协调行动，协同施策，共同努力，构筑联防联控的严密体系。

加强科研攻关国际合作。新冠肺炎疫情已经变成一个全球性危机。只有相互支持、相互配合，加强在病毒溯源、检测试剂、药物研发、疫苗研制、重症救治等方面的科研合作，共享科研数据和信息，共同研究并提出应对策略，才能为打赢疫情防控全球阻击战提供科技支撑。

共同维护全球产业链供应链稳定。新冠肺炎疫情在全球多点暴发，对世界经济产生深远影响。各国应加强国际宏观经济政策协调和金融监管协调，优先保障对全球供应链中有重要影响的龙头企业和关键环节恢复生产供应，积极维护全球产业链供应链稳定。采取有效措施减免关税、取消壁垒，保持市场开放，构建更加开放的产业链供应链。

（张政文，中国社会科学院大学党委常务副书记、校长，社科大教育部思政创新发展中心执行主任。源自：《广西日报》2020年4月28日）

要敢于赢下疫情防控和办学强校的双胜利

张树辉

习近平总书记2020年2月10日在北京调研指导新型冠状病毒肺炎疫情防控工作时强调，当前疫情形势仍然十分严峻，要以更坚定的信心、更顽强的意志、更果断的措施，紧紧依靠人民群众，坚决把疫情扩散蔓延势头遏制住，坚决打赢疫情防控的人民战争、总体战、阻击战。高校是这场特殊战争中的重要战场、关键战役，在很大程度上也是起决定意义的重要力量。这次疫情是对我国治理体系和能力的一次大考，同时，防止疫情向学校扩散、守护师生安康、维护校园稳定，也是教育系统的一项重大政治任务，是当前最重要的工作。高校要以高度的责任心和强烈的使命感，守住校园这片净土，确保师生生命安全。

目前处于寒假延期开学期间，各地高校都在地方党委政府和教育主管部门指导下，加紧防控，严防死守，紧盯到人，层层压实责任，现阶段高校的压力主要来自加紧科研攻关，稳定师生情绪，做好舆情引导，努力实现停课不停学，有效做好开学准备工作。疫情防控进入胶着对垒的关键时刻，随着节后大规模返城返岗的到来和原定开学时间的临近，高校面临的压力将持续加大，人员密集、流动性大、青年情绪特点、考试就业等诸多现实困难叠加，考验着教育主管部门和高校管理者的应对能力。同时，推进教育现代化，建设高等教育强国的步伐一刻不能放缓，正如习近平总书记指出的，高等教育发展水平是一个国家发展水平和发展潜力的重要标志。我们对高等教育的需要比以往任何时候都更加迫切，对科学知识和卓越人才的渴求比以往任何时候都更加强烈。在这个生死攸关、命运攸关的重要时刻，摆在高等学校面前的只有一个选择，那就是要通过百倍的努力，确保防控疫情和推动发展两不误，要敢于赢下防控疫情和办学强校的双胜利。

夺取双胜利，高校要把责任和使命扛在肩上，在共克时艰中强化担当，贡献力量。高校党委必须保持清醒的认识，"做好疫情防控工作，直接关系人民生命安全和身体健康，直接关系经济社会大局稳定"，要在战疫中增强"四个意识"，坚定"四个自信"，做到"两个维护"，认真贯彻落实党中央决策部署，把疫情防控工作作为当前最重要的工作来抓。要提高政治站位，强化政治担当，充分认识当前局势的严峻性和复杂性，科学研判防疫工作校内校外两种条件和状况，加强对疫情防控工作的领导，不折不扣地执行各项防控举措。要强化防范高校重大风险的意识，特别是此类涉及面广、关系到师生健康乃至生命安全的重大疫情，必须要把办好党放心、人民满意的高等教育的责任和使命扛在肩上。各级基层党组织要发挥好战斗堡垒作用，讲责任、讲担当，不推诿、不扯皮，把疫情防控工作当作对"不忘初心、牢记使命"主题教育成效的一次重要检验，密切联系广大师生，做师生的主心骨，在防控工作的实践中展现号召力、增强凝聚力、磨炼战斗力。高校各级领导干部和广大党员要守土有责、守土担责、守土尽责，把投身防控疫情第一线作为守初心、担使命的试金石和磨刀石，要充分发挥先锋模范作用，以饱满的激情和严实的作风投入到防控疫情和教育教学工作中去，有力践行为人师表的责任担当和共产党人的初心使命，把中央的声音传递给同事同学，将中央的要求落实到方方面面，让党旗在高校防疫第一线高高飘扬。

夺取双胜利，高校要把纪律和思政挺在前面，围绕立德树人完善体系，锻炼队伍。教育部强调，战时状态要有非常举措，要把问题想得更严重一些，应对措施更坚决一些，一切要想在前面、做在前面，一切都要做细做实，坚决防止疫情在校园蔓延。这是一场战役，高校管理者就相当于在带兵打仗。严明的纪律是战斗力的保证，管用的规矩是打胜仗的基础，疫情防控没有讨价还价的余地。要明确强调纪律是学校立德树人根本任务的具体体现，要通过把纪律挺在前面教育师生，锤炼队伍。政治纪律是团结统一的保障，组织纪律是执行落实的基础，群众纪律是凝聚人心的关键，围绕疫情防控所制定的开学、返校、隔离、个人防护乃至吃饭排队一米线这些校规校纪，更是需要人人敬畏、人人遵守的底线。对于扰乱工作秩序、违反校规校纪、破坏防控大局的师生要严肃批评教育；对产生恶劣影响、造成严重后果的，要依法依规予以严肃处理。要把在疫情防控时期里的纪律规矩讲到、讲明、讲清，要强化纪检督查部门督导督办。此外，还要加强对参与防控的机构和人员的纪律约束，要做到令行禁止、步调一致。

纪律到哪里，思政工作也要到哪里，防控大局之下，思政工作更不能不到、不能迟到、不能绕道，要在战役中健全和检验高校思政工作体系，要旗帜鲜明地团结带领全校师生一起打赢这场人民战争，要把确保全校全局利益和师生的根本利益作为出发点和落脚点，要充分发挥思想政治工作潜移默化的作用，要通过细致入心的思政工作把严明的纪律内化为师生的自觉行动，教育引导师生守法制、守纪律、守规则、守底线。要教导师生认同党和国家开展疫情防控工作的重大部署和科学决策，要引导师生增强大局观和全局观，讲政治、讲大局、讲责任、讲奉献，正确处理个人利益与国家利益、全局利益的关系，理性科学对待疫情和防护工作，不信谣、不传谣、不添乱，要疏导师生恐惧、悲观、急躁、抱怨、消极等负面情绪，对于防控过程中遇到的复杂艰巨的局面，必须通过深入细致的思想政治工作教育引导师生认同学校的理念和做法，真心拥护和支持学校做好防控工作。

夺取双胜利，高校要把同学和老师放在心上，在服务师生中赢得师生的支持，改进工作。师生是学校的主体，校园防疫保卫战的目的就是为了保护师生生命健康不受损害，要确保每一个人在疫情防控工作中都不被落下。学校要时刻把同学和老师放在心上。首先，要确保准确掌握每一位师生在此阶段的位置、状态和流动情况，要通过超常规的工作，与师生随时保持密切的联系，指导师生做好自我防护工作，让师生时刻知道学校在记挂着大家，学校时刻在准备给师生提供必要的帮助和支持。其次，要尽可能保障师生员工的正常生活，为其提供必要的教学科研资源和疫情防控物资，特别要为在学校防控一线指挥作战并一同参战的医护人员、干部、辅导员、志愿者以及合作单位的同志提供必要的防护措施、工作条件和补助支持，要让师生安心、放心、暖心。再次，就是要高度重视和充分关心师生特殊群体，这其中包括第一类人员，即身在疫情严重地区的、直系亲属奔赴防疫一线的、重要亲属乃至自身处在确诊或疑似感染的、因密切接触处在强制隔离状态的、从疫情严重地区提前返校而在校隔离医学观察的等；第二类人员，指家庭特别贫困的、近期遭遇重大变故的、存在较严重心理障碍的等；第三类人员，包括因学业困难或其他原因导致毕业、就业困难的、延期毕业的，因疫情导致学业、实习、就业、升学、出国受严重影响的等；第四类人员，是学校其他一些易受疫情影响正常生活的师生，如离退休老同志、应届毕业生、正在患病的师生等；此外，也要关注和关心为学校提供服务的物业、餐厅、保安等一些有困难的务工人员。要针对每一类群体特点制定专门措施，安排专门人员做好联系和服务工作。学校要启动、新建和完善危机应急机制、学业保障机制、救济帮扶机制、心理辅导和干预机制等一系列有机联动、务实高效的措施和机制，要相信师生、信赖师生、依靠师生，共克时艰，争取胜利，在服务师生过程中，赢得师生认可，改进学校工作。

夺取双胜利，高校要把防控和育人举在头上，在特殊决战中赢得胜利，履行职责。疫情就是命令，防控就是责任。高校首要任务就是守好校门，抓好防控，力保校园平安。要严令同学开学前不返校，也不离乡返城；要严格控制参与校园防控工作人员的条件和数量，加强校门值守；要切实做好校园隔离室建设管理，严格做好校内师生、居民的个人防护，控制人员流动；要切实安排好校内师生的生活和学习；等等。

防控是手段，不是目的，防控是为了保障在疫情严重蔓延情况下，高校可以维持教学相对有序有效进行，并为开学做好必要准备。教学、科研、育人是高校的核心职能，立德树人更是根本任务。疫情当前，高校要统筹推进疫情防控和教育教学，在保证防控工作大局稳定的前提下，采取政府主导、高校主体、社会参与的方式，共同实施并保障高校在疫情防控期间的在线教学，逐步恢复教学秩序，实现"停课不停教、停课不停学",并以此为契机,探索推动高校教育教学方式的改革与创新。

更为重要的是,高校要抓住有利时机,积极构建一体化育人新模式,有效推动十大育人体系的建设和实践,不断提升思政教育亲和力。要让师生更加深刻地认识党的领导是中国制度显著优势的核心要素,习近平总书记亲自部署、亲自指挥,集全党全国全社会的力量打响疫情防控阻击战,充分彰显了中国特色社会主义制度的高度优越性,以及制度优势正在持续转化为治理效能的不争事实,从而更加增强"四个意识",坚定"四个自信",做到"两个维护"。要让师生更加清醒地认识,中华民族在困难面前不低头、不弯腰的斗争精神,同舟共济、共克时艰的英雄气节,以及一方有难、八方支援的同胞亲情,这些都是鼓舞我们不断战胜困难的自信和力量,从而更加弘扬爱国主义、集体主义精神;也让师生更清醒地认清,谁在真心地帮助中国,支持中国。要利用好防疫知识普及的机会,激发弘扬师生追求真理、弘扬科学的精神,坚定师生投身教学科研,为祖国奋斗、为人民服务的斗志与豪气。要加强正面宣传和舆论引导,利用好互联网和新媒体,用防疫工作中涌现出的先进人物和感人事迹教育广大师生,要防范意识形态领域的舆情风险以及外部风险向高校的倒灌。"其身正,不令而行;其身不正,虽令不从。"广大教育工作者要坚守岗位、各尽其责,这既是做好防疫工作的要求,也是在无形之中为学生做出了表率和示范。

总之,就是要把教育教学特别是思想引领、思想育人贯穿防控工作的始终,把弘扬正能量、激发新斗志融入防控的全过程,要真正做到把防控和育人牢牢抓住,举过头顶,放在突出位置,两手抓,都要硬。

夺取双胜利,高校要把作风和历练融入思想,为改善治校理教积累经验,固本强基。新冠肺炎疫情是对我国治理体系和能力的一次大考,更是对高校办学实力和治校理教水平的一次考验。面对重大疫情等突发公共事件,高校要敢于面对,勇于突破,不能手足无措、墨守成规,更不能主次不分、因小失大。当前形势下,高校要坚持理论与实践相统一,善于在实际工作中总结特殊状态下的学校治理经验,善于从其他高校、其他领域、其他国家的疫情防控工作中借鉴优势方法,科学研判,抓好关键环节,用好关键队伍,解决关键问题。同时,更要以坦诚严肃的态度直面工作中的疏漏和错误，持续自我检查、补齐短板、改正错误。要重视思想建设工作，一方面为高校治校理教提供方法论指导，引导其自觉运用理论、总结经验；另一方面让高校师生，尤其是高校管理者，对自身工作保持客观科学的评价态度，让各项工作在建设性批评中实现跨越性发展。高校管理者要强化意识，把握机会，不能让防控疫情付出的巨大代价不留痕迹，少产效能，更不能忽视在这场总体战中总结的好经验、积累的好做法、锤炼的好队伍、涌现的好干部、培育的好作风、熔铸的好精神，要把这些宝贵财富融入思想，化为行动，为切实改善治校理教积累经验，固本强基。

战疫已在决战关头。高校必须要深刻领会、扎实贯彻习近平总书记的重要讲话精神。要坚决贯彻坚定信心、同舟共济、科学防治、精准施策的总要求，再接再厉、英勇斗争，以更坚定的信心、更顽强的意志、更果断的措施，紧紧依靠广大师生员工，团结社会各方力量，坚决遏制疫情扩散蔓延势头，早日打赢疫情防控的"战疫"，不获全胜，决不收兵。

（张树辉，中国社会科学院大学副校长，社科大教育部思政创新发展中心副主任、思想政治工作高等研究院副院长。源自：2020年2月18日，中宣部"党建网"）

高校应对"大考"法纪顶在前 党建做保障

张树辉

当前,战疫已在决战关头。习近平总书记指出,这次疫情是对我国治理体系和能力的一次大考。高校是这场特殊战争中的重要战场、关键阵地,防止疫情向学校扩散、守护师生安康,是高校当前最重要的工作。伴随节后大规模返城返岗的到来和原定开学时间的临近,高校面临的压力将持续加大,人员密集、流动性大、学生行为特征、青年情绪特点、复试考博、毕业就业等诸多现实叠加,严峻地考验着教育主管部门和高校管理者的应对能力,为此,高校党委必须坚定清醒,勇于战斗,敢于担当,善于指挥,时刻把法律和纪律挺在前头,切实把党建和思政落在实处。

作为承担教育职能的社会组织,在重大疫情面前,高校更有责任做知法守法的表率。高校在重大公共卫生事件暴发期间,要迅速转入以确保师生生命健康安全为第一要务。首先,高校必须按照《国家传染病防治法》和《国家突发事件应对法》以及相关法规和条例启动学校的防控应急机制,做好相应的传染病防治条件保障工作;其次,高校要坚决杜绝学校及工作人员因工作不力造成新冠肺炎疫情传播,因缓报、瞒报、漏报等严重不负责任行为而失职,因面对疫情处理不积极、滥用职权或者玩忽职守而违法等行为的发生;再次,高校必须全力教导广大师生员工知法懂法守法敬法,绝不因编造、故意传播虚假疫情信息,不因感染新冠肺炎拒绝接受检疫、强制隔离或者治疗等行为触犯《治安管理处罚法》甚至《刑法》。

作为有着严密的制度机制的育人体系，在重大疫情面前，高校更应经受住明纪严纪的考验。国有国法，校有校规。近年来，国家和教育主管部门出台一系列教育法规和指导意见，高校进入依法办学、制度强校的快车道。诚然，重大突发疫情对高校制度建设、校规制定等提出重大挑战。如何重申严明相关已有制度，如何加紧制定临时防控制度，如何严格执行有关纪律，如何科学预判和有效处理执纪中的风险，如何妥善应对严格执纪带来的舆论压力，等等，都是摆在高校管理者面前不小的难题。

教育部部长陈宝生强调，战时状态要有非常举措，要把问题想得更严重一些，应对措施更坚决一些。严明的纪律是战斗力的保证，管用的规矩是打胜仗的基础，疫情防控没有讨价还价的余地。首先，要明确强调纪律是学校实现立德树人根本任务的重要路径，要通过把纪律挺在前面教育师生，锤炼队伍。政治纪律是团结统一的保障，组织纪律是执行落实的基础，群众纪律是凝聚人心的关键，围绕疫情防控所制定的开学、返校、隔离、个人防护乃至吃饭排队、一米线这些校规校纪，更是需要人人敬畏、人人遵守的底线。其次，对于不服从统一指挥调度、本位主义严重的，对不敢担当、作风漂浮、推诿扯皮的，除追究直接责任人的责任外，情节严重的还要对党政分管领导进行问责；对于扰乱工作秩序、违反校规校纪、破坏防控大局的师生要严肃批评教育；对产生恶劣影响、造成严重后果的，要依法依规予以严肃处理。再次，要强化纪检督查部门督导督办，加强对参与防控的机构和人员的纪律约束，要做到令行禁止，步调一致。最后，就是在严纪执纪过程中，对那些有实际困难和特殊情况的师生进行纪律处置时，要注意把握时机、方式、程度，要全程做好思想工作，既要不留死角，不徇私情，又要倾听师生心声，切实帮助他们解决和克服复杂多样的实际困难。

此外，还有一个很重要的方面，就是要加强正面引导和宣传，充分利用好新媒体，弘扬战疫正能量，引导师生合理表达诉求，理性发表言论，不编造散播不实、不当、不负责任的言论，做助力打赢防疫总体战的正能量。

　　高校要明确使命和责任，在疫情防控中切实加强党的领导，推进党的建设。高校党委必须提高政治站位，强化政治担当，充分认识当前局势的严峻性和复杂性，提高防范高校重大风险的意识，把办好党放心、人民满意的高等教育的责任和使命扛在肩上。各级基层党组织要发挥好战斗堡垒作用，讲责任、比担当，把疫情防控工作当作对"不忘初心，牢记使命"主题教育成效的一次重要检验，密切联系广大师生，做师生的主心骨，在防控工作的实践中展现号召力、增强凝聚力、磨炼战斗力。高校各级领导干部和广大党员要守土有责、守土担责、守土尽责，把投身校园防控疫情第一线作为守初心、担使命的试金石和磨刀石，充分发挥先锋模范作用，以饱满的激情和严实的作风投入到防控疫情和教育教学工作中去，有力践行教育工作者的责任担当和共产党人的初心使命，把中央的声音传递给同事、同学，将中央的要求落实到方方面面，在防控中抓党建，在战疫中强党建。

　　高校要把思想政治工作贯穿战疫始终，在防控中不断完善思政工作体系。防控大局之下，思政工作更不能迟到、不到、绕道。首先，要强化在战疫中健全、演练和检验高校思政工作体系的意识，团结带领全校师生一齐打赢这场人民战争，充分发挥思想政治工作潜移默化的作用，通过细致入心的思政工作把严明的纪律内化为师生的自觉行动，教育引导师生守法制、守纪律、守规则、守底线。其次，要教导师生认同党和国家开展疫情防控工作的重大部署和科学决策，增强大局观和全局观，讲政治、讲大局、讲责任、讲奉献，正确处理个人利益与国家利益、全局利益的关系，理性科学对待疫情和防护工作，要疏导师生恐惧、悲观、急躁、抱怨、消极等负面情绪，对于防控过程中遇到的复杂艰巨的局面，通过深入细致的思想政治工作教育引导师生认同学校的理念和做法，真心拥护和支持学校做好防控工作。再次，也是最重要的，要心中时刻装着师生，要高度重视和充分关心师生特殊群体，包括因疫情受困受扰的、贫困、遭遇变故和存在较严重心理障碍的、学业困难或生涯发展受严重影响的、离退休老同志、应届毕业生、患病师生以及有困难的务工人员。要有针对性地制定专门措施，安排专门人员做好联系和服务工作。学校要启动、新建和完善危机应急机制、学业保障机制、救济帮扶机制、心理辅导和干预机制等一系列有机联动、务实高效的措施和机制，要相信师生，信赖师生，依靠师生，共克时艰，争取胜利，在服务师生过程中，发挥思想政治工作的强大效能，切实改进学校整体工作。

（张树辉，中国社会科学院大学副校长、社科大教育部思政创新发展中心副主任、思想政治工作高等研究院副院长。源自：《光明日报》2020年2月25日第13版）

高校应对突发公共卫生事件机制建设思考

张树辉　漆光鸿

2019 年底开始的新冠肺炎疫情，是对我国国家治理体系和治理能力的一次大考，高校也是其中一位重要的"答卷人"。有研究表明：我国 70% 以上的突发卫生事件发生在学校，80% 以上为重大传染病。[①] 同时，国内外突发公共卫生事件频发，2003 年的非典型性肺炎曾对我国高校正常秩序造成重大影响，此后的禽流感、埃博拉病毒、中东呼吸综合征等一系列疫情接连上演，对我国影响相对较弱，高校常守绝缘净土，也在一定程度上缺乏"脱敏"训练，未及提升"自身免疫力"。新冠肺炎疫情唤醒各界风险意识，在新时代背景下进一步思考公共卫生突发事件与高等教育管理已成重要命题，建设并完善高校应对突发公共卫生事件机制势在必行。

一　新冠肺炎疫情对我国高等教育提出一系列全新挑战

突发公共卫生事件具有突发和严重损害的特征，这种损害包括已经

[①] 邱顺翼、李多富：《突发公共卫生事件健康教育基本策略探讨》，《健康教育与健康促进》，2007 年第 3 期。

发生或者可能发生。本次疫情对于高校的影响和冲击主要来源于多个方面。

第一，各类人员分散导致管理难度加大。2003年，"非典"疫情暴发时正值学期初，大部分师生集中在校，只有毕业生因实习和求职而流动性较大。彼时，高校实行封闭式管理，限制人员流动，管理成本相对较低，高校主职主业——教学工作未受到"致命"干扰。新冠肺炎疫情暴发时，高校大多已经放寒假，留校学生不多，校内人员聚集性传播风险较低。但同时，高校联系、服务学生管理成本增加，难度明显加大。如若春季学期正常开学，刚性跨省、跨地区师生流动，势必对全国控制人员流动带来巨大压力。同时，高校教职工正常放假，管理人员分散，工作力量受到明显制约。

第二，防控局势多变促使应对重心转移。一是从全力抓好疫情防控到防控和教育教学"两确保"。暴发初期，疫情来势凶猛，高校大多处在应急反应状态。落实中央和地方政府的指令，管好校门、做好防护、稳住师生、降低流动是这一阶段高校采取最多的有效应对措施。进入2020年2月中下旬之后，查漏补缺工作基本完成，疫情防控工作逐步进入"常态"，控制返城返校人员、严防疫情输入成为重点。随着原定开学时间来临，"停课不停学"成为恢复正常教学秩序的唯一选择。二是从内外兼顾到以校内为主。新冠肺炎疫情发生之初，师生多在校外，高校在做好校内防护措施的同时，花费大量的时间逐一联系并确认每位师生员工的状态，并保持日常的联系和服务。随着疫情防控取得阶段性胜利，学生势必按照国家相关要求有序返校，高校关注的重心将从内外兼顾转向以校内为主，人员密集等特点将导致高校的防控压力再一次急剧增大。三是从关注国内疫情到聚焦境外输入。2020年3月中下旬开始，国内的新增病例几乎全部转为外部输入，防控压力逐步由控制国内疫情发展转为防止外来输入。高校是我国对外交往的重要主体，许多学者、学生等人员交流外访，外国留学生和港澳台学生众多，高校"外防输入"的压力骤增。

第三，技术路径依赖存在未见潜在风险。为加强物理空间的隔离，应对疫情和高校正常运转需要，借助网络技术成为不二选择。一时间，视频会议系统、远程办公协作系统、线上教学平台、电子教材图书文献等产品大量进入人们的视野，高校自主开发应用的网络教学科研系统或开足马力，或匆匆上马。信息技术伴随的安全性、适应性、延续性等一系列风险和挑战使高校在并未充分准备和论证评估的情况下被动"接盘"。

第四，高等教育深刻变局聚合整体治理挑战。当前，我国高等教育从"育精英"到"育大众"，需要更加注重人才培养过程和质量，关注内涵发展。学生群体更加强调个性、注重权利表达，更善于利用信息技术传递心声。学生管理工作面临从侧重教育引导到服务指导，从关注教育到关注人本身的转变，难度不断提升。高校作为特殊的社会组织，国际化、信息化程度深，社会关注度高，高级知识分子聚集、思想活跃、具有批判精神，以上特征在突发公共卫生事件时期尤为突显。

二 当前高校应对突发重大公共卫生事件尚有明显短板

第一，高校整体综合应对能力尚显薄弱。突发公共卫生事件具有突发性、复杂性和破坏性等特点，需要高校在顶层设计、专业人才队伍、条件保障等方面有妥当的应对机制和能力。"非典"过后，高校未曾遭受突发的重大公共卫生事件袭扰，也极少开展有计划的演习或推演。面对突发公共卫生事件表现出敏感性不够、应对能力不足等问题。一是制度准备上，大多高校没有应对突发公共卫生事件的制度和体系，即便有成文的制度，也多因年代久远被束之高阁。二是本次疫情正值寒假，原有的党、团、班一体化组织结构体系和社团组织的引领疏解功能在早期功能发挥受到制约。三是管理骨干缺少相关训练，处置突发事件和舆情应对的能力经验不足，缺乏系统性、程序性和规范性。四是高校缺少专业的公共卫生管理人员和熟悉公共卫生工作的医护人员。五是师生应对公共卫生事件的意识淡薄，风险意识不足，对不良舆情辨识度有待提高。六是防控条件保障不足，高校多面临着防护物资紧缺的情况，很难拥有用于医学隔离观察的独立区域，大部分高校的医务室配备距离师生日常需求有差距，面对突发公共卫生事件更是捉襟见肘。

第二，高校教育教学应变能力尚须加强。近年来，高校在推行教育教学改革的过程中，教育信息化、线上教学等已被广泛提及乃至应用。信息技术绝非万能，教育信息化也非一日之功，充足的硬件资源、完备的线上教育产品、确保教学秩序运转的系统、具备教育信息化意识和能力的人员等，缺一不可。因新冠肺炎疫情而"早产"的网络教学，颇感"让人欢喜让人忧"：在疫情防控期间，会议卡顿、课程掉线等是常见现象；一些学生所在地网络不通、没有终端等；各类线上教学内容短时间内大量涌现，鱼龙混杂。教育公平风险、技术风险、质量风险、舆情风险以及意识形态风险等，必须让教育管理者擦亮双眼。

第三，高校社会期待回应能力尚待提升。高校承担着包括服务社会在内的多个职责使命，在应对突发公共卫生事件中，还承担着医疗救护（医学院、附属医院等）、疫情科研攻关（疫苗开发、药品研制）等直接职责。我国内地的三级、四级生物安全防护实验室仅69家（其中四级仅1家），规模普遍不大，大多隶属各级疾控中心。高校作为目前科学研究的主体之一，集中了生物科学、医学方面的最优势力量，对此却参与较少。与此同时，立德树人是高校的根本任务，社会对于高校发挥坚持科学精神、引导健康思维、培育社会新人等使命也有较高期待，面对重大疫情更是如此。高校应该树立和强化这方面的意识。

三 首都高校应对新冠肺炎疫情值得借鉴的有效做法

面对突发公共卫生事件，任何做答都要担当、严谨，更要尽量做到有备而来。在梳理首都高校应对本次突发公共卫生事件期间一些有效举措时，我们也发现很多值得借鉴的做法。

第一，快速组建科学高效的应对组织体系。面对突发公共卫生事件，必须快速组建包括指挥、决策、执行、监督在内的类战时工作体系。疫情始发，中国社会科学院大学（以下简称：社科大）第一时间成立疫情防控工作领导小组（决策系统），同时成立了疫情防控指挥部（指挥系统），初期下设排查管控监督组、医学指导组等十三个专项工作组（执行系统），责成各学院成立由主要领导牵头的工作机构（执行系统）。以社科大纪委监察部门为主成立了执纪监察组，成为战疫之初就果断采取的"硬核"举措，随时督查工作落实情况（监督系统）。此后，指挥部根据防控工作重点转化，及时调整分组设置，新设教学组、科研组、学位工作组、出入境工作组，多个小组由分管校领导亲任组长，各工作组强化责任担当、细化工作举措，全校师生统一思想行动、校区学区联动联防，指挥部坚持每日会商制度，落实落细各项制度，压紧压实各方责任，狠抓防疫工作中的薄弱环节，确保疫情防控和学校事业发展有效调度衔接。

第二，全力确保校园平安的有效防控局面。首都高校远离疫情主要地区，校内滞留师生较少，守"零"容易，控扩散难，要珍惜局面，为首都乃至全国防控局势做贡献。疫情暴发以来，首都各高校全力以赴，实施一系列有效举措确保校园成为一片净土。一是管住校门，严控返校，限制疫情传入；二是校内巡查，确保安全无死角；三是做好公共场所的通风、消毒；四是借势平安校园系统，加强校园全天候监控；五是做好医疗保障，设立医学观察区，保证口罩、消毒液等医疗物资和基本的医疗条件；六是确保各类物资充足，与外界交流信息通畅。

第三，精准掌握各类人员的真实动态信息。首都教育主管部门严格要求、有力指导、严厉督查各校掌握好每一位师生员工的基本情况、所处位置、行动轨迹等信息，是此次高校夺取战疫前期胜利的制胜关键。首都高校第一时间通过各级学工系统、人事系统联系到了每一位师生，确定他们的实时位置，每日更新报告健康状况和行动轨迹，看似烦琐，却意义重大。

第四，研发建立智能高效的数据分析中心。北京邮电大学及时研发推出"大中城市社区疫情防控云平台"，解决了学校和社区必要的查询和统计功能。首都高校建立此类数据统计分析中心不在少数。实现了统一数据标准，各部门同步协作、同步分享，便于保存，能够随时分析和使用，是研判学校疫情防控形势的重要法宝。

第五，及时关注研判师生的思想情绪变化。突发公共卫生事件中更要格外重视对师生情绪的关注和干预。北京师范大学、北京大学、北京交通大学等高校及时启用线上网上心理咨询平台，结合心理疾病季节性特征，密切关注有基础心理疾病的学生，消解负面情绪，并通过解决师生关注的学业、就业等实际问题，缓释其精神压力。高校还特别关注参与疫情防控的一线工作人员，他们承担了巨大风险和较大的心理压力，工作持续时间长，及时给予疏导。这些工作确保了心理情绪问题不与疫情危害叠加。

第六，科学监测网络教学的秩序质量创新。首都多所高校及早启动疫情防控期间开展教学工作的谋划，制定教学工作方案，以在线教学为手段，根据各门课程的特点，灵活采用远程指导、多平台支撑、线上线下结合的方式，确保任务不减、质量不降。在确保"停课不停学"前提下，清华大学、中国科学院大学、北京中医药大学等加紧对抗病毒相关技术的研发，中国社会科学院大学、北京科技大学、对外经济贸易大学等高校发布了多个重大专项，鼓励师生结合公共卫生、国家治理等开展研究，抓好高校科研攻关，贡献高校战疫力量。

第七，有效发挥舆情宣传的正面引导作用。首都高校注重建立和完善信息发布机制，积极发挥新媒体矩阵的正面宣传效能，介绍学校疫情防控工作，讲述师生感人故事，同时也对宣传学校起到很好作用。高校密切关注网络舆情，及时加以研判、应对。中国社会科学院大学在指挥部下专门成立舆情和宣传两个工作组，开通了疫情防控专题网。2020年2月3日，中国社会科学院大学疫情防控专题网站正式上线，集中发布社科大防疫工作动态和通知要求、普及防疫知识、传达上级精神，刊载师生感受的文章和艺术作品等。此后的60天内发稿700余篇，提升了新媒体应战能力，锻炼了新媒体工作队伍，也成为多家主流媒体关注的一手信息平台。

四 抗击新冠疫情这场全民战争给高等教育的启示

第一，要把思想政治工作贯穿于应对重大风险的全过程。加强思政工作，是打赢疫情防控和教育改革发展两大战役的"生命线"。① 防控大局之下，思政工作更不能迟到、不到、绕道。② 高校要充分发挥思想政治工作潜移默化的作用，引导师生增强大局观和全局观，正确处理个人利益与国家利益、全局利益的关系，理性科学对待疫情和防护工作，及时疏导师生恐惧、悲观、急躁、消极等负面情绪。同时，也要教育引导学生真心拥护和支持学校做好防控工作，以防疫、战疫的生动实践，增强对中国特色社会主义道路的自信，增强对学校以师生为本理念的认同。新冠肺炎疫情防控中，教育部将思政大课搬到了网上、"云"上，北京市委教育工委举办"打赢疫情防控阻击战"北京市学校思政课教师"同备一堂课"活动，清华大学等一批高校举办"师生同上一堂课"等形式多样的网络思政课，在凝聚力量、达成共识等方面也都取得了良好的效果。

第二，要把风险意识和应急机制构建在教育办学的全方位。此次疫情再次为我们敲响警钟，也暴露出高校在强化风险意识、底线思维等方面的薄弱环节。新的历史条件下，象牙塔中的高校也要大力培育提升防范化解重大风险的意识和能力，高校要切实加强师生的危机意识，必须将国家安全、消防安全、交通安全、公共卫生安全等教育内容纳入日常教育管理过程中，全方位地建立健全学校的应急反应机制，并定期加以演练、检验。目前，我国已有国家安全教育日、消防宣传日、防灾减灾日、禁毒日等法定宣传日，高校应倡导设立公共卫生安全警示日或教育日，不断强化全民族的综合危机意识。

第三，要把战胜重大风险的生动教材应用在立德树人的全领域。回望战"疫"过程，最美逆行、各地驰援、多方捐助、志愿服务等都会成为难忘的共和国记忆。中国特色社会主义制度优势、党中央的坚强领导、国际社会共克时艰、中国的大国担当、急救医院建设的中国速度等都会成为具有时代特征的最生动的教材。高校的一系列有效应对措施、知识

---

① 张政文、王维国：《统筹做好疫情防控和教育改革发展工作》，《中国社会科学报》2020年3月19日第3版。

② 张树辉：《高校应对"大考"法纪顶在前党建做保障》，《光明日报》2020年2月25日第13版。

分子的使命升华、时代青年的勇力担当、大学生的体悟自省等,也都是难得的青年成长"参考书"和笔记。这些最好的教材、例证、笔记,会在中国高等教育历史上留下深刻印记,要把它们应用在立德树人的全领域,直接化为一代代青年学生的历史记忆和责任担当,更要把它们永久地保存好、修订好、讲授好、传承好。

[张树辉,中国社会科学院大学副校长、社科大教育部思政创新发展中心副主任、思想政治工作高等研究院副院长;漆光鸿,中国社会科学院大学高等教育研究所。源自:《北京教育》(高教版)2020年第5期]

高校师生应成为疫情舆情治理的有效"第三方"

张树辉　高迎爽

抗击新冠疫情是一场没有硝烟的战争，从战役之初，疫情舆情又可谓是主战场之外一个关涉战疫战局的"看不见的战场"，牵动着国人乃至全世界的脆弱的神经。网络是民众了解疫情和相关信息的重要途径，有关疫情的各类言论、链接都吸引着人们的眼球，舆论数量和密度均呈爆炸式增长态势，做好舆情治理和舆情建设已成各方共识。高校是这场特殊战争中的重要战场、关键阵地，守护师生安康、搞好教育教学是高校当前最重要的工作，同时，发挥高校和高校师生的优势，做好疫情舆情治理的"第三方"，也应成为值得关注的议题。

一　疫情舆情治理的艰巨性和复杂性呼唤更具建设性的"第三方"

战疫之初，各种信息发布、舆论发声工具都没有缺位，微博微信等媒介的舆论威力持续不懈，绝大多数虽初衷善意，但仍与官方发布形成自觉不自觉对垒与角力，对提升鼓舞战疫士气的正态作用有所削弱，总体显示建设性有待提升。民间舆论汹涌澎湃，不良媒体虚假信息时有浮现，致使民众对官方信息缺乏足够信任，平复群议周期加长，代价加大，较难引导营造开放、清朗、健康的舆论氛围，直接影响到政府公信力、国家形象和民众的向心力、社会凝聚力乃至国民精神面貌，进而影响国家政治、经济和社会安全稳定。

重大突发公共卫生事件之下的舆情治理，需要医学相关的科学专业知识做支撑，需要政府治理能力、新闻媒体正向监督与信息发布系统、各大机构公共危机应对体系、国民科学素养和公民素质教育等协同应对，共同回应不同的利益诉求和言论立场，区分谣言与真相，用正确的价值观引导客观、科学、正向的诉求，依法惩治恶意传播虚假信息、煽动恐慌情绪的行为，用科学和理性引导人们尊重生命、加强心理承受能力，养成现代社会社交方式、生活与消费习惯，筑牢疫情防控共同体。所以，疫情防治的紧迫性、专业性与舆情治理的艰巨性、复杂性叠加，必须得到政府体系化的宏观指导、精细化的政策引导和强有力的民众支持。在互联网加持的快信息时代，疫情监测、舆情引导、舆情治理成为战疫重要组成部分，是亟须科学、客观、高效地予以解决的重要议题，舆情治理主体需要多元化，而具有较大能量和更强建设性的舆情治理"第三方"也成为各方期待。

二 高校师生有能力有责任助力打赢疫情舆情治理的"阻击战"

高校具备承担疫情舆情治理有效"第三方"的独特优势。首先，我国高等教育在学总规模2018年已达到3833万人，毕业生也在逐年增加，2020年将达874万人。高校师生及其毕业生遍及全国各地，具有不同的籍贯、民族、年龄、专业行业、家庭背景和社交网络，以高校师生作为切入点有效加强舆情治理和舆情建设，易于实现多渠道广泛而高效的传播和辐射。

其次，互联网早已经成为现今各类舆情诱发、产生、传播、发酵等各个环节的第一平台。此次疫情之下，各类人群更是减少聚集，舆情呈现纯网络化特征，而高校师生作为网络活跃用户，既可成为参与舆情治理的主体，更是舆情建设的重要支撑，他们具有相对较高的科学素养和心理承受能力，具备较易调动的组织性特征和较强的社会责任感自觉，可以影响带动身边的人，也应成为重要的舆情"压舱石"。

最后，高校师生受教育程度高、掌握行业专业话语权，更多代表着科学与理性，其言行举止易于被公众认可与信服，具有较强的公信力。并且，高校师生较全面关注了解国内外形势，主动把国家为人民服务的宗旨通过自身实际行动落到实处的意愿强烈，堪做政府放心、群众信服的"第三方"，可以较为有效地缓解官媒压力，正向、科学、有效地引导舆论导向，疏解民众的情绪，回应民众的一些关切，做民众和政府之间的桥梁，让爱心传递，提振国民精气神，推动全社会协同防疫抗疫，巩固从中央到地方共建共治共享的联合治理格局。

三　高校师生要在疫情舆情治理中提升责任担当和"决胜力"

疫情是对高校履行自身系列职能的全方位大考，亦是对高校发挥疫情治理有效"第三方"作用的重要考量。高校有必要通过加强正面宣传引导，充分利用好新媒体，引导师生合理表达诉求，理性发表言论，不编造散播不负责任的言论，做助力打赢防疫总体战的正能量。高校师生有责任充分发挥政治功能、科技功能、文化功能、人口功能，挖掘并发挥自身优势，统筹做好校内外疫情舆情治理和舆情建设，激发正能量、传播真善美，弘扬人性的光芒与价值，做好社会的良心，发挥不可替代的作用。要在以下维度强化责任担当和能力建设。

要以加强思想引领为先导。参与舆情治理必须要有大局意识、看齐意识、责任意识、担当意识，要坚持马克思主义世界观与方法论，辩证分析诠释，回应民众关切与不解，这是对高校思政工作水平与有效性的真实考验，是对高校师生是否能与广大民众一道共克时艰，"化"难兴邦的实战演练，是思想政治教育成效的试金石。这需要有效的思想政治教育为先导、做屏障，细化舆情引领，形成高校与社会同向同构同行的正向反馈格局。

要以实践价值引导为驱动。战疫全程伴随"文战"不断，针对国内外疫情的报道方式、内容以及中美关系，国外应对疫情的态度、举措和变化，各种主流媒体与自媒体、意识形态领域掀起多轮碰撞与交锋，民众在信息不对称情况下基于朴素情感和价值判断转发评论，急需正确的价值观引领，奠定舆情中意识形态的理性根基。高校师生应积极践行正确的价值观，通过参与志愿服务等方式，通过有思考有力量的文字向社会民众乃至全世界传播尊重英雄、热爱英雄、争当英雄的正向舆论新风尚，倡导尊重人民、救死扶伤、扶危济困、关爱他人的正确理念，用行动、用笔触弘扬人文关怀与人道主义精神，探寻理性与人性的价值，力挺国人抗疫的精神脊梁。

要以构建公序良俗为根基。美国教育家杜威认为，教育是人类中最温和、最恰当而又最具建设性的途径，是对人的思想、性情、态度产生重要影响的有效途径。高校在人与社会的同构中发挥着重要作用，师生要自觉规范言论与行为，从自身做起，从点滴做起，遵循、示范社会公德，用科学精神和人道主义精神引导并维护有利于疫情防控的舆论环境和社会秩序，用自带光芒的正能量引领新生活、新文化、新风尚，构建社会仁爱之心，构筑生命共同体，激发、引导社会趋稳向善至美。

要以倡导科学精神为支撑。战疫离不开伟大的牺牲精神，胜疫还需科学攻关。面对疫情的发展，所有相关领域要具有红线思维、底线思维、极限思维，要树立忧患意识、科学意识和理性意识。加快现代社会治理体系与能力建设，提高国民科学素养和公民道德素质，科学防范，理性应对，始于当下，更要扎根长久。据2018年中国科协调查数据，我国公众具备科学素质的比例为8.47%，与美国28%（2018年）、加拿大42%（2014年）、瑞典35%（2005年）形成了鲜明反差。疫情扩散蔓延，疫情舆论爆炸，除了一些环节处理失当之外，与民众文化科学认知水平低，缺少公共卫生突发事件日常教育，缺乏科学专业的防范意识与技能密切相关。高校应利用文化高地和专业优势，一方面通过加强科研攻关，研发控制疫情的技术手段，发挥专业责任和智库作用；另一方面，利用信息化技术开展科普宣传教育，以专业精神科学回应民众关切，面向不同受众，精准施策，开展有效多样的知识传授体系，引导科学防控，培育健康心态，养成良好的生态观与文明习惯，建立人与自然、人与社会的和谐关系，将许多不必要的舆论争端消解于无形中。

要以强化法纪意识为保障。严明的纪律是战斗力的保证，管用的规矩是打胜仗的基础。政治纪律是团结统一的保障，组织纪律是执行落实的基础，群众纪律是凝聚人心的关键。虚拟的空间也不应成为法外之地，强调法纪是学校实现立德树人根本任务的重要路径，守法制、守纪律、守规则、守底线，严纪执纪要成为高校及广大师生内化于心、外化于行的准则，要成为提升舆情治理"决胜力"的有效武器。高校师生要通过法治宣传、知法、懂法、守法并宣传捍卫法治尊严，守牢纪律底线，净化舆论氛围，维护清朗空间，做遵纪守法的表率，做正本清源的先锋。

（张树辉，中国社会科学院大学副校长，社科大教育部思政创新发展中心副主任、思想政治工作高等研究院副院长；高迎爽，中国社会科学院大学马克思主义学院教师。源自：《中国社会科学报》2020年5月21日）

疫情下思政大课的内在规定性及其新时代启示

王维国

2019年3月18日，习近平总书记在学校思想政治理论课教师座谈会上发表重要讲话，为新时代思政课建设指明了前进方向，提供了基本遵循。当前，疫情防控正处在最吃劲的关键阶段，为将思政课教学优势转化为支持防疫斗争的强大力量，教育部社科司与人民网精心组织了一堂别开生面的疫情防控思政大课，思政大课"云"端开讲、在线互动，给全国师生带来一场现实、鲜活、深刻、难忘的思政盛宴，一时间圈粉无数，成为一堂"现象级"的思政公开课、示范课。思政大课之大，非谓有大场面、大明星、大制作之谓也，而在于其有大格局、大情怀、大影响，具有理论彻底性、逻辑严密性、表达艺术性、载体现代性与影响深远性等内在规定性。深刻把握疫情下思政大课的内在规定性，对于当下统筹做好疫情防控与思政课教学，推进新时代思政课建设具有重要的示范价值与启示意义。

一 思政大课之"大"，在于其理论的彻底性

马克思在《〈黑格尔法哲学批判〉导言》中指出："理论只要说服人，就能掌握群众，而理论只要彻底，就能说服人。所谓彻底，就是抓

住事物的本质。"① 习近平总书记强调："理论上不彻底，就难以服人。"②彻底性是马克思主义不断深化与丰富发展的需要，更是马克思主义理论的优良品质。马克思主义理论之所以能够经久不衰、牢牢掌握群众，根本在于它置身于人类发展的历史长河，抓住了人类社会发展的本质，揭示了人类社会发展的规律，其基本原理、基本立场、基本观点、基本方法具有征服人心、铸魂育人的理论彻底性与持久魅力。马克思主义理论是思政课的理论基础、核心内容，思政课从来不依靠激昂雄辩或绚丽诡辩，而是通过马克思主义这一思想理论武器来"说服人""掌握人"，青年学生的思想"扣子"也只能用理论的科学性、思想性与合规律性去解析、解释与解决，正如习近平总书记在学校思想政治理论课教师座谈会上所强调的："以透彻的学理分析回应学生，以彻底的思想理论说服学生，用真理的强大力量引导学生。"③ 可以说，彻底掌握马克思主义这一彻底的、科学的思想武器，是上好思政课的根本前提。如果连自己都没有搞明白，在课堂上把一些似是而非，或者对马克思主义的碎片化理解讲给学生，不能回应青年学生真正关心关注的热点、难点、焦点和深层次问题，只能是"以其昏昏，使人昭昭"，无法真正说服学生，更无法掌握群众使青年学生形成坚定的马克思主义信仰，并用于指导自己的学习生活与工作。

思政大课之所以能够掌握青年学生，关键就在于彰显了思政课的理论彻底性。思政大课结合"马克思主义基本原理概论""毛泽东思想和中国特色社会主义理论体系概论""中国近现代史纲要""思想道德修养与法律基础"四门本科必修思政课的基本理论，以习近平新时代中国特色社会主义思想为根本遵循，引导青年学生求真理、悟道理、明事理。针对"武汉封城是否侵犯民众人权""以巨大经济损失为代价阻断病毒传播

---

① 《马克思恩格斯选集》第 1 卷，人民出版社 1995 年版，第 9 页。
② 习近平：《在庆祝中国共产党成立 95 周年大会上的讲话》，人民出版社 2016 年版，第 9 页。
③ 《习近平主持召开学校思想政治理论课教师座谈会强调：用新时代中国特色社会主义思想铸魂育人，贯彻党的教育方针落实立德树人根本任务》，《人民日报》2019 年 3 月 19 日第 1 版。

是否值得""如何完善制度，如何转成治理效能""中国重大灾疫防控的历史经验""只要小确幸不要担当"等青年学生关心关注又不是十分清楚，需要很强马克思主义基本理论知识加以正确引导的问题，通过充分的学理依据、可靠的事实分析、深入本质的说理方式，进行深刻阐释、透彻解读。科学揭示蕴含其中的内在矛盾、内在本质，而不是"遮蔽""回避"问题与矛盾；积极渗透正确的价值导向与科学的理论思维，始终贯彻马克思主义理论的科学内涵、精神实质、实践要求及作用规律，以其彻底的理论性抓住了事物根本，以深厚的理论功底、学术涵养吸引青年学生，使他们"知其然又知其所以然"，引导他们真懂真信真用马克思主义，并作为学习、工作、生活的指导思想和基本遵循，既令人信服，又十分解渴，彰显了马克思主义理论及思政课教学的理论魅力。

新时代建好思政课，必须在理论彻底性上下功夫。一是抓好"真学"这个理论彻底性的前提。思政课教师掌握马克思主义这一思想武器，实现"用学术讲政治"的必由之路是学习。应通过全面系统学，深刻领会、融会贯通马克思主义的根本立场、基本观点与科学方法；通过与时俱进学，不断加深对习近平新时代中国特色社会主义思想重大意义、科学体系、丰富内涵的认识；通过创新方式学，上好马克思主义理论的"理论课""文化课""实践课"与"网络课"，全面把握、系统把握马克思主义。二是抓好"真研"这个理论彻底性的核心。加强思政课教学内容研究，聚焦青年学生所关心的理论热点、难点、焦点问题，对准焦点、破解难点，瞄准切入点，对当前经济、政治、文化、社会、生态、国防、外交、党建等重大理论与实践问题，以及治国理政的深层次问题、体制机制问题、国际前沿问题等进行深入理论阐释，与时俱进地挖掘理论深度，力争提出具有说服力的理论回答，彻底解决"讲不深""讲不透"甚至"不敢讲"的问题，形成科学研究支撑思政课教学的长效机制，体现思政课的学术深度与理论高度。三是抓好"真用"这个理论彻底性的根本。发挥思政课强化思想引导、廓清模糊认识的功能，引导青年学生正确运用马克思主义的立场观点方法把握事物本质、认识运动规律，深刻剖析、科学解决新时代中国特色社会主义建设中的实践问题、现实问题与实践问题，以及他们学习、生活、工作中遇到的各种实际问题和"成长中的烦恼",有效影响青年学生的思想观念、价值取向、精神风貌、人格品行,真正起到解疑释惑、凝心聚力的作用,不断增强青年学生的道路自信、理论自信、制度自信和文化自信,为习近平新时代中国特色社会主义思想"入耳、入脑、入心、入行"打开通道。

二 思政大课之"大",在于其逻辑的严密性

逻辑是关于正确思维与表达的科学,人对符合逻辑的东西往往具有天生的认同性。马克思在《资本论》中所体现的"稀有的逻辑力量"一向为后学所称道。列宁演讲中所传递的逻辑力量被称为"万能的触角"。毛泽东不仅自己娴熟运用逻辑,更倡导广大干部和群众学点逻辑。20 世纪 50 年代,他在《工作方法六十条(草案)》中指出,"必须注意各种词语的逻辑界限和整篇文章的条理",文章"开头、中间、尾巴要有一种关系,要有一种内部的联系,不要互相冲突"。[①]《人民日报》随后发表《正确地使用祖国的语言,为语言的纯洁和健康而斗争!》的社论,在全国掀起学逻辑、学语言的热潮。习近平总书记在浙江工作时也要求"增强文稿的说服力和逻辑性"[②]。任何事物发展,都有其自身规律性与严密的逻辑结构,思政课也不例外。思政课作为一门以科学方式讲授科学理论的课程,与逻辑密切联系、不可分割。教学是一种表达艺术,表达清楚准确、有理有据,就得切实提升抽象概括、论证反驳、理解识别、形式推理、比较类比等能力,善于运用逻辑、严格遵守逻辑,体现思政课教学的思维关系、逻辑关系。当前部分思政课教师的逻辑知识与逻辑思维能力不足,课堂教学存在宣传、说教味浓,科学性、逻辑性、严谨性有待提升的问题,甚至违反逻辑、堆砌文件、拼凑案例,导致无法入心入脑,在舆论斗争中也容易给对手可乘之机。可以说,思政课教学宏观理论建构非常必要,但是微观细节层面的严密逻辑之于思政课也同样

[①] 中共中央文献研究室编:《毛泽东著作专题摘编》下,中央文献出版社 2003 年版,第 1547 页。

[②] 习近平:《干在实处走在前列——推进浙江新发展的思考与实践》,中共中央党校出版社 2016 年版,第 442 页。

重要。

思政大课之所以能够说服青年学生，关键就在于彰显了思政课的逻辑严密性。思政大课在同一课堂针对疫情防控同一主题，从不同课程视角进行全方面解答，概念明确、判断准确、推理具有逻辑性，论证富有说服力。艾四林教授从"人与人——人与自然——人与世界"的理论逻辑展开，在抗击疫情斗争中深化马克思主义的理论认识；秦宣教授聚焦"疫情大考告诉我们什么"的现实逻辑，分析中国抗疫彰显的中国共产党领导和中国特色社会主义制度的显著优势；王炳林教授从我国防疫斗争的历史逻辑出发，分享从磨难中奋起、化危机为转机的历史经验与智慧；冯秀军教授从"青春的理解"到"青春的责任"，再到"担什么责任"的实践逻辑，在问题递进中逐一回应青年学生疑问。整堂课有合理明确的逻辑起点，善于运用分析综合、分类比较、证实证伪、演绎归纳、论证反驳、抽象概括、课堂设计、活动形式、教师指引层层递进、环环相扣，蕴含着充分的理论逻辑、价值逻辑、现实逻辑、历史逻辑与实践逻辑，体现了思政课教学的严密逻辑性，做到了把我们底气充足的思想理念讲深讲透，使我们想说的内容入耳入脑入心。

新时代建好思政课，必须在逻辑严密性上下功夫。遵循思想政治工作规律、教书育人规律、学生成长规律，自觉运用同一律、不矛盾律和排中律等逻辑思维的基本规律，注重思政课教学的逻辑自洽性，构建合理的分析与教学框架。一是增强教学目标的逻辑性。积极推进宣传体系向育人体系转化，从整体看，应体现教学目标的循序渐进、螺旋上升。具体到每一堂课，应明确每一堂课的认知目标、情感目标、能力目标与素养目标，厘清各子目标间的逻辑关联，融汇知识传授、理论阐释、思想引领和情感交流于一体，使各目标要素有机整合、相互贯通、彼此衔接、互动有序、协同发展。二是增强教学设计的逻辑性。推进教材体系向教学体系转化，把逻辑性贯彻教学设计始终，根据教学需要对教材内容进行梳理提炼、内容删增、顺序调整，知识点间的逻辑与过渡、知识点内部的层次结构都应清晰明了，避免逻辑硬伤。课堂架构应既有温故又有知新，既有导入又有结语，做到有进有退，有张有弛，有聚有散，有缓有急。三是增强教学语言的逻辑性。突出话语转换，不断推动政治语言向学术语言、学术语言向教材语言、教材语言向教案语言、教案语言向教学语言的转化，引导学生发现问题、分析问题、思考问题，有目的、有意识地将马克思主义理论的内在逻辑抽丝剥茧、逐层解剖地揭示出来，在不断启发中让学生水到渠成地得出结论，增强他们对马克思主义理论的逻辑认同。

三 思政大课之"大"，在于其表达的艺术性

1934年，毛泽东在江西瑞金召开的第二次全国工农兵代表大会上，形象地说："我们不但要提出任务，而且要解决完成任务的方法问题。我们的任务是过河，但是没有桥或没有船就不能过。不解决桥或船的问题，过河就是一句空话。不解决方法问题，任务也只是瞎说一顿。"① 教学有法，教无定法，贵在得法。思政课是一门科学，也是一门艺术。讲得准确是科学，创新方法是艺术。"90后""00后"青年学生思维活跃、眼界开阔、思想敏锐、个性独立、善于思考，对于当前思政课教学的亲和力有更高的期待。通过方法创新落实思政课的表达艺术性，对于破解思政课教学配方陈旧、工艺粗糙、包装不时尚的短板，达成思政课教学效果，尤其是提升其亲和力具有重要价值。因此，在落实教学目标、课程设置、教材使用、教学管理等方面统一要求的前提下，不断拉近思政课教学与青年学生现实生活的距离，因地制宜、因时制宜、因材施教，以高超的讲课艺术吸引学生亲近学生教育学生，是当前亟待推进的一项重要工作。

思政大课之所以能够亲近青年学生，关键就在于其彰显了思政课的表达艺术性。思政大课以提升亲和力为着力点，因事而化、因时而进、因势而新，积极进行授课风格、授课语言、授课工具、授课形式、授课载体的艺术创新，将深刻的理论分析与生动鲜活的案例、新颖活泼的形式、形象直观的影像结合起来，谈古论今、博引中外、有理有据、娓娓道来，实现了表达艺术性与教学内容的完美结合。运用理论教育法，分析中国抗疫彰显的党的集中统一领导、集中力量办大事等制度优势；运

---

① 《毛泽东选集》第一卷，人民出版社1991年版，第125页。

用典型教育法，讲述防疫战疫一线的感人故事；运用案例教学法，回顾新中国成立以来中国共产党带领全国人民万众一心抗击鼠疫、"血吸虫病"、天花、霍乱、"非典"的历史片段；运用比较教育法，分享疫情防控的国际比较与中国经验。还运用了形象教育法、激励教育法、说服教育法、疏导教育法、情感陶冶法等思想政治教育方法。同时，改变老师讲学生听满堂灌的方式，采用对话教学法，通过师生问题互动，充分调动青年学生的主体性能动性，在平等沟通、互动交流中推动思政课教学内容入脑入心见实效。可以说，各种教学方法与工具全息渗透、综合融通，回应了思政大课各种教学情境的需要，以表达的艺术性、方法的创新性，积极引领青年学生深刻体悟疫情战所体现的中国速度与中国奇迹、中国制度与中国力量、中国治理与中国效能、中国智慧与中国贡献，增强"此生无悔入华夏，来世愿在种花家"的幸福感、自豪感与荣誉感。

新时代建好思政课，必须在表达艺术性上下功夫。落实习近平总书记提出的"坚持统一性和多样性相统一"的要求，讲方法、讲艺术、讲策略，努力做到内容饱满、形式活泼、关照学生。一是加强教材表达的艺术性。以统编教材为依据，构建面向教师和学生不同对象，辐射本专科研究生各个层次，体现思想性、科学性、可读性相统一的立体化教材体系。教材编写应尽可能地通俗易懂、生动活泼，用通俗形式、鲜活内容、生动事例积极传播主流意识形态，体现转变文风的要求。二是加强教学表达的艺术性。紧密联系大学生成长成才实际，进行教学方法创新，逐步形成课堂教学、实践教学、网络教学相互支撑、合力攀援的教学方法体系，灵活运用专题式教学法、研讨式教学法、对话式教学法、虚拟实践教学法等，积极推广小班化教学、混合式教学、翻转课堂等教学新模式，切实增强教学亲和力感染力。三是坚守表达艺术性的政治导向。明确形式创新要为思政课教学内容服务，以立德树人为根本，以理想信念教育为核心，以社会主义核心价值观为引领，积极推进方法创新、风格创新、形式创新、载体创新。把政治要求、政治纪律作为表达艺术性的首要标准，避免简单化、贫乏化、肤浅化甚至去意识形态化的倾向，绝不能在政治方向、价值取向上出现偏差，有效防范化解思政课教学创新的政治风险，守好思政课这一学习宣传研究马克思主义的坚强阵地。

四 思政大课之"大",在于其载体的现代性

思政课是做人的工作,青年学生在哪儿,思政课教学的阵地就在哪儿。以"90后""00后"为主的青年学生是名副其实的"网络原住民",他们大部分信息都从网上获取,网络化学习、网络化生活、网络化娱乐已成为新常态,可以说是无人不网、无日不网、无事不网。习近平总书记在全国高校思想政治工作会议上强调:"要运用新媒体新技术使工作活起来,推动思想政治工作传统优势同信息技术高度融合。"[①] 中共中央办公厅国务院办公厅在《关于深化新时代学校思想政治理论课改革创新的若干意见》中提出:"推动人工智能等现代信息技术在思政课教学中应用。"疫情发生后,教育部发布《关于加强新冠肺炎疫情防控期间高校思政课教学组织工作的通知》《新冠肺炎疫情防控期间高校思想政治理论课教学组织工作规程》等指导性文件,要求充分利用各种在线课程平台与在线交流工具组织教学。面对这一新形势新趋势,在发挥传统思政课教学优势的基础上,积极推动思政课的课堂革命,打造"互联网+思政课"新生态,构建融合数字化教学资源和数字化学习工具、交互工具、实验设备等学习资源为一体的泛在学习空间,提供个性化、精细化、高水平、高效率的现代化在线教学服务,最大程度发挥信息技术正效应,成为新时代办好思政课的战略性任务。

思政大课之所以能够圈粉青年学生,关键就在于彰显了思政课的载体现代性。思政大课突破传统的课堂、学校与知识的边界,以网络为载体,变"面对面"为"键对键",综合利用网络控制技术、通信技术、视觉技术、移动设备、社交媒体、虚拟现实,尤其是数字化平台技术等,通过人民网、人民智云客户端、领导留言板客户端、人民视频客户端、咪咕视频客户端、学习大国公众号等网络平台同步在线"云"开讲,将火热战疫转化为思政课教学的云端课堂,全国千万大学生同时在线。据统计,当日共有5027.8万人次观看在线直播,相关网站、客户端、社交

[①] 《习近平谈治国理政》第2卷,外文出版社2017年版,第378页。

媒体访问量达1.25亿人次。#全国大学生同时在线##思政大课##冯秀军老师讲得太好了##人民智云崩了##和易烊千玺王俊凯刘昊然吴磊上课#等多个词条冲上热搜榜、话题榜。思政大课以其传播速度快、时空限制小、受众群体广、社会影响大的优势,产生了巨大的网络正向效应。坚定了青年学生打赢这场疫情防控人民战争、总体战阻击战的信心与决心,增强了他们的必胜之心、责任之心、仁爱之心、谨慎之心,扩大了思政课的育人覆盖面与社会服务面,努力把互联网技术优势转化为支持思政课教学的制胜优势,使得思政课教学更加有情怀、有温度,更有时代感与吸引力。

新时代建好思政课,必须在载体现代性上下功夫。借助"新文科"建设东风,按照网络生态和运行规律,积极推进思政课教学与人工智能、云计算、大数据、虚拟现实等技术的深度融合,充分利用现代信息技术重塑思政课教学新形态,努力做到线上线下、课内课外互联互通,切实提升思政课的教学质量。一是加强网络内容供给。以"思想精深、艺术精湛、制作精良"为建设标准,把爱国主义、风险意识、社会责任、公共安全、健康生活方式等内容有机融入思政课教学,提高在线思政课内容供给质量。坚持内容为王,以内容的相通性连接不同的网络文化领域,开发基于思政课教学内容的网络文学、网络音乐、网络电影、网络动漫等网络文化产品,增强在线思政课的思想引领力、政治向心力、理论说服力、课程亲和力。二是加强网络形态创新。广泛开展直播式、录播式、植入式、观摩式等多样化应用,开发慕课微课、线上课程、线上线下混合课程及虚拟仿真体验教学平台,加强"专递课堂""名师课堂""名校网络课堂""三个课堂"与网络学习空间应用的深度融合,拓展资源共享、教学支持、学习交互、学情分析和决策评估等服务,不断增强在线思政课的智能化、共享性、互动性,实现多渠道传输、多屏幕传播、多平台展示、多终端推送。三是加强网络安全监管。把思政课互联网产品生产与学生网上保护紧密结合起来,完善网络安全监管的相关法律制度、管理方法与治理方式,有理有据有节地开展网络舆论斗争,有效清除网络上的文化帝国主义、历史虚无主义、民粹主义、生活颓废主义等"灰色"甚至"黑色"网络文化,最大限度地挤压负面信息、错误言论的传播空间，牢牢掌握网上舆论主导权，把互联网这个"最大变量"变成思政课改革发展的最大优势，不断提升青年学生对思政课的获得感。

五 思政大课之"大"，在于其影响的深远性

习近平在学校思想政治理论课教师座谈会上指出："在大中小学循序渐进、螺旋上升地开设思想政治理论课非常必要，是培养一代又一代社会主义建设者和接班人的重要保障。"[①] 浇花浇根、育人育心，教育是为党育人、为国育才之大计，承担着立德树人的根本任务。思政课是落实立德树人根本任务的关键课程，发挥着不可替代的作用。青少年阶段是人生的"拔节孕穗期"，最需要精心引导和栽培，思政课教学低效甚至无效，可能会耽误青年学生的一生发展。思政课是在学生心灵里面搞建设，是为学生信仰筑堤坝，其目的是聚焦青年学生所思、所想、所盼、所求，通过内容准确、思想深刻、形式活泼的教育教学活动，持续发挥举旗帜、聚民心、育新人、兴文化、展形象的育人作用。思政课的作用不仅仅体现在一事一时，它将理论供给与个人需求，知识传授、能力培养与理想信念、价值理念、道德观念教育有机结合，努力解决青年学生对马克思主义的真学真懂真信真用，直接关乎"培养什么人、怎样培养人、为谁培养人"的根本问题，关系到大学生坚定理想信念、厚植爱国主义情怀、加强品德修养、增长知识见识、培养奋斗精神、增强综合素质的实现，是一门具有深远影响，让学生"终身受益"，为其"真心喜爱"的课程。

思政大课之所以能够增益青年学生，关键就在于彰显了思政课的影响深远性。面对突发疫情，思政大课按照"停课不停教、停课不停学"的工作要求，以云端开课、在线教学，以润物无声、直指人心的特殊方式，引导广大师生胸有大志，心有大我，肩有大任，行有大德，成为疫情防控的精神力量，具有重要的长远影响与社会影响。一方面，思政大

[①] 《习近平主持召开学校思想政治理论课教师座谈会强调：用新时代中国特色社会主义思想铸魂育人，贯彻党的教育方针落实立德树人根本任务》，《人民日报》2019年3月19日第1版。

课的重要意义不仅在当下，更具有长远效应。当下，思政课承担着特殊的云端战疫任务，它通过讲好疫情防控的制度优势、制度自信，讲好总书记的重要指示与中央决策部署，起到了鼓舞士气、凝神聚力的正向作用。同时，它着眼于青年学生理想信念、价值理念和道德观念的根本提升，塑造他们勇于直面重大风险、敢于在斗争中推动发展的精神风貌、意志品质与思想境界，更具有长远价值。另一方面，思政大课的重要意义不仅在学校，更具有社会效应。思政课教学是高校疫情防控的"重要战线"，是维护师生生命安全、守护校园一方净土的重要力量。疫情下的思政大课，对象是大学生，其影响却在全社会，有助于消除全社会的麻痹思想、厌战情绪、侥幸心理和松劲心态，强信心、暖人心、聚民心，具有支持配合国家整体疫情防控大局的社会价值，成为特殊时期将思政课教学优势转化为支持防疫斗争强大力量的生动实践。

新时代建好思政课，必须在影响深远性上下功夫。将其放在世界百年未有之大变局、党和国家事业发展全局中来看待，从坚持和发展中国特色社会主义、建设社会主义现代化强国、实现中华民族伟大复兴的高度来对待。思政课的影响深远性，集中体现为尊重学生、理解学生、信任学生、激励学生，让学生"终身受益"。一是加强全面系统准确的马克思主义教育。当前一些青年学生常常孤立片面、断章取义地摘取马克思主义经典作家的个别表述和特殊名词，造成实践中的走偏变味。迫切需要通过思政课的系统教学，引导他们深刻领会、融会贯通马克思主义根本立场观点与方法，整体把握贯穿其中的坚定信仰追求、历史担当意识、真挚为民情怀与科学思想方法。二是加强世情国情教育。"90后""00后"大学生没有经过艰苦年代的磨炼，对党的历史和中国国情了解不深，影响到他们对事实的正确认知。应通过思政课的世情国情教育，引导他们既认识社会主义的优越性，又认识到我国处于社会主义初期阶段的基本国情；既认识改革开放取得的伟大成就，又不避讳实际工作中出现的问题与失误，防止理解不准确、分析片面化。三是加强思政课社会实践教育。马克思认为，全部社会生活在本质上是实践的。受各种因素制约，青年学生的社会实践和基层体验十分匮乏。"要坚持理论性和实践性相统一，用科学理论培养人，重视思政课的实践性，把思政小课堂同社会大课堂结合起来，教育引导学生立鸿鹄志，做奋斗者。"① 充分发挥思政课实践教学在世界观人生观价值观形成中的砥砺作用，推动思政课实践教学与社会实践活动、创新创业教育、志愿服务、军事训练等载体有机融合，形成实践育人统筹推进的工作格局，引领青年学生在亲身参与中增强实践能力、树立家国情怀，勇做担当民族复兴大任的时代新人。

（王维国，中国社会科学院大学马克思主义学院副院长，社科大教育部思政创新发展中心研究员。源自：《社会主义核心价值观研究》2020年第2期。内容和题目略有修改，已发表的文章题目为《疫情防控常态化下高校思想政治理论课创新的几点思考》）

---

① 《习近平主持召开学校思想政治理论课教师座谈会强调：用新时代中国特色社会主义思想铸魂育人，贯彻党的教育方针落实立德树人根本任务》，《人民日报》2019年3月19日第1版。

疫情形势下高校困境学生服务工作透析

漆光鸿

突如其来的新冠肺炎疫情对正常的工作生活秩序造成了重大影响，高校也不例外。高校聚集了大批高级知识分子和青年大学生，历来受到社会各界的广泛关注。疫情期间，高校既要确保教育教学，又要做好安全防控，而处于困境中的学生应对风险的能力往往更弱，需要加以重点关注。这些困境学生是多方面的，包括经济的（如贫困）、心理的（如抑郁）、学业的（如学习困难者）、社会的（如家庭环境不佳、社会支持系统缺失）等。

一 抗疫形势下，高校针对困境学生工作面临的挑战

本次新冠肺炎疫情暴发时，学校已经放寒假，留校的老师和学生不多。这在一定程度上降低了校内人员聚集性传播的风险，但同时也增加了学校联系、服务学生的成本，工作难度明显加大。在此期间，高校学生管理过程中已经出现了一些值得警惕的问题。因高等教育阶段的学生来自全国各地，各地疫情严重程度和管控方式亦存在差异，学生返校后的疫情防控工作将迎来更大挑战。

（一）困境学生底数不清

学生底数是高校开展各项工作，特别是应对突发公共卫生事件的基础。这些底数除了基本的人员信息和统计信息之外，还应该包括不同类型的学生，特别是处于困境中学生的详细信息。当前，一些高校对学生的底数并不明确。疫情发展对个体的影响在持续，但学校工作人员无法及时准确获知所有学生的生理、心理和社会状态，困境学生信息无法及时更新。目前，许多高校还没有建立起困境学生"发现（识别）—报告评估—干预—跟踪"系统，缺乏辨识情况和开展社会调查的专业人员。因为缺乏专业指导，摸清底数这一基础工作做得不够扎实，也给疫情期间开展困境学生服务带来了一定障碍。

（二）学生的社会需求被忽视

人是社会性的动物，有社会性的需求。根据阿尔德弗尔（Alderfer）的 ERG 理论，人的需求包括存在、关系和成长需求，所谓关系（或相互关系），就是人们对于保持重要的人际关系的要求。为了做好疫情防控工作，各地高校要求学生"不离家、不返校"，大部分学生已居家超过了3个月，同辈群体无法如往常一样见面、共同学习、生活和交流。长此以往，会对学生的心理健康和社会交往产生不良影响。

疫情发生后，教育部门和高校积极行动，为疫情严重地区和家庭困难的学生发放了补助，这在一定程度上缓解了其经济压力。但是，对困境学生因长期居家、缺乏社会交往而造成的影响却没有引起足够重视。

（三）非现场服务能力不足

受疫情影响，许多学生出现了焦虑、压抑、无助等负面情绪，这些情绪与家庭关系紧张、同辈关系疏离、学习方式改变等带来的负面体验交织，对学生的身心健康造成了较大影响。然而因与学生的"空间隔离"，学校对困境学生的服务手段有限，工作方式较为单一。面对原有和因疫情新增的困境学生，学校非现场服务的能力亟待提高。

二 社会工作在服务高校困境学生中的专业优势

社会工作在服务理念、需求评估、服务手法等方面有独特优势，尤其是学校社会工作可以很好地帮助解决高校困境学生的问题。

（一）社会工作具有个案管理优势

专业社会工作在困境学生服务上的优势，不仅体现在为服务对象提供直接服务上，还体现在资源的链接和管理上。个案管理是专业社会工作为个体提供服务的重要方式，强调为有需要的个体提供整合式的服务，强调团队合作和跨专业团队合作。学校的社会工作团队会在平时为有需要的学生建立专门档案，并不断更新，每个个案由专人负责。围绕每一位案主，不同的服务主体协作开展服务，遭遇突发事件时亦可应对自如。

（二）社会工作具有需求评估优势

社会工作的服务坚持需求为本，强调评估在服务中的重要作用。社会工作者在为有需要的学生提供服务之前，会对个体的生理、心理、社会性等各方面进行全面评估，会关注到其存在的问题和所拥有的资源系统，在专业价值理念指导下与案主确定适当的服务方式。评估贯穿服务始终，以确保服务的适切性。在面对疫情中的困境学生时，社会工作者能够通过评估精准辨识，给予相应帮助。

（三）社会工作具有服务优势

传统学生工作模式强调对学生的教育，主要内容是思想政治教育。与传统的思想政治教育和学生工作不同，社会工作的目的不是"教育"，而是"服务"，通过服务实现教育的目的。专业社会工作通过在服务中与学生建立良好的信任感，在解决问题的同时，让教育在自然中发生。

更为关键的是，社会工作服务具有个别化的优势。个别化是社会工作的重要价值理念，它强调人与人之间是不同的，服务需要有针对性，不能用统一的方式去应对每一位案主，所以在突发的公共卫生事件中，会将学生群体进行细致的分类，以便有针对性地采取措施。本次疫情中，学校发布的各类通知、要求、服务信息交织在一起，纷繁复杂，学生渐渐产生疲劳，可能错过一些重要的信息。社会工作者可以依据群体分类，将最需要的信息送达到最需要的人，实现人与信息重要性的匹配，同时根据需要对不同个体或群体提供有针对性的服务。这在目前工作中是缺失的，也恰恰是社会工作所擅长的。

三 抗疫形势下，高校针对困境学生的服务建议

结合社会工作的专业优势，在疫情防控工作中，高校针对困境学生的工作应由"应对事"转为"服务人"，在摸清底数的基础上，重建学生社会连接，为困境学生织密安全网。

（一）建立困境学生档案

摸清困境学生底数的前提是建立"识别系统"和"报告系统"。识别困境学生需要有一定数量的专业社会工作者介入，能够通过直接观察或者已知的信息，意识到学生可能存在的问题，并通过进一步收集资料加以确认。与"识别系统"同样重要的是"报告系统"，谁都不能确保每个困境学生都出现在社会工作者的视野中，或者出现在社会工作者视野中时一定会表现出异样，所以"报告系统"非常重要。高校可以对班主任、辅导员、任课教师、班委、寝室长等进行专门培训，在他们发现特殊情况时，能够及时报告给学校的社会工作者。社会工作者接到报告以后，再进一步确认该学生是否属于需要关注的困境学生。底数摸清以后，应该为每个困境学生建立档案，包括但不限于个人的人口信息、家庭信息、学业信息、主要社会关系、主要问题和需求等，以及对应的服务记录，并指定专人负责。高校学生返校在即，要做好全体学生的普查工作，对困境学生做到早发现、早干预。摸清底数是做好服务的开始，也是提供针对性、个别化服务的基础。

（二）重建社会连接

在守好物理"防火墙"的同时，应关注困境学生的社会性需要，克服因空间隔离产生的不良影响。一方面，高校要鼓励学生表达，为学生提供情感表达的平台，进一步了解学生需要；另一方面，可通过多种形式建立社会连接。如定期召开可视化班会，举办线上学生社团活动，尽可能让学生以感官系统感知到同辈群体的信息。教师可以通过发布视频等方式，问候和寄语学生。学校可以定期发布学校的工作动态，校园环境的变化（如风景图、视频等），创造一种还与学生在一起的虚拟感。学校还可以通过线上家访，多方面了解学生的近况，增强其社会支持网络。

（三）为特殊困境学生链接资源

疫情防控中，有些特殊困境的学生，社会工作者要善于为他们链接资源，赋权增能、化解困境，如一些家住偏远山区无网、无学习终端的学生，学校可通过正式组织系统（如当地教育或共青团部门），或借助校友等非正式系统，帮助其解决网络和学习终端问题。对于一些有特殊心理需求的学生，可以协助联系当地的专业人士或者心理医生，提供及时支持。对于社会支持系统缺失的困境学生，要主动为他们搭建社会支持网络，提供体现个人价值的平台。

社会工作在本次新冠肺炎疫情阻击战中发挥了专业优势，得到了各界的充分肯定。疫情防控期间高校责任重大，特别是对困境学生的工作，可以借助社会工作的专业力量，服务好这一群体，使学校的治理体系和治理能力得到进一步提升。

（漆光鸿，中国社会科学院大学高等教育研究所。源自：《中国社会工作》2020年第5期）

践悟新语与学思锐评

建设"双一流"大学的核心是人才培养

张政文

3月5日,全国政协教育界别分组讨论会举行,讨论主要围绕政府工作报告进行。委员们发言积极、讨论热烈。全国政协委员、中国社会科学院大学党委书记、常务副校长张政文接受记者采访时表示,建设"双一流"大学,要有"中国的立场、世界的眼光"。同时,建设"双一流"大学的核心是人才培养,高校必须创新人才培养模式。

一 建设"双一流"大学的核心是人才培养

2017年,教育部、财政部、国家发展改革委印发《关于公布世界一流大学和一流学科建设高校及建设学科名单的通知》,建设世界一流大学和一流学科,有利于提升中国高等教育综合实力和国际竞争力,为实现"两个一百年"奋斗目标和中华民族伟大复兴的中国梦提供有力支撑。为此,张政文表示,建设"双一流"大学,要有"中国的立场、世界的眼光"。他总结了中国社会科学院大学的办学经验,培养高起点人才,要从本科生抓起,比如中国社会科学院大学的400个本科生,就由180位博士生导师来带。每个本科生都有自己的导师,并在导师督导下每学期阅读5本书,从本科阶段就参与导师的科研工作。同时,我国高校还要与世界接轨,一个最有效的途径就是,通过联合办学等各种方式,深入国际化办学，给学生到牛津等世界一流大学去学习的机会。这样提高学生知识、能力水平，建设"双一流"大学的核心最后还要落在人才培养上。张政文认为，在人才培养规格上，中国的大学培养人才有几个方面，从理工科来讲，学校培养的是专业技术人才；从文科来讲，学校更多培养的是学者，是各方面的管理人才，这是我国高等教育近百年积累出来的经验和培养的规格。

二 创新是创业的动力，创新是创业的灵魂

那么，高校在创新人才培养模式时到底要怎么做？张政文表示，从理工科来说，学校要突出学生的创新、创业的教育，创新创业教育不是简单的培养老板的问题。首先是创业意识，要把这种创业意识和专业意识紧密地结合起来，创业意识、专业意识和公民意识要结合起来，这样才能培养一种新的理工科方面专业、技术人才。从文科来说，注重培养学生的社会能力，注重培养学生对社会的认同感，让学生将来能参与到社会从事行业管理工作，从事文化工作，甚至从事政治方面的工作。

在谈到高校创新创业教育的重点到底是创新更重要，还是创业更重要时，张政文认为，第一，创新是创业的动力，创新是创业的灵魂，创业是创新的一个目标，通过创新实现创业，通过创业展现自己的才华，为国家做出贡献。所以，创新与创业是手心手背的关系，是不可分离的。第二，创新、创业教育的核心，第一是培养学生的创新创业的意识，第二是培养学生的创新创业的技能，他们要有本事，光有想法不行，还要有本事。所以，创新创业的教育要融入专业教育中间去，融入高校的思想政治教育中间去，融入人格品德的教育中间去，它不是分离的另外一种教育，它是融汇所有国民教育体系中间的一部分。

（张政文，中国社会科学院大学党委常务副书记、校长，社科大教育部思政创新发展中心执行主任。源自：央广网，2018年3月8日）

"双一流"建设要突出立德树人

张政文

"'双一流'建设要把人才培养放在突出位置,更加突出立德树人、培养时代新人。"全国政协委员、中国社会科学院大学党委书记、常务副校长张政文在接受中国网记者采访时表示。"双一流"建设的核心宗旨是中国的高等教育要走向世界的中心,引领世界高等教育的发展。如何建设"双一流"大学,每个学校都有不同的任务和定位,但重视人才培养是共性准则。

"以立德树人为灵魂,以学科建设为龙头,以教学工作为中心,以科研工作为支撑,以建立现代化的大学治理制度和高端的教学、科研、生活条件为保障,以培养合格的社会主义建设者、接班人和时代新人为根本任务。"张政文表示,这是"双一流"建设应该共同遵循的原则。

他进一步解释说,时代新人最核心的理念是人的全面发展。新时代人才培养的目标定位发生了变化,在继续注重专业知识和能力培养的同时,特别重视学生人格培养、文化素质培养、适应社会和认同社会能力培养、创新创业意识和技能培养。而这一目标的实现,需要制度建设、平台建设,还需要来自社会各界的支持。

张政文表示,希望能够通过多方协作,共同完成对学生全面发展能力的培养。

(张政文,中国社会科学院大学党委常务副书记、校长,社科大教育部思政创新发展中心执行主任。源自:2020年3月14日,中国网北京)

如何开始你的法学生涯

林 维

一 关于阅读

首先要和大家说的是,我特别希望大家能够在大学期间早一点进入专业课学习,希望大家能经常参加读书会的活动,同学们可以选择自己想读的书的读书会,也可以和老师提要求想读哪本书。

大学期间应该大量阅读,我希望大家扩大自己的阅读量。大一阶段首先接触的是宪法和法理,你们可能习惯于用电子数据库阅读论文,我建议你们选出一个助教,由他去找任课老师,让老师为你们挑出几篇适合你们阅读的、高质量的论文,再由助教将论文发给大家阅读。由于时间关系,这些论文老师不一定会讲,但你们可以自己去阅读。

我建议大家每星期至少读三至五篇相关内容的专业论文。我以前给硕士生上课的时候,要求他们每周读五篇论文并且做读书笔记,在上课的时候让他们复述所读论文的大概内容。你们专业的阅读要从第一学期开始,尽量定期去图书馆看最新的期刊,纸质的核心期刊大概有16本。看期刊要尽量去看最新的期刊,新的期刊能够了解到法学界最新的思想,了解法学界最近都在研究什么,这样才能跟上时代。看纸质期刊至少要保证每个月浏览一次,至少去浏览一下它的目录,找到你正在学的专业,比如说宪法学和法理学,这些学科相关论文就可以阅读了。

现在这些文章你们还不一定能读懂,如果一篇文章你都能读懂的话意义也不是很大。你要去看的是那些看不太懂的论文，当然完全不懂的论文去阅读也没有意义。你们每天、每星期、每个月，都一定要有专门阅读的时间。除了自己专业的专著，你们还一定要去读核心刊物中的文章，你就能知道法学家现在都在关心什么。也可以熟悉现在这个行业里有哪些学者，知道这些学者在想什么，他们在思考什么问题。需要知道他们思考的方式，他们是怎么思考问题的。

学习是要发现问题，要发现问题首先要有大量的专业阅读，如果你的知识储备不够，即使提出了问题，这个问题也可能没有价值，学法律一定是在专业学习之后，再去发现问题。

发现问题后要解决问题，在解决的过程当中，要学会论证、学会谋篇布局、学会凝练你的观点、论证你的观点，甚至到最后要将一个观点形成一个规则。

我建议一定要去看更多的西方法哲学的书，批判地去看。从我个人角度出发，我推荐波斯纳的书，苏力教授翻译的。还有一套大百科全书出版社的《外国法律文库》，作者都是英、美、法的西方法哲学顶尖的学者，比如德沃金的《法律帝国》。另外可以再读一下哈特的分析法哲学。当然也可以先读有关西方法哲学的入门的书。

读这些书会有些困难，读书本身就是一种乐趣，有些书读完了，最后发现没记住其中的内容。没关系，阅读会潜移默化地对你产生影响。法典可能变化，但是理念、学习和思考的方式不会变，这可能给你们带来特别大的启发，这就是潜意识。

除了阅读专业教材，还要阅读法典。分析法典过程中，一个法学家、一个学法律的人、做法律实务的人，对法典不熟悉，一定是致命的。阅读法典，并不是要求你背下来多少法条，而是为了你可以熟悉法条，从而构建思考体系。

二　关于写作

进行专业的写作，也是一个模仿的过程，但大量的、广泛的文献阅读是前提。我不太提议大家去写一些不太容易把控的题目，尽量找小一些的、没有人写过的题材。这类题材同学们会有一个疑惑：没有资料。我认为这是最好的，你写这个题材的第一篇论文，以后别人一定会引用。进行专业的写作，一定是要"小题大做"，从一个很小的问题着手，去探讨它背后的内涵，把它写得越来越精细。我不太提倡在大家还没有具备一个特别好的知识基础之前，去做宏观的研究。我有一个习惯，我的包里面一定会随身带一本刑法典（《刑法一本通》）。我在中青院教学时，会要求学生必须带上教材与案例参考书，教学过程想到任何问题可以及时记录与翻阅。

三 关于思考

学法律的人一定要学会冷静思考，学会区分不同范畴、不同权利义务关系。

（一）法律与道德

遇到一个问题首先要分析是道德问题还是法律问题。如果是法律问题，还要再区分是具体哪个法律领域，还是复合的交叉的领域，有的既是刑法的问题又是民法的问题。

（二）实然与应然的问题

实际情况是怎么样、情况应该是怎么样、我们的目标是怎么样、我们现实是怎么样。一定要学会区分，因为这里面直接涉及很多责任的分配，权利义务关系的设定等。

（三）立法论与解释论

对于法条相关的问题，首先要弄清楚是立法论还是解释论的问题。立法论意味着现在的法条覆盖不了一些问题，要改变这个法则，要进行立法修改。解释论意思是认为通过解释就能覆盖法条上存在的问题。

（四）实体与程序问题

遇见问题也要思考问题出在哪儿了，是实体问题还是程序问题。当然这两者之间也会出现某种互动，并且也会相互影响。在学科上是实体法和程序法分得很清晰。但是到司法实践中，程序问题、证据问题、事实问题是需要自己厘清的。学科上的这样区分是有一定的弊端的，现在我们想进行一体化的培养，叫刑事一体化。刑事一体化是不区分我们导师组中诉讼法、实体法的老师，甚至未来还要包括监狱学、包括犯罪学都在一起进行学习、研究。思考这个问题的时候，你要既懂诉讼法也要懂实体法。

（五）其他范畴

我还可以列出很多对立的这个范畴，例如，主体和客体、主观说和客观说、事实与真相、证明的事实与待确认的事实等。

在学习的过程中，需要通过这样的思考的方式，进行价值的判断，进行事实的发现，规范的整理，直到你二年级、三年级或者大学本科毕业以后，你就和其他专业的学生思考的模式完全不一样了，职业的特点或者专业的特色在你们身上就表现得非常明显了。

四　关于案例研究方法

第一步：等到我们进入专业的学习以后，阅读案例与案例的研究是非常重要的，虽然说中国没有判例，我们是在另外一个意义上使用判例这个词，但并不是说我们现在的判决对其他案件具有法律上的拘束力，我们要做的是判例解释的研究。判例的研究不是说案例分析，判解的研究是我们从案例出发，发现案例中的问题。并且我们要研究一些疑难案件，因为这些疑难案件是一些界分性的案件，我们称为试金石案件。只有这种试金石案件，才能区分出不同理论之间的这个区别。

第二步：是解决方案，找到一个解决方案，要把它上升为规则，制定出一个规则来解决同样的问题，因此我们要类型化地解决，或者叫批量地解决。不仅仅是把个案解决了，我们是要发现其中的规律性。

第三步：我们要找到一个规则，对这一类问题进行类型化的处理。

第四步：你要在规则当中发现例外。我刚才讲的好几对这个关系，我想再增加一个关系，叫作一般与例外。法学所讨论的都是规则问题，规则问题是一个一般性的问题，一般性问题一定会面临着层出不穷的例外的情形。这个例外怎么处理？把它给抛到规则以外，还是解释在规则以内，还是另立一条新的规则？一定要有这样的一般和例外的意识。

在司法实践中，发现了一个问题，表面上看起来和这一类问题很相似，可是用现有的规则解决不了，这就是规则中的例外。那就需要对这个规则进行修改。我们要知道这个规则它所能够容纳的和不能容纳的地方，因此我们周而复始修正规则，从而使这个规则不断的精细。我们立法一定是越来越细，法条一定是越来越厚，我们的立法能力一定也在不断提高，我们所处理的问题也都是越来越深。

五　关于学习外语

应该至少学好一门外语，能够作为研究语言。尤其是这个时代的你们，仅仅了解本国法律是远远不够的。各国法律的共性价值可能会比国别之间的差异性观念还要多。实际上，越了解别国的法律，越能够更好地理解、改善自己的法律体系和具体规范。所以如果能够在大一开始就慢慢养成阅读外语专业文献的习惯，是一件特别好的事情。尤其考虑到我们大量地缺乏国际法人才，这是和我们想要实现的强国大国地位完全不相匹配的。只有我们更加深入地理解、纯熟地运用国际法规则，我们才能够真正融入全球化的社会。越是改革开放，越需要大量懂国际法的人才，而外语是基础。因此也希望大家都能够积极参加国际模拟法庭比赛，积极参与政法学院的国际化项目，积极申请到国际组织机构中去实习。

六 寄语

总的一句话，学习的方法就是阅读、写作、思考。我特别希望同学们能够提早进入状态。一年级已经过去半学期了，很快就会进入到二年级。二年级是最重要的一个学期，意味着是你学习的转折点，是一个大学本科学习的转折点。三年级是你的专业的转折点，因为你要进行考研或就业的选择等，等到四年级毕业那一年或者毕业的那一刹那，就代表了你的职业的转折点。当然还不敢说是人生的转折点，也许你人生的转折点最初就来源于学习的转折点、专业的转折点以及职业的转折点。一年级的你们一定要通过大量的阅读，主动地去培养自己对法律的热爱和兴趣。

法律特别有意思。比如说要找到规则中的例外，我们都说文学需要想象，实际上法学更需要想象。我有时候讲一个法条、一个案例，要举10个、20个例子，这些例子又可以区分成不同的类型，可以不停地细分。你的视野有多开阔，你的思维有多精密，你对这个行为的分类就有多么仔细。你处理问题、解决问题的能力以及对社会现象的概括都需要精密的思维，所以法律是特别需要想象力的。但学法律的人又不能沉浸于这种精细的状态，要跳出这种状态，站在一个更高的社会学的角度、站在一个哲学的角度、经济学的角度去交叉、融合、复合地去思考法律问题，这是我们要做的。你们要能够潜伏到地下，才能够上到空中。

（林维，中国社会科学院大学副校长，教授、博士生导师。本文整理自林维教授2018年在"社科大互联网法治研究中心研究助理小课堂系列之一"举办的讲座"如何开始你的法学生涯"）

我如何解读社科大经院

林　维

特别高兴，今天是第三届经济学院本科生的开学典礼。刚才几位老师已经讲了很多，深受启发。按照学院的安排，从仪式上考虑，我就做一些不必要的补充。

刚才荆林波教授给大学的管理工作提出了很多忠告和建议，我在底下也是鼓掌并且笑，但这个笑可不是轻松愉快的笑。确实，大学的管理仍然存在着很多问题，刚才何辉副教授讲了很多有意义的数据，例如各位同学入校已经27天了。在一个陌生环境中，一个人最容易感受到的是周边环境的不舒适感，我想，在满月不到的这个时间里面，大家可能就已经感受到了我们学校的诸多问题。所以刚才2019级同学孙依诺淇讲我们学校多么多么的好，其实我猜想她内心很有可能也想说说"我到了社科大以后感受到了这个大学有哪些不好"，但在这个场合她没说。虽然我也会希望大家在提到我们社科大的时候，能够充满自豪感地赞美自己的母校，不过未来有更长的时间，我还是特别希望各位老师和同学，不断地提出我们的大学究竟有哪些地方不好需要改进。我不会简单地把它理解为是对作为客体对社科大的批评，我宁愿把它理解为大家作为主人对自己所归属的家园的热爱和反思。我们都是大学的主人，讲好感的时候倒不用太多，反而更有义务经常建设性地批评我们的家园有哪些需要改进的地方，我们特别愿意倾听大家的意见和建议，这样我们才能把大学建设得更好。大学不应当畏惧批评，无论是就学术而言还是大学本身的管理而言。我们应当坦诚地直面问题，解决问题，塑造我们大学独特的传统。

刚才徐丽艳教授讲话的时候，我背后的女生不断地赞叹"太漂亮了"，徐老师下去的时候同学又喊"太美了"。我其实不太赞同每次一说起某位女教授的时候，就要强调她的性别或者美丽，不过，我能感觉到同学们对老师的喜爱。虽然我还要提醒大家，同学们千万不要被徐老师的颜值所迷惑或者惊叹，等到她给你们上课的时候，她的智慧也许会让你更为赞叹。

高文书研究员也对我们经济学的研究提出了很多好的看法，尤其是高老师为我们带了七位本科生，我相信七位同学通过这种导师制的实施，通过和高老师的联系交流，一定会收获良多。我相信很多大学都不一定能像社科大一样，如此细致用心地、投入巨大地去实施贯彻本科生导师制。作为社科大的人才培养特色之一，本科生导师制在实行过程中有缺憾，但更多的仍然是经验。在这一过程中，特别依赖各位导师的辛勤付出，也有赖于各位同学和导师之间的良好互动。我们相信，各位同学和导师相处的过程，就是和学术精神相伴的过程，就是和社科院的学术传统相连的过程，相信大家以后会慢慢地感受到导师制在我们人才培养模式中的重要作用和特殊意义，会慢慢感受到导师在各位同学的学业规划、研究能力提升等各方面中的巨大作用。我们也特别希望能够继续提升导师制的实施效果，尝试、探索出更多有益做法。我们也特别感谢像高文书教授这样一批又一批的优秀导师，投入自己的智慧、热情和精力，为大学的发展做出了特别贡献。

刚才讲话的钟煊同学我印象特别深，因为她一来的时候就给我留下了很深印象，我记得我第一次和本科生座谈的时候，钟煊同学用流利的英文介绍了她自己的背景和理想。后来，钟煊同学果然通过自己的努力和优异成绩通过层层遴选，获得了到埃克塞特大学、利物浦大学进行学术访问的机会。所以，我也特别希望大家能像刚才徐丽艳教授讲的那样，要学会展示自己。每一次当我们和学生接触的时候，其实都是在相互观察，你在观察我，我也在观察你，你在观察大学，大学也在观察你。希望我们每一次的接触、每一次的交流都给对方留下特别美好的印象。钟煊同学所代表的正是我们社科大学子的形象，他们优秀而大方，坚定而努力，他们对未来充满了想象，他们准备要更深入地了解这片国土，但又满怀着建设更新的世界的理想。因为你们源源不断地到来，我们对社科大充满了信心。

其他几位老师也都讲得很细很周到，我就不准备重复他们的了。我想，我主要代表学校，代表京清书记和政文校长，向大家再次表示欢迎。我的专业是法学，对经济学完全是外行，所以如果讲到特别外行的，也希望大家考虑到专业界限的问题给予谅解。

各位同学来到的是中国社会科学院大学经济学院，名字特别长，我们应该是国内最年轻的一所公立大学，也是校名最长的大学。以前校名最长的大学是，北京航空航天大学和中南财经政法大学，自从有了我们以后，它们就屈居第二。我到别的大学去讲课，总是开玩笑，社科大有两个你们比不上，他们一下子就充满了好奇，我说是校名最长、校龄最小，他们就笑。当然，未来社科大一定会有更多更严肃的最，因为年轻所以充满了无限可能。所以我特别想就中国社会科学院大学经济学院这十三个字，给大家讲一下我的理解和感受。

第一，就是中国社会科学院大学这个全称。校名之所以最长，就是因为我们是中国社会科学院的大学，我们的英文也是 the University of CASS，我们必须要努力，要始终明白校名前面的中国社会科学院这七个字，既是一种光荣的传承，也是一种鞭策和压力。我们的工作和成就要配得上"中国社会科学院"，各位教师的学术努力和成绩，各位同学的学习和形象，要和中国社会科学院在整个人文社会科学体系中的地位和影响相符合。这所大学的成立，绝不是为了增加一个新大学而建设，它有自己的理想定位和目标雄心，我们必须为了实现这样一种理想和雄心而努力而奋斗。我刚刚说了这是一所最年轻的学校，但是我想我们更应该特别强调的是，这是建立在中国社会科学院研究生院 41 年悠久优秀办学历史基础之上的大学，如果从这个意义上讲，各位所来到的大学是一个已经不惑的大学。它已经具有笃学、慎思、明辨、尚行的传统，它懂得自身在国家建设和发展中的地位和责任，它已经有自己独特的气质。不过，从另一种意义上讲，我们是中国社会科学院的大学而不是研究所，我们本质上是一个大学，仍然保有大学独特的规则和规律、职责和使命，大学有自己独特的成长、发展、成熟路径，有对学术的自由探索和教书育人相结合的独特模式，并因此和其他研究所之间存在差异，并由此产生如何融合的问题。

第二，我特别想强调的是：中国。2017级的赵嘉珩同学让我给经济学院的新同学写几句话，我写了12个字"全球视野、中国情怀、时代担当"勉励我们2019级的同学。我们是在全球化背景下的中国的土地上，首先要研究中国的学问，解决中国的问题，构建中国的学术体系，形成中国的话语体系。我们必须深刻地理解我们脚下的这块土地，它的历史、血脉、教训和成就。我们的学问必须扎根于中国的实践，深刻地体悟中国人民的利益期待和权利请求，并且始终明确自己在时代发展过程中的责任，勇敢地承担自己的建设性义务。没有国家意识，没有中国问题意识，没有对祖国深沉的热爱和理性的判断，我们的学问就会失去灵魂。刚才何辉老师说我们经济以及经济学研究都取得了长足进展，但是我们似乎没有建立起自己的话语体系。刚才他也讲到我们曾经有一位最有可能获得诺贝尔经济学奖的杨小凯教授。对于经济学我是外行，中国人获得诺贝尔奖的有文学奖、医学奖等，但是没有经济学奖。很多人说，我们中国人40年来实行改革开放，应该当之无愧地获得一个经济学奖。不过我想，虽然我们应当当之无愧地获得经济发展奖，但是经济发展的成就并不等于经济学研究的成就。但毫无疑问，经济发展所取得的成就一定要有也一定有强大、有效的经济学理论加以支撑，并因此为经济学理论研究的发展和创新提供了实践的源泉。我们当然不是为了诺贝尔奖而学习和研究，但我们仍然应该期待在座的经济学者，期待我们在座的同学们，在不久的将来或者更远的未来能获得诺贝尔经济学奖，这并不是不可能的任务，某种程度上也应该是这一个时代中国的经济学者、经济学习者的目标之一。但是研究中国的学问仍然要特别重视全球视野，这就是我们社科大人才培养的第二个特色：国际化。这是一个全球化的时代，当我们讨论中国的时候，无论如何都离不开全球变迁的背景和中国和世界的互动。昨天下午我们在社科大人文社科新苗支持计划颁奖时，政法学院有一个项目是参加JESSUP国际模拟法庭比赛的团队拿到了中国赛区的冠军后，代表中国到华盛顿参加全球的国际模拟法庭比赛，所有参加比赛的这些同学，无一例外地被世界排名顶尖的法学院所录取，其中有一位同学参加了社科大—牛津大学交流计划，她也因此成为社科大成立后第一位到牛津交流的本科生。在全面深化改革开放的背景下，经济学院的同学们在研究中国问题的时候，更应该出去看看世界是什么样的，回过头来再看看中国应该是什么样的。

第三，就是社会科学这个词。我们要把社会作为研究对象加以科学的研究，我们所进行的不是一般的学习而是一种学术的探讨和建设。我们不是混社会的，我们是研究社会的，并且是来科学地研究社会，并且最终是要改造社会的。我看到我们每个老师前面都摆了一本《社科经苑》，这是我们经院的本科生定期编辑的内部学术刊物。我特别希望本科生同学能够提前进入学术的探索状态，把社会作为一个研究对象，明白学问的意义，理解学术的使命。在这个过程中，我尤其希望我们的本科生在自己探索课题研究的第一天起就注重学术规范、学术道德、学术伦理。我们现在也正在探索、筹划一门公共选修课，计划邀请国内的顶尖学者，尤其是社科院的顶尖学者，来开设一门课程，名字叫《人文社会科学：学术道德、学术规范和研究方法》，希望得到大家的支持。

第四，就是大学这个词。我在这里想抛开大学的一般议题，讨论一下我们社科大的第三个人才培养特色本硕博一体。有关本硕博一体化，一般而言很多同学都会问，硕士推免的指标是多少，有多少同学能够直博，因为这是一个一体化培养的现实条件。我们正在讨论博士招生、培养制度的改革，另外，等到各位同学毕业的时候，我个人相信大学的硕士推免指标会比现在的更多，学校正在努力推动这方面的工作，一定会为同学们的成长创造更多的机会。但是我现在想讲的是我个人理解的另外一个意义上的本硕博一体化培养。社科院研究生院四十一年来树立了一个优良的培养模式，培养了一批又一批的学术精英和国家治理人才，我们应当思考怎样把研究生的学术能力培养更提前地放到本科当中来，探索在这样小规模的大学中，如何通过日常的学术训练提升本科生的学术能力和研究意识，从而为未来的人文社会科学的发展供给更多的新生力量。我特别要提醒大家的是，我们上的是大学一年级而不是高中四年级。等到各位攻读研究生的时候，我也不希望我们的导师看待大家的时候，觉得还是大学五年级的学生而不是已经开始研究性学习的同学。我特别希望通过我们大学里包括人文社科新苗支持计划在内的这些本科生科研支持项目，提升社科大本科生的研究能力、学术视野，尤其希望各位同学能够适应当下时代的特点，在更加扎实基础理论的前提下，做更多跨学科的前沿研究。

所以我特别希望我们在座的本科同学除了通常的意义外，能在更为广泛的意义上理解本硕博一体化，能够在本科阶段就掌握学术研究的方法，具有更强的学术研究能力，具有更为深刻的学术领悟和更好奇的学术探索热情。因为目前我们本科生人数还少，每年只招四百人，学校有足够的精力和金钱的投入，事实上仅仅就本科生的人均资源而言，社科大远远超过其他的一流高校。老师们也会有更多时间的投入，推动本科生的学术成长。各位要提前进入研究性学习的状态，不管你未来毕业后是从事学术研究还是从事实务。任何一个实务要想干出成绩，也需要我们去不断地思考和研究。

我们特意在图书馆里展出了一部分资深的学部委员的照片，这些都是我们老一辈的学术大师，是我们社科院研究生院的老师们，他们做出了很大的贡献，而未来寄托在你们这些新苗身上，希望从社科院这株大树身上长出更多新苗。因此特别希望我们在座的经济学院的同学能够积极加入到人文社会科学新苗支持计划当中来，做好更多的研究准备，跟随我们这些老师们的步伐，接续他们的学术事业。

第五，我想讲一下"经济学院"这四个字。经济学院在社科大里面占据不可替代的地位，我去年（2018）在新生见面的时候就讲，当时我们经济学院的老生新生加起来占了我们学校学生的几乎一半，现在接近全校学生的三分之一。社科大三分天下在经院。因此经院的同学们的意见、需求、期待更多，问题因此也更多。所以希望经济学院的老师同学们能够团结在一起，共同把经济学院办好。这是我们的责任。要把经院办好，首先需要学校的推动，其次需要老师的投入，但也需要注意学校、老师和同学们一起讨论，如何形成一个特有的向上的经院的传统和气质。不需要等到五十年或者一百年以后，十年、二十年以后当我们回望过去的路途，再来看社科大经院，我们就会意识到，各位身处其中所创造的这个传统是多么优秀,并且是多么坚强地支撑着我们继续前进。在这一过程中,请各位同学明白,除了老师,我们的同学也同样责任重大。在这一过程中,我们始终要不忘这样的建设初心,因为一件小事就有可能打断我们向着建设最美传统而努力的进程,所以我个人特别希望我们经济学院的所有同学能够凝聚起来,迅速地对经济学院有归属感、凝聚感,共同承担建设的责任,努力把经院发展好。这是一个崭新的学术共同体,是我们而不是别人决定了它的方向,未来其实就是我们现在的模样。

我想,任何一个顶尖的大学一定要有一个经济学院或商学院,一个一流的法学院,一个一流的医学院。目前我们有经济学院、政法学院,没有医学院。经济学院是研究财富发展问题的,法学院是追求公平正义研究怎样进行权利和利益的公平分配的,医学院是保护健康的。这三个——财富、公平、健康是我们每一个个体公民都想拥有的。现在我们缺医学院,我们的健康暂时由医务室来保障。同学们有反映说医务室在保障方面还存在一些问题——人手不够等,学校也正在设法解决这一问题。经济学院要想办好,我们也有很大的压力,希望经院的老师和同学们能够共同努力。

其实要我个人思考,一个顶尖的中国大学还应有一个优秀的文学院,追求心灵之美;有一个杰出的马克思主义学院,解决我们的信仰和方向问题。当然不管怎样,经院在社科大始终是特殊的。这主要也不是因为我刚才讲的人数多,而更是因为经济学部在社科院的一个特殊地位。社科院建立四十二年,但经济所有九十年的历史,经济所又不断地分裂孕育出许多研究所,这就足以说明经济所的特殊地位。依托这样一个拥有伟大的、悠久的学术传统的经济学部,在各个研究所的支持之下,社科大经院没有理由办不好。

在此,我要借题发挥一下,我看到现场同学们都穿着经院的圆领衫,背后印了萨松的这样一句话:心有猛虎,细嗅蔷薇。我还不太了解何辉教授为什么要选择这句话,我想可能是因为这首诗的最后一句话:"审视我的内心吧,亲爱的朋友,你应该感到战栗,因为那才是你本来的面目。"你们本来的面目是什么?你们内心里面应该有一头猛虎,它应是特别勇猛激情的,向着学术,充满了对未来的好奇和向往。

最后，我想用一句话来勉励经院的同学们："我从来不去思考那些无论我做什么都会到来的命运，我每天都在思考的是，假如我无所事事，那么到来的会是什么样的命运。"希望我们经院的同学每天也要思考，若是无所事事，忘记了奋斗，等待我们的将会是什么样的命运。谢谢大家。

（林维，中国社会科学院大学副校长，教授、博士生导师。本文整理自林维教授在2019年中国社会科学院大学经管学院开学典礼致辞）

我们为什么如此重视本科生的学术科研

林　维

首先欢迎大家前来参加中国社会科学院大学新苗学术沙龙第一期。本期讨论的主题是游戏直播的著作权法问题。我们除了腾讯会议室直播外，同时还在 B 站进行直播，虽然目前仍在疫情防控期间，但我们的老师们和同学们仍然认真教学和学习，线上学术活动精彩纷呈。

考虑到有很多是校外的观众，我先向大家介绍下中国社会科学院大学（以下简称"社科大"）。社科大可能是中国最年轻的大学之一，事实上，过几天就是社科大成立三周年。不过，社科大建立的基础即中国社会科学院研究生院，是我国第一批研究生院，成立于 1978 年。四十多年来，在社科院的领导下，研究生院培养了一批又一批的杰出校友。大学成立以后，传承社科院丰厚的人文社会科学学术传统，秉承研究生院的笃学、慎思、明辨、尚行的校训，兼备朝气蓬勃的青春锐气，社科大正在努力将自己建设成为一所一流的研究型大学。社科大、社科院研究生院热烈欢迎各位一起来探索人文社会科学的奥秘与乐趣。

社科大互联网法治研究中心一直致力于互联网法律和政策的前沿问题与基础理论研究，研究团队以政法学院为主，包含了法学、经济学、管理学、新闻学、社会学、心理学等多个学科，集中关注网络治理、网络传播、大数据与人工智能问题、知识产权、平台责任、未成年人保护、互联网刑事法、数字经济竞争与垄断等问题，为立法司法、政府决策、产业发展提供研究支撑，促进产业界、理论界和从事政策制定、执行、司法裁判的相关机构形成持续对话、良性互动和共同研究的长效机制。

今天我们所讨论的游戏直播的著作权问题就是一个理论界、产业界和司法界都共同关心的话题,当然也是游戏玩家们更关心的问题。

这是我担任副校长以来,第一次为本科生的学术报告做致辞,这也是我们社科大新苗学术沙龙的第一期,也是社科大本科生自己做讲座第一次能够邀请到那么多知名专家。这几位专家,既有来自互联网巨头的专家,也有从事数字经济、数字法律研究和实务工作的知名专家,清华大学的崔国斌教授、今日头条的宋纯峰总监和孙磊律师、赵烨律师都是我们社科大互联网法治研究中心的老朋友,李勇坚研究员本身就是我们社科大、研究生院的导师,各位老师一直以来都对我们社科大的教学研究工作给予了极大的支持。一场本科生的报告,为什么要邀请那么多大牌的专家?就是为了让同学们知道自己和前辈学者之间的距离、领会前辈们对同学学术兴趣的期许和鼓励,理解和老师们进行平等学术对话的基础和重要意义。因此,我谨代表学校向各位专家的到来表示热烈的欢迎,并特别感谢各位老师对社科大人才培养模式的肯定,感谢各位专家对我们本科生学术探索热情的支持和爱护。今天的报告会,在另外一个意义上其实是五位专家的高端讨论会。

"人文社科新苗支持计划"是社科大本科生的一个特色学术支持项目,包含本科生的研究课题、学术团体、读书会、学术竞赛、学生学术刊物、学术沙龙等,目的就是在具有深厚人文社会科学学术传承的社科院,鼓励我们社科大的同学更早地培养对学术的好奇和热爱,更早地开始进行学术的探索,更早地掌握学术规范和研究方法,更早地进行独立的科研活动,更早地领会学术的精神和快乐,从而为未来的学术道路和实践道路奠定良好的学术基础。对本科生学术能力的培养绝不是拔苗助长。高教大计,本科为本,本科不牢,地动山摇,人才培养为本,本科教育是根。本科教育是人才培养的核心地位、教育教学的基础地位、新时代教育发展的前沿地位。社科大认真探索一流本科教育建设,希望能够培养学生解决社会问题的责任感、创新学术的使命感,促使其成为一流本科人才。尤其是随着新文科建设的深入,我们特别希望通过这样一种活动,通过社科大广大教师的努力,我们社科大尤其互联网法治研究中心的同学们能够主动适应新时代哲学社会科学发展的新要求,深入理解哲学社会科学与新一轮科技革命和产业变革交叉融合所带来的新挑战，始终勇立潮头关注前沿，成为学术的后浪，成为中国社科院这个学术常青之树上一片又一片的学术新苗。

今天和大家分享观点的两位同学都是社科大政法学院的二年级本科生，他们报告的内容都是新苗计划学术研究课题的内容。事实上，这两位同学都还没有上过知识产权法课程，都是出于自身对于游戏和知识产权的兴趣而展开研究。王敏昊同学大一时撰写的论文《游戏直播合理使用抗辩的类型化分析》获得了国家版权局主办的"全国大学生版权征文活动"本科生组三等奖，与导师合作的另一篇文章也发表在《人民法院报》（理论版），并被国家版权局官网转载。冯志强同学运用科斯定理对这一法学问题展开研究，也是受益于新苗计划"法律经济学经典文献"读书会活动，体现了跨学科视角研究的学术视野。毫无疑问，他们所分享的观点仍然是稚嫩的，也可能是片面的，但我们仍然想把他们思考的努力呈现给大家。这两位同学也是互联网中心的研究助理，担任中心研究助理的同学对法学问题尤其互联网法律问题充满了兴趣，跟随中心老师参与了到北京互联网法院、北京四分检、北京铁路运输检察院、阿里、百度、字节跳动、腾讯、蚂蚁金服、滴滴、高德等多家机构的实习、调研，并尝试着开始学术研究，目前已经在正式学术刊物公开发表论文5篇。

学术道路漫长而艰偏，尽管心怀热爱，但肯定仍然会时不时地感到求索的痛苦和挣扎，我祝愿今天各位同学所迈出的一小步，在未来能够成为具有重要意义的一大步，与此同时，更不要忘记今天为同学们所迈出这一小步而不辞辛苦的五位老师的学术支持和精神鼓励。

再次感谢五位老师的到来，祝愿新苗学术沙龙越办越好！

（林维，中国社会科学院大学副校长，教授、博士生导师。本文根据录音整理于林维教授在2020年5月12日社科大新苗学术沙龙开幕致辞）

"教育圆桌"旁的行与思

张树辉

写在前面

《北京教育》（高教版）自 2013 年开办"话题圆桌"栏目，邀请京内外教育工作者对当时高等教育热点问题做思考和笔谈，多年下来，形成了很好的传统和影响。以下 9 篇短文是笔者陆陆续续应邀撰写的工作思考，每次都有"绕桌三圈，必须完稿"的体验，算是一些教育时评，也是一名高校管理工作者的"思行合一"。思政工作是做人的工作，是"活"的工作，看似无形，对象却是实在的人；看似虚化，效果却必须实在。基于这种特点，使命使然，大学管理者与实践者重要的是要做到"思行合一"。在实际工作中，教学、管理、思考与实践要观照学生，要回应高等教育快速发展过程中引发的种种关切与问题，要呈现高等教育理念与实践的丰富多彩。面对问题，只有想透彻、想清楚，行动才能更理性、更智慧、更合目的性。在思考的过程中，要善于将自己的思考记录下来，抱着"难事长做，久久为功"的信念坚持下去，要在思考中提升问题意识和治校理教能力，只要能管好自己的思想、情绪与时间，日积月累，必有所成。

给新生导师发经费是噱头、抑或探索？

在教育资源局部、相对充裕的前提下，通过发钱鼓励教师与学生加强交流无可厚非。在现有教师收入构成未明列此项开支的前提下，此举似还应鼓励和提倡。但是，在有条件或没条件发钱的学校，教师均不应以是不是拿到钱而判断要不要加强对学生的课下指导，因为传道、授业、解惑是为师之根本，也是职业特征所必须。有钱要传道，没钱照授业，贴钱也解惑，实为教育之幸事。当然，有钱最好。

——源自：《北京教育》（高教）2013年第7—8期

"红七条"之我见

首先，"红七条"的出台既是对习近平总书记提出的做"四有"好教师讲话精神的贯彻和落实，也是对当前高校教师师德状况出现滑坡现象的及时警示和约束。少数高校教师的道德水准严重下滑，出现一些令人难以容忍的道德失范行为，加之媒体的深度关注，直接影响到整个高校教师群体在社会上的形象和地位。其次，师德建设是一项长期工程，正确分析师德现状，肯定主流，正面提出建设长效机制的原则和要求以及主要措施，对于扭转部分以往存在"善于表扬而不敢于批判，善于鼓励先进而不勇于处理问题"的高校师德建设现状会有一定帮助。最后，"红七条"的一些内容是否合适，值得商榷。"红七条"中出现了不得"对学生实施性骚扰或与学生发生不正当关系"等内容，或属于公民必须遵守的基本法律规范，或属于普通人都应该遵循的基本道德规范。用这样的要求来约束高校教师队伍，显然无形中拉低了对高校教师的整体道德要求，也降低了高校教师在社会大众心目中的形象。某种程度上，弱化了"红七条"出台理应带来的更加全面和深远的影响。

注：《关于建立健全高校师德建设长效机制的意见》（简称"红七条"）

——源自：《北京教育》（高教版）2014年第11期

思政课如何叫好又叫座

高校思政课要做到"叫好又叫座"，就要主动适应青年学生获取知识、接受信息的习惯，对教学内容进行全新的"包装"。"全视频＋慕课＋移动互联"是一个值得探索的做法。定期把《新闻联播》《焦点访谈》《今日说法》等节目中对学生最有价值的内容进行编辑，加以生动、接地气的点评，融入和强化引导职能，润物无声地发挥"宣教"作用，启发学生思考讨论。另外，开发慕课、App，编辑订阅号，把内容精编改制成便于移动互联传播的内容，教师、学生、专家和实践导师们可以一起在网络社区中交流、研讨和答疑。

——源自：《北京教育》（高教版）2015 年第 2 期

就业质量报告"初长成"

编制和发布高校毕业生就业质量年度报告，对进一步完善就业状况反馈机制、回应社会关切、接受社会监督等具有重要意义。目前，高校就业质量报告的编制还处于探索阶段，在实践中也暴露出了一些问题：报告应涵盖的内容规定还较为简单，缺乏细致的规则和具体操作指导，导致各学校编制的就业质量报告内容参差不齐；就业率的统计口径缺乏严格统一标准，对于一些灵活就业的情况各省市认定的标准不一致；重就业数量、轻就业质量，导致个别高校公布的就业率明显与当前经济社会大环境和就业形势相背离，缺乏基本的说服力和公信力。针对存在的问题，笔者有以下建议：进一步细化规定，必须公布的信息要有详细的说明，统计口径要有明确认定标准。进一步加大监督，教育主管部门要对报告进行抽检，必要时还应该引入统计、人力资源、公证等第三方机构进行监督，对于弄虚作假的高校采取必要的惩戒措施。进一步加强引导，把更多精力聚焦于提高就业质量，以毕业生就业满意度作为衡量高校就业工作的关键指标，引导高校良性竞争。

——源自：《北京教育》（高教版）2015 年第 3 期

思政力量，"响"从何来？

习近平总书记强调："育才造士，为国之本。"树人须先立德，"要因事而化、因时而进、因势而新。要遵循思政工作规律，遵循教书育人规律，遵循学生成长规律，不断提高工作能力和水平"。要在提升能力上深耕细作。高校思政工作，师生既是对象又是主体，要注重课堂内外的引导熏陶，既要注重全局又要抓好个体。这就要求我们既要坚持原则又要立足现实，既尊重规律又正视差异，既种好责任田又能联动协同。要在手段创新上虚功实做。思政工作是做人的工作，是"活"的工作，看似无形，对象却是实在的人；看似虚化，效果却必须实在。要坚持改革创新，把传统手段和新技术相结合，增强时代感和吸引力；把传统经验和积极探索相结合，摸索出行之有效的工作手段。要在长效机制上难事长做。高校思政工作的成效，也绝非一朝一夕能显现，要抱着"难事长做，久久为功"的信念，着眼未来发展，做好顶层设计，建立长效机制，使得这项工作不因人员环境的变化时松时紧，而是始终有制可依、有章可循，始终贯穿于高校育人全程。

——源自：《北京教育》（高教版）2017 年第 3 期

毕业季与变形计

逃离约束限制的大学生开始从"被管理者"变形为"管理者"。一个合格的管理者要具备管理意识和管理才干。一要管好自己的思想。时刻准备为实现中华民族伟大复兴贡献青春力量的理想信念不容动摇，家国情怀、责任担当、明辨是非、追求真知是成就事业的基石。二要管好自己的情绪。环境是全新的，同事是陌生的，竞争是残酷的，情感不再那么纯粹。调节、控制、疏解都是管理的有效方式，但要做好很难。三要管好自己的时间。没有了熄灯铃、上课铃，更没有了按掉手机之后舍友的提醒，整块和碎片的时间需要学生去利用、去填充，而不是去浪费。要保持学习并提升学习能力。大学生真正从大学里背走的就是学习的能力，能让这个能力产生效益并升值，也只能靠大学生自己。说到管理，刚毕业的学生最想管理的就是财富，其实大学生拥有的财富就是新思想、好情绪、大好时光和学习创新的能力。至于真正的金钱，学生暂时还不会有太多，倒是应该想想如何更好地创造财富，去奉献社会，去造福乡里。

——源自：《北京教育》（高教版）2017 年第 6 期

大家谈：全国教育大会

未来中国高等教育必将更加注重人的全面发展。高等教育要把服务于人的全面发展作为终极目标，满足青年学生乃至全社会主动学习、持续学习的需要，让获得知识成为快乐和享受，通过自主自觉的学习丰富人类精神世界的良性局面有望真正到来。通过加快"双一流"建设，调整优化学科结构、专业设置，推动信息技术与教育融合创新发展，知识文化的传承与创新将迎来崭新的局面。"人人皆学、处处能学、时时可学"的学习型社会将真正到来。高等教育必将实现校际间、国际间、领域间的深度协同和合作，迎来教育扩大开放、全面融通的局面。高校将立足于培养创新型、复合型、应用型人才，积极推进产教融合、校企合作、产学研协同创新，实施创新驱动发展战略。大学将有可能真正打破"围墙"。高等教育必将全面提升服务社会的能力。在经济社会发展规划上优先安排教育的坚实举措将收到成效，高校在强化基础研究、原始创新和突破关键核心技术中的重要作用将充分显现，力促科研成果转化，真正推动社会进步。

——源自：《北京教育》（高教版）2018 年第 10 期

青年亚文化，我们怎么看？

当代青年学生群体接受中国传统思想文化呈现两大特征：个体原则和宽容原则。个体原则强调尊重个性，执意表现自我。宽容原则表现为非权威化，拒绝独断，要求以宽容的态度对待不同的思想和行为。网络平台上历史剧、文化益智节目等热播，在弹幕等部落式观影氛围中，青年学生往往一边调侃，一边接受。"95 后""00 后"的学生群体是网络世界的原住民，他们在互联网中营造出了与主流网站不同的社群感，属于亚文化，不断刷新人们的视野。这些青年亚文化主要强调与成人主流文化的差异，甚至是对后者的反抗。中国的青年亚文化多是消费青春的流行文化。当然，青年也挪用古典文学艺术的一些元素，搞古风汉服之类、穿越之类，可见其骨子里还是认同现实的规则秩序。互联网只是更便于组装各种文化元素，传播跟扩散更多变，受众不断参与再生。没有理想主义支撑的青年文化很多只是消极存在。青年群体对中国传统思想文化的接受有冲突，但更多的是认同，只是表现方式更加个性化，当代社会应以宽容的姿态重新审视。

——源自：《北京教育》（高教版）2019 年第 3 期

百年"五四"——青春与迷茫

"你觉得迷茫就对了,谁的青春不迷茫?"青涩、懵懂、迷茫,是青春最原始、最贴切的标签。迷茫只能是阶段性的,迷茫之后,要笃定地走向成熟理性,要决然地做出正确选择,这样才不会是没有意义的迷茫。一百年前的"五四"运动,是那一代青年激荡青春、拒绝迷茫的觉醒与起行,青春有如此的"不迷茫",是民族的幸事,是青春的幸事。百年前的青春觉醒,有百年前的时代背景。新时代的青春觉醒,也绝不能坐等和奢望青春先贤的基因拷贝。我们可以允许青年人犯"迷糊",但更要引导和教育青年人少些迷离,拒绝迷乱,绝不迷失。我们要把经过百年淬火的"五四"精神与崭新的时代接轨,用人工智能、融媒体等来搭建时代青年与民族先贤思想激荡的桥梁,用政策、学养和胸怀真正把关注青年、关心青年、关爱青年落在实处,让青年亲耳听到中华民族伟大复兴的时代召唤,亲身感受社会主义建设者和接班人的使命担当,真正感知青春奋斗壮美的过程、体验和结果。我们想听到更多青年人说:"青春迷茫,我有方向;青春酸涩,我有理想;青春易逝,我一直在奋斗;青春无悔,我曾绽放!"

——源自:《北京教育》(高教版)2019 年第 5 期

(张树辉,中国社会科学院大学副校长,社科大教育部思政创新发展中心副主任、思想政治工作高等研究院副院长)

大学"风花雪月"新解

张树辉

在2014年召开的文艺工作座谈会上,阎肃先生发言时说:"我们(部队)也有风花雪月,但那风是'铁马秋风'、花是'战地黄花'、雪是'楼船夜雪'、月是'边关冷月'……在部队来说就是有兵味战味!"笔者也想借阎老的话风来谈谈大学的"风花雪月"。

古往今来的大学,也从来不缺风花雪月。大学校园环境精致舒适,学者教授风度翩翩,校花校草各具风韵,校园文化诗情画意,校园诗人、言情作家、民谣歌手、剧社才子们吟风咏雪、舞文弄墨更是校园独特风貌。离开风花雪月,大学也就不称其为大学。

随着时代的变迁,大学的风花雪月也在演进变换,但无论怎样变化,总还离不开、更不能妨碍它探寻真理、激荡思想、追求真善美、推动时代前行的使命与责任。曾几何时,季羡林、启功、李小文等大师大家在校园里安贫乐道、潜心钻研,开一代师德风范,令人高山仰止;未名湖、珞珈山、岳麓书院曾让多少象牙塔外的人士流连忘返;从《送别》到《让我们荡起双桨》,从《同桌的你》再到《南山南》,又有多少学生在草坪围坐,忘情吟唱到熄灯……这些风花雪月成为大学的特殊符号、别样景致,它蕴含着大学文化的基因、承载着人们对大学的美好期许。

而今的大学,风花雪月还在,只是有的变了些模样,变了些味道。为人师表者也有追名逐利、权钱交易、学术贪腐的新闻爆出,校园爱情很多也夹杂了些游戏的成分……

何谓"学味儿"之风花雪月？

笔者认为：风，首先是各个学校长期积淀、历久弥新的校风，这里最具代表性的就是为师生和社会所认同的校训，明德、勤学、求实、诚朴、济世、创新，这些积极进取的精神是中国大学校训的常用词，也是育人的目标；校风还包括弘扬正气的党风、开明科学的政风、从严从实的作风和清新隽永的文风。风，还是以争做"有理想信念、有道德情操、有扎实知识、有仁爱之心"好教师为代表的教风；风，更应该是青年人在培育践行社会主义核心价值观过程中坚持"勤学、修德、明辨、笃实"品质的学风，是同学们立志要"志存高远、德才并重、情理兼修、勇于开拓"的学风，是锤炼严实精神、自觉向上向善的学风。有了好的校风、教风、学风，我们才有条件打造培育大学的风景、风物、风华，展示各自特有的风度，凝练大学风骨，也才有机会引领时代风尚。

座座大学美如花园，大学之花，应该是在红色血脉、橙色热情、蓝色理性、绿色生机、洁白本真相交织下，师生思想激荡、学术争鸣的百花齐放，应该是个性张扬、活出精彩人生的争奇斗艳，更应该是万紫千红、互相映衬的春色满园。

大学文化里的雪，应该是大家以过硬的本领经风历雪，以坚强的品格凌霜傲雪；立勤学之志仿孙康映雪，修高尚德行似雪清玉洁；温故知新似洪炉点雪，尊师重教如程门立雪。雪，也好比学问和先生。大学要容得下曲高和寡的阳春白雪，也要有看似经年不化却又孕育江河源头的雪岭冰峰，更要有随时准备融化自己、呵护哺育新苗的丰年瑞雪。

"聚是一团火，散作满天星"，离开学校之后，莘莘学子都有可能成为璀璨星空中最亮的一颗。我们常说"众星拱月"，我们每个人都要把实现自己的梦想融入中国梦的伟大征程中，明白了这个道理，我们就会有更清晰的世界观人生观价值观，也才会更自觉地顺应时代的发展，选择正确的道路，增强自信，才能真正紧扣青春主旋律，思考时代大命题，体验家国、民族之大情怀。

（张树辉，中国社会科学院大学副校长。源自：《人民日报》2016年2月25日）

拿什么来拯救你，我的大学课堂？

张树辉

双十一的夜，举国抢购的狂欢中，梅老师却在微信群里分享了她的一份快乐：她在自己的课堂上，心平气和地做了克服手机依赖的动员，而同学们也都很配合地收起手机、关闭电脑，她终于又有了"一个专注不被打扰的课堂"，又"找回了以前上课的感觉"。梅老师的兴奋是由衷的，因为她看到了同学身上自觉的本性，看到了满满的希望，而这些正是她从心底里期盼的。她甚至还为此前自己表达过对学生的失望而感到愧疚。其实，你们可曾知道，四天前的那一晚，梅老师是怎样潸然泪下地对大家诉说出她压积良久的痛惜与无力。为师者的拳拳爱意，谆谆劳心，在那一瞬迸发无遗。如今，为了这点滴的改变，真性情的梅老师破涕为笑了。当老师的悲与喜，全然系于学生的得与失，一份简单而单纯的心愿实现了，就会化成莫大的满足与自豪。看着那两段长长的载欣载奔的文字，我竟莫名地感到酸楚。

这几年，大学课堂变了，变得浮躁、功利、散漫、贫乏，变得缺乏尊重，变得不再圣洁。大数据的时代，改变的不仅是生活方式，更冲击了人的观念、习惯、思维乃至心灵，让浮躁的更浮躁，懒散的更懒散，偏激的更偏激，空虚的更空虚。大学课堂，也不能逃脱这个旋涡。去不去上课？这是我个人的自由问题；上课听不听讲？这是我个人的自由问题；睡觉还是上网、聊天、看片、打游戏？这是我个人的自由问题。换言之，我的地盘我做主，任何方式或措施，只要是我不乐意的，就都是对我的自由、我的权利的干涉。于是乎，在一部分同学的眼中，老师成了课堂上的一个可有可无的摆设，我愿意看两眼时，你便是一个存在物，我不愿意看时，你就是一个非现实存在。若不是出于对校规校纪中关于出勤率和维持课堂纪律要求的一点畏惧心，这"自由权利"的维护可能还会更直白许多。至于对授课教师的尊重云云，本就是出于本心的，本心既没有，哪里生得出顾忌。这要求已经太高了。2019年国庆，哈尔滨工业校长周玉发文，追问"十几年前的课堂上，学生都记笔记，如今怎么不记了？"周校长的忧虑其实是在提醒学生，大学学习是需要经过"系统深入的学习和思考"方能取得成效。认真听讲、勤于思考、勇于发问，才是大学课堂学习的真正内涵。但如果连前述的那些问题都解决不了，又何谈周校长之问之虑！

至于手机泛滥课堂的问题，不过是大学课堂问题之一隅而已，因为近几年成了冲击课堂效果最集中而突出的现象，引发了最多关注。10月26日，浙江传媒学院戴冰洁老师因部分学生在其课堂上沉溺虚拟世界而怒摔3部iPhone手机，引发媒体关注和热议。我若说这不过是当下高校课堂普遍问题之冰山一角，当不为过。即便是中国社会科学院大学，该问题之严重，也当不在浙传之下。我所授校公选课上此类情况有之；某校领导进某学院课堂听课，身边同学置若罔闻，照玩手机不误；某老师昨日在某大课堂，见后排两名同学戴耳机，堂而皇之于手提电脑上酣赏大片……现在我最不敢尝试的事情，是在晚课上突然关闭照明灯光。

两周前，某院系发起了让课堂远离手机的试点活动，给每个试点班级购置了手机收纳袋，让同学们基于自愿，主动在上课期间暂离手机，专心于课堂学习。就实施效果而言，并没有期望的那样好，可谓有喜有忧。虽有些班级和一部分同学形成了良性的认识，并自觉坚持至今。但也有个别班级已近不了了之，很多同学从一开始就有抵制情绪，自始至终未曾参与，上课滥用手机的情况依然较为普遍地存在。毕竟，一种业已养成的习惯是很难短时间改变的，况且如果个人不能形成一种意识自觉，就根本连改变的可能都没有。

在这一活动筹备和进行的过程中，老师们也一直在思考和总结，手机泛滥课堂，其根源性的症结在哪里？有人说，这是新技术发展的必然结果；有人说，这是老师的问题，老师没有对他的课堂做出严格的要求；有人说，这是学校的问题，学校应该切合时代和情况的发展，从制度层面对课堂纪律做出明确要求；也有人说，这是社会的问题。君不见，世界各国的大学都没能攻克这个难题？我觉得，这些理由无论对错，都是外源性的，都未触及根本。最重要的，是学生是否能形成清晰而正面的自我意识。为什么在教师那里不言自明的道理，在一部分学生身上就行不通，甚至遭遇抵触？积习难改不是理由，这恰恰说明了同学们的自控能力差。以"个人自由"为名而反感抵制更不是理由，这反而深入到了自我认知、自我意识问题。是个人根本没有认识到这样的做法是不良的习惯，有害的习惯。甚至可以在这里牵扯出另一个更严重的问题，有些同学可能根本不知道自己为什么要来读大学，大学为谁而读，大学该怎样读。

　　大学阶段正是同学心理成熟和定型的阶段，"成人"的阶段，自我意识的觉醒和思维能力的不完善，是现在的中国大学生在此阶段的典型特征。我甚至有这样一种思维冲动，不知道该不该将这个具体问题上升到这样的高度来理解，那就是，这个问题其实能够表明，有的学生在价值取向和是非观念上出现了一定的问题。是非不明，不足以立身。我很不希望，我们现在的这些学生成为"迷惘的一代"。常听人说起某名牌大学的学生很辛苦，每天有无穷的作业要做，大量的书要看，但他们依然自得其乐，坦然而自豪。相比之下，我们的学生也很"忙碌"，但当把那些与学习无关的"忙碌"去掉以后，很多人可能又"很闲"。也听说有一些同学在国内求学期间最不能接受课程作业良多，可一旦留学境外，就学霸气毕露，对如山的papers甘之如饴。这大概不是水土的问题吧，即便硬要理解为水土，那不也是靠我们自己创造的水土吗？这样说，并没有自贬的意思，而是意在自省。我们的学生的确并不逊色于任何一所国内大学的，但这不能成为麻醉自己的针剂，优秀还是逊色，的确需要靠事实说话，而事实来自大家共同的努力。

　　说到这里，其实已经是在谈学风了。我们的大学课堂，已经到了该自我救赎的时候了，而学风亦然。曾很担心习惯已经让同学们的心麻木，梅老师的快乐也让我惊喜。她班上的同学们让人看到，你们的心是活泼泼的。行成于思而毁于随，为什么不能将手机暂时搁到一边，让它也能得片刻休息，而你自己，也可以在这一段里寻回些安宁，静下心来想一想，再想一想。大学课堂的救赎，不应该是靠外来的压力，而要靠同学们，靠你们每一个人。相信，当大学课堂重焕其圣洁的面容，良好的学风也指日可待。

（张树辉，中国社会科学院大学副校长）

不要被我们热爱的毁掉

张树辉

前不久，教育部办公厅印发《关于做好预防中小学生沉迷网络教育引导工作的紧急通知》，其中提到"成瘾性网络游戏、邪恶动漫、不良小说、互联网赌博等不断出现，造成一些中小学生沉迷游戏、行为失范、价值观混乱等问题，严重影响了中小学生的学习进步和身心健康"。笔者所在课题组分别于2010年、2017/2018年两次对青少年进行调查，研究分析表明，我国青少年成瘾行为有加剧的趋势：既表现在吸烟、饮酒、毒品等物质性成瘾行为低龄化、存在蔓延趋势，更表现在赌博、网络、游戏等精神性成瘾行为及危害日益凸显，直接导致严重影响青少年身心健康。

随着移动互联网飞速普及，青少年沉迷网络已成为各界关注的问题。基于网络的游戏、社交、直播、色情、制作和信息收集等均成为致瘾因素。这其中，网络游戏"贡献力"最大，时下大量涌现的短视频迅速兴起，已具与游戏、直播鼎立之势，且"后发优势"显著。2017/2018年调查数据显示，42%的青少年有上网的强烈想法和冲动，有18.5%的青少年报告每天都玩游戏，41.3%的青少年虽知沉迷网络的危害也难独善其身；据推测，当前我国四成左右的学龄青少年面临沉迷网络的潜在风险，该问题也已成为危及我国青少年健康成长的重大隐患。

如今，教育部门出台严厉要求，将矛头对准网络游戏，可谓恰逢其时，直指关键。

然而到目前为止，青少年仍暴露于"网霾"之下，限制、管制制度的出台明显滞后于新生网络产品的暴发式增长和变异，管控措施的单一有限和行政化色彩面对网络新特征也显力不从心，巨大的商业利益驱动、新奇的网络诱惑力、强烈的青少年自身感知新生事物的内在需求等同向叠加发酵，对势单力薄的管控措施特别是雷声大雨点小的持续跟进措施，形成合围绞杀，强弱对比悬殊，胜负显而易见。

就教育和社会层面而言，我们既要理性面对互联网原住民的生态特征，又不能回避民众特别是青少年忽视网络负面影响、无力更无心逆转局势、默认受制于陷落于沉迷于网络的险峻局面。面对这些无节制宣传、无底线链接、无约束蔓延、无品位泛滥，教育工作者更有义务保持清醒，敢于亮剑。教育、教化的有效性可能远不及网络产品的诱惑力，但绝不可以漠视网络产品对青少年的驾驭甚至侵害。

大学生支配金钱、时间的自由度增高，大学校园里网络负面影响并不亚于中小学，还往往是网络诈骗和校园贷骗局高发区。成年沉迷网络的情况同样不容忽视，他们是长大了的网络原住民，抑或是主动学习能力、被动适应能力超强的新老网民，浅表浏览替代深度阅读、敷衍点赞淹没促膝深谈，或为数百兆的大游戏"娱乐至死"，或对基于算法推荐为内核的十几秒短视频推送缴械投降，更舍得一掷千金为深度美图的网红保护打赏，面对这些"不冒烟的鸦片"和"新型毒品软件"，这些不念鸿鹄之志、不为温饱担忧、不负课业压力的成年人显得更加缺乏抵抗力。

2014年就有调查显示，父母与孩子共处时，经常看手机的父母占17.8%，偶尔看的占51.8%。时至今日，精准推送的短视频泛滥，到处是声称几千万人在用的全网最棒视频软件，夫妻对坐无言刷屏早已是常态，一场场匪夷所思的"手机引起的血案"不时传出，都市、乡间稍有车速减缓，都会看到咧着嘴傻笑的"低头自驾族"新物种在准备追尾前车或猎杀生命！

因为沉迷网络，我们都在忽略和远离现实里更重要的价值。赫胥黎曾说，"人终究会毁于他们所热爱的东西"。我们要在这预言即将成为现实的紧要关头赶紧醒来,不要忘记,我们是能改变世界和改造自我的人。

(张树辉,中国社会科学院大学副校长。源自:《中国青年报》2018年7月2日第11版)

青年学子如何绽放青春芳华

张树辉

一个世纪以前,一群时代新青年缔造了年轻的中国共产党。一个世纪以来,不断走向成熟的党,勇于自我革新、永葆青春朝气的一个重要原因就是始终重视青年、信任青年、依靠青年。党的十八大以来,习近平总书记更是时刻不忘关注青年、关心青年、关爱青年,教同学们做人做事的道理,更给出新时代青年学子的新标准。

用同心同向的理想信念注解新时代的人生坐标。人生之大幸,莫过于个人目标与国家命运同向而行。青春之大荣光,莫过于个人成长与民族复兴交相辉映。当今中国最鲜明的时代主题,就是实现"两个一百年"奋斗目标、实现中华民族伟大复兴的中国梦。时代潮流只会成就挺立潮头的勇士,从不会期望靠裹挟的贝壳散沙铸就大厦和堤防。"志之所趋,无远弗届,穷山距海,不能限也。"志存高远才会感知生逢其时,情理兼修才有资质躬逢盛世,青年学子最当紧的就是要用新时代的历史方位对标自己的人生航向,用新时代的历史强音对标青春脉动,要有差一毫失之千里,慢一秒留在原地的紧迫感,紧跟时代砥砺前行,担当责任奋发有为,才可能激发最强劲的奋斗力量,绽放最美丽的青春芳华。

用从严从实的精神品质创造新时代的伟大业绩。"不驰于空想、不骛于虚声",做走在时代前列的奋进者、开拓者、奉献者,不是一句虚话。和平安逸年代的青年,在治学做事为人方面,最易缺少严谨严格严肃的品质,身处虚拟虚幻虚构的时空,往往缺少务实求实真实的历练。严和实是精神状态，更是意志品格，它不属青年特有，却最应植根青年学子内心。幸福都是奋斗出来的，而青春正是用来奋斗的。伟大的新时代，召唤堪当大任的新青年，伟大的历史际遇，不仅需要青年、塑造青年，更成就青年。只有律己修身，苦学实干，用新思想淬火锤炼严实精神，在新时代砥砺磨炼严实品格，才会书写出与时代同样光彩的人生华章。

用向上向善的公义美德践行社会主义核心价值观。社会主义核心价值观是凝聚社会共识的"最大公约数"，向上向善是社会主义核心价值观的精神内核和集中体现，是一个优秀的民族和国家最持久、最深层的力量。时代的性格就是青年的性格，时代的精神就是青年的精神。"国无德不兴，人无德不立"，越是接近奋斗的目标，奋斗的中坚力量越是要有向上向善的无限潜能和内生动力。向上向善应该成为新时代青年学子最显眼的标签和最贴切的注解。青年学子要勇开风气之先，躬身践行社会主义核心价值观，传承弘扬向上向善的新时代美德，为构筑中国精神、中国价值、中国力量注入生气勃勃的青春动能。

青春在召唤，使命在召唤，让我们都来照一照镜子，对一对标准，扣好扣子，校准航向，跟上新时代的领路人，出发吧！

（张树辉，中国社会科学院大学副校长。源自：《人民日报》2018年2月1日第18版）

后　　记

从策划立项到征稿编辑，从补充修订到继续征集完善，历时一年半，厚厚的一本文集付梓，实属不易。这本文集有幸成为中国社会科学院大学社科思政文库的第一本书，足可以令编者欣慰，如今回看诸多不易，便也都释然了。

毕竟是跨度近8年的编撰，毕竟是涉及几十位作者的著述，编者要去寻求各方的支持，要保证让所有合适的文章入选，要对内容特别是观点结论做研判编修，回头算来，已记不清熬去了多少个日日夜夜，另存了多少个标记了日期的文件名称。这期间，各方的指导和支持是对我们执着前行的鼓励，文章的高质量是我们迎难而上的动力。走到今天，我们是要对关心文集出版工作的各方同仁表示我们真诚的感谢了。

中国社会科学院副院长、党组副书记，也是中国社会科学院大学的党委书记王京清同志欣然为本书作序，是对我们思政创新研究的肯定和鞭策，也代表了社科院领导对学校各项工作的关心与支持。真心感谢大学领导、思政平台领导和专家顾问、文库编委会、科研处等部门的悉心指导，谢谢各位作者的配合理解，谢谢中国社会科学出版社的鼎力支持，离开大家任何一方的支持，文集能够顺利问世都是难以想象的。

在这里，我还要真心感谢和慰问我们的合作团队。感谢高迎爽老师，她克服了诸多困难，确保了编撰工作的有效运行；感谢刘佳老师、陈爽老师和王涛、高丹丹等同学在编纂过程中给予的帮助；也要特别感谢蔡桂兰老师，以她职业、专业、敬业的态度，不放过成书过程的任何一个细节，把编辑工作当成了一次精心雕琢工艺品的过程；最后，当然是要感谢责任编辑喻苗老师在出版过程中给予的中肯、精准、专业而又系统全面的指导与帮助……全体团队人员的精诚合作与倾心投入诠释了对新时代思想政治教育工作的热忱，使这本文集更富有光芒与力量。

　　鉴于编者水平有限，加之入选文章时间跨度久，作者众、类别广，篇目多，难免出现编辑不妥乃至不当之处，在此表示歉意，敬请作者和读者见谅。愿这本文集可以成为思政学者和实际工作者案头的一本可以随时翻看的工具书、参考书，对提高我们做好新时代高校思政工作的能力有所裨益，更希望，大家能有更高质量的思考、探索、创新、实践和成效，能有更多的同仁成为高校思政研究的专家、名家、大家，成为下一本文集和更多思政专著的作者。让我们继续一起努力。

张树辉

2021 年 1 月